"十二五"高等院校应用型系列规划教材

U0955716

经济学基础

Jingjixue Jichu

主　编　黄方正

副主编　邱　虹　李　静　丁　英　阳运清

郝凌峰　李松林　黄　海　黄勇英

参　编　侯凌瀚　范　钺　郭文娜　李黎媚

杜　若　代晓非　刘映池　王德宏

熊　山　姜尔加　杨纤纤

西南财经大学出版社

Southwestern University of Finance & Economics Press

图书在版编目(CIP)数据

经济学基础/黄方正主编．—成都：西南财经大学出版社，2012.2
(2013.6 重印)

ISBN 978-7-5504-0590-5

Ⅰ.①经… Ⅱ.①黄… Ⅲ.①经济学 Ⅳ.①F0

中国版本图书馆 CIP 数据核字(2012)第 018664 号

经济学基础

主编：黄方正

责任编辑：于海生

封面设计：杨红鹰

责任印制：封俊川

出版发行	西南财经大学出版社(四川省成都市光华村街 55 号)
网　　址	http://www.bookcj.com
电子邮件	bookcj@foxmail.com
邮政编码	610074
电　　话	028-87353785　87352368
印　　刷	郫县犀浦印刷厂
成品尺寸	185mm×260mm
印　　张	18.75
字　　数	430 千字
版　　次	2012 年 2 月第 1 版
印　　次	2013 年 6 月第 2 次印刷
印　　数	3001—6000 册
书　　号	ISBN 978-7-5504-0590-5
定　　价	35.00 元

前 言

经济学原理，包括微观经济学原理和宏观经济学原理，是高等学校财经类专业的主修课程。它研究当代市场经济中的各种主要经济问题，形成了一个现代经济学的理论体系。西方经济学家所归纳出来的许多经济理论揭示了市场经济运行的一般规律和通行原则，提供了解决市场缺陷问题的操作思路和调控政策。这些理论是人类的共同财富。我们应当学习和借鉴西方国家先进的经济学理论和知识，为建立和完善社会主义市场经济体制和加快我国经济发展服务。

本书是为适应高等独立学院的发展，为培养应用型、复合型人才的需要而编写的，也可作为其他普通高等学校、成人高校财经类专业学生的学习用书，还可以作为各类培训及自学之用。本书结合当前经济形势和使用情况，力求体现以下三个方面的特点：一是时代性。本书坚持以邓小平建设有中国特色的社会主义理论为指导，密切关注学科前沿的发展情况，尽可能反映经济理论研究的新成果。二是针对性。本书针对独立学院的培养目标和市场定位，依据“知识够用、实用、终身受用”的原则，在阐述经济学基本原理的基础上，增加了大量的案例，以扩大学生的知识面，提高学生分析问题和解决问题的能力。三是可读性。本书力求做到深入浅出，条理清楚，文字尽量通俗易懂，方便学生自学，使学生容易掌握、消化、吸收和应用。

本书由四川省经济学会顾问、成都信息工程学院银杏酒店管理学院工商管理系主任黄方正教授担任主编，由电子科技大学成都学院经济学硕士邱虹、山西晋城职业技术学院李静、中共四川省省委党校经济学副教授丁英、成都信息工程学院银杏酒店管理学院工商管理系教学秘书阳运清讲师、成都信息工程学院银杏酒店管理学院工商管理系实验室主任郝凌峰、成都信息工程学院银杏酒店管理学院工商管理系市场营销教研室主任李松林、交通银行广州海珠区支行副行长黄海、七天酒店（深圳）有限公司成都红照壁店副总经理黄勇英担任副主编。参编作者包括：成都信息工程学院银杏酒店管理学院工商管理系青年教师侯凌瀚、范钺、郭文娜、李黎媚、杜若、代晓非、刘映池、王德宏，四川理工学院管理系副教授熊山，成都安美科燃气技术有限公司姜尔加博士、杨纤纤硕士。全书的基本思路和编写大纲由主编提出，初稿由全体作者分工撰写，初稿写出后由主编统一修改、统稿和审定。阳运清老师担任了大量的组织工作、图形绘制、部分文稿的计算机输入等工作。

本书在编写过程中，得到了成都信息工程学院银杏酒店管理学院和西南财经大学出版社的大力支持。本书广泛参阅了国内外西方经济学研究的最新成果，借鉴了其他同行的教学研究成果，其中重点参考了我国著名学者高鸿业、宋承先、梁小民、侯荣华等同志的著作，并使用了其中部分资料及内容。在此谨向他们表示深深的敬意和诚挚的谢意！

由于西方经济学理论和实际处于不断发展之中，加之我们的理论水平有限，虽然我们力求写出特色，但仍有许多不尽如人意的地方，我们诚恳地期待各位专家、同行以及读者提出批评与指正。

编者

2011年12月

目录

第一章　总论

【学习目标与要求】

通过系统的学习，掌握微观经济学理论的基本知识和基本体系；掌握现代西方经济学的研究对象与研究方法；正确认识学习西方经济学的意义，科学地掌握西方经济学中反映市场经济一般规律和现代化大生产的内在要求和理论。学习中要用科学的方法有分析地学习，对其为资本主义统治者服务的一面要加以批判。

【学习重难点】

重点：经济资源的有限性和经济学的产生与发展。

难点：由经济资源的有限性推理出人类社会共有的四个基本的经济问题。

1. 经济学的研究对象

2. 经济学的研究方法

第一节　西方经济学的产生和发展

西方经济学是指20世纪30年代以来的西方市场经济理论。要从总体上把握西方经济学的基本情况，必须研究资产阶级经济理论产生、发展及其演变的历史过程。

西方市场经济理论的历史最早可以追溯到15世纪末期，至今已有数百年的历史。其间可分为重商主义经济学、古典经济学、传统的庸俗经济学和现代西方经济学四个发展阶段。

一、重商主义经济学

重商主义经济学产生于15世纪末西欧封建制度瓦解、资本主义生产方式萌芽的时期。当时，作为资本运动首要形式的商业资本对资本主义生产方式的创立和发展起了巨大的推动作用，而当时的商人就成为新兴资产阶级的代表人物。为了适应商业资本家的利益和要求，便产生了资产阶级经济学的第一个流派 —— 重商主义经济学。重商主义经济学是对资本主义生产方式最早的理论探讨。它以流通领域为研究中心，以商业资本的运作作为考察对象，把货币看成是财富的唯一形态，把对外贸易看成是财富的唯一源泉。从这一基本观念出发，主张国家必须重视发展对外贸易，主张在对外贸易中遵循多卖少买、多收入少支出的原则，保证货币尽可能多地流入国内和尽量少地流向国外。由于重商主义者研究经济问题的范围仅仅局限于流通领域，因而它还不是真正的经济科学。随着资本主义生产逐渐居于统治地位，以流通领域为研究中心的重商主义就必然趋于崩溃，而为古典经济学所取代。

二、古典经济学

古典经济学作为一门独立的经济科学，是以1776年亚当·斯密的著作《国富论》的发表为标志的。古典经济学作为产业资本的意识形态和代表新兴资产阶级利益的经济理论体系，以反对封建主义和重商主义的姿态登上了历史舞台。它以研究资本主义生产和交换的规律为任务，把理论研究从流通领域转向生产领域，明确地把经济学规定为研究国民财富的性质及其增加原因的科学，并详尽地论述了国民财富的性质、起源和分配等问题。由于古典经济学产生于资本主义上升时期，因而它从发展资本主义生产的愿望出发，对资本主义生产关系的内在联系做了初步的分析，力图从理论上说明在资本主义制度下如何使国民财富得以增长。古典经济学在科学上的主要功绩是奠定了劳动价值论的基础，初步揭示了资本与劳动在利益上的对立。但是，由于古典经济学家的阶级局限性，他们不可能揭示出资本主义生产方式的根本矛盾和发展规律。他们学说中的一些庸俗因素，后来成了传统庸俗经济学的理论依据。

三、传统庸俗经济学

进入19世纪以来，随着资产阶级统治地位的纷纷确立，无产阶级和资产阶级之间的矛盾逐步上升为社会的主要矛盾，劳资关系日益紧张，阶级斗争日趋尖锐。经济危机的爆发充分暴露了资本主义制度的弊端。当时的阶级利害关系已不容许资产阶级经济学家科学地研究社会经济关系，因此，他们转而为资本主义制度进行公开的辩护。19世纪30年代成为古典经济学和庸俗经济学的分水岭。马克思写道："1830年，最终决定一切的危机发生了。""法国和英国的资产阶级夺得了政权。从那时起，阶级斗争在实践方面和理论方面采取了日益鲜明的和带有威胁性的形式。它敲响了科学的资产阶级经济学的丧钟。现在问题不再是这个或那个原理是否正确，而是它对资本有利还是有害，方便还是不方便，违背警章还是不违背警章。不偏不倚的研究让位于豢养的文丐的争斗，公正无私的科学探讨让位于辩护士的坏心恶意。"①1830年以后至19世纪中期，庸俗经济学得到了很大的发展。庸俗经济学家虽然仍以古典经济学的继承人自居，但却抛弃了"注释"和"通俗化"的形式，而以补充和修正的方式为资本主义制度进行辩护。这一时期的主要代表人物有：英国的西尼耳、约翰·穆勒，法国的巴师夏和德国的旧历史学派等。他们的"理论"，其矛头直接指向古典经济学的科学成分和当时的社会主义运动，这标志着庸俗经济学开始完全代替古典主义经济学而占据了统治地位。

19世纪70年代至20世纪初，庸俗经济学得到了进一步的发展。这一时期正值资本主义从自由竞争阶段向垄断阶段过渡的时代，资本主义的各种矛盾更加尖锐。加之马克思主义政治经济学的确立和广泛传播，迫使庸俗经济学不能不另辟蹊径为资产阶级利益服务。在这种新的历史条件下，欧美各主要资本主义国家相继出现了以边际效用理论为中

① 马克思，恩格斯．马克思恩格斯全集．第二十三卷．北京：人民出版社，1972.

心的许多新的庸俗经济学流派。其主要代表有德国的新历史学派、美国的制度学派、奥地利学派、英国的剑桥学派等。这些形形色色的庸俗经济学流派及其"理论",一方面以其庸俗的主观效用价值论攻击马克思主义政治经济学,千方百计地掩盖资本对劳动的剥削,力图以阶级合作来粉饰资本和劳动在利益上的对立,因而具有鲜明的辩护性;另一方面为了适应资产阶级在市场竞争中追逐最大利益的需要,他们运用数学方法,就一系列有关市场经济的需求、供给和价格决定等问题进行了系统研究,形成了一整套论证如何实现资源合理配置的微观经济学理论和"自由放任"的政策主张,因而具有强烈的实用性。他们的这一整套经济理论和政策主张反映了当时资产阶级的利益和要求,在不同程度上推动了社会生产力的发展。

四、现代西方经济学

20 世纪 30 年代以后,为了适应垄断资产阶级的需要,传统的庸俗经济学开始演变为现代西方经济学。20 世纪 30 年代爆发的席卷整个资本主义世界的经济危机打破了市场调节的"神话",使传统的庸俗经济学陷入危机之中,于是产生了凯恩斯"革命"。凯恩斯主义的出现,标志着资产阶级宏观经济学理论的形成,并带来了资本主义的空前繁荣,于是资本主义各国纷纷采用,使凯恩斯理论进一步发展,其中最有代表性的是美国的新古典综合派。第二次世界大战后西方国家推行凯恩斯主义的结果,改变了凯恩斯主义经济学发生作用的某些条件。自 20 世纪 60 年代末至 70 年代,资本主义各国出现了大量失业与通货膨胀并存的"滞胀"局面。它标志着凯恩斯主义失灵。于是,形成了与凯恩斯主义相抗衡的各种新自由主义流派。其主要有:以弗里德曼为主要代表的现代货币学派,以卢卡斯、萨特金和华莱士为代表的理性预期学派、供给学派、弗赖堡学派、公共选择学派等。这些新自由主义的流派也不同程度地接受了政府干预的思想,这正是其不同于旧自由主义的"完全的市场调节"思想之处。

以上可以看出,现代西方经济学是西方市场经济理论发展中的一个历史阶段,是传统庸俗经济学的继续和发展,而传统庸俗经济学又是从古典经济学的庸俗因素中分离出来的政治经济学的特殊表示形式。

第二节　西方经济学的研究对象

西方经济学,包括微观经济学和宏观经济学。在其产生和发展变化的数百年中,其研究对象和范围也经历了一个不断演变的过程。

古典经济学的创建者、英国经济学家亚当·斯密(1723—1790 年)在 1776 年出版的《国民财富的性质和原因的研究》一书中明确地把经济学规定为研究国民财富的科学,论述了国民财富的性质、起源、生产和分配问题。庸俗经济学的创始者、法国经济学家萨伊(1767—1832 年)在 1803 年出版的《政治经济学概论》一书中把经济学规定为一般的研究财富怎样生产、分配和消费的科学。詹姆斯·穆勒(1773—1836 年)在 1821 年出版的《政治经济学纲要》一书中把经济学规定为探讨调节那些必须有人类劳动的干预才能获得的商品的生产和消费规律的一门科学。英国庸俗经济学家西尼耳(1790—1864 年) 在1836 年出版的《政治经济学大纲》一书中把经济学规定为讨论财富的性质、生产和分配的科学,认为政治经济学所研究的对象不是幸福而是财富,经济学家的任务不是建议应该做什么或不应该干什么,而是说明不可忽视的一般原理。此后,资产阶级经济学的一些重要代表作,如约翰·穆勒(1806—1873 年) 于 1848 年出版的《政治经济学原理》、奥国门格尔(1840—1921 年) 于 1871 年出版的《国民经济学原理》、英国吉逢斯(1835—1882 年) 于 1871 年出版的《政治经济学理论》和法国瓦尔拉(1834—1910 年) 于 1874 年出版的《纯粹政治经济学》等著作,在论及政治经济学的对象和范围时,都主要涉及财富的生产、交换和分配等方面。新古典学派的代表人物马歇尔(1842—1924 年) 则在 1890 年出版的《经济学原理》一书中认为经济学是一门研究人类一般生活事务的学问,研究个人和社会活动中与获取和使用物质福利必需品最密切相关的那一部分,他特别强调经济学不仅是研究财富的学科,而且也是一门研究人的学科,应该研究一定社会中人的物质福利问题。研究经济学的重要目的,就是对于怎样有助于增进社会成员的物质福利问题提供科学的答案。

以上简要介绍了从 19 世纪末开始至今的西方经济学家关于经济学研究对象和范围的一些有代表性的观点。尽管他们各自的观点及其具体阐述不尽相同,但有一个共同点:他们都把经济学研究对象和范围概括为研究国民财富的性质,研究国民财富是怎样形成的,以及怎样才能使国民财富得到增长。

进入 20 世纪以后,由于科学技术的进步和资本主义国家社会经济的发展变化,现代西方经济学的研究对象比古典经济学和传统的庸俗经济学也相应发生了新的发展和变化。

20 世纪初,英国经济学家罗宾斯为经济学所下的定义是:“经济学是一门科学,它把人类行为作为目的与可以有其他用途的稀缺资源之间的关系来研究。”① 罗宾斯的这一定义强调了资源的稀缺性及其选择问题,为西方经济学界所普遍接受,以后有关西方经济学的其他定义大多都体现了罗宾斯定义的基本思想。如美国出版的《国际社会科学百科全书》中给经济学下的定义是:“经济学是研究稀缺资源在无限而又有竞争性的用途中间配置的问题。它是一门研究人与社会寻求满足他们的物质需求与欲望的方法的社会科学,这是因为他们所支配的东西不允许他们去满足一切愿望。”② 新古典综合学派的代表人物、美国著名经济学家萨缪尔森在他的《经济学》一书中概括地说:目前,经济学家们同意一个类似下列的一般定义,即“经济学研究人和社会如何作出最终抉择,在使用或不使用货币的情况下,来使用可以有其他用途的稀缺的生产性资源在现在或将来生产各种商品,并把商品分配给社会的各个成员或集团以供消费之用。它分析改善资源配置形式所需的代价和可能得到的利益。”③

根据以上有代表性的现代西方经济学家的基本思想及其论述,我们可以给现代西方

① 罗宾斯. 论经济科学的性质和意义. 纽约:麦克米兰公司,1946:16.

② A. 里斯. 国际社会科学百科全书. 4 卷. 纽约:麦克米兰公司,1968:472.

③ 萨缪尔森. 经济学. 上册. 高鸿业,译. 北京:商务印书馆,1979:5.

经济学下这样一个简洁的定义：它是研究如何使用或配置稀缺的资源，以便最大限度地满足人们的无限欲望的科学。

怎样理解这个定义呢？根据西方经济理论专著和教科书的有关论述，这个定义主要包括以下三个基本点：

1. 人的欲望具有无限性

欲望是指人为满足自己生理和心理需要而产生的一种愿望。这种愿望，除了满足衣、食、住、行等生理需要之外，还包括心理方面的需要，如受到社会的尊重、职务升迁、接受更高层次的教育等。显然，其含义同马克思主义政治经济学中所讲的需求概念是不同的。马克思所讲的需求指表现为一定购买力的社会需要。这种需求的数量，在一定时期内是可以计算的，因而是有限的。而西方经济学所讲的需要，则是指人们为满足自身的各种需要而产生的一种“欲望”，这种“欲望”具有无限的趋势，正如中国古语所讲：欲壑难填、得寸进尺。

2. 社会资源的有限性

资源指生产资源或生产要素。资源具体包括下列四个要素：一是劳动，指劳动过程中人的努力，包括人的脑力和体力。二是资本，指经过人的加工用来生产商品的物品，即生产资料。三是土地，包括土地上面的森林、湖泊、河流，以及土地下面的矿藏。四是企业家才能，主要指企业家把生产要素组织起来的才能，包括经营管理才能、创新才能、冒险才能等。

现代西方经济学认为，资源不可能取之不尽、用之不竭，哪怕资源最丰富的国家也是如此。因此，资源不论如何丰富，相对于具有无限性的人的欲望来说，总是有限的、稀缺的，不能任意满足人的“欲望”。正是由于物质世界的有限性，人们在满足需要的所有商品和劳务方面，就必然存在局限性。所以，他们认为，稀缺规律是不以人的意志为转移的客观规律。

3. 选择的必要性

现代西方经济学认为，正因为人的欲望的无限性与资源的有限性所产生的痛苦，才产生了宗教的“节欲”、“知足者常乐”、“清心寡欲” 等以减少痛苦的各种戒条。因此，西方经济学家主张：必须合理地分配使用资源，使之能最大限度地满足人们的欲望。他们认为，经济学从根本上说就是研究稀缺性以及由此而带来的一切困难问题的学说。经济学家所关心的应该是“稀缺资源的最佳配置”，也就是如何以最好的方式利用我们所拥有的稀缺资源。

要做到资源的最佳配置和合理使用，就必须进行正确的抉择。如何进行抉择呢？这就要考虑机会成本的问题。所谓机会成本，是指利用一定的资源生产某种产品所放弃的用来生产另一种产品所得到的收益。例如，对同一块土地，是用来搞房地产、修商品房出售，还是用来开办工厂？这里面就有一个选择的问题。假如办工厂的收益为 A，开发房地产的收益为 B，那么选择 B 就会放弃 A，则 A 即为 B 的机会成本。不仅生产者会遇到机会成本，消费者同样也会遇到机会成本的问题。例如，你手中有一笔钱，如用来买了电视机，就不能买音响。在电视机和音响之间就有个选择问题。当你决定用这笔钱购买电视机的时候，就必须放弃购买音响的打算。那么，音响的效用便是你购买电视机的机会成本。

从生产的角度来看,当其对一定数量的现有资源进行配置和使用,从而进行选择时,必须考虑以下三个问题:一是生产什么,生产多少;二是如何生产,用什么办法、方式生产;三是为谁生产。现代西方经济理论认为,以上三个问题是一切社会的基本问题,任何社会都必须回答和解决以上三个问题。他们认为,由于解决上述三个问题的方法不同,由此就形成了不同的社会经济制度。

西方经济学家认为,所谓社会经济制度是指用来调节经济运行的机制或机构,即一个社会用什么机制或机构来解决它所面临的三个基本问题(生产什么、生产多少,如何生产,为谁生产),这个机制或机构便构成社会的经济制度。按照这一定义,可以把社会经济制度划分为三种不同的类型:一是市场经济制度,指依靠市场或价格来解决社会基本问题的制度。在这种制度下,企业围着市场转,"生产什么、生产多少","如何生产","为谁生产",完全依据市场的信息来进行,市场价格就是反映供求变动的"晴雨表",企业根据"晴雨表"所提供的各种市场信息安排生产经营活动。二是计划经济制度,指依靠政府计划来解决社会基本问题的制度。在这个制度下,企业与政府的关系,是主从关系,企业只是政府机构的附属品,一切听从政府计划来行事,没有必要的独立性和自主权。三是混合经济制度,指由市场和政府部门的计划来共同解决社会基本问题的制度。在这种制度下,计划和市场都是调节经济的手段,但起主导作用的是市场。现代西方经济理论中的"宏观经济理论"就主要是研究以市场经济为主的混合经济制度。

【专栏知识】

大炮与黄油

经济学家们经常爱谈论"大炮与黄油"问题。"大炮"代表军用品,是保卫一个国家的国防所必不可少的;"黄油"代表民用品,是提高一国国民生活水平所必需的。"大炮与黄油"的问题也是一个社会如何配置自己的稀缺资源的问题。

任何一个国家都希望有无限多的大炮与黄油,这就是欲望的无限性。但任何一个社会用于生产大炮与黄油的总资源是有限的,这就是社会所面临的稀缺性。因此,任何一个社会都要决定生产多少大炮与黄油。这就是社会所面临的选择问题。做出选择并不是无代价的。在资源既定的情况下,多生产一单位大炮,就少生产若干单位黄油。为多生产一单位大炮所放弃的黄油数量就是生产大炮的机会成本。"大炮与黄油"问题概括了经济学的内容。

各个社会都要解决"大炮与黄油"的问题。纳粹德国时期,希特勒叫嚣"要大炮不要黄油",实行国民经济军事化。第二次世界大战后,苏联为了实行霸权与美国对抗,把有限的资源用于生产大炮 —— 军事装备与火箭的生产等,这使人民生活水平低下,长期缺乏黄油 —— 匈牙利科学家科而奈称之为"缺乏经济"。第二次世界大战中,美国作为"民主的兵工厂"(当时美国总统罗斯福的名言),向反法西斯国家提供武器,也把相当多的资源用于生产"大炮"。大炮增加,黄油减少,因此,美国战时对许多物品实行管制。无论出于什么目的而更多地生产大炮,都要求经济的集中决策 —— 希特勒的法西斯独裁、苏联的计划经济,或者美国的战时经济管制。这些体制都可以集中资源、不计成本地为达到某种目的 —— 法西斯德国的侵略、苏联的霸权,以及美国的反法西斯,但代价是黄油减少,人民生活水平下降。

在正常的经济中，政府与市场共同决定大炮与黄油的生产，以使社会福利达到最大。整个经济学都在解决"大炮与黄油"的问题。

第三节 西方经济学的内容和结构

西方经济学的内容，按照研究考察的范围和分析方法的不同，可区分为微观经济学和宏观经济学两个部分。这两个部分是现代西方经济学的两个重要分支，而不是两个不同的经济学流派。

一、微观经济学概述

微观经济学以单个经济单位的经济行为作为考察对象。单个经济单位包括单个的家庭、单个的厂商和单个的市场。它主要研究在价格制度的调节下，既定的生产资源总量如何被分配使用于各种不同用途的问题，即资源如何配置的问题。它所涉及的都是经济变量的个量分析，因而又被称为"个量经济学"或"个体经济学"。单个经济变量包括：个别企业的成本、利润、所使用的各种生产要素的数量和价格，某种商品的市场需求、供给、价格，单个家庭的消费量等。通过对这些单个经济变量的分析，发现它们之间的相互制约关系，从而确定并争取实现最优经济目标。由于微观经济理论始终以价格分析作为核心，系统地研究单个经济单位的经济行为，研究价格制度如何解决"生产什么、生产多少，如何生产和为谁生产"的问题，所以微观经济学又被称为"价格理论"。

微观经济学的主要内容，可概括为供求理论、效用理论、生产（成本）理论、市场（厂商）理论、分配理论和福利理论六个方面，如图1－1所示。

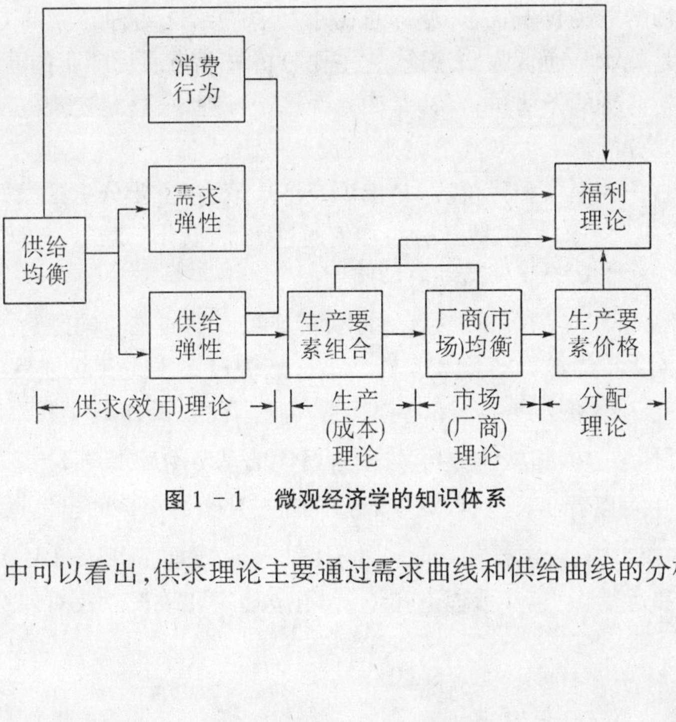

图1－1 微观经济学的知识体系

从图1－1中可以看出，供求理论主要通过需求曲线和供给曲线的分析，揭示需求与供给的规律及价格决定的规律。效用理论进一步探讨需求曲线的背后——消费者行为的一般法则，阐明居民在一定的收入水平和市场条件下，如何使用其货币收入，以取得最大限度的效用，从而达到最大限度的满足。生产(成本)理论主要分析价格理论的另外一方面，即供给方面，着重分析供给的背后——生产，阐明与生产有关的一些重要的经济规律。市场(厂商)理论着重研究在不同的市场条件下，厂商为了获得最大利润，根据什么原则作出产量和价格的决策。分配理论着重研究生产要素的价格及其决定问题。除上述五个基本问题外微观经济学的目标是使市场均衡，即实现福利最大化——这就是福利经济学理论，包括一般均衡、帕累托最优和市场失灵下的微观经济政策等。上述六大理论中，核心问题是需求、供给与价格理论中的均衡价格理论。这是因为微观经济理论所要解决的是资源配置问题。资源配置在西方国家中是通过价格机制来解决的。现代西方经济理论中所流行的价格理论是需求与供给来说明价格决定的“均衡价格”理论。所以，学习微观经济学必须从供求理论和均衡价格理论入手。

二、宏观经济学概述

宏观经济学以整个国民经济活动为考察对象，主要研究国民经济活动中各个有关的经济总量及其变化。经济总量包括：国民生产总值、国民收入总量、总需求、总就业率、价格水平、储蓄和投资额、经济增长率等。由于宏观经济理论所涉及的是一个国家经济总量分析，所以它又被称为“总量经济学”或“总体经济学”。宏观经济理论所要解决的问题主要是分析失业和通货膨胀的原因，并寻求医治这些“病症”的对策，以达到没有通货膨胀的充分就业和经济增长。

宏观经济学的主要内容，可概括为五个方面：一是国民收入核算理论，它主要分析国民经济的运行，具体通过“经济循环流动模型”的分析，说明在国民经济运行中，国民收入怎样才能趋于均衡。二是国民收入决定理论，主要分析影响供给与总需求平衡的各个因素，如何达到均衡的国民收入状态，亦即总需求和总供给这两种对立的力量达到平衡时的国民收入。三是就业与通货膨胀理论，它主要分析失业与通货膨胀的原因、两者之间的关系，以及如何对两者的矛盾进行协调。四是经济增长理论，这是宏观经济理论中一个独立的问题。它主要分析资本主义经济稳定增长条件下的各种增长模型、导致经济增长的因素，以及经济增长的极限和代价。五是宏观经济政策，它主要分析国家如何调节经济的问题，即“国家宏观调控”问题，具体分析如何通过财政、货币、供给等政策进行宏观调控，以解决失业、通货膨胀和周期性波动等问题。

从对宏观经济学特点的分析中可以看出，宏观经济学的核心问题是国民收入决定理论，即以国民收入决定为核心的总量分析。所以，宏观经济学也称为宏观经济分析。为了考察发达市场经济国家的经济增长和周期，常常把国民收入和就业联系起来进行分析，宏观经济学又可称为收入和就业分析。宏观经济学的基本问题如图1－2所示。

从图1－2中可以看出，国民收入核算是研究宏观经济理论的出发点，国民收入决定是宏观经济学的核心内容，主要包括简单的国民收入决定模型、IS－LM模型和总需求总供给模型。失业和通货膨胀、货币理论和政策、财政理论和政策以及对外经济理论和政策

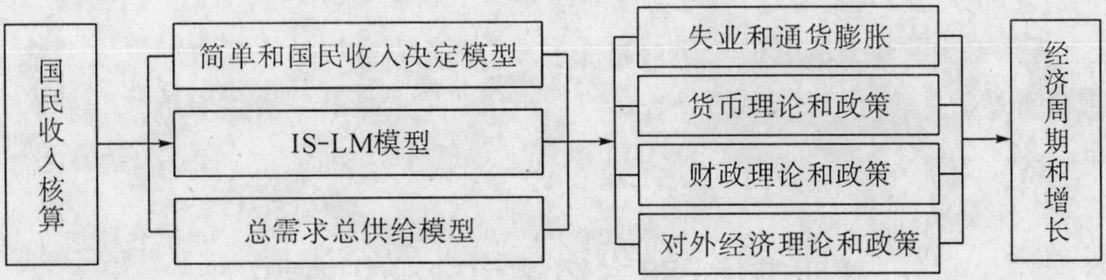

图 1－2　宏观经济学的主要问题及相关关系

是以国民收入决定理论为根据的最重要的宏观经济政策。而宏观经济政策的最重要目标是减缓经济波动，保持经济增长。

虽然微观经济学和宏观经济学考察的对象、理论体系以及所要完成的任务不同，但它们作为西方经济学的两大组成部分，两者是相互补充、相互依存的。微观经济学是宏观经济学的基础，而宏观经济学又直接影响微观经济的决策，对任何一个经济问题进行考察，既要进行微观分析，又要进行宏观分析，才能全面透彻的了解，两者相辅相成、缺一不可。

【专栏知识】

"微观经济学"与"宏观经济学" 名称的由来

在 20 世纪 30 年代之前，并没有"微观经济学" 与"宏观经济学" 的提法。

我们一般把英国古典经济学家亚当 · 斯密作为现代经济学的奠基者，他的主要代表作是《国民财富性质和原因的研究》（简称《国富论》）。从斯密开始的古典经济学既研究经济增长、经济周期这类我们今天称之为宏观经济学的内容，又研究价格、价值、成本、收入分配这类我们称之为微观经济学的内容。换言之，在经济学形成的相当一段时间内，经济学并没有微观与宏观的区分。

从 19 世纪 70 年代的边际革命之后，经济学的研究从生产转向需求，直至 20 世纪 30 年代之前，研究的中心是资源配置，即我们今天所说的微观经济学，这一时期的经济学称为新古典经济学。到 19 世纪末英国经济学家马歇尔的《经济学原理》出版时，今天所说的微观经济学体系已经基本形成，但是并没有"微观经济学" 这个名称。

在凯恩斯之前，经济学家也研究过经济增长、经济周期这类宏观经济问题。但现代宏观经济学是在凯恩斯 1936 年发表《就业、利息和货币通论》之后才形成的，不过提出"微观经济学" 与"宏观经济学" 这两个名称的并不是凯恩斯。凯恩斯也没有把自己的理论体系称为宏观经济学。

第一次使用"微观经济学" 和"宏观经济学" 这两个名词的是荷兰统计局一位并不知名的经济学家卜迪 · 沃尔夫。他在 1941 年的一篇文章中写道："微观经济解释所指的是一个人或家庭…… 的关系。宏观经济解释产生于与个人或家庭组成的大集团（社会阶层，民族等）…… 相应的关系。" 沃尔夫的解释已接近于我们今天对微观经济学和宏观经济学的理解。美国经济学家萨缪尔森在 1948 年出版的《经济学》 中把这两种理论构建在一个经济学体系之内，这成为至今为止所有初级教科书的标准模式。

把经济学分为微观经济学与宏观经济学是一个创举，但过分强调这两者之间的区分，又容易形而上学地割裂它们之间的内在联系。经济学家们正在努力建立一个微观经济学与宏观经济学统一的体系。也许我们的下一代在学习经济学时又没有微观与宏观之分了。

第四节　西方经济学的分析方法

西方经济学采用了许多分析方法，它是西方经济学理论体系的重要支撑。只有了解和掌握这些重要的分析方法，才能深刻理解西方经济学博大精深的理论体系及其具体内容。

一、边际分析和最优分析

1. 边际分析

边际分析就是对最后增加或追加一个单位自变量所引起因变量变化值的分析。如某厂商生产电视机，月产300台，获得利润15万元，则平均利润为每台500元；如果月产量为301台获利为15.06万元，则边际利润即为最后增加一台利润为600元。可见，边际分析是基于各种经济变量存在函数关系为前提的，是相对于平均分析而言的。这种方法实际上是用来确定适度的变量界限的较好方法，在微观经济学中用得较为广泛。

2. 最优分析

最优分析就是运用数学和现代计算工具，确定经济运行中目标最优化的论证方法。最优化问题实际上是一种特殊的均衡问题，即有一定目标的均衡。从数学上看，最优问题就是求极值问题，包括微分极值法、线性规划和拉格朗日法等。比如，已知总成本函数 $TC = -100 + 90Q - Q^2$，试求利润最大的产量。根据数学原理，边际成本 $MC = 90 - 2Q = 0$，即 $Q = 45$ 时，利润最大。线性规划是求在线性约束条件下的最优，即在一定的线性条件下，求线性的目标函数最大化或最小化。

二、规范分析和实证分析

1. 规范分析

规范分析是以一定的价值判断为基础，提出一些分析和处理问题的标准，作为决策的前提和制定政策的依据。这里所说的价值不是指商品价值范畴，而是指经济事物的社会价值，例如，失业和通货膨胀具有替代关系，但当两者并存时，是优先解决失业问题，提高赤字财政政策呢？还是先解决通胀问题，实行紧缩财政政策呢？到底政府应该怎样做是正确合理的呢？这就是规范经济学的问题了。规范分析有三个特点：它回答“应该是什么”的问题，而不回答“是什么”的问题；它分析问题没有客观性，而只是根据一定的价值观念进行判断；它分析问题所得出的结论无法通过经验事实进行检验。

2. 实证分析

实证分析和规范分析相反，基本排除价值判断，只对经济现象、经济行为或经济活动及其发展趋势进行客观的陈述和分析，得出一些规律性结论。例如，“最低工资立法引起了失业”、“通货膨胀与失业具有替代关系”、“扩大政府开支和减少税收造成财政赤字”都是实证命题。实证分析具有和规范分析完全不同的三个特点：它回答“是什么”的问题，而不回答“应该是什么”的问题；它分析问题具有客观性；它分析问题所得出的结论可以通过经验事实进行验证。实证分析一般由定义、假设、假说和预测等相互联系的步骤组成。定义是指对研究变量给以质的规定性，并加以明确的界定，否则没有特殊性和可比性。假设是指界定理论分析的条件，因为理论都是在一定条件下成立的。假说是指对若干变量之间关系的揭示或阐述，是未经证明的规律性。预测是运用假说对未来进行科学预见，以判断假说是否存在。如果预测结果符合实际，则假说就是客观的理论；反之，如果预测结果不符合实际或不准确，则需修改或否定假说。

3. 实证分析和规范分析的关系

实证分析和规范分析的主要差别是其对命题的正确性的判断标准不同。实证分析和规范分析都是必要的，但实证分析更重要，因为它能客观地分析经济运行的规律性。两者也有一定的联系，规范分析也有一定的作用，因为实证分析中也无法完全回避价值判断。比如西方经济学就是在肯定资本主义制度的价值判断条件下，研究宏观经济运行规律的。经济学既是一门实证的科学，也是一门规范的科学。我国在经济研究中应更多地采用实证分析方法，特别是应该采取数据实证分析和模型实证分析相结合的方法来探索社会主义市场经济运行的规律性。

三、均衡分析和非均衡分析

1. 均衡分析

均衡概念是瓦尔拉斯1874年提出来的，称为瓦尔拉斯均衡(Walrasian Equilibrium)。均衡分析是经济学常用的一种方法，包括局部均衡和一般均衡。局部均衡是指其他条件不变，由于价格的作用，对个别商品均衡价格和均衡产量的形成过程分析，即分析商品的需求量和供给量相等时的均衡产量和均衡价格。一般均衡与局部均衡相对应，是指在市场上所有商品的供给、需求和价格相互影响的条件下，对所有商品的供求均衡状态的分析，后来发展为用数量关系来描述或反映一般均衡状态。凯恩斯的宏观经济理论是以总量均衡分析为主的经济理论，如国民收入决定理论、经济增长理论都可采用均衡分析方法。

2. 非均衡分析

非均衡是相对瓦尔拉斯均衡而言的，可称为非瓦尔拉斯均衡。它是指由于价格的作用，经济运行中不能形成供求相等的均衡价格和均衡产量，即不能形成瓦尔拉斯均衡，而只能使供求双方在偏离瓦尔拉斯均衡的适当位置上的均衡，这是一种短期的不稳定的均衡。比如，凯恩斯主义经济学中揭示的均衡收入就是一种非均衡状态，因为一般来说这种均衡收入小于潜在收入，是一种小于充分就业的均衡，实际上是非均衡。一般来说，非均衡分析是从经济系统中各种经济力量不均衡状态出发，联系历史、社会和制度等因素，对经济现象及变化原因进行分析的方法，它不是对均衡分析的完全否定，而是对均衡分析的深化、发展和扬弃。

3. 均衡分析和非均衡分析综合运用

均衡分析和非均衡分析都是十分重要的分析方法，必须加以综合运用。但从长期看非均衡分析方法日益受到重视。运用非均衡分析方法揭示经济运行中非均衡的状况和原因，并促使经济从非均衡达到均衡，是极为重要的。

四、静态分析和动态分析

1. 静态分析

静态分析是研究经济变量在同一时期内的相互关系，是对经济运行的一种短期分析。它只说明短期经济运行情况，不能说明经济运行的变化过程。宏观经济学中对一定时点上若干变量相互关系的分析就是静态分析，如在一定假设条件下每个时期国民收入的水平取决于S（储蓄）和I（投资）的对比状况，即I和S相等时则有均衡国民收入，这就是静态分析。比较静态分析属于另一种均衡状态分析，它研究从一种均衡状态到另一种均衡状态的变化趋势，分析经济变量对均衡的影响，但这种分析基本上不涉及时间问题，也属于静态分析。

2. 动态分析

动态分析是研究经济变量在不同时期的变动规律，是对经济运行的一种长期分析，说明长期经济情况并能解释经济运行过程及变化动因。经济增长问题的研究就属于动态分析方法，如凯恩斯的国民收入决定理论的动态化就是哈罗德—多马模型。

3. 静态分析和动态分析的区别

静态分析和动态分析的主要区别在于，前者不考虑时间因素，而后者考虑时间因素。具体来说，静态分析是一种横向分析，即考虑一定时期内各种经济变量之间的相互关系；动态分析则是一种纵向分析，是时间序列分析，即考察不同时期各种经济变量的变动规律。当然，静态分析和动态分析也有一定联系。这种联系表现在：静态分析是动态分析的基础，它为动态分析提供基础数据，便于准确分析经济运行规律；而动态分析则是静态分析的发展和延伸。一般来说，先进行静态分析，在静态分析的基础上进行动态分析。

五、流量分析和存量分析

1. 流量和存量

流量和存量都是变量。流量是指某一时期内经济变量的数值，如一年内国内生产总值、一年内银行吸收存款的数量、一年内钢产量等。存量是指某一时点上的经济变量，如年末的国民财富总量、年末银行存款余额、年末钢材库存等。

流量和存量的关系十分密切。一般来说，流量来自存量，流量又归入存量之中，如一年生产的国内生产总值是年初（或上年末）各种资源存量充分利用的结果，而到年末未消耗的国民生产总值又归入存量之中。流量和存量是互相影响的，流量增加能使存量增加，存量增加又促使流量增加。

2. 流量分析

流量分析是指对流量总量指标的投入产出变化及对其他总量指标的影响等进行分析。其中，收入流量分析是非常重要的，因为收入流量指标如国内生产总值等，反映着一个国家在一定时期内的经济发展水平、国家经济实力和国内生活水平状况等，研究收入流量的影响因素并使其不断增长是极为重要的。

3. 存量分析

存量分析是指对存量的总量指标的影响因素、变动趋势及对其他有关指标影响的分析。存量分析极为重要，因为许多存量指标非常重要，如国民财富、货币数量和存款余额，特别是许多存量使用和分解，它是重要的政策问题。存量和流量分析常用在财富和收入关系分析上，财富和收入的关系极为密切。

六、总量分析和结构分析

1. 总量分析

总量分析是指对宏观经济运行总量指标的影响因素及其变动规律进行分析。如对国内生产总值、消费额、投资额、银行贷款总额及物价水平变动规律的分析就是总量分析。总量分析实际上是一种动态分析，因为它主要研究总量指标变动规律；同时，也包括静态分析，因为总量分析包括考察同一时期内各总量指标的相互关系，如投资额、消费额和国民生产总值的关系等。

2. 结构分析

结构分析是指对经济系统中各组成部分及其对比关系变动规律的分析。如国民生产总值中三个产业的结构及消费和投资的结构分析、经济增长中各因素作用的结构分析等。结构分析主要是一种静态分析，即对一定时期内经济系统中各组成部分变动规律的分析。如果对不同时期内经济结构变动进行分析，则属于动态分析。

3. 总量分析和结构分析的关系

总量分析和结构分析是相互联系的。总量分析侧重于总量指标增长速度的考察，它侧重分析经济运行的动态过程；结构分析则侧重于对一定时期经济整体中各组成部分的研究，它侧重分析经济现象的相对静止状态。总量分析最重要，它需要结构分析来加以深化和补充，而结构分析要服从于总量分析的目标。为使经济正常运行，需要对经济运行进行全面把握。因此，在实践中应将总量分析方法和结构分析方法有机结合起来使用。

第五节 学习西方经济学的意义和应注意的问题

一、学习西方经济学的意义

当前，我国的改革开放已经进入了一个新的转折时期。在这种新的形势下，学习现代西方经济理论具有十分重要的现实意义。

第一，借鉴的需要。通过学习现代西方经济理论，可以吸收和借鉴其科学的成分，促进我国现代化经济建设。长期以来，这样一种流行的观念禁锢着人们的思想：现代西方经济理论是资产阶级庸俗经济学的继续，是为垄断资产阶级利益服务的理论，没有什么科学性而言。所以，多年来我们和西方经济理论几乎处于隔绝状态，除了对它们进行批判之外，很少讲到借鉴和参考。现在，经过改革开放三十多年的伟大实践和人们思想观念的深刻转变，越来越多的人已经认识到，现代西方经济理论是现代市场经济活动的产物，是西方国家发展经济的指导思想和制定经济政策的主要依据。在西方经济理论和经济政策的指导、调节下，半个多世纪以来，尤其是20世纪50年代和60年代，主要西方国家的经济发展都呈现了明显的增长趋势。进入70年代以后，尽管西方各主要国家相继出现“滞胀”局面，经济增长率普遍下降，但是，自1983年以来，它们的经济又开始逐渐回升，呈现出稳定增长的趋势。这就充分表明：现代西方经济理论及其所揭示的某些经济发展规律是基本符合现代市场经济运行的实际情况的，对指导西方国家的经济实践是卓有成效的。尽管它无助于资本主义制度摆脱必然灭亡的命运，但它为缓解资本主义经济的矛盾和刺激社会生产力的发展所起的作用则是不容置疑的。那么，对资产阶级有用的现代西方经济理论，对社会主义经济建设是否也有用呢？答案应该是肯定的。因为资本主义经济和社会主义经济尽管有本质的区别，但也有共性：一是社会化的大生产，二是都要大力发展市场经济。既然社会化大生产和市场经济并不是资本主义经济所特有的，那么，我们完全可以舍去资本主义生产关系的特殊性，把现代西方经济理论中关于社会化大生产和发展市场经济的一般规律以及科学的经济分析方法有选择地借鉴过来，为社会主义经济建设服务。

第二，对外交往的需要。通过学习现代西方经济理论，可以进一步了解和熟悉世界经济情况，更有效地进行对外经济往来，促进我国经济的繁荣。党的十四大以后，随着社会主义市场经济新体制的确立和不断完善，我国的改革开放将迈出更大的步伐，将在更大范围内和更大规模上积极发展同包括资本主义国家在内的世界各国的经济技术交流与合作，这就要求我们进一步了解世界各国的经济状况和运行机制，熟悉其处理业务的指导思想、具体方式及操作规程，这样才能知己知彼，成功地实现我国经济同世界经济的顺利接轨，在参与国际经济大循环中取得更大的发展。从这个角度讲，学习现代西方经济理论对我们是大有好处的。

第三，发展马克思主义经济理论的需要。通过学习现代西方经济理论，可以吸收其中的科学成分，把马克思主义经济学推向前进。众所周知，马克思主义经济学说在自己的发展过程中，十分重视批判地吸收资产阶级经济学中的科学成分和积极因素。马克思在写《资本论》原著时，引用资产阶级学者的著述就达605部之多，批判地汲取了其中许多有益的思想。即使是对古典经济学以后的庸俗经济学，马克思和恩格斯也是采取科学的态度，一方面用自己的科学理论批判其庸俗错误之处，同时又十分注意汲取和改造其中的某些合理因素。例如，对庸俗经济学家马尔萨斯所鼓吹的“人口论”，马克思和恩格斯首先对这一理论的庸俗性、反动性进行了充分的揭露和批判，同时也客观地指出了其中的某些可取之处。正是这种实事求是的科学态度和严谨的治学态度，使马克思主义经济学说的创始人能批判地汲取前人研究中的精华，不断充实和丰富自己的理论宝库，从而建立起博大精深的马克思经济学说的理论体系。但应看到，马克思经济学说并不是终极真理，它还需要在实践中不断完善。在当代新的历史条件下，马克思主义经济学不仅需要在认真总结社会主义经济建设的实践中不断得到丰富和完善，而且也需要以实事求是的态度，批判地汲取现代西方经济理论中的科学成分，用来不断充实自己。例如，现代西方经济理论中的货币理论、供给理论及其政策主张，就可以批判地借鉴过来，用以丰富社会主义的宏观调控理论。再如，现代西方经济理论中大量运用的数量分析方法以及许多有价值的科学方法，如微观经济理论中的“边际分析法”，把微分、积分、线性方程等融汇在经济分析之中，向我们提供了如何把寻找“最优值”的方法应用于各种经济问题的范例，就值得我们认真学习和借鉴。马克思曾经讲过，一种科学只有成功地运用数学时，才算达到了完善的地步。所以，我们有必要从现代西方经济理论中取其精华，去其糟粕，把马克思主义经济学进一步推向前进。

二、学习西方经济学应注意的问题

现代西方经济理论同马克思主义政治经济学有着不同的思想体系、理论体系和分析方法，对于初学者，客观上存在着一定的难度。为了能有效地学习好这门课程，在学习方法上应注意以下几个方面的问题：

第一，应坚持用马克思主义的立场、观点和方法作为研究现代西方经济理论的指南。现代西方经济理论内容丰富，学派繁多，观点纷纭，知识涉及面宽，庸俗性和科学因素又常常混杂在一起。面对着这样一门对许多同志来说尚属陌生的经济学科，必须坚持以马克思主义的立场、观点和方法为指导，正如列宁所说的：“睁开眼睛来看资产阶级科学，注意它，利用它，批判地对待它，不放弃自己完整的和确定的世界观。”① 只有这样，才能从总体上和实质上对现代西方经济理论作出科学的、实事求是的分析，也才能分清现代西方经济理论中哪些是庸俗的东西，哪些是可供我们借鉴和利用的科学成分。

第二，要从总体上把握现代西方经济理论的整体性和系统性，切忌一知半解或断章取义地研究和评价。现代西方经济理论，经过数百年的产生、发展和演变，已经拥有一套比较完整的理论体系和思想体系。就其中的每一个流派而言，它都有自己的理论渊源及其发展演变过程，有其独特的理论观点及其政策主张。而各种不同流派及其理论观点之间，既有明显的不同之点，也有其相同之处。因此，对现代西方经济理论要进行全面系统的学习和研究。例如，我们在学习微观经济理论时，必须全面了解以均衡价格理论为核心，包括供求理论、消费者行为理论、生产理论、市场理论和分配理论在内的一整套理论体系及其相互间的内在联系；研究宏观经济理论时，必须全面了解以国民收入决定理论为核心，包括国民经济运行理论、就业与通货膨胀理论、经济增长理论、宏观经济政策等在内的一整套理论体系及其相互联系；研究某一流派或某一学说时，必须全面了解它产生的历史背景、理论观点，政策主张及其与其他流派的区别与联系。只有这样，才能使我们站在应有的理论高度，对现代西方经济理论及其流派有一个全面、深入的认识。

第三，应努力发掘和借鉴现代西方经济理论中有价值的东西，为社会主义经济建设和改革开放的实践服务。学习和研究现代西方经济理论的重要目的，在于为建设有中国特色的社会主义服务。党的十二届三中全会通过的《中共中央关于经济体制改革的决定》中指出：“为了从根本上改变束缚生产力发展的经济体制，必须认真总结我国的历史经验，认真研究我国经济的实际情况和发展要求。同时必须吸收和借鉴当今世界各国包括资本主义发达国家的一切反映现代社会化生产规律的先进经营管理方法。”当前，我们国家正在建立和完善社会主义市场经济新体制，需要汲取现代人类社会文化的优秀成果。因此，我们学习西

① 《列宁全集》第3卷，第581页

方经济理论,要在坚持党的四项基本原则的前提下,注意发掘和吸收现代西方经济理论中一切科学的因素,特别是那些关于社会化大生产和发展现代市场经济的有关理论及其行之有效的政策主张,为我所用,为建立和完善社会主义市场经济新体制服务。

第四,必须深入了解现代西方经济理论中所使用的基本概念、基本假定和基本方法;否则,就很难把握西方经济学家对许多理论问题和实际问题的分析,甚至还可能产生误解。从基本概念来看,现代西方经济理论中使用了许多马克思主义政治经济学中没有的概念。例如,西方经济学家把经济学首先划分为基础经济学和应用经济学,基础经济学又划分为实证经济学和规范经济学,实证经济学又划分为微观经济学和宏观经济学。根据这种分类,我们必须对其中每一种经济学的具体含义有明确的了解,才能弄清楚现代西方经济理论(包括微观经济理论和宏观经济理论)的基本特点,了解它属于实证经济学的范畴,但又包含规范经济学的因素。从基本假定来看,西方经济理论在进行经济分析时,经常运用某些假定条件。例如,英国经济学家马歇尔在其《经济学原理》一书中对供给和需求进行均衡分析时,经常使用“其他条件不变”一语,如果我们不把这种假设弄清楚,就不能正确地看到他分析的科学因素和局限性。从分析方法来看,西方经济学家大量采用数量分析方法,对经济活动进行数量、模型、静态、动态以及预测相结合的分析,从而把许多复杂的经济问题数量化,这是现代西方经济理论的一大特色,也是值得我们学习和借鉴之处。对初涉这方面内容的读者来说,可能会有一定的难度,但只要多下工夫,是完全可以掌握的。

【本章小结】

1. 西方经济学是关于资源配置的科学,是研究如何将有限的资源科学合理地配置起来,以最大限度地满足人的欲望的科学。它具体研究社会中居民、厂商、政府和其他组织如何进行选择,以及通过选择如何决定社会资源的使用方式。要做到资源的最佳配置,就必须进行正确的抉择,考虑机会成本的问题。从生产的角度看,进行资源选择时,必须考虑“生产什么、生产多少”,“如何生产”,“为谁生产”的问题,这三个问题是一切社会的基本问题。由于解决上述三个问题的方法不同,由此形成了不同的社会经济制度。

2. 西方经济学的产生和发展大体上经过萌芽、形成或产生时期、发展与完善时期。其间可分为重商主义经济学、古典经济学、庸俗经济学和现代西方经济学四个发展阶段。15 ~ 17 世纪中叶为萌芽时期,以重商主义为代表;17 世纪中叶为形成或产生时期,以古典经济学为代表;19 世纪初开始为完善和发展时期,其主要代表人物为李嘉图、穆勒、马歇尔、凯恩斯、弗里德曼和卢卡斯等,其中最重要的有凯恩斯、弗里德曼和理性预期学派等四次革命。

3. 微观经济学可称为价格理论,其中心问题是价格问题。其包括供求理论、效用理论、生产理论、厂商(市场)理论、分配理论和福利理论(一般均衡)等。宏观经济学是以国民收入为核心的总量分析,其核心问题是国民收入决定,包括国民收入核算、国民收入决定模型、失业和通货膨胀、财政政策、货币政策、对外经济政策及经济周期和增长等。

4. 西方经济学的主要分析方法包括边际分析和最优分析、规范分析和实证分析、均衡分析和非均衡分析、静态分析和动态分析、流量分析和存量分析、总量分析和结构分析等。

5. 在我国改革开放的新形势下，学习西方经济学具有十分重要的现实意义。

【思考题】

1. 西方经济学的产生和发展大体经历了哪几个发展阶段？
2. 什么是西方经济学？西方经济学的研究对象是什么？
3. 社会的基本经济问题是什么？
4. 社会经济制度划分为哪些不同的类型？
5. 微观经济学和宏观经济学包括哪些基本问题？
6. 西方经济学有哪些分析方法，各有什么特点？
7. 学习西方经济学有何重要的现实意义？

【综合案例1】

经济学与经济学家的良心

“经济学是不讲良心不讲道德的”，这是一个著名经济学家的著名论点。

如果“讲”良心，那就不是经济学而是道德伦理学。作为以经济包括市场、交易为研究对象的学科，它考察的基础或者说基本“公设”，是假定每个人、每个社会群体都是“经济人”，即追求自身利益最大化是他们的本性。因此，它要探讨人们是怎样逐利的，从而设计一种合理的制度，鼓励人们在发展生产力、增进社会财富的基础上达到个人目的，而防止某些人钻制度的空子攫取社会财富、侵占他人利益。经济学不讲道德，就像医学医术不讲道德，只关注怎样救死扶伤，而不问病人是劳模还是囚犯。

事实上，我们早就吃过经济学“讲道德”的大亏：紧跟着当时的政治潮流，鼓吹精神万能，以为靠人的道德觉悟就可以超英赶美大跃进；待到乌托邦梦醒，才知市场经济是不可逾越的历史阶段。其实，马克思和恩格斯在他们合著的《德意志意识形态》第一卷里就讲过，“政治的理论观念”（即政治学）应当摆脱道德，“独立地研究政治的主张”。政治学尚且不应“讲”道德，何况经济学？

但是，经济学家是应当“讲”良心、“讲”道德的——在这里“讲”不是对人“说”，也不是研究的意思，而是“凭（良心）”、“遵循（一定的道德准则）”的意思。学科（学问）与人（做人）是两码事，只要是人，不论你是政治家、科学家还是别的什么“家”，都有一个怎样立身处世的立场和态度问题。做人不讲良心不讲道德就是非人，是衣冠禽兽。恰如医学医术本身不“讲”良心，但古希腊的医师希波克拉底提出的人道主义准则即著名的“希波克拉底誓言”，却是所有从医人员应当奉行的道德标准。

经济学家的良心与基本道德应当是什么？我认为是八个字：追求真理，造福公众。

追求真理就是要一切从实际出发，尊重事实，努力探求真理和客观规律，道实情讲真话，不弄虚作假，不察言观色讲违心的话。

造福公众，就是秉公持正，为发展社会生产力增进全社会的福祉服务，不是为牟取个人或某个利益集团的特殊利益而花言巧语以自己的专家身份误导舆论和决策者。

资料来源:鄢烈山.经济学与经济学家的良心.http://www.sina.com.cn.根据需要有改动。

【讨论题】

为什么经济学不讲良心和道德?经济学不讲良心和道德是否是经济学家不讲良心和道德?他们的良心和道德是什么?

【综合案例2】

价格到底谁说了算

民航国内航空运输价格改革方案听证会在北京举行。虽然此次听证会受"非典"影响延期两个多月,但社会对它的关注丝毫没减。值得回味的是,中国的改革就是从价格改革入手的。问题是,为什么改革多年,我们还停留在要政府出面为民航这样的垄断行业开价格听证会的阶段,而不能由市场来决定价格呢?这些年政府为了把垄断行业推向竞争市场,做了不少工作。

最后,中国电信一分为四;民航也早就各路诸侯分治,航空公司林立。于是乎,真的竞争来了,为打折打得头破血流。消费者得到了实惠,一片叫好;经济学家也喜出望外:总算与市场接轨了,该来个优胜劣汰了。可这时,"婆婆"忍不住出面了——都是国有资产嘛,手心手背都是肉,为何非拼个你死我活呢!在政府的倡导下,民航各路诸侯今日歃血,明日盟誓,又是"生死合约",又是价格联盟,但结果总是拧不过市场法则的"大腿",该打折还是打折,该降价还是降价,只不过"明火执仗"变成了"暗度陈仓"。结果,竞争总是深入不下去,该死的死不掉,该长的长不大,市场真的"失灵"了。

政府总"舍不得"放手让市场来裁决价格。经济学家常说,市场具有比任何权力更绝对的权威。1992年诺贝尔经济学奖得主加里·贝克尔认为,国有企业应该民营化。过去十几年来,经营不善的国企转为民营已经成为世界潮流。美国将邮政民营化了;英国在撒切尔当政期间,就将原来由政府经营的航天、汽车、电子通信甚至铁路移转为民营,成效显著。我们的民航、铁路、电力等为什么就不能姓"民"?为什么不能像食品、家电、服装等行业,取消政府管制,取消那么多的"局"、"部"呢?

我们经济生活中有两种主要的经济组织形式:市场机制和命令经济。所谓市场机制是指这样一种经济组织形式,即单个消费者和企业通过市场相互发生作用,来决定经济组织的三个中心问题:生产什么、如何生产和为谁生产。所谓命令经济是指这样一个其资源的分配由政府来决定,命令个人和企业按照国家经济计划行事。亚当·斯密把市场机制比喻为"看不见的手"。所谓"看不见的手",是指当每个人追求他自私自利的目标时,他好像被一只看不见的手引导着去实现最好的公共福利。家庭和企业在市场上相互交易,其仿佛被一只"看不见的手"所指引,引导着社会资源的合理配置。

资料来源:根据经济学阶梯教室《价格到底谁说了算》编写。根据需要有改动。

【讨论题】

到底什么是"看不见的手"?它到底起了多大作用?

第二章 供求与价格理论

【学习目标与要求】

通过系统地学习，掌握价格理论的基本知识和基本体系；掌握需求、供给是如何决定价格的，价格机制是如何实现对资源的合理配置的；掌握弹性理论对厂商收益决策的影响及应用。

【学习重难点】

重点：影响需求、供给及价格的因素，需求量变动与需求变动的不同，需求弹性系数及对厂商的收益影响。

难点：需求弹性理论。

1. 需求和需求的变动
2. 供给和供给的变动
3. 均衡价格
4. 需求和供给的弹性理论

第一节 供求理论

一、需求与影响需求的因素

经济分析中所使用的需求概念，是指在一定时期内和一定价格条件下，消费者愿意并且能够购买的某种商品的数量。这个概念包含以下三个要点：

第一，需求是指消费者在一定价格条件下愿意购买的商品数量，而不是实际购买的商品数量。愿意购买的量与实际购买的量往往并不一致。因此，现代西方经济学常用"需求量"表示愿意购买的量，用"成交量"表示实际购买的量。

第二，需求不是指一种空想或欲望，而是指"有效需求量"，也即人们不仅愿意购买，而且有支付能力的需求量。如果只愿意购买但无实际支付能力，那就只能是一种空想或欲望，而不是需求。

第三，需求是个流量概念，它必须用一定时间内消费者的需求量来表示。比如，某地居民每月对粮食的需求是9000万千克、对纺织品的需求量是500万米等。如果没有时间的规定，需求的含义是不明确的。

微观经济理论认为，影响商品需求数量的因素主要有以下四个：

1. 商品自身的价格

这是影响需求量的最重要因素。在通常情况下,它与需求量成反比例关系,即某种商品的价格提高或上涨,消费者对该商品的需求量便减少或下降;反之,价格降低或下跌,消费者的需求量便增加。

2. 消费者的收入水平

在其他条件不变的情况下,收入水平与需求量成正比例关系,即消费者的收入水平越高,对商品的需求量便越大;反之,收入水平越低,对商品的需求量则越小。

3. 消费者的偏好

所谓偏好,指消费者对某种商品的特殊喜爱。例如,南方人爱吃大米,对大米的需求量就比北方人大;而北方人爱吃面粉,对面粉的需求量就比南方人大。消费者的这种偏好,主要取决于当时当地的社会风俗习惯,以及文化、气候、广告、宣传等因素的影响。

4. 相关商品的价格

相关商品指与该商品有某种联系的其他商品,具体包括替代品和互补品。替代品是指在效用上可以互相替代的商品。如棉织品和化纤织品,都有抵御风寒、增强美感等效用,可以相互替代。如果化纤织品的价格下降了,而棉织品的价格不变,那么,消费者对棉织品的需求量就会相应减少。可见,替代品价格的变化与商品的需求量变化成正比。互补品指必须结合才能发挥作用的两种商品。例如,汽车和汽油就是互补品,因为两者必须结合起来,汽车才能启动和行驶。如果汽油价格提高,就会引起对汽车的需求量减少。可见,互补品价格的变化与商品的需求量成反比。

可见,某种商品的需求量与影响需求量的各种因素之间存在着一种相互依存的关系,用数学的语言来说,称为函数关系。如果把影响需求量发生变化的各因素作为自变量,把需求量作为因变量,则它们之间的函数关系为:

$$D = f(a, b, c, d, \cdots, n)$$

这就是需求函数。它表示一定时期内某种商品的需求数量与影响该商品需求数量各因素之间的函数关系。其中,D 代表消费者在一定时期内对某种商品的需求数量,$a, b, c, d, \cdots, n$ 代表影响该商品需求数量发生变化的各种因素。就是说,D 数值的大小,是由 $a, b, c, d, \cdots, n$ 的数值所决定的,并随它们的变化而变化。

由于影响某种商品市场需求量的因素十分复杂,如果我们试图一开始就考察所有因素同时变化时它们对市场需求量的影响,那就不可能对需求函数进行正确的分析,甚至会连一个简单的理论都不能建立起来。因此,微观经济理论在需求分析中采用了科学的抽象法,即假定影响某种商品需求量的因素中只有一个变量,其余因素都是不变的。在此假定条件下,考察该变量对市场需求的影响。然后用同样的方法对其他变量逐个进行考察。最后综合进行考察,分析多个因素同时变化对市场需求的影响。下面,重点研究其他因素不变时。商品本身价格的变化对商品需求量的影响。

二、需求表与需求曲线

经济生活的大量实践表明,在不同的价格水平下,商品的需求量会发生相应的变化。假定在一定收入水平下,土豆的需求状况如表 2 - 1 所示。

表2－1　　在一定收入水平下土豆的需求表

每吨价格(元)	需求量(吨)
20	110.0
40	90.0
60	77.5
80	67.5
100	62.5
120	60.5

这种反映商品价格与需求量之间关系的表称为需求表，它表示在不同价格水平下商品的需求量是多少。根据需求表绘成的曲线就是需求曲线，如图2－1所示。图2－1中的曲线表明，消费者在不同价格水平下愿意购买的土豆数量。该曲线由左上方往右下方倾斜，表明价格下降，需求量增加；相反，价格上升，需求量减少。整条曲线反映了在其他因素不变条件下需求量与价格的全部关系。

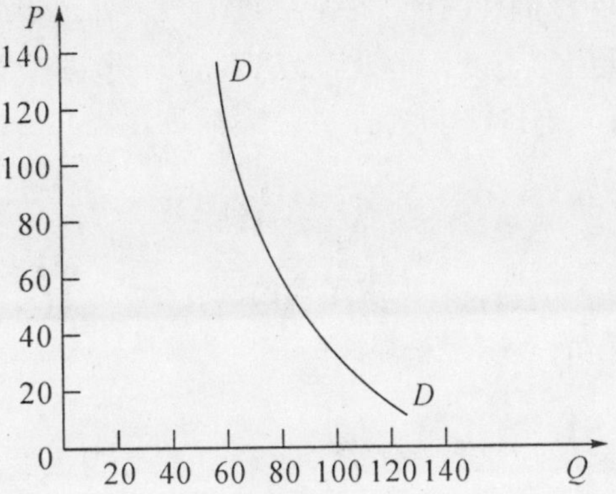

图2－1

三、需求定理

从需求表和需求曲线可以清楚地看出，在其他因素不变的条件下，价格和需求呈反方向变动的关系，即价格越低，需求量越大；价格越高，需求量越小。这种商品价格和需求量之间呈反方向变动的关系，西方经济学家称为需求定理。这个定理适用于除某些特殊商品之外的一切商品。

为什么商品价格和需求量呈反方向变动的关系呢?其原因主要在于：

第一，由于一些商品之间在使用上存在着可以彼此替代的关系。当一种商品的价格相对下降时，由于它可以用来代替其他商品，消费者必然增加对这种商品的购买，使需求量上升。例如，冬天既可以用毛毯也可以用电热褥达到保暖的目的，如果电热褥的价格下降了，毛毯的价格即使不变，也会有更多的人去购买电热褥，使其需求量增大，而毛毯的需求量则会相应减少。这种由于价格变化而引起某种商品与其具有替代关系的其他商品的相对价格发生变化，从而导致消费者总是多买相对价格较低的商品、少买相对价格较高商品的现象，西方经济学家称之为替代效应。替代效应是商品价格和需求量呈反方向变动的重要原因之一。

第二,某种商品的价格下降,实际上意味着消费者的实际购买力增加,从而可以增加对该种商品(以及其他商品)的购买量,使需求量上升。例如,当猪肉价格下降时,实际上意味着消费者原来用于购买猪肉的既定支出的实际购买力增加,从而可多买猪肉,而原来因价格太高不买猪肉的消费者,现在也可以参加购买。所以,市场对猪肉的需求量将增加。反之,如果猪肉价格上升,将引起消费者的实际购买力下降,从而导致市场对猪肉的需求量下降。这种由于价格变化而引起消费者收入的实际购买力发生变化,从而引起消费者对该种商品购买量的变化,西方经济学家称之为收入效应。收入效应也是商品价格和需求量呈反方向变动的重要原因之一。

正是由于需求定理的存在,需求曲线表现为从左上方向右下方倾斜。但是,这仅是对一般商品而言的。对某些特殊商品而言,需求曲线还可能出现一些特殊的、例外的情况。例如,某些用于表示人们社会地位和身份的炫耀性消费品,如珠宝、项链等,往往价格越是下降,需求量越小;某些用于维持生活必需的低档商品,如土豆、玉米等,当其价格上涨时,需求量还会增加;某些投机性的商品,如股票、债券、外汇等,当其价格发生较大幅度变动时,人们就会采取观望的态度,需求将出现不规则的变化。西方经济学家认为,经济学所要研究的,主要是需求与价格变化的一般规律,即需求与价格呈反方向变动的关系。

【专栏知识】

需求定理的例外

需求定理所指的是一般商品的规律。但与一切规律一样,需求定理也有例外。而且,这种例外还是很重要的。

一种例外是炫耀性商品。20 世纪初美国经济学家凡勃伦在《有闲阶级》一书中提出了炫耀性消费的概念。炫耀性消费是用于显示自己社会身份的消费。用于炫耀性消费的商品称为炫耀性商品。在市场经济社会中,金钱是人们成功的重要标志,所以,炫耀性消费就是用高价商品来显示自己的社会地位。贵重的首饰、豪华的轿车、高档时装都是有钱阶级用于显示自己社会身份的炫耀性商品。因为商品只有价高才有炫耀的作用,所以,这种商品价格下降时需求就会减少。当然就不同于我们所说的需求定理。

另外一种例外是吉芬商品。爱尔兰经济学家吉芬发现,在1845 年爱尔兰大灾荒时,尽管马铃薯的价格上升,但需求量反而增加。这种商品的价格上升需求增加的现象被称为“吉芬之谜”,具有这种特点的商品被称为“吉芬商品”。吉芬商品都是低档生活必需品。在遭受自然灾害这种特殊时期,这种低档生活必需品价格上升,需求也随着增加,因为马铃薯的价格上升引起的收入效应大于替代效应。这就是说,正常情况下,马铃薯价格上升一方面引起用其他商品替代马铃薯(替代效应),会使马铃薯的需求减少;但另一方面,马铃薯价格上升又引起人们实际收入减少,也会使马铃薯需求减少。但在大灾荒时,所有物品价格都上升。土豆、肉类、面粉价格都上升,马铃薯价格上升的替代效应并不大(如果其他东西涨幅度高于马铃薯,替代效应是马铃薯代替其他商品),但使收入减少的收入效应大,这时,人们实际收入减少,更消费不起肉类或面粉,只能用低档的马铃薯充饥。这样马铃薯价格上升,需求也增加。

在这两种情况下，需求曲线是一条向右上方倾斜的线。

四、供给与影响供给的因素

供给是西方经济理论中与需求相对称的概念。需求就消费者而言，供给就生产者而言。所谓供给，指生产者在某一时间内、在一定价格水平上愿意并且能够出卖的商品量。其中包括新提供的物品和已有的存货。这个概念包含以下三个要点：

第一，供给是指生产者在一定价格条件下愿意出售的商品数量，它与实际的销售数量可能是不一致的。所以，西方经济理论使用"成交量"来表示实际的销售量，而用"供给量"来表示愿意出售的量。

第二，供给不是指一种可能性，而是指生产者在一定价格水平下愿意并且能够出售的商品量。即是说，作为供给，必须同时具备出售商品的愿望和供应商品的能力这两个条件，两者中缺了其中任何一个条件都不能构成供给。

第三，供给与需求一样，它也是一个流量概念，而不是存量概念，它是指在一定时期内的商品供给量，如每月、每季、每年厂商愿意并能够出售的商品量。

西方经济学家认为，决定供给的因素主要有以下五个：

(1) 商品本身的价格。这是影响商品供给的重要因素。一般说来，商品卖价越高，生产者愿意提供的商品量越大；反之，商品卖价越低，供给量越小。

(2) 相关商品的价格。一般说来，某种商品的供给量同它的替代品价格呈反方向的变动，而同它的互补品价格呈同方向的变动。例如，土地可以用来种植谷物和小麦，如果谷物价格不变而小麦价格提高，生产者将会多种小麦而少种谷物，从而减少谷物的供给量。再如，当拖拉机价格提高从而供给量增加时，柴油的供给量也会相应增加。

(3) 生产要素的价格。在商品价格不变的情况下，生产要素的价格提高，则产品成本增大，厂商的利润减少，从而使供给量随之减少；反之，生产要素价格下降，则成本下降，厂商利润增大，从而使供给量相应增大。

(4) 生产技术水平。生产技术水平的高低与产品的成本、厂商的利润存在着直接的联系。因此，任何一种有利于降低成本、增加利润的技术进步都将使供给量增大。

(5) 厂商对未来价格的预期。如果厂商预测到某种商品的价格将上涨，就会增加生产，从而使供给量增大；反之，预测到该商品的价格将下跌，就会缩减生产，使供给量减少。

如果把影响供给量的所有因素作为自变量，把供给量作为因变量，则它们之间的函数关系可表示为：

$$S = f(a_1, a_2, a_3, \cdots, a_n)$$

这就是供给函数。它表示一定时期内某种商品的供给量与影响该商品供给量的各种因素之间的函数关系。其中，S 代表生产者在一定时期内对某种商品的供给量，$a_1, a_2, a_3, \cdots, a_n$代表影响该种商品供给量变动的各种因素。即是说，$S$ 值的大小是由 $a_1, a_2, a_3, \cdots, a_n$的数值所决定，并随它们的变化而变化。

假定某种商品的供给量只受该商品自身价格的影响，而影响该商品供给量的其他因素均不发生变化，则该商品的供给函数为：

$$S = f(p)$$

式中，S 代表该商品的供给量，p 代表该商品的价格。该函数表示：在其他条件不变时，厂商在各种不同的价格水平下愿意并且能够提供的某种商品的数量。

【专栏知识】

技术进步与电脑供给

在供给理论中，我们的分析以供给量和价格的关系为中心。但应该看到，在今天决定供给的关键因素是技术。电脑的供给说明了这一点。

20 世纪 80 年代个人电脑的价格按运算次数、速度和存储能力折算，每台为 100 万美元。尽管价格如此高昂，但供给量极少，只有少数工程师和科学家使用。如今同样能力的个人电脑已经降至 1000 美元左右，价格只是当初价格的 1/1000，但供给量增加了不止 1 万倍。现在个人电脑的普及程度是许多科学家所未预见到的。

电脑供给的这种增加不是由于价格变动引起的，而是由于技术变动引起的。从 20 世纪 80 年代末开始，电脑行业的生产技术发生了根本性变化，集成电路技术的发展、硬件与软件技术标准的统一、规模经济的实现与高度专业化分工使电脑的生产成本迅速下降，而质量日益提高。这种技术变化引起电脑供给曲线向右移动，而且，移动幅度相当大。这样，尽管价格下降，供给还是大大增加了。

技术是决定某种商品供给的决定性因素。正因为如此，经济学家越来越关心技术进步。

五、供给表和供给曲线

供给表和供给曲线研究的是假定影响供给量的其他因素不变时，供给量同商品价格变化的关系。

根据商品价格与供给量的关系所列成的表，称为供给表。任何商品都可以列成供给表。假定胡萝卜的供给表如表 2 - 2 所示。

表 2 - 2　　　　胡萝卜供给表

价格（元 / 吨）	20	40	60	80	100	120
供给量（吨）	5	46	77.5	100	115	122.5

表 2 - 2 说明生产者在不同的价格水平上愿意出售的胡萝卜数量。根据供给表所反映的供给量与商品价格之间的函数关系所绘成的几何曲线，称为供给曲线。如图 2 - 2 所示：纵轴表示商品价格，横轴表示供给量，SS 表示供给曲线。该曲线从左下方向右上方倾斜，表示价格提高，供给量增多，价格下降，则供给量减少。整条曲线反映了在其他因素不变条件下供给量与商品价格的全部关系。

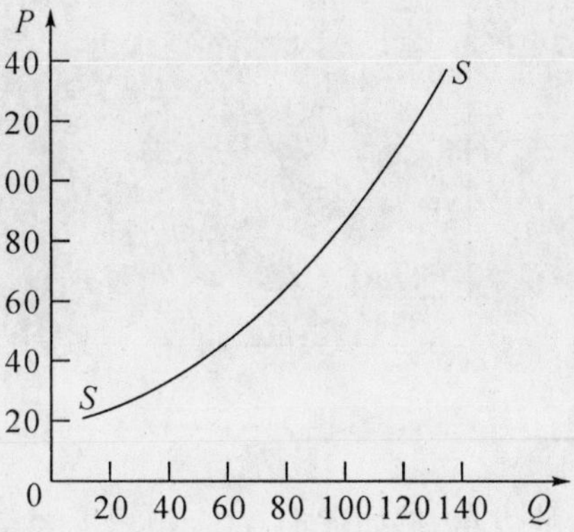

图 2 - 2

六、供给定理

供给表和供给曲线清楚地表明，在影响供给的其他因素不变的条件下，供给量将随着价格的涨落而增减，其数量与价格呈正方向变化，即商品价格上升，供给量就增多，商品价格下降，供给量就减少。西方经济学家把一种商品的市场价格和该种商品的供给量之间存在的上述关系，称为供给定理。这个定理适用于除某些特殊情况之外的一切商品。

为什么商品价格与供给量呈同方向变动的关系呢？其主要原因在于：

第一，由于厂商从事生产经营的直接目的是为了获得尽可能多的利润，当产品成本不变、商品的市场价格下降时，标志着利润下降，厂商便不愿提供更多的商品，因而供给量必然随价格下降而减少；反之，生产成本不变而商品售价提高时，则意味着利润增加，厂商自然愿意提供更多的商品，所以，供给量随价格上升而增加。

第二，由于商品的边际生产费用（生产者每多生产一单位产量所支付的追加生产费用）一般随产量的增加而递增，因此，供给价格（生产者为提供一定数量的商品所愿接受的最低价格）也随商品量的增加而递增，即产量增加，边际费用上升，则供给价格提高。如果商品的生产量增加，商品的边际生产费用上升，而供给价格却不能相应提高，那么厂商就无利可图，自然也就不会增加产量。因此，供给量只能随商品价格的提高而增大。

在一般情况下，供给定理是普遍适用的，即供给随商品价格变动而呈同方向变动，供给曲线从左下方向右上方伸展。但也有例外的情况。西方经济学家认为，经济生活中可能出现以下几种例外的情况：

第一，劳动力的供给。在劳动力供给的开始阶段，随着工资水平的小幅度提高，供给量将会增加，但工资水平上升到一定程度后，劳动者对货币的需要被认为不那么迫切了，即使工资再上升，劳动力的供给不仅不会增加，甚至还有可能减少。因此，劳动力的供给曲线先是递增，然后是一条垂直线，或者是一条向后弯曲的线，如图 2 - 3 所示。

第二，某些稀缺商品的供给。例如珍贵文物和古董的供给，当其价格提高后，人们就会纷纷把存货拿出售卖，从而使供给量增加，但当价格提高到一定限度时，人们会认为它们可能是最贵重的物品，就会囤积起来而不会轻易再拿到市场上去出卖。尽管其价格持续上扬，供给量反而会减少。

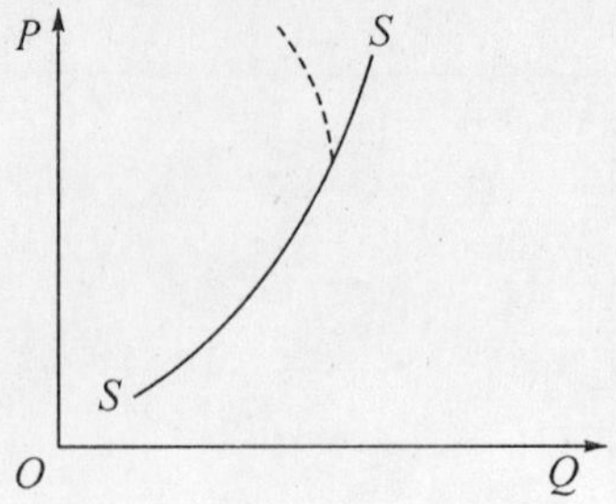

图 2 - 3

第三，某些投机性商品的供给。例如证券、黄金市场上经常出现下述情况：小幅度升、降价，供给会按正常情况变动；一旦大幅度持续升、降价，因为心理作用人们就会采取观望态度，待价而沽，供给量会出现不规则的变动。

以上第二、第三两种情况下的供给曲线可能呈现出如下形态或其他不规则状态，如图 2 - 4 所示。

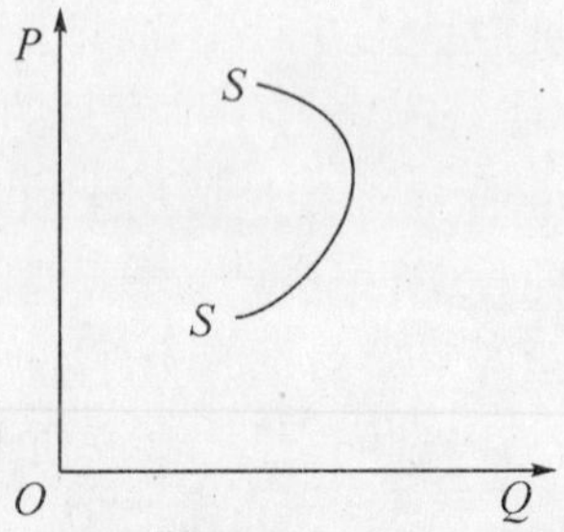

图 2 - 4

西方经济学家认为，经济学所要研究的主要是一般的供给与价格变化的关系，即价格上升时，供给量增加；价格下降时，供给量减少的情况。

第二节　均衡价格理论

一、均衡价格

所谓均衡价格，指需求量和供给量相一致时的市场价格。如果用图形来表示，均衡价格就是某种商品的需求曲线与供给曲线相交时的价格，如图 2 - 5 所示。

图 2 - 5 中，OQ 表示商品数量；OP 表示价格水平；DD'表示需求曲线；SS'表示供给曲线；A 表示供求均衡点；OH 表示均衡产量；OR 表示实际产量，OR'表示变动后的实际产量；HA 表示均衡价格。

均衡价格是经过市场供求的自发调节而形成的。假如与实际产量 OR 相应的需求价格 Rd 高于供给价格 Rs，这就意味着购买者买进实际生产量 OR 愿意付的价格超过卖者提供相同产量所要求的最低卖价。这对生产者（卖者）显然有利，必然会增加产量，使 R 点向

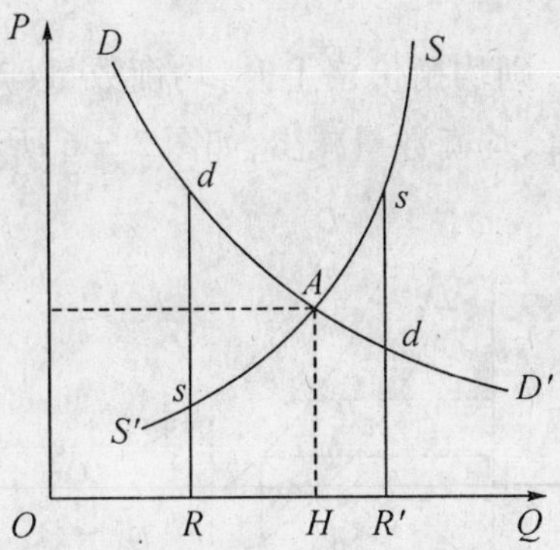

图 2－5

右方移动。反之，假设实际生产量 OR 向右移动为 OR' 时，需求价格 $R'd$ 低于供给价格 $R's$，这显然对生产者不利而减少产量，使 R' 向左方移动。上述两种情况都不能使需求和供给达到均衡。只有当产量为 OH 时，需求和供给才达到均衡状态。这时，OH 就是均衡产量，AH 就是均衡价格。由此可见，当商品的市场价格偏离均衡价格时，就会形成需求量与供给量不相等的非均衡状态。但由于市场价格机制的作用，当供不应求时，市场价格就上涨，供过于求时市场价格就下降，这种价格的涨落就会使上述非均衡状态逐步消失，偏离均衡价格的市场价格也会自动地恢复到均衡点，继续保持其均衡状态。

【专栏知识】

谁让广东人吃到更多的鱼？

广东人爱吃鱼，但在改革开放之前，广东人难得吃到鱼。政府严格控制价格，尽管价格不高，鱼却是定量供给的。

改革开放之后，广东省放开了鱼的价格。在当时供给远远小于需求的情况下，鱼价的放开使价格大幅度上升。这时需求过大，而且，取消票证，需求又在增加，需求曲线向右方移动，而供给暂时未变。结果，鱼的价格大幅度上升。

鱼的价格上升使养鱼成为一项有利可图的事业，于是，许多人纷纷从事养鱼事业。高价格、高利润刺激了生产，供给增加，供给曲线向右移动。随着鱼的供给增加，人们能吃到的鱼增加了，但价格却在下降。

广东在放开鱼价之后，经过价格大幅度上升，然后迎来吃鱼方便、价格又不高的状况。这完全是价格调节的结果。如果把价格管死了，就不会有这种结果。

广东人吃鱼的这种变化说明，价格是调节经济活动的一只“看不见的手”。管制价格，即把“看不见的手”绑起来，经济中就会出现供求不平衡。实现市场经济最关键的一点是用价格机制调节经济，这就要放开价格。在市场经济中，只要价格能做到的，就让价格去做。只有价格不起作用时，才要由政府去做。

二、需求与供给变动对均衡的影响

需求和供给的变动对均衡价格、均衡数量的变动有着重要的影响，具体表现为以下四种情况：

(1) 供给不变，需求增加，则均衡价格上升，均衡数量(产销量) 增加；反之，供给不变，需求减少，则均衡价格下降，均衡数量减少，如图 2 - 6 所示。

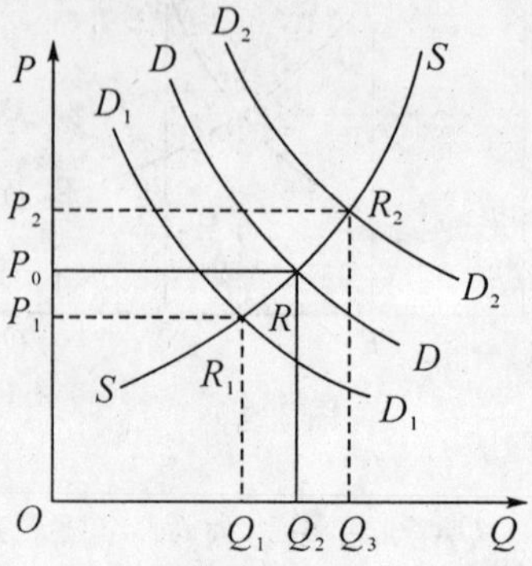

图 2 - 6

图2 -6中，当供给曲线和需求曲线分别为SS和DD时，均衡点为R，均衡价格为OP_0，均衡数量为OQ_0。现在，当供给曲线不变，而需求曲线由DD移动到D_2D_2时，意味着需求增加，这对D_2D_2与供给曲线SS相交于R_2决定了新的均衡价格为OP_2，均衡数量为OQ_2，由于$OP_2 > OP_0$，$OQ > OQ_0$，表明供给不变的条件下，由于需求的增加，均衡价格和均衡数量都相应增加了。当供给曲线不变，而需求曲线由DD移动到D_1D_1时，意味着需求减少，这时D_1D_1与供给曲线SS相交于R_1，决定了新的均衡价格为OP_1，均衡数量为OQ_1。$OP_1 < OP_0$，$OQ_1 < OQ_0$表明供给不变的条件下，由于需求的减少，均衡价格和均衡数量均相应减少了。

上述分析说明，在供给不变的情况下，需求的变动会引起均衡价格和均衡数量呈同方向变动。

(2) 需求不变，供给增加，则均衡价格下降，均衡数量增加；反之，供给减少，则均衡价格上升，均衡数量减少，如图 2 - 7 所示。

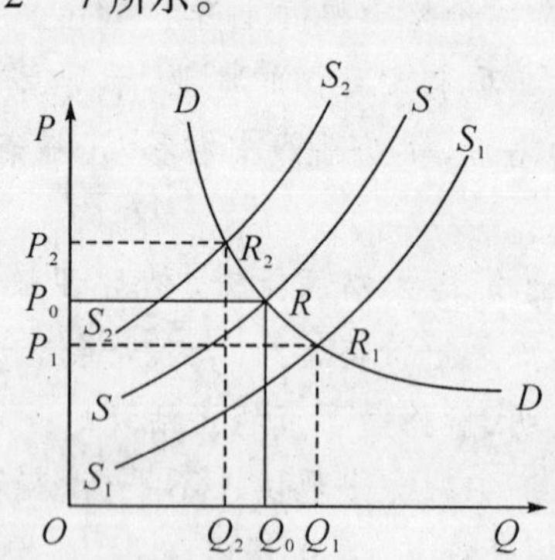

图 2 - 7

图 2 - 7 中，SS和DD分别为原来的供给曲线和需求曲线。R为均衡点，OP_0为均衡价格，OQ_0为均衡数量。现在，当需求不变，而供给曲线由SS移动到S_1S_1时，意味着供给的

增加，这时 S_1S_1 与 DD 相交于 R_1，决定了新的均衡点为 R_1，均衡价格为 OP_1，均衡数量为 OQ_1，由于 $OP_1 < OP_0$，$OQ_1 > OQ_0$，表明需求不变时，供给增加，均衡价格下降，均衡数量增加。当需求曲线不变，而供给曲线由 SS 移动到 S_2S_2 时，则意味着供给的减少，这时 S_2S_2 与 DD 相交于 R_2，决定了新的均衡价格为 OP_2，均衡数量为 OQ_2，由于 $OP_2 > OP_0$，$OQ <$ OQ_0，表明由于供给的减少，均衡价格上升，均衡数量减少。

上述分析说明，在需求不变的情况下，供给的变动引起均衡价格与均衡数量呈反方向变动。

(3) 供给与需求同时增加，则均衡数量增加，但均衡价格可能上升，也可能下降，如图 2－8 所示。

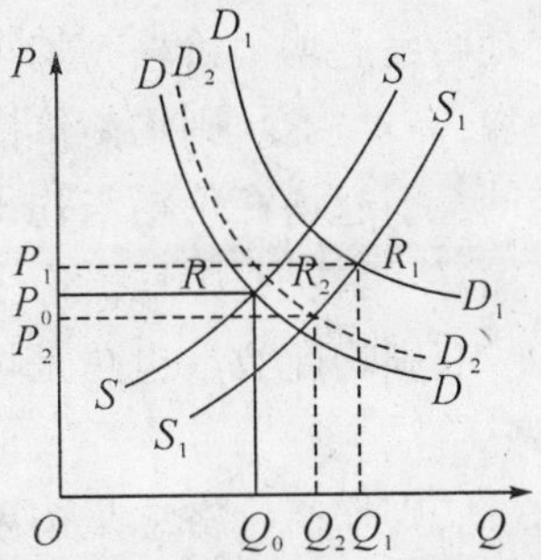

图 2－8

图 2－8 中，SS 和 DD 分别为原来的供给曲线和需求曲线，R 为均衡点，OP_0 为均衡价格，OQ_0 为均衡数量。现在，假定供给和需求同时增加，则供给曲线和需求曲线分别移动到 S_1S_1 和 D_1D_1，新的均衡点为 R_1，决定了新的均衡价格为 OP_1，均衡数量为 OQ_1，由于 $OP_1 > OP_0$，$OQ_1 > OQ_0$，这表明当供给与需求同时增加时，均衡价格和均衡数量都增加了。但也可能出现另一种情况，即当供给与需求同时增加时，均衡数量增加了，但均衡价格却可能下降，或保持不变。上图中，当供给曲线移动到 S_1S_1，而需求曲线仅移动到虚线表示的位置，两者相交形成新的均衡点 R_2，决定了新的均衡价格为 OP_2，均衡数量为 OQ_2，由于 $OP_2 < OP_0$，$OQ_2 > OQ_0$，这表明均衡数量增加，均衡价格却下降了。

(4) 供给与需求呈反方向变动，则均衡价格总是按需求变动的方向变动，但均衡数量可能增加，也可能减少，如图 2－9 所示。

图 2－9 中，SS 和 DD 分别为原来的供给曲线和需求曲线，R 为均衡点，OP_0 为均衡价格，OQ_0 为均衡数量。现在，假定供给增加，供给曲线 SS 移动到 S_1S_1，需求减少，需求曲线移动到 D_1D_1，两者相交形成新的均衡点 R_1，决定了新的均衡价格为 OP_1，均衡数量为 OQ_1，由于 $OP_1 < OP_0$，$OQ_1 > OQ_0$，这表明均衡价格下降，均衡数量却增加了。但也可能出现另外一种情况，即当需求减少而供给增加时，不仅均衡价格必然下降．均衡数量也可能减少。上图中，当需求曲线移动到 D_1D_1，而供给曲线仅移动到虚线表示的位置，两者相交于 R_2，决定了新的均衡价格为 OP_2，均衡数量为 OQ_2，由于 $OP_2 < OP_0$，$OQ_2 < OQ_0$，这表明不仅均衡价格下降，均衡数量也减少了。

从以上的分析，可以得出如下基本结论：

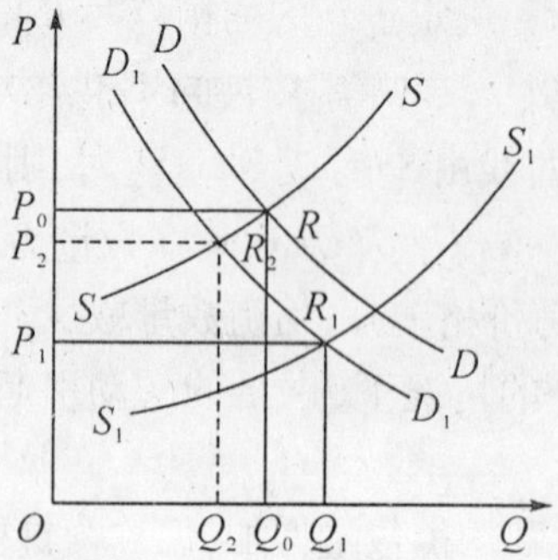

图 2-9

第一,供给不变时,需求的变动会引起均衡价格与均衡产量呈同方向变动,即需求增加,则均衡价格上升,均衡数量增加;需求减少,则均衡价格下降,均衡数量减少。

第二,需求不变时,供给的变动会引起均衡价格与均衡数量呈反方向变动,即供给增加,则均衡价格下降,均衡数量增加;供给减少,则均衡价格上升,均衡数量减少。

第三,供给与需求呈同方向变动,则均衡数量也总是按供给与需求的变动方向变动。但均衡价格可能上升,也可能下降。

第四,供给与需求呈反方向变动,则均衡价格总是按需求变动的方向变动。但均衡数量有可能上升,也可能下降。

西方经济学家把上述基本结论称之为"供求定理"。

【专栏知识】

不同歌手门票差别之谜

门票价格也就是歌手劳务的价格。在经济学中,劳务是一种无形的物品,其定价规律与有形的物品是一样的。

我们在现实中一定会注意到,美声唱法歌手演唱的门票便宜 —— 即使是大腕,如迪里拜尔,也不过180元。但通俗唱法歌手演唱的门票昂贵 —— 像张惠妹,已达600元以上。

用演唱这种劳务中所包含的劳动量恐怕无法解释这种差别。提供某种劳务的劳动量包括为此而用的培训时间与提供劳务所耗的活劳动。美声唱法是一种复杂劳动,需要长期专业培训,演唱也颇费力。与此相比,通俗歌手的劳动要简单一点。这就是说,同样一场演唱会,美声唱法包含的劳动量要大于通俗唱法。看来劳动量的差别并不能解释票价格如此巨大的差别。

学过价格理论,你就会知道,决定不同歌手门票差别的关键在于需求与供给,引起这种门票差别的也在于供求。美声唱法是阳春白雪的高雅艺术,能欣赏它的是少数音乐修养高的观众。通俗唱法是大众艺术,能欣赏它的人很多,尤其是人数众多的青少年对它爱得发狂。这就是说,当美声唱法歌手与通俗唱法歌手相当(供给相同)时,由于通俗唱法的需求远远大于美声唱法,门票就自然高多了。我们还会注意到,由于通俗歌手收入丰厚,许多人都担当这种歌手,随着出名通俗歌手的增加,其门票也在下降。但由于能成为"大腕"的人仍然不多,供给增加有限,而歌迷对这些大腕的需求不减,大腕的门票仍然相当高，他们的收入依然丰厚。

说起来供求关系并不复杂，但利用它可以解释我们在现实中观察到的许多现象。

三、支持价格与限制价格

西方经济学家认为，均衡价格理论可以广泛应用于分析现实经济问题。例如，可以用来分析政府普遍实行的支持价格和限制价格的政策及其对经济的影响。

支持价格是政府为了保护和扶持某一行业的生产，保证生产者的收入而对该行业产品所规定的最低价格。例如，美国在20世纪30 ~70年代为了保护农业，使农产品价格不受市场供求力量的自发冲击，就对农产品规定了最低下限的支持价格，使这种价格高于市场需求和供给决定的均衡价格。这一政策及其对经济产生的影响可用图2-10来说明。

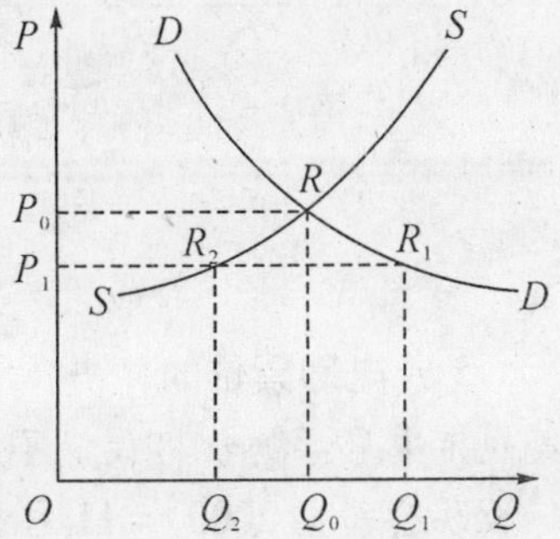

图2-10

图2-10中，SS和DD分别为农产品的供给曲线和需求曲线，R为均衡点，OP_0为均衡价格，OQ_0为均衡产量。OP_1是政府所规定的支持价格，它高于由市场供求所决定的均衡价格OP_0。由于政府对农产品价格的支持，使供给量由OQ_0增加到了OQ_2，但这时的市场需求量却由OQ_0减少到OQ_1，由于$OQ_2 > OQ_1$即供给大于需求，出现产品供给过剩，其过剩部分为$OQ_2 - OQ_1 = Q_1Q_2$，为了能维持支持价格，政府就应按支持价格收购过剩的产品，用于储备、出口或援外。这种政策将会对经济产生一些不良的影响。因为大量收购过剩产品势必增加政府的财政负担，政府为了减轻财政负担，解决供给过剩的问题，必须采取相应的措施，如要求农场主减少农产品的种植面积、实行销售配给制（政府对每个农场主规定销售限额的制度）、提高税率和增加税种、扩大对外“援助”等，其结果往往收效甚微，而且加重了民众的负担。

限制价格是政府为了限制某些生活必需品的价格上涨面对这些产品所规定的最高价格。限制价格低于按市场需求和供给所决定的均衡价格。这一政策及其对经济的影响可用图2-11说明。

图2-11中，某种产品的均衡点为R，均衡价格为OP_0，均衡数量为OQ_0。政府为了防止物价上涨，规定了该产品的限制价格为OP_1，它低于由市场供求所决定的均衡价格OP_0，这时市场的需求量为OQ_1，由于政府对价格的限制，使供给量由OQ_0减少到OQ_2，由于$OQ_1 > OQ_2$，即需求大于供给，出现产品供不应求，其不足部分为$OQ_1 - OQ_2 = Q_1Q_2$，为了能维持限制价格，政府不得不采取相应的措施，通常的解决办法是按家庭或人口实

行配给制，即通过发行配给证强制地使需求量在政府规定的最高限价上与供给量相均衡。其结果，消费者的需求仍不能得到满足，市场上必然出现排队抢购和黑市交易。西方经济学家认为，这种用行政手段限制物价的办法，只能作为一种在特殊情况下实行的权宜之计，而在通常情况下则不能作为一种长期的政策。

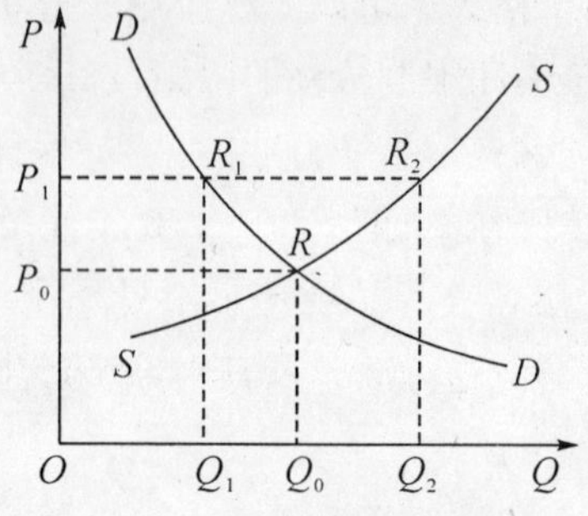

图2－11

【专栏知识】

5元电影票价的冲击

在四川成都，有关部门曾经规定电影票的价格最低不得少于10元。这就是我们所说的价格下限。四川峨眉电影发行放映公司在2000年11月初首先打破这种价格下限，把进口大片《完美风暴》的票价降为5元。此事在四川以至全国引起了激烈的争论，成为媒体炒作的热点。

长期以来，电影作为宣传教育事业，其价格完全由有关部门决定，发行公司和电影院不得自己调整价格。当把价格下限定为10元时，电影院冷落，观众直线下降。观众人数由数年前的每年十几亿人次减少为近年来的不足5亿人次。这就形成电影院供给过剩，80%以上的电影院赔钱。价格下限并没有减少供给（影院的容纳观众能力），却减少了需求，供给过剩就是必然的。没人去看电影，影院当然要赔了。峨眉电影发行放映公司大胆把票价降至5元，观众人数大大增加，场场爆满，影院也赢利。可见在这种情况下取消价格下限是有利的。

打破价格下限，由供求决定票价本来是市场经济中正常的做法，但却引起一些部门的反对，以至于引发争论。这说明尽管我国实行市场经济已经多年了，但一些人的思维方式仍然是计划经济的，总习惯于由政府定价。看来要真正走向市场经济首先还要解放思想。

第三节　弹性理论

弹性理论是供求理论的一个重要组成部分，它要说明的是价格的变动比率与需求值（或供给量）的变动比率之间的关系。

一、弹性概念的含义和分类

弹性，本来是物理学上的一个概念，西方经济学家借用了物理学上的这一概念，把它广泛运用到经济学的研究之中，例如，需求弹性、供给弹性、投资利息弹性、货币弹性、出口弹性等。

弹性的一般含义是什么呢？所谓弹性，是指当经济变量之间存在函数关系时，某一经济变量（因变量）对另一经济变量（自变量）的变动所作出的反应程度。设有 x、y 两个经济变量，x 为自变量、y 是因变量，那么弹性的一般方程式为：

$$E = \frac{\Delta y}{y} \div \frac{\Delta x}{x}$$

上式中，$\frac{\Delta y}{y}$ 为因变量变动的百分比，$\frac{\Delta x}{x}$ 为自变量变动的百分比，E 为弹性系数。弹性系数表示弹性大小或反应程度的强弱。弹性概念的运用十分广泛，本节主要考察需求弹性和供给弹性。

所谓需求弹性，是指商品的需求量对于影响需求的因素的变动所作出的反应程度。用公式表示即

$$需求弹性 = \frac{需求量变动的百分比}{影响需求量变动的因素变动的百分比}$$

由于影响需求变动的因素是多方面的，其中影响较大的因素主要是商品本身的价格、居民户的平均收入和相关商品的价格，因此需求弹性一般可分为：需求的价格弹性、需求的收入弹性和需求的交叉弹性。

所谓供给弹性，是指商品的供给量对于影响供给量的因素的变动所作出的反应程度。用公式表示即

$$供给弹性 = \frac{供给变动的百分比}{影响供给量变动的因素变动的百分比}$$

由于影响供给的重要因素主要是商品本身的价格。因此，供给弹性主要是指供给的价格弹性。下面分别考察需求的价格弹性、需求的收入弹性、需求的交叉弹性和供给的价格弹性。

二、需求的价格弹性

需求的价格弹性，一般简称需求弹性，它是指在其他条件不变的情况下，需求量对价格变动所作出的反应程度。其反应程度的大小，用需求的价格弹性系数，即需求量变动的百分比除以价格变动的百分比来衡量：

$$需求的价格弹性系数 = \frac{需求量变动的百分比}{价格变动的百分比}$$

设 E_d 代表需求价格弹性系数，P 代表价格，ΔP 代表价格的变动量，Q 代表最初的需求量，ΔQ 代表需求的变动量，则需求弹性可由下列公式表示：

$$E_d = \frac{\Delta Q}{Q} \div \frac{\Delta P}{P} = \frac{\Delta Q}{\Delta P} \div \frac{P}{Q}$$

例如，当牛肉的价格由每千克 5 元降为 4 元，需求量由 20 千克增加到 30 千克。则牛肉的需求弹性为：

$$E_d = \frac{\Delta Q}{Q} \div \frac{\Delta P}{P} = \frac{(30-20)}{20} \div \frac{(4-5)}{5} = -2.5$$

由于价格与需求量的变动总是呈反方向变动，所以需求弹性系数应为负值。为了使需求弹性系数为正值，所以通常在公式中加一个负号，即

$$E_d = -(\frac{\Delta Q}{Q} \div \frac{\Delta P}{P}) = -(\frac{\Delta Q}{\Delta P} \cdot \frac{P}{Q})$$

需求弹性系数的绝对值可以从零到无穷大。对于不同的商品而言，需求弹性系数是不同的。西方经济学家根据需求弹性系数的大小，把需求价格弹性分为以下五种情况：

1. 需求完全无弹性

需求完全无弹性指需求价格弹性系数等于零，即 $E_d = 0$，表示价格无论如何变化，需求量都不会发生变动，亦即完全没有反应，如图 2 - 12 所示。

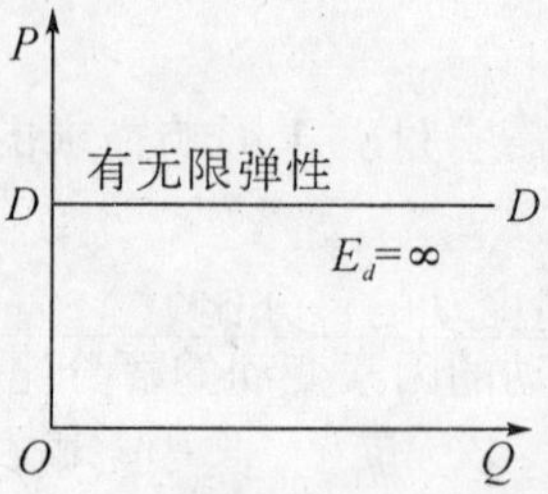

图 2 - 12

图2 - 12中，需求曲线DD是与横轴垂直的一条线，表示价格无论怎样变化，需求量都为 OQ_1，需求量对价格的变动没有任何反应。这是一种罕见的极端情况。只有极少数商品（如特效药、火葬费用等）的需求弹性才等于零。

2. 需求有无限弹性

需求有无限弹性指需求价格弹性系数为无穷大，即 $E_d = \infty$，表示只要商品价格已定，需求就会无限增大，如图 2 - 13 所示。

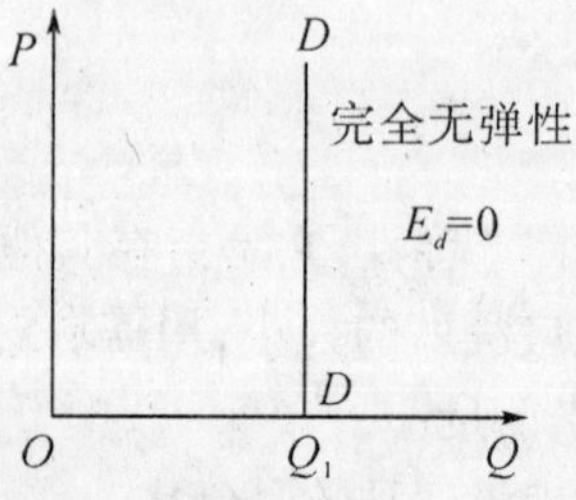

图 2 - 13

图 2 - 13 中，需求曲线 DD 是一条与横轴 OQ 平行的直线。它表示：只要商品价格已定，买方就会尽量收购这种商品，不受数量限制。这种极端的情况，在现实生活中也是罕见的。如政府出于战备需要定价收购某种战略物资，或银行大量收购黄金等。

3. 需求有单一弹性

需求有单一弹性指需求弹性系数等于1，即 $E_d = 1$，表示需求量变动的百分比与价格变动的百分比相同。例如，价格每上升（或下降）1%，则需求量便相应减少（或增加）1%，如图 2 - 14 所示。

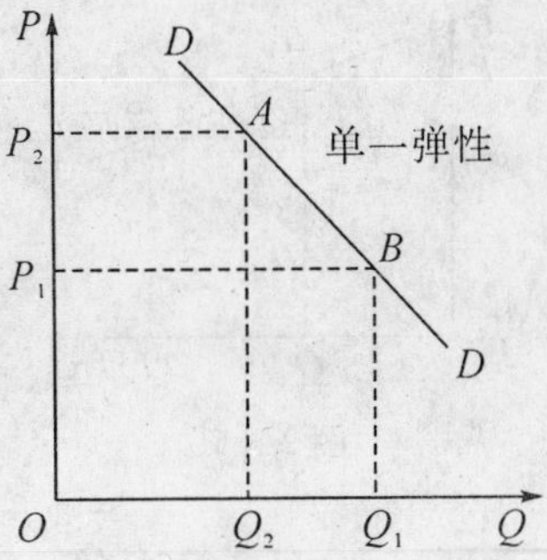

图 2 - 14

图 2 - 14 中，当价格由 P_2 下降到 P_1 时，需求量由 OQ_2 增加到 OQ_1，需求量变动的百分比与价格变动的百分比相同，需求弹性系数等于 1。这种情况在现实生活中也很少见，但它可以作为有无弹性的标准。根据国外有关统计资料说明，衣服和住房接近于这种情况。

4. 需求缺乏弹性

需求缺乏弹性指需求价格弹性系数大于 0 小于 1，即 $0 < E_d < 1$，表示需求量变动的幅度小于价格变动的幅度，也就是说，需求量增加或减少的百分比小于价格下降或上升的百分比，如图 2 - 15 所示。

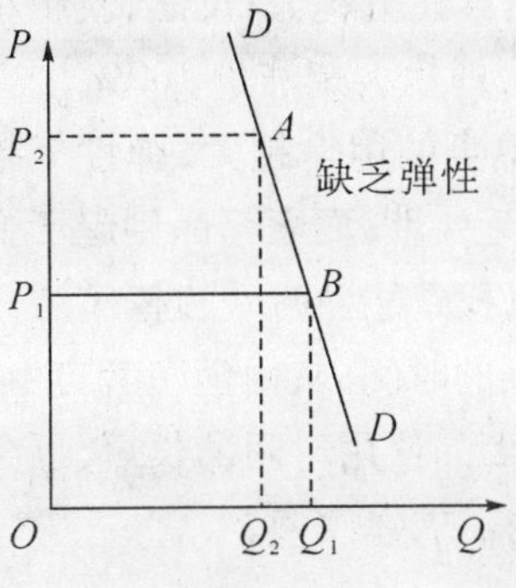

图 2 - 15

图 2 - 15 中，需求曲线 DD 是比较陡的，当价格由 P_2 下降到 P_1 时，需求量由 OQ_2 增加到 OQ_1，需求量变动的百分比大大小于价格变动的百分比，需求弹性系数 $0 < E_d < 1$。在现实生活中，生活必需品油、盐、柴、米等属于这种情况，药品的需求弹性就更小了。说明这些东西即使价格上涨，需求量也不见得会减少多少。它的消费总量大体上是稳定的。

5. 需求富有弹性

需求富有弹性指弹性系数大于 1，即 $E_d > 1$，表示需求量变动的百分比大于价格变动的百分比。如奢侈品或高档消费品便属于这种情况。只要价格稍贵一点，需求量就会明显下降，如图 2 - 16 所示。

图 2 - 16 中，当价格由当价格由 P_2 下降到 P_1 时，需求量由 OQ_2 增加到 OQ_1，由于 $P_2P_1/OP_2 < Q_1Q_2/OQ_2$，这说明价格变动的幅度小于需求变动的幅度。

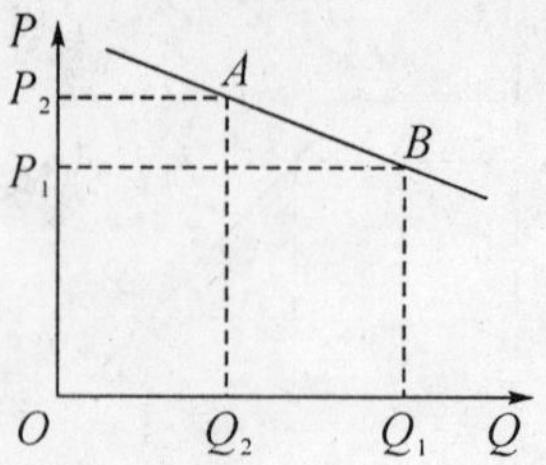

图 2－16

西方经济学家认为，上述五种情况中，只有第 4、第 5 两种情况，即缺乏弹性和富有弹性才是常见的和有实际意义的；第 1、第 2、第 3 种情况，即完全无弹性、有无限弹性和有单一弹性都是极特殊的情况。

为什么不同的商品具有不同的需求弹性？或者说，是什么东西决定商品的需求弹性？西方经济学家认为，决定或影响需求价格弹性的因素主要有以下四个：一是商品的替代程度。如果某种商品可替代的程度很大，它有很多很好的替代品，则该商品的需求弹性就很大，这叫做“弹性完全充足”。如粮食就是这类商品。如果提高某种粮食的价格，就会失掉许多顾客，如果降低价格，则会发生抢购。相反，如果某种商品没有替代品，则它的需求弹性就等于零，这叫做“完全缺乏弹性”。如“胰岛素”这类药品，对糖尿病患者就属于这种情况。二是消费者的各种开支在其收入中的比重。消费者购买某种商品的开支在其收入中所占的比例越大，该商品的弹性就越大；反之，就越小。例如，消费者购买火柴的开支在其收入中所占的比例很微小，即使火柴涨价 100%，也不会对需求量有多大的影响。三是商品本身用途的大小。商品本身的用途越大，弹性就越小；反之，用途越小，弹性就越大。例如，生活必需品趋向于缺乏弹性；而奢侈品则趋于弹性充足。四是时间因素。如果在一个很短的时间内，消费者难以找到某种商品的替代品，那么该商品的需求弹性就很小。相反，某种商品可以在一个很长的时间内，由消费者自由调节自己的购买行为，那么该商品的需求弹性就大。另外，某种商品使用时间的长短，也会影响需求弹性。一般说来，耐用品的需求弹性小，而非耐用品的需求弹性大。

三、需求的收入弹性

需求的收入弹性，是指在其他条件不变的情况下，需求量对于消费者收入变动所作出的反应程度。其反应程度的大小，通常用收入弹性系数来表示。收入弹性系数等于需求量变动的百分比除以收入变动的百分比。用公式表示即

$$E_m = \frac{\Delta Q}{Q} \div \frac{\Delta M}{M} = \frac{\Delta Q}{\Delta M} \cdot \frac{M}{Q}$$

公式中，E_m 表示收入弹性系数，M 表示货币收入，Q 表示需求量，ΔQ 表示需求的变动量，ΔM 表示货币收入的变动量。

一般说来，收入增加，商品的需求量总是增加的，所以由上述公式计算出来的收入弹性系数通常为正值。但也不排除有个别物品，其收入弹性系数是负值的情况，即收入增加时，购买量却会减少。西方经济学家把凡是随收入的增加，其需求量就相应增加的商品，

称作“正常物品”。“正常物品”的弹性均为正值,但也有强弱之分,弹性系数的大小也有所不同。

根据弹性系数的大小。各种商品的需求收入弹性可分为以下四种类型:

1. 单一弹性

单一弹性即$E_m = 1$,表示需求量的变动幅度与收入的变动幅度相等。根据《美国消费者的需求》一书所提供的对若干产品测算的需求收入弹性的资料,在美国衣服和住房的收入弹性大约为1。

2. 富有弹性

富有弹性即$E_m > 1$,表示需求量的变动幅度大于收入的变动幅度。据西方经济学家测算,高档商品、奢侈品、娱乐、医疗等的收入弹性系数大于1。

3. 缺乏弹性

缺乏弹性即$0 < E_m < 1$,表示需求量的变动幅度小于收入的变动幅度,一般来说,生活必需品属于这种类型,如粮食的收入弹性就比较小。

4. 负弹性

负弹性即$E_m < 0$,表示需求量的变动与收入变动呈反方向,即收入增加,需求量减少;收入减少,需求量增多。如土豆就是一例,当消费者收入较低时,可能用土豆作主食;但当其收入增加后,就可能改用大米或小麦作主食,土豆的需求量自然就会减少。过时的服装也基本上属于这种类型。

19世纪的德国统计学家恩格尔曾根据统计资料得出表示收入变动对需求影响的所谓“消费规律”。他认为,收入越少的家庭,其收入用于食品的支出所占的比例越大;一个国家越穷,居民的平均收入中用于食品支出的比重越大;家庭收入的增加,则使食品支出在家庭收入中所占比例下降。他还专门研究不同物品在消费者货币收入发生变化时需求量的反应程度,并用曲线来描绘其变化。

四、需求的交叉弹性

需求的交叉弹性指在其他条件不变的情况下,商品的需求量对于相关商品价格变动的反应程度。其反应程度的大小,用交叉弹性系数来表示。交叉弹性系数等于商品需求量变动的百分比除以相关商品价格变动的百分比。用公式表示,即

$$E_d(x,y) = \frac{\Delta Q_x}{Q_x} \div \frac{\Delta P_y}{P_y} = \frac{\Delta Q_x}{\Delta P_y} \cdot \frac{P_y}{Q_x}$$

公式中,$E_d(x,y)$表示x商品的需求交叉弹性系数,P_y表示相关商品的价格,ΔP_y表示y商品价格的变动量,Q_x表示x商品的需求量,ΔQ_x表示对x商品需求的变动量。

对于不同的商品关系而言,需求的交叉弹性系数是不同的。根据弹性系数的大小,各种商品的需求交叉弹性可分为以下两种类型:

1. 正弹性

正弹性指交叉弹性系数$E_d(x,y) > 0$。一般说来,当相关商品是“替代品”时,交叉弹性系数为正值,表现为正弹性。如牛肉或猪肉,其交叉弹性系数即为正值。这是因为在牛

肉价格不变条件下，当猪肉价格上升，猪肉的需求量会减少，而牛肉的需求量会同时增加；反之，当猪肉的价格下降，猪肉的需求量会增加，牛肉的需求量会同时减少。这就说明，当 x、y 两种商品为“替代品”时，商品 y 的价格变动会引起商品 x 的需求量呈同方向变动，交叉弹性系数 $E_d(x、y)$ 为正值。

2. 负弹性

负弹性指需求交叉弹性系数 $E_d(x,y) < 0$。一般说来，当相关商品是“互补品”时，需求交叉弹性系数为负值，表现为负弹性。如汽车与汽油便属于这种情况。当汽油的价格上升时，汽车的需求量下降；反之，当汽油的价格下降时，汽车的需求量上升。这就说明，商品 y 价格的变动引起商品 x 的需求量呈反方向变动，所以需求交叉弹性系数 $E_d(x,y)$ 表示为负值。

五、供给弹性

供给弹性，亦即供给的价格弹性，指供给量对商品价格变动所作出的反应程度。它是用来衡量商品价格的一定比率的变动（上升或下降）所引起的供给量增加或减少的比率。供给弹性的大小通常用供给弹性系数来衡量，即

$$供给弹性系数 = \frac{供给量变动的百分比}{价格变动的百分比}$$

如果用 E_s 代表供给弹性系数，P 代表价格，ΔP 代表价格的变动量，Q 代表供给量，ΔQ 代表供给的变动量，则供给弹性可用下列公式来表示：

$$E_s = \frac{\Delta Q}{Q} \div \frac{\Delta P}{P} = \frac{\Delta Q}{\Delta P} \cdot \frac{P}{Q}$$

由于供给量 Q 和价格 P 呈同方向变动，因此，供给弹性系数 E_s 一般为正值。

根据供给弹性系数的大小，商品的供给弹性可分为以下五种类型：

1. 单一弹性

单一弹性指供给弹性系数等于 1，即 $E_s = 1$，表示价格与供给量变动的百分比相等，如图 2－17 所示。

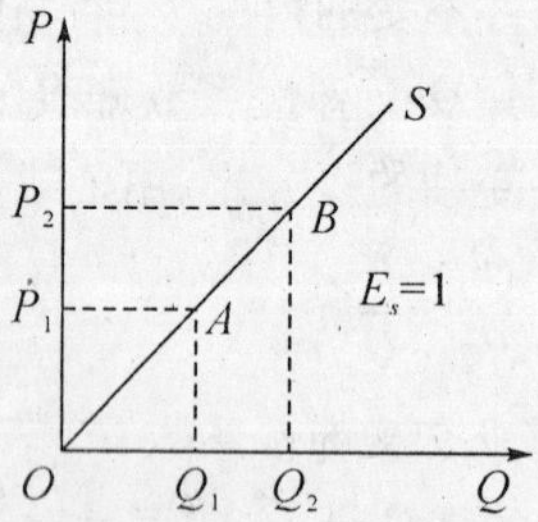

图 2－17

图 2－17 中，SS 线斜率为 1，供给曲线经过原点，表示供给量变动幅度与价格变动幅度相等，即 $E_s = l$。供给量对价格变动反应的这种“同步性”，在现实生活中是极为偶然和罕见的。

2. 富于弹性

富于弹性指供给弹性系数大于1,即 $E_s > 1$,表示供给量变动的百分比大于价格变动的百分比,如图2-18所示。

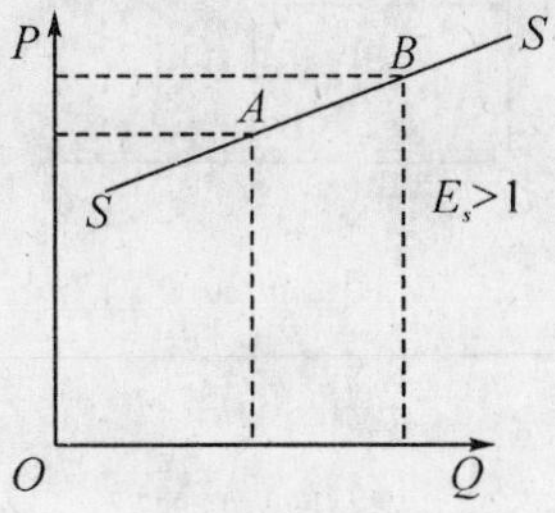

图2-18

图2-18中,SS线斜率较小,供给曲线较平坦,表示供给量变动幅度大于价格变动幅度,即 $E_s > 1$。一般来说,轻工业产品属于这种情况。要增加其产量并不困难,即使要停产或转产也较方便。这类产品的供给对价格变动的敏感度较强,富有弹性。

3. 缺乏弹性

缺乏弹性指供给弹性系数小于1,即 $E_s < 1$,表示供给量变动的百分比小于价格变动的百分比,如图2-19所示。

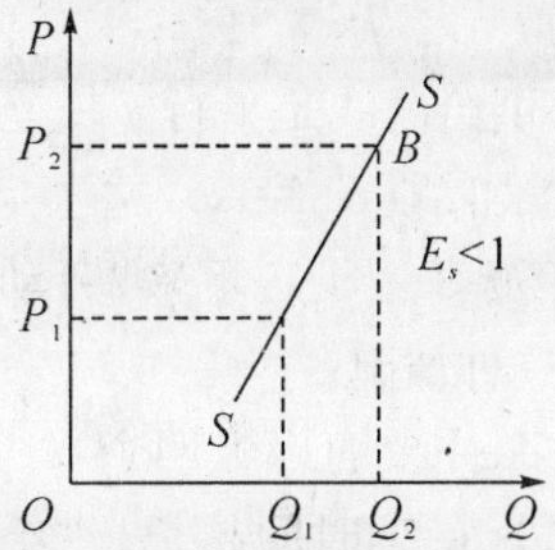

图2-19

图2-19中,SS线斜率较大,供给曲线较陡峭,表示供给量变动的幅度小于价格变动的幅度,即 $E_s < 1$。一般说来,重工业产品和农产品属于这种情况。因为这些产品的生产受技术条件和自然条件的限制较大,对价格变动的敏感程度较弱,所以相对于轻工业产品来说,它们的供给弹性较小。

4. 完全无弹性

完全无弹性指供给弹性系数等于零,即 $E_s = 1$,表示无论价格如何变动,供给量也不会变动,如图2-20所示。

图2-20中,SS线斜率为无限大,供给曲线为垂直于横坐标的一条直线,表示无论价格如何变动,供给量都固定不变,即 $E_s = 1$。这是一种十分罕见的情况。只有稀缺珍贵而又无法复制的古董、文物才会出现这种完全无弹性的情况。

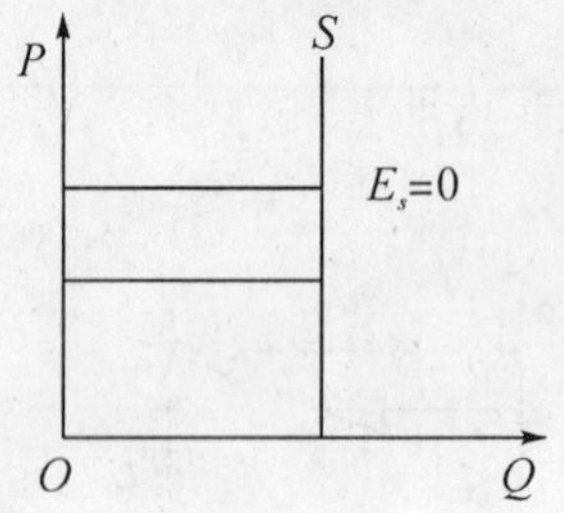

图 2 - 20

5. 有无限弹性

有无限弹性指供给弹性系数等于无穷大，即 $E_s = \infty$，表示只要价格已定，供给者可以无限制地提供产品，如图 2 - 21 所示。

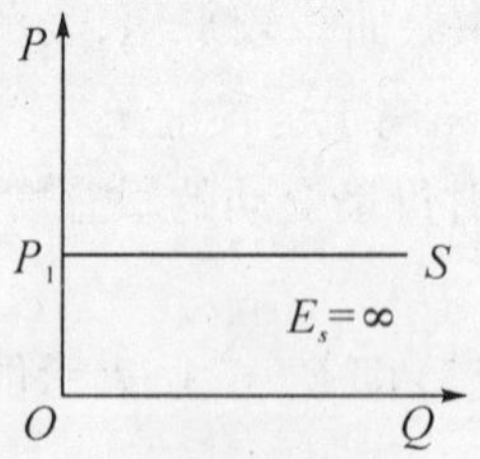

图 2 - 21

图 2 - 21 中，SS 线斜率为零，供给曲线是平行于横坐标的一条水平线，表示只要价格即定于 OP_1 时，供给量就会无限增加，即 $E_s = \infty$。这也是一种罕见的情况。在西方国家，某些地区劳动力严重过剩，如果工资率一旦定下来，劳动力的供给就会源源不断。另外，在经济危机等特殊时期也会出现这种情况。

决定供给弹性大小的因素很多，主要有以下四个：一是价格变动后持续的时间长短。持续时间越短，供给弹性越小；反之，持续时间越长，供给弹性就越大。因为时间越短，厂商来不及增加厂房、机器设备，扩大生产规模，所以供给一般是缺乏弹性的。如果持续时间越长，厂商则有较充足的时间扩大生产规模，同时新的厂商也可能进入该行业。供给量就可以较大增加，所以供给是富于弹性的。二是产品调整的难易程度。一般说来，轻工行业调整产品要容易些，因而供给弹性较大；相反，农产品、重工业产品的调整要难一些。所以供给弹性较小。三是产品成本变化的程度。成本变化程度越大，供给弹性就越小；反之，就越大。四是生产技术水平高低和设备利用情况。设备利用越充分，供给弹性越小；反之，越大。生产技术水平越高，供给弹性就越大；反之，越小。

第四节　蛛网理论

一、蛛网理论的假设条件

蛛网理论（Cobweb Theorem）是用弹性理论考察价格波动对下一个周期生产的影响

及由此产生的均衡变动情况，是一种动态分析。其主要用于分析生产同期较长的农产品价格与产量的周期性波动。按照这种理论绘制出来的供求曲线图，形状近似蛛网，故名为“蛛网理论”。

蛛网理论必须有一系列假定条件：

(1) 假定是一种完全自由竞争的市场，$E_d = \infty$，任何厂商和消费者都不能影响产量和价格。

(2) 从开始生产到生产出产品需要一定时期，而且在这段时间内生产规模无法改变。例如，农作物从种植到收获需要半年左右，在这期间内已种植的作物无法增加或减少。

(3) 本期产量决定本期商品价格。用 P_t 和 Q_t 分别代表本期的价格和产量，则这两者之间的关系可用下式表示：

$$P_t = f(Q_t) \tag{2-15}$$

(4) 商品本期的价格决定下期的产量，以 Q_{t+1} 代表下期产量，则这两者之间的关系可用下式表示：

$$Q_{t+1} = f(P_t) \tag{2-16}$$

根据商品需求曲线和供给曲线斜率的关系，或者商品需求弹性和供给弹性的关系，蛛网理论可分为三种均衡变动类型。

二、收敛型蛛网

当供给变动对价格变动的反映程度小于需求变动对价格变动的反应程度，即价格变动对供给的影响小于需求时，价格波动对产量的影响越来越小，价格与产量的波动越来越弱，最后自发地趋于均衡水平。这种蛛网波动称为收敛型蛛网，如图 2－22 所示。

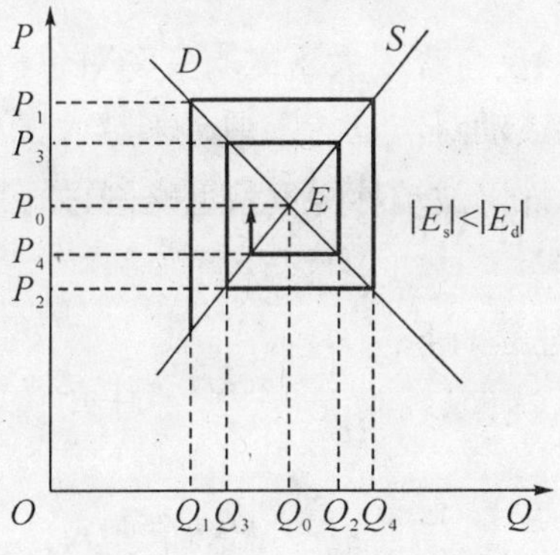

图 2－22 收敛性型蛛网

图 2－22 中，D 为需求曲线，S 为供给曲线，E 为均衡点，P_0 为均衡价格，Q_0 为均衡产量。用图解说明均衡过程如下：

第一阶段，由于外在原因减产，实际产量为 Q_1，小于均衡产量 Q_0，于是价格由 P_0 上升到 P_1。

第二阶段，由于商品价格过高，厂商把产量增加到 Q_4，大于均衡产量 Q_0，价格跌到 P_2，低于均衡价格 P_0。

第三阶段，由于价格过低，厂商减产为 Q_3，小于均衡产量 P_0，价格上升为 P_3，高于均衡价格 P_0。

第四阶段，由于价格提高，产量上升为 Q_2，高于均衡产量，价格又下降为 P_4，低于均衡价格 P_0。

如此循环，如图 2 － 23 所示，实际产量和价格波动越来越小，最后恢复到 E 点所代表的均衡状态，可见，E 点是稳定的，这种蛛网称为收敛型蛛网。

为更鲜明地反映收敛型蛛网的价格波动，把图 2 － 22 中价格变动的情况，以时间为自变量画在坐标图上，如图 2 － 23 所示。

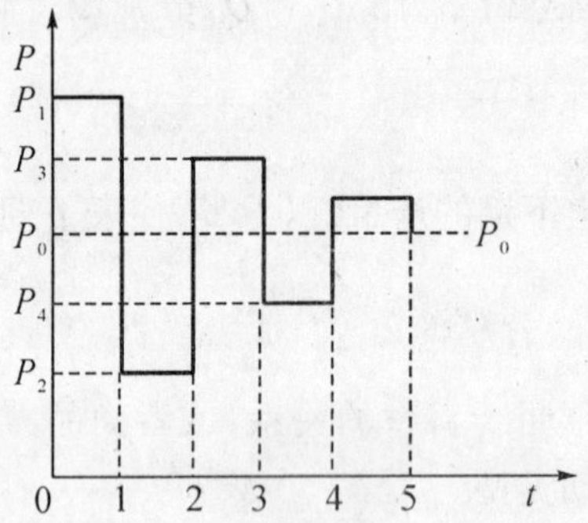

图 2 － 23　收敛型蛛网价格波动

图 2 － 23 中，纵坐标为价格 P，横坐标为时间 t，P_0 为均衡价格。价格波动越来越小，逐渐趋近于均衡价格。

三、发散型蛛网

当供给变动对价格变动的反应程度大于需求变动对价格的反应程度，即价格变动对供给的影响大于需求时，价格波动对产量的影响越来越大，价格与产量的波动越来越强，最后离均衡点越来越远，这种蛛网波动称为发散型蛛网，如图 2 － 24 所示（图中符号含义同图 2 － 22）。

首先用图解法说明均衡过程如下：

第一阶段，由于外在原因减产，实际产量 Q_1 小于均衡产量 Q_0，于是价格由 P_0 上升为 P_1。

第二阶段，由于商品价格过高，厂商把产量增加到 Q_2，大于均衡产量 Q_0，于是价格下跌到 P_2，低于均衡价格 P_0。

第三阶段，由于价格过低，于是厂商减少产量为 Q_3，小于均衡产量 Q_0，于是价格上升为 P_3，高于均衡价格 P_0。

第四阶段，由于价格提高，产量上升为 Q_4，高于均衡产量，价格又开始下降。

如此循环，如图 2 － 24 所示，实际产量和价格波动幅度越来越大，偏离均衡点 E 越来越远，可见 E 点所代表的价格状态是不稳定的。这种蛛网称为发散型蛛网。

为更鲜明地反映发散型蛛网的价格波动状况，把价格波动轨迹连接起来画在以价格

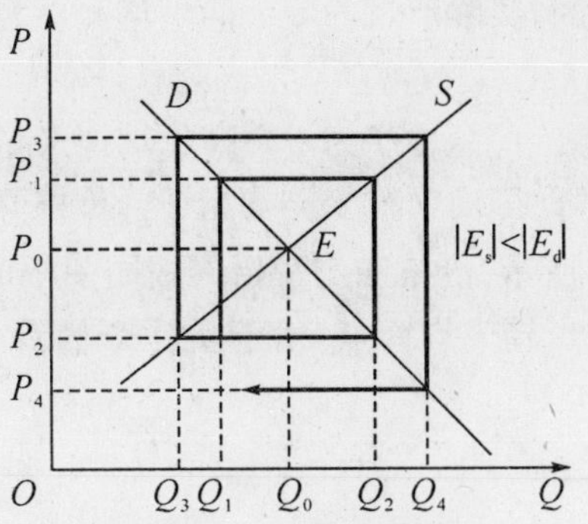

图 2 - 24　发散型蛛网

为纵坐标，以时间为横坐标的图形中，如图 2 - 25 所示。

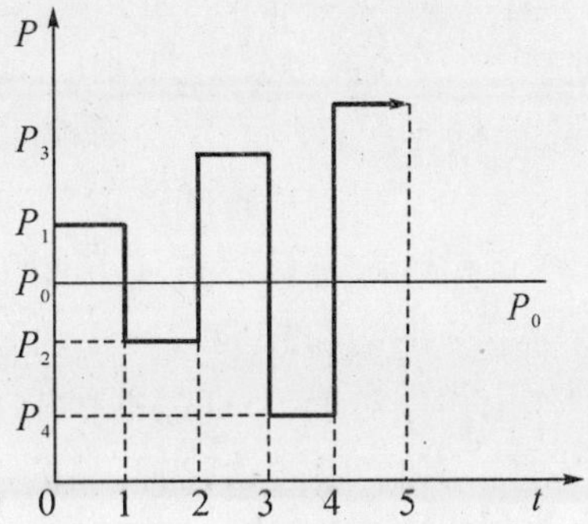

图 2 - 25　发散型蛛网价格波动

价格波动越来越大，且离均衡价格越来越远，是一种不稳定状态。

四、封闭型蛛网

当供给变动对价格变动的反应程度与需求变动对价格变动的反应程度相等，即价格与产量的波动始终保持相同程度时，价格与产量的波动始终保持相同的程度，既不趋向均衡点，也不远离均衡点。这种蛛网波动称为封闭型蛛网。

用图解法说明均衡过程，如图 2 - 26 所示。

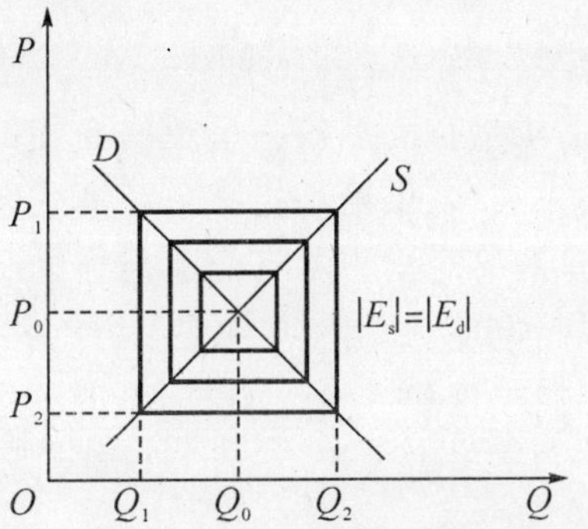

图 2 - 26　封闭型蛛网

第一阶段，由于外在原因，实际产量为 Q_1，低于均衡产量 Q_0，这时价格上升为 P_1，高于均衡价格 P_0。

第二阶段，由于价格上升，厂商增产为 Q_2，高于均衡产量，价格下降为 P_2。

第三阶段，由于价格下降，厂商又减少产量为 Q_1，价格又上升为 P_1。

如此循环，如图 2 - 26 所示，价格和产量始终按同一幅度曲线均衡点上下波动，即不进一步偏离均衡点，也不逐步趋于均衡点。由于实际产量 Q_1 的不同，形成大小不同的蛛网，因此，称为封闭型蛛网。

五、蛛网理论的应用

蛛网理论的提出，即用弹性考察价格波动对下一周期产量的影响，为弹性理论的应用提供了基本思路和方法。当蛛网理论提出后，一些经济学家用蛛网理论解释生猪和玉米的价格与产量的关系及其波动，提出了著名的“生猪 — 玉米循环” 模型。这个模型指出：因为玉米是生猪的主要饲料，生猪的价格会影响到玉米的价格。当玉米价格发生变动后，又会影响下一年玉米产量，玉米产量变动后，又会影响玉米价格，玉米价格的变动，进而影响生猪的价格，生猪的价格变动又影响生猪的产量。如此等等，直至趋向一个长期的均衡，即玉米和生猪的价格和产量相对稳定下来。这是历史上运用蛛网理论的典范。

企业可以运用蛛网理论，对市场供给和需求均衡作动态分析，以便作出正确的产量决策。如应该按上述蛛网类型作出相应对策：当商品的供求变化趋于收敛型蛛网时，企业应把产量确定在均衡点上，以防价格和产量波动；当商品的供求变化趋于发散型蛛网时，企业应准确地把握价格、产量变动趋势的转折时机，采取灵活对策，产量应随价格上升或下降，而扩大或减少，以便增加收入、减少损失；当商品的供求变化趋于封闭型蛛网时，企业应根据产量价格相同幅度变动的规律，确定与之相应的产量政策。

蛛网理论确实对解释某些生产周期较长的商品产量和价格波动的情况，有一定作用。但这个理论也有缺陷，主要是本期价格决定下期产量这个理论不很准确，因为实际价格和预期价格不相吻合。

【本章小结】

1. 需求是指个人或所有消费者在某一时间内，在一定价格条件下，对某一商品愿意并有能力购买的数量，商品需求量和商品价格呈反向变化的关系称为需求规律，可用从左向右下方倾斜的需求曲线来表示。供给是指某个厂商或全部厂商在一定时间内，在一定价格条件下，对某一商品厂商愿意出售并有商品出售的数量，商品供给量和商品价格呈同方向变化的关系称为供给定理，可用从左向右上方倾斜的曲线来表示。

均衡价格是指一种商品需求量和供给量相等、需求价格和供给价格相等的价格。当需求量大于供给量时，价格上升；当需求量小于供给量时，价格下降，这种价格变化规律称为供求规律。

2. 价格弹性主要包括需求价格弹性（E_d）、需求收入弹性（E_M） 和供给价格弹性

(E_S)，$E_d = -\dfrac{\Delta Q_d/Q_d}{\Delta P/P}$，表明商品需求量对价格变化作出的反应程度。$E_M = \dfrac{\Delta Q_d/Q_d}{\Delta M/M}$，表明商品需求量对收入变化作出的反应程度。$E_s = \dfrac{\Delta Q_s/Q_s}{\Delta P/P}$ 表明供给量对商品价格变化作出的反应程度。

3. 蛛网理论是用价格弹性理论考察价格波动对下一周期生产的影响及由此产生的均衡变动的理论，包括收敛型蛛网、发散型蛛网和封闭型蛛网三种类型。

【思考题】

1. 影响需求量和供给量的因素有哪些？
2. 为什么商品价格和需求量呈反向变动的关系？
3. 为什么商品价格和供给量呈同方向变动关系？
4. 均衡价格是如何形成的？
5. 供求定理的基本内容是什么？
6. 如何运用需求的价格弹性进行商品定价决策？
7. 为什么支持价格和限制价格并不违背均衡价格理论，而正是均衡价格理论的具体运用？

【综合案例1】

减少香烟需求量的两种方法

公共政策制定者常常想减少人们吸烟的数量。政策可以努力达到这一目标的方法有两种。减少吸烟的一种方法是使香烟或其他烟草产品的需求曲线移动。公益广告、香烟盒上有害健康的警示，以及禁止在电视上做香烟广告，都是旨在任何一种既定价格水平时减少香烟需求量的政策。如果成功了，这些政策就使香烟的需求曲线向左移动。

减少吸烟的另一种方法是，政策制定者可以试着提高香烟的价格。例如，如果政府对香烟制造商征税，烟草公司就会以高价格的形式把这种税的大部分转嫁给消费者。较高的价格鼓励吸烟者减少他们吸烟的数量。在这种情况下，吸烟量的减少就表现为沿着同一条需求曲线移动到价格更高而数量更少的点上。

吸烟量对价格有多大的反应呢？经济学家试图通过研究香烟税变动时出现的情况来回答这个问题。他们发现，香烟价格上升10%会引起需求量减少4%。还发现青少年对香烟价格特别敏感：香烟价格上升10%使青少年的吸烟量减少12%。

资料来源：曼昆．经济学原理．5版．梁小民，译．北京：北京大学出版社，2009.

【讨论题】

减少香烟需求量的方法是什么？你认为中国目前哪一种方法更为有效？

【综合案例2】

博物馆门票的定价

你是一个大型艺术博物馆的馆长。你的财务经理告诉你，博物馆缺乏资金，并建议你考虑改变门票价格以增加总收益。你将怎么办呢？你是要提高门票价格，还是降低门票价格？

回答取决于需求弹性。如果参观博物馆的需求是缺乏弹性的，那么提高门票价格会增加总收益。但是，如果需求是富有弹性的，那么提高价格就会使参观者减少得如此之多，以至于总收益减少。在这种情况下，你应该降价，参观者人数会增加得如此之多，以至于总收益会增加。

为了估算需求的价格弹性，你需要请教你的统计学家。他们会用历史资料来研究门票价格变化时参观博物馆人数的逐年变动情况。或者他们用国内各种博物馆参观人数的资料来说明门票价格如何影响参观人数。在研究这两种资料时，经济学家还需要考虑到影响参观人数的其他因素——天气、人口、藏品多少等，以便把价格因素独立出来。最后，这种资料分析会提供一个需求价格弹性的估算，你可以用这种估算来决定你的财务问题应该做何反应。

资料来源：曼昆．经济学原理．5版．梁小民，译．北京：北京大学出版社，2009.

【讨论题】

旅游景点门票价格决策的主要依据是什么？你认为我国目前旅游景点应采取何种价格政策？

第三章 效用理论

【学习目标与要求】

通过系统地学习，掌握消费者行为理论的基本知识和基本体系；掌握基数效和序数效用理论的基本内容和分析方法，了解主观价值论的特点及应用。

【学习重难点】

重点：边际效用递减规律及西方经济学的主观价值论。

难点：消费者均衡的含义及均衡条件。

1. 基数效用论
2. 序数效用论

第一节 基数效用理论

一、效用的含义

西方消费者行为理论的基础是边际效用论。而要理解什么是边际效用，首先必须弄懂什么是效用。

效用是指商品满足消费者欲望的能力，或消费者在消费该商品中所感受到的满足程度。显然，这里的效用，在某种意义上就是指商品的使用价值，但这里的使用价值，却不仅仅在于物品本身具有的满足人们某种需要的客观物质属性，还依存于消费者的主观感受和评价。

不仅如此，基数效用论还认为，效用如物体的重量、长度等一样，是可以衡量的。消费者通过主观心理的感受，可以准确地说出每一个商品给予他的效用数量。例如，一个面包的效用是3个单位，一件上衣的效用是50个单位，一辆汽车的效用是10万个单位等，正是这种用基数来计量效用的理论，被称为基数效用论。

二、总效用和边际效用

基数效用论认为，应该把总效用和边际效用区分开来。总效用是指消费者在一定时间内消费一定数量的商品或劳务所得到的效用总量。用 T_u 表示总效用，其公式为：

$$T_u = f(q)$$

上式表明：总效用量 T_u 是消费量 q 的函数，它随消费量的变化而变化。

边际效用则是指消费者在一定时间内每增加一个单位商品或劳务的消费所带来的总效用的增量，也可以说是每增加一个单位商品或劳务的消费所增加的满足。用 M_u 表示边际效用，其公式为：

$$M_u = \frac{\Delta T_u}{\Delta q}$$

式中，Δq 代表消费的增量，ΔT_u 代表总效用的增量，边际效用 M_u 等于总效用增量对消费增量之比。

三、总效用与边际效用的关系

总效用与边际效用的关系如图 3 - 1 所示。

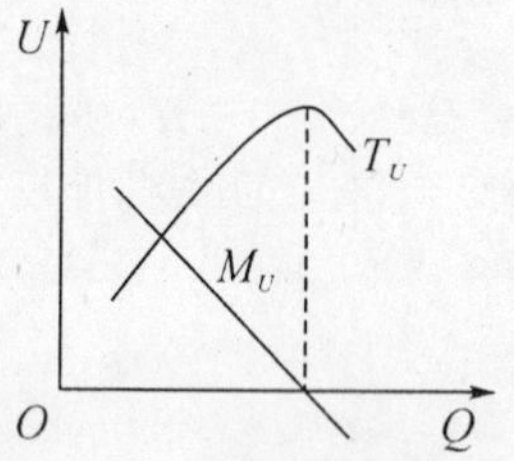

图 3 - 1　总效用和边际效用

图3 - 1 中，横轴代表商品数量 Q，纵轴代表效用 U，T_U 代表总效用曲线，M_U 代表边际效用曲线。从图中可以看出如下规律：

（1）边际效用是递减的；

（2）边际效用下降时，总效用增加；

（3）当边际效用为 0 时，总效用最大；

（4）边际效用为负时，总效用下降；

（5）消费一定商品的总效用是消费该商品的边际效用之和。

四、消费者剩余

消费者剩余（Consumer Surplus）是指消费者购买商品时愿意支付的最高价格和实际支付价格之差，是消费者购买商品时所得好处的总和。因为根据需求规律，消费者购买商品数量和价格呈反向变化，购买商品数量少，支付的价格高；购买商品数量多，支付的价格低，这就必然会形成消费者购买商品时愿意支付价格和实际支付价格之差，如图 3 - 2 所示。

图3 - 2 中，横轴为商品数量 Q，纵轴为商品价格 P，AB 为需求曲线。如消费者购买 Q_1 商品，则商品价格为 P_1，实际支付总价格为 OP_1CQ_1。如果消费者第一次购买商品数量为 Q_2，第二次购买量为 $Q_1 - Q_2$，则实际支付总价格为 $OP_2DQ_2 + Q_2ECQ_1$。同样购买 Q_1 商品，按第二种购买比第一种多支付价格 P_1P_2DE，同理可证，如果对 OQ_1 商品从少到多，一个一个购买，则会比一次购买多支付价格为三角形面积 AP_1C，这就是消费者剩余。

可以计算某一个消费者的消费者剩余，也可以计算市场上所有消费者对某一商品或

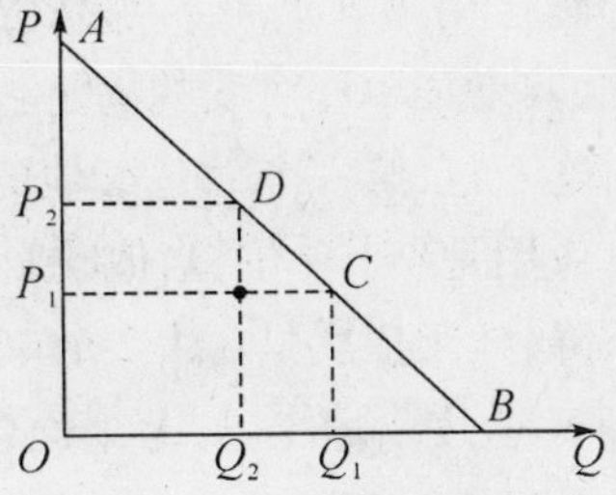

图3-2 消费者剩余

所有商品的总消费者剩余。一般也像图3-2那样，应用需求曲线AB以下、价格线P_2D以上区域面积来表示，实际上消费者剩余也是一种分析工具，如何用来分析公共政策变化效应，即对政策变化引起消费者剩余和生产剩余进行比较，以便分析公共政策变化对消费者和厂商行为的影响。

【专栏知识】

信子裙与大岛茂风衣的不同命运

20世纪80年代中期，日本电视连续剧《血疑》曾风靡神州大地。女主人公信子和他父亲大岛茂的故事感动了许多人。精明的商家从中看出了市场机遇。上海一家服装厂推出了信子裙，北京一家服装厂推出了大岛茂风衣。但结果并不一样，上海的厂家大获其利，北京的厂家却亏了。个中原因就在于不同消费者的不同行为。

消费者购买物品是为了获得效用。消费者愿意支付的价格取决于他对该物品的评价，即他感觉到的效用大小。这种效用大小又取决于不同消费者的偏好。

信子裙的消费者是少女，这个消费群体的特点是追逐时尚，偏好受时尚影响大而且多变。她们对时尚的追求要体现在消费上。因此，看了《血疑》后她们极为崇尚信子，穿信子裙就是她们表现自己这种偏好的方式。换句话说，穿信子裙使她们崇尚信子的心态得以表现，就得到了效用。而且，在她们看来，穿信子裙所带来的效用也不是其他裙子所能代替的。已有许多裙子再多买一条信子裙并不会发生边际效用递减，甚至她们对时尚的信子裙的评价还高于其他裙子，因此，愿意出高价买，企业就成功了。

大岛茂风衣的消费者是中年男子。这个消费群体偏好较为稳定，受时尚影响较小。他们也很佩服大岛茂这样的父亲，但这种佩服不会表现在模仿大岛茂穿衣服上。他们甚至认为穿大岛茂风衣会让人觉得傻，不符合中年男子成熟的风度。大岛茂风衣不会给他们带来更多的效用。他们不会认为大岛茂风衣与其他风衣有什么差别。如果已经有风衣，就不会再买一件，因为这会引起边际效用递减。于是，他们不会买大岛茂风衣，更不会为这种风衣出高价。北京的企业就只有失败了。

不同的消费者有不同的偏好，同样的物品给不同消费者带来的效用也不同。这正是企业能从消费者行为理论中得到的启示。

五、边际效用递减规律

基数效用论认为，边际效用是递减的。随着一个人所消费的某种物品的数量增加，其总效用虽然会增加,但物品的边际效用随着消费该物品数量的增加而有递减趋势。通俗来说,我已消费的某种商品越多,其增加单位对我的满足越小。

例如,一个消费者在饥饿时吃面包,第一个面包给他的满足最大,效用是 10 个单位。第二个给予他的满足有所减少,效用是 8 个单位,当他吃第三个、第四个、第五个面包的时候,他对面包的欲望强度逐渐下降,效用依次是 6、4、2 个单位。当他吃第六个面包的时候,已经没有任何欲望,因而效用等于零。如果再吃第七个面包,就会感到痛苦,因而产生负效用。现在将这一例子中的商品数量和效用单位的关系用表 3 - 1 来表示。

表 3 - 1　　总效用和边际效用表

消费商品数量 Q	总效用 T_u	边际效用 M_u
0	0	
1	10	10
2	18	8
3	24	6
4	28	4
5	30	2
6	30	0
7	28	–2

从表 3 - 1 可以看到,总效用由前后两个边际效用相加而来,边际效用则由下一个总效用减上一个总效用而得出。边际效用随消费商品数量增加而递减,一般为正值,但在下降到零以后,便会出现负值。总效用一般随消费商品数量的增加而增加,但在边际效用等于零时,总效用不变,边际效用为负值时,总效用就开始下降。

六、消费者均衡

基数效用论认为,消费者行为是在货币的边际效用不变的条件下,通过购买时的选择用既定的货币收入购买到最大效用。当消费者所购买到的各种数量的商品能使他获得最大满足时,他不再改变这一状态,此时的最大满足状态就是消费者的均衡状态。

当消费者用既定收入来购买一种商品时,消费者均衡的条件:买进一单位商品所获得的边际效用(M_u) 正好等于为此而支出的货币所失去的效用(λP),即 $M_u = \lambda P$。如果 $M_u > \lambda P$,消费者就会增加购买量;如果 $M_u < \lambda P$,消费者就会减少购买量,直到两者相等。

如果消费者在收入既定的条件下,用全部收入来购买两种商品或多种商品,消费者均衡的条件:两种商品的边际效用之比等于它们的价格之比;或者说,消费者用最后一个单位货币购买的两种商品带来同等的边际效用。用公式来表示:

$$\frac{M_{ux}}{M_{uy1}} = \frac{P_x}{P_y} \text{或} \frac{M_{ux}}{P_x} = \frac{M_{uy}}{P_y} \cdots = \lambda$$

式中,M_{ux} 代表 x 商品的边际效用,M_{uy} 代表 y 商品的边际效用,P_x 代表 x 商品的价格,P_y 代表 y 商品的价格,λ 代表单位货币的边际效用。此式的经济含义亦可理解为:对消费者来说,任何一种商品的边际效用和价格之比,都等于货币的边际效用。

七、消费者均衡的限制条件

消费者均衡的限制条件,可用下式表示:

$$P_1X_1 + P_2X_2 + \cdots + P_nX_n = M$$

上式中,M 表示消费者的收入,P_1、$P_2 \cdots P_n$ 分别代表第 1 种、第 2 种 …… 第 n 种商品的价格,X_1、$X_2 \cdots X_n$ 分别代表第 1 种、第 2 种 …… 第 n 种商品的购买数量。

假设消费者只购买两种商品 A 和 B,则消费者均衡条件公式和购买限制条件公式可简化如下:

$$\frac{MU_A}{P_A} = \frac{MU_B}{P_B} = \lambda$$

$$P_A \cdot X_A + P_B \cdot X_B = M$$

【专栏知识】

"子非鱼,安知鱼之乐"新解

中国古代哲学家庄子与惠子在一座桥上游玩,庄子看见鱼在水中自由地游来游去,感叹说:"鲦(tiáo) 鱼出游从容,是鱼之乐也。"惠子反驳说:"子非鱼,安知鱼之乐?"这段对话讲庄子善辩。但从现代经济学的角度看,我们可以把这段话作为对鱼儿快乐与否的判断。

如果鱼有感觉,它也要追求效用最大化。它在水中自由地游来游去是不得已而为之,还是在享受,只有鱼自己才能判断。效用或满足是一种心理感觉,只有自己能作出判断。所以,应该说惠子说得对,你又不是鱼,怎么能知道鱼快乐,还是不快乐呢?

消费者行为理论强调的是从个人出发来判断效用,正如要鱼儿自己判断自由地游来游去是否快乐一样。个人的感觉是研究消费者行为的出发点。

当然,由于人的行为有共同之处,人对满足程度的判断表现为他的消费行为,所以,这种心理感觉仍是可以研究的,有共同的规律可探寻。这正是消费者行为理论的意义。

第二节 序数效用理论

一、序数效用

序数效用论的效用观是建立在消费者偏好论基础上的。基数效用理论认为效用可以用基数来计算,序数效用论则认为,效用是无法衡量和计算的,基数效用论关于效用可以衡量和边际效用递减两个假设都很难成立。他们认为,消费者不能说出效用的数值,但可以说出自己对不同商品的偏好顺序。消费者在选择和购买商品时,无法知道商品有多少效用单位,但他可以知道,他对各种商品的偏好是不一样的,因而可以用序数第一、第二、第三 …… 来表示消费者的偏好顺序和效用水平。例如,消费者可以说出对商品 x 的偏好大于 y,对 y 的偏好大于 z 等。在购买商品时,当然就会先买 x,然后买 y,最后买 z。这种用序数来表示消费者偏好和效用水平的理论就叫序数效用论。可见,序数效用论强调相对效用,而不像基数效用理论那样注重绝对效用。现在,西方经济学越来越明显地趋向于用序数效用理论来取代基数效用理论。

二、无差异曲线

无差异曲线是序数效用理论的分析工具。所谓无差异曲线,是用来表示两种商品的各种组合给予消费者以相同满足水平的一种曲线图。无差异曲线不表示效用数量,只表示消费者的偏好,因此,无差异曲线也就是反映消费者偏好的偏好图。

为了说明无差异曲线,先从无差异表开始。一个无差异表就是一个两种商品总效用相同的各种组合表。假设一个消费者按照既定的价格购买 x 和 y 两种商品。这两种商品有 A、B、C、D 四种不同的组合,其中每一种组合给消费者带来的满足都是相同的,因此,表中每一种组合给消费者带来的满足都是无差异的,如表 3－2 所示。

表 3－2　　无差异表

商品组合	x	y
A	1 单位	6 单位
B	2	3
C	3	2
D	4	$1\frac{1}{2}$

把表 3－2 画在坐标图上,以横轴表示 x 商品的数量,纵轴表示 y 商品的数量,四种组合表现为四个点,把这些点连接起来形成的一条平滑曲线,就称为无差异曲线。无差异曲线 U_1 表示给消费者带来同等程度的满足水平或效用的两种商品的各种不同的组合轨迹,如图 3－3 所示。

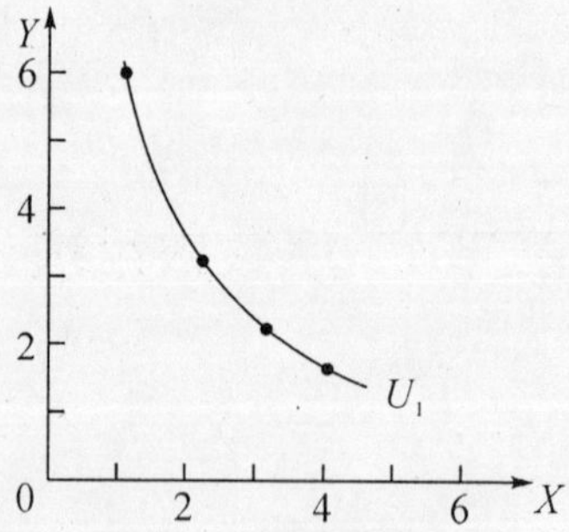

图 3－3　无差异曲线

图 3－3 中曲线的每一点都代表两种商品的一种组合,并且每一种组合给消费者带来的满足水平或使用都是无差异的。因此,如果听任消费者对曲线上的点作选择,那么所有的点对于他都是同样可取的。

当然,表 3－2 的表格只是消费者可能有的无数表格中的一个,还可以根据这个消费者所感受的较高或较低的满足程度列出相应的多种水平的无差异组合的表格,每个表格都可用图形表示出来而各有相应的无差异曲线图。例如表3－1中的各种组合也是无差异的，但表3－3中的任何组合都比表3－2中的任何组合代表消费者得到更大的满足。

表3－3　　无差异表 Ⅱ

商品组合	x	y
A	2 单位	7 单位
B	3	4
C	4	3
D	5	$2\frac{1}{2}$

把表3－3表示的内容画在图3－4上，作出了第二条无差异曲线 U_2。在理论上假设一个消费者对于两种商品可以有无数条无差异曲线存在，我们可以作出第三条、第四条…… 无差异曲线，无数的无差异曲线构成了无差异曲线群，如图3－4所示。

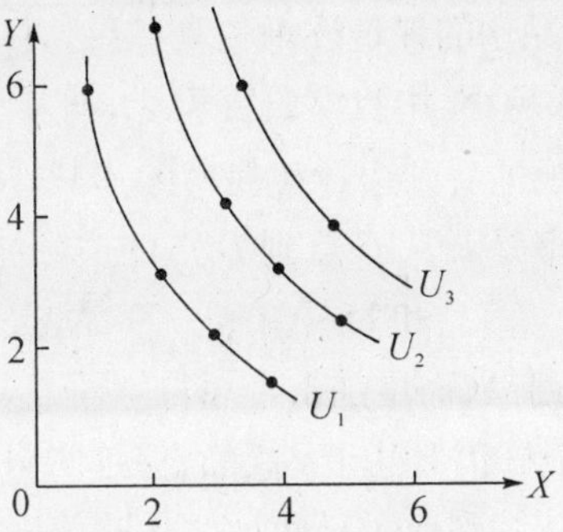

图3－4　无差异曲线群

通过图3－4可以看出，在 U_1 右上方的两条无差异曲线上的，两种商品的组合在数量上都要多一些，从而给消费者带来的满足要大一些。因此，离原点越远的无差异曲线所表示的满足水平或效用越高，即 $U_3 > U_2 > U_1$。

无差异曲线具有以下特点：

第一，无差异曲线从左上方向右下方倾斜，斜率是负数。这是因为任何一条无差异曲线表示在它上面的任何一点都提供同等水平的满足，而同等水平的满足是由增加 x 商品数量就必须减少 y 商品的数量才能得到，或者增加 y 商品数量而同时必须减少 x 商品数量才能得到。满足水平不变而商品组合变动，两种商品数量就必须一涨一消，因此，无差异曲线的斜率一定是负数。

第二，任何无差异曲线不能相交。因为位置较低的无差异曲线表示较低程度的满足，而位置较高的无差异曲线表示较高程度的满足。如果两条曲线相交，在相交点所代表的两条无差异曲线对 x 和 y 商品的消费数量相同，因而具有相同的满足水平即总效用，这显然与 U_1 和 U_2 是代表不同的总效用相矛盾的。

第三，无差异曲线可以有许多条。在坐标图上，实际上有许多条无差异曲线，通过每一个两种商品组合点都可以有一条无差异曲线，每一条无差异曲线代表一种效用水平。

如图3－4所示，除了无差异曲线 U_2 外，还有无差异曲线 U_1 和 U_3 等。不难看出，根据序数效用的第三个假设，离原点远的无差异曲线效用水平高，离原点近的无差异曲线效用水平低。

三、边际替代率

无差异曲线的斜率就是商品替代率，又称为边际替代率。它是指消费者为了保持同等程度的满足，在增加一个单位商品 x 时所必须放弃的商品 y 的数量。简单来说，就是消费者在商品组合中一种商品替代另一种商品的比率。如果用 MRS 表示边际替代率，其公式为：

$$MRS_{xy} = -\frac{\Delta y}{\Delta x}$$

序数效用论认为，边际替代率是递减的。当消费者增加一个单位商品 x 的消费，相应地减少对商品 y 的消费后，随着他拥有的商品 x 的数量增加和商品 y 的数量减少，他对商品 x 的评价逐渐降低，而对商品 y 的评价逐渐提高。这样，随着商品 x 的效用递减，商品 x 对商品 y 的边际替代率就越来越小。用数学语言表达，就意味着无差异曲线的形状是凸向原点的，从图3－2中可以直观地看到边际替代率的递减。从 A 点到 B 点的边际替代率是3，从 B 点到 C 点的边际替代率是 l，从 C 点到 D 点的边际替代率是0.5。

又如，消费者有一个单位 x 商品和15个单位 y 商品，虽然他对 x 商品的偏好甚于 y 商品，因而愿意放弃4个单位 y 商品，而增加1个单位 x 商品，于是，他有了2个 x 商品和11个 y 商品，虽然他对 x 商品的偏好仍然甚于 y 商品，但这时只愿意放弃3个单位 y 而增加一个单位 x。这一替代过程一直持续到他对这两种商品的偏好相等为止。边际替代率依次是4、3、2、1，这就是序数效用论的边际替代率递减规律，如表3－4所示。

表3－4　　边际替代率及其递减规律

商品 x	商品 y	边际替代率 MRS_{xy}
1	15	
2	11	4
3	8	3
4	6	2
5	5	1

四、预算约束线

无差异曲线显示消费品提供的满足水平，但是，在商品经济中任何满足水平要成为现实，还取决于消费者的货币收入和商品的价格。在一定时期中，消费者的收入是固定的，从而作为消费部分的开支是有限度的。有限的开支能买到多少商品，还要取决于商品的价格，消费者只能在自己有限收入的约束下选择最佳的商品组合，他要想买到更高的无差异曲线上的商品组合，要受他的预算或货币收入的限制。

为了分析简便，假定一个消费者购买的只是 x 与 y 两种商品，他每周的开支是6美元，商品x的单位价格是1.5美元，商品y的单位价格为1美元。按照这两种商品的价格，他可以有几种购买方式：他可以购买4单位的x商品，也可购买6单位的y商品，还可以两种商品都购买一些。用表3－5来表示。

表3－5　　每周开支6美元可能购买的两种商品的组合

x(1.5美元)	y(1美元)
4	0
3	$1\frac{1}{2}$
2	3
1	$4\frac{1}{2}$
0	6

把表3－5的各点画在坐标图(如图3－5所示)上，可以看出：各个点都在AB线上。AB线直接概括了这个消费者在支出他的6美元收入购买两种商品时所能采取的全部方式。AB线即预算约束线。

预算约束线又叫做预算线、消费可能线或价格线。它表示消费者用有限的货币收入能够购买到的价格已定的两种商品的各种可能的组合，如图3－5所示。

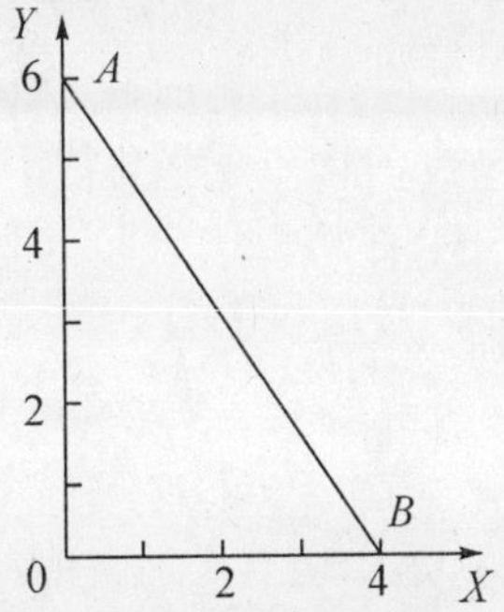

图3－5　预算线

在图3－5中，纵轴截点A表示消费者每周的收入6美元全都用于购置商品y，横轴截点B表示全部收入用于购置商品x，这是两种极端的情况，连接A、B两点的直线即预算线，线上每一点都表示消费者用收入可能买到的x和y两种商品的各种组合。在AB线下面是未花费其全部收入的组合，在AB线以上则是全部收入不可能达到的购置量。

五、消费者均衡

序数效用论认为，消费者对两种商品可以有多种组合以获得满足，每一种组合对消费者来说都是一样的，它由无差异曲线表示出来。从无差异曲线的特性来看，离原点越远消费者越能获得最大的满足。因此，每个消费者都有获得更大满足的愿望，都想通过购买把心目中的无差异曲线推离原点越近越好，都想在无差异曲线图上得到更高的无差异曲线，但是，这仅仅是消费者的主观愿望。从客观方面来看，这种愿望要受到消费者的货币收入和商品价格的限制，这种限制由预算约束线来表示。因此，一格消费者只能在收入和价格所限制的范围内购买到最大效用，获得最大满足。为此，如何把主观愿望和客观限制结合起来，以求得在收入和价格既定条件下使消费者得到最大满足，这正是序数效用论的消费者与均衡理论所要解决的问题。

序数效用论把无差异曲线和预算约束线这两个分析工具结合起来，以寻求消费者最大满足点或消费者均衡点。将图 3 - 4 的无差异曲线和预算约束线合在一起，就可以得到序数效用论的消费者均衡点，如图 3 - 6 所示。

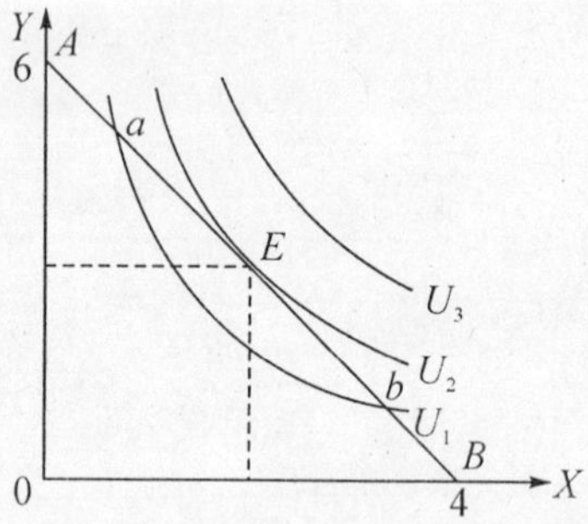

图 3 - 6　消费者均衡

在图 3 - 6 中，AB 线是预算约束线，U_1、U_2、U_3 是三条位置越来越高的无差异曲线。对于一个预算约束线内的消费者来说，只能在无差异曲线 U_1 和 U_2 上选择商品组合。首先看 U_1：预算约束线 AB 与无差异曲线 U_1 有两个交点 a 和 b，这表明消费者的既定收入可以买到无差异曲线 U_1 上的商品组合，但这样的购买不能给消费者带来最大的满足，因为 U_1 的位置低于 U_2 的无差异曲线，即 U_1 的满足水平低于 U_2。从数学上看，这两个交点都不是最大值，一个消费者如果用自己的全部收入来购买 a 点或 b 点所表示的 x 商品和 y 商品的组合，显然没有获得最大满足，因为一个有理性的消费者不会作出这样的选择。再看 U_2：AB 线和 U_2 有一个切点 E，从数学上讲，这个切点是最大值。因此，只有 AB 线和无差异曲线 U_2 的切点 E，才是消费者可以买到的且能给消费者带来最大满足的商品组合。这也就是说，如果消费者用自己的全都收入购买的是 E 所表示的 x 商品和 y 商品的组合，就是在他可能的收入范围内买到了最大的效用，从而获得最大的满足。因此，E 点是消费者均衡点或最大满足点。当有理性的消费者经过选择找到使他获得最大满足点时，只要货币收入、价格和偏好不发生变化，消费者就不会改变这一状态，这就是消费者均衡状态。

在消费者均衡点上，预算约束线的斜率正好等于无差异曲线的斜率。由于预算约束线的斜率是两种商品价格的比率，而无差异曲线的斜率是两种商品的边际替代率，所以，消费者均衡的条件：两种商品的边际替代率等于该两种商品的价格比率，即

$$\frac{\text{失业人数}}{\text{失业人数}+\text{就业人数}}$$

该公式表明，消费者在一定的收入条件下，为了得到最大效用或满足，消费者应选择两种商品边际替代率等于两者商品价格之比的商品。这可用边际效用递减规律加以解释。

前面讲基数效用论的消费者均衡条件:

$$\frac{M_{ux}}{M_{uy}}=\frac{P_x}{P_y}\text{或}\frac{M_{ux}}{P_x}=\frac{M_{uy}}{P_y}$$

可以看出,这两个公式只是形式上的差别,而实质上是一样的,因此可以写作:

$$MRS_{xy}=\frac{\Delta y}{\Delta x}=\frac{M_{ux}}{M_{uy}}=\frac{P_x}{P_y}$$

第三节 消费者选择

一、确定条件下的消费者选择

以上分析的消费者均衡,是以消费者的货币收入和商品价格不变为条件的。而实际上,消费者的收入和商品的价格是经常变化的,收入和价格的变化会直接影响到消费者对商品或劳务的购买量。因此,我们还必须分析收入和价格的变化对消费的影响。

1. 收入变化条件下的消费者选择

西方微观经济学主要通过收入 — 消费曲线来分析收入变化对消费的影响和消费者的选择。

假设消费者偏好和商品价格不变,随着消费者收入的变化,消费者的需求量将随之而变化。收入增加时,消费者购买商品的预算支出增加,假设两种商品的价格不变,在预算约束线图(如图3－7所示)中,就表现为预算约束线平行地向上移动,由AB移为$A'B'$,它表示能够买到数量较多的商品组合;收入减少时,消费者购买商品的支出减少,在图上表现为预算约束线平行地向下移动,预算约束线AB移为$A''B''$,它表示能购买到数量较少的商品组合。

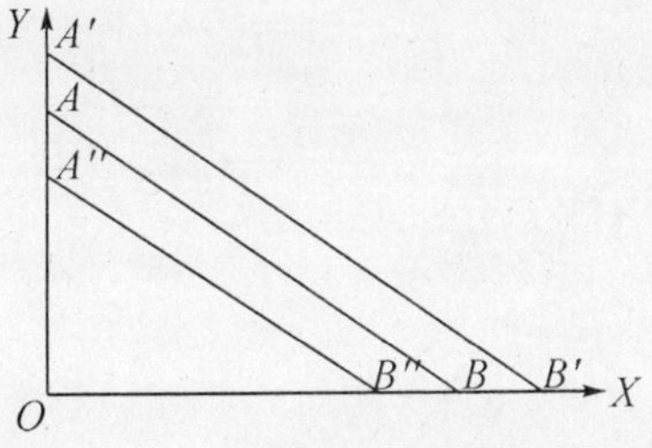

图3－7 收入变化和预算约束线

收入的变动引起预算约束线位置的移动,而预算约束线的移动又会引起预算线和无差异曲线的切点的移动,即引起消费者均衡点的移动。在收入增加时,预算约束线向上移动,就会和一条位置较高的无差异曲线相切,这时消费者的均衡点也就移到一个较高的位置上;反之,在收入减少时,预算约束线向下移动,就会和一条位置较低的无差异曲线相切,这时消费者的均衡点也就移到一个较低的位置上。这样一来,在收入变动的过程中,就会出现许多预算约束线,同时也会出现许多新的消费者均衡点,把所有这些消费均衡点连接起来，就可以得到一条新的曲线。这条新的曲线被称为收入 — 消费曲线，如图 3 - 8 所示。

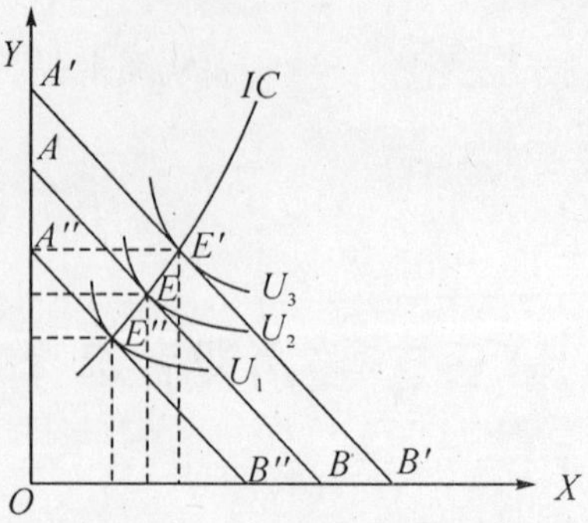

图 3 - 8　收入 — 消费曲线

收入 — 消费曲线表示在偏好和价格不变的情况下各种不同的收入所能买到的两种商品的各种组合，每种组合都是消费者在既定收入下所获得的最大满足。它表明消费者收入变动时所引起的消费量的变动情况。

2. 价格变化条件下的消费者选择

以上分析消费者均衡，是以价格固定不变为条件的。而事实上，在市场经济中，价格是经常变化的，价格的上涨和下落，都会直接影响到消费者对商品和劳务的购买量。西方微观经济理论主要用价格 — 消费曲线来分析价格变化与消费之间的关系以及消费者的选择。

假设消费者偏好和收入不变，而发生变化的只是价格，为了分析方便，再假定在两种商品组合中，只有一种商品价格发生变化，而另一种商品价格不变。这时，消费者的需求量将随价格的变化而变化。如果商品 y 的价格不变，商品 x 的价格下跌，预算约束线 AB 取 A 点为中心向右移动；商品 x 的价格上涨，预算约束线 AB 以 A 点为中心向左移动，如图 3 - 9 所示。

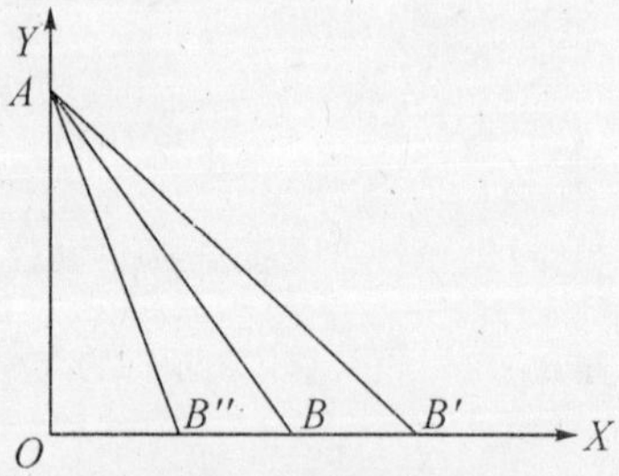

图 3 - 9　价格变化和预算约束线的移动

在图 3 - 9 中，当商品 x 的价格不变时，预算约束线为 AB；当商品 x 的价格下跌时，预算约束线向上移动为 AB'；当商品 x 的价格上涨时，预算约束线向下移为 AB''。

价格的变动引起预算约束线位置的移动，而预算约束线的移动又会引起预算线与无差异曲线切点的移动，即引起消费者均衡点的移动。在价格变动过程中，会出现许多预算约束线，同时也会出现许多新的消费均衡点，把这些消费均衡点连接起来，便得到价格一消费曲线，如图3-10所示。

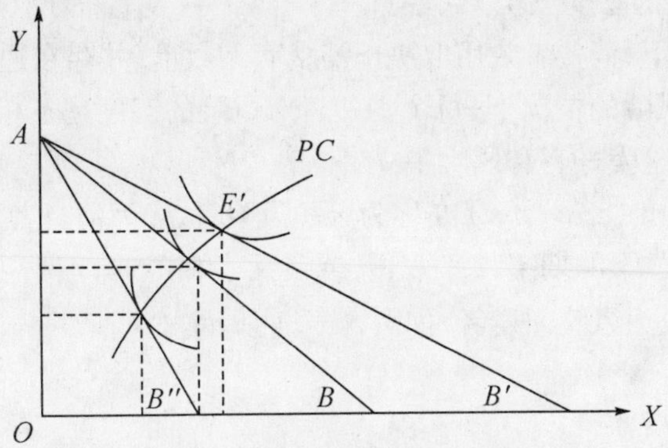

图3-10 价格一消费曲线

在图3-10中，价格一消费曲线表示在偏好和收入不变、y商品价格不变条件下，x商品价格的各种变化所能买到的两种商品的各种组合，在价格一消费曲线上每种组合都是消费者在既定价格下所获得的最大满足或消费者均衡。

二、不确定条件下的消费者选择

上面分析的是确定性条件下的消费者选择。在现实生活中存在着许多不确定因素。不确定条件下的消费者选择是指在充满不确定因素的经济活动中，消费者在面对各种风险条件下如何选择消费选择。

1. 风险的测度

为了从数量上考察风险，必须了解概率、期望值和方差等范畴。概率是指一种结果发生的可能性有多大，这种可能性是指一种后果将来发生的可能性程度，对这种后果发生可能性可有两种解释：一种是客观分析，它是在对已发生事件观察的基础上得出的结论，是对事件发展观察的结果。另一种是主观分析，即这种事件以前未发生过，对其后果的可能性只能进行推测，这种推测主要是主观判断，当然也可能包含一些个人的相关经验。

在概率论中，期望值和方差对测度与比较风险是极为重要的。期望值与不确定性事件有关，是在不确定性情况下，在全部影响因素作用下，所有可能结果的加权平均，权数就是每种结果的概率。如果消费者可以购买同等数量的三种A、B、C商品，三种商品的总效用分别为10、5、8，现知购买A种商品的概率为60%，购买B种商品的概率为30%，购买C种商品的概率为10%，则消费者总效用的期望值为8.3（$0.6\times10+0.3\times5+0.1\times8$）。如果消费品总效用分别为$X_1,X_2,\cdots,X_N$，相应购买概率分别为$U_1,U_2,\cdots,U_N$，则消费者效用期望值$E(U)$可以用下式表示：

$$E(U)=U_1X_1+U_2X_2+\cdots+U_NX_N$$

其中：$U_1+U_2+\cdots+U_N=1$

方差的概念比期望值稍复杂一些。简单说，方差亦称离差，就是实际值与期望值之间的差额。不确定事件的方差是该事件每一可能结果所取实际值与期望值之差的平方的加权平均数，一般用 σ^2 表示，方差的平方根 σ 被称为标准差。可以看出，若用方差或标准差测度风险，则方差或标准差越大，风险越大。

2. 消费者对风险的态度

在无风险的情况下，消费者效用取决于消费商品数量，并存在边际效用递减规律。在存在不确定性，即有风险的情况下，每个消费者对风险的态度是不相同的，可大体上分为三类：风险回避者、风险爱好者和风险中立者。

(1) 风险回避者(Risk Averter) 亦称为厌恶风险者，多为消费者可能获得的确定性收入效用大于有风险条件下的期望收入效用，或者两者相等时，消费者偏爱确定性收入所得效用，这时消费者成为风险回避者，如图 3 - 11 所示。

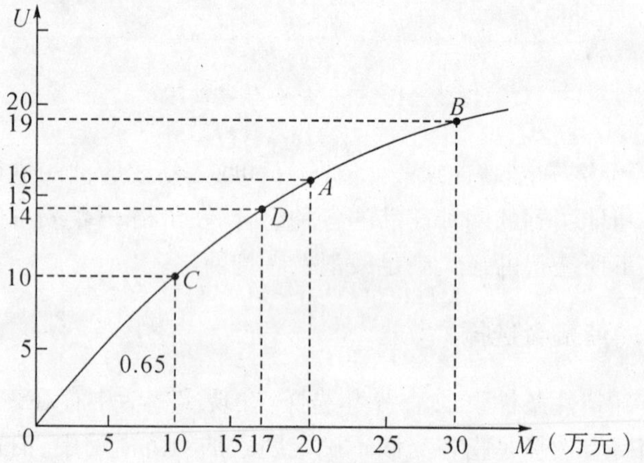

图 3 - 11　风险回避者效用曲线

图 3 - 11 中，横轴代表收入 M，纵轴代表效用 U。OB 为效用曲线，其特点是效用递减。在效用曲线 OB 上，不同的收入水平对应不同的效用水平。假定消费者有一个确定性 20 万元的收入，其效用水平为 16，即 A 点。如果有个概率为 0.35 的 30 万元收入，其效用水平为 19，即 B 点，以及概率为 0.65 的 10 万元收入，其效用水平为 10，即 C 点。消费者在这种风险情况下其收入期望值为 17 万元($30 \times 0.35 + 10 \times 0.65$)，其对应的效用水平为 14，即 D 点，D 点小于 A 点，这时消费者将选择有确定性风险的 A 点，而不会选择有风险的 D 点，所以，这类消费者被称为风险回避者。

(2) 风险爱好者(Risk Lover) 亦称喜欢风险者，多为消费者可能获得的确定性收入效用小于有风险条件下期望收入的效用，或者两者相等时，消费者偏爱风险收入所得效用。这时消费者成为风险爱好者。风险爱好者效用曲线形状和风险回避者效用曲线相反，如图 3 - 12 所示。

图 3 - 12 中，横轴、纵轴代表含义同图 3 - 11，OB 为效用曲线，其特点为效用递增。在效用曲线 OB 上，不同的收入水平对应不同的效用水平。假定消费者有一个确定性收入为 20 万元，其效用水平为 10，即 A 点。如果有个概率为 0.3 的 10 万元收入，其效用水平为 4，即 C 点，还有一个概率为 0.7 的 30 万元收入，其效用水平为 20，即 B 点。消费者在这种风险情况下，其收入期望值为 24 万元($10 \times 0.3 + 30 \times 0.7$)，其相应的效用水平为 14，即 D

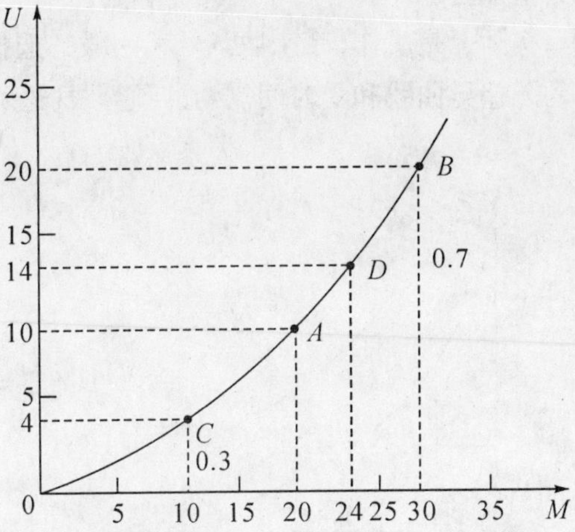

图 3－12　风险爱好者效用曲线

点，D 点大于 A 点，这时消费者将选择有风险性的 D 点，而不选择有确定性无风险的 A 点，称此类消费者为风险爱好者。

（3）风险中立者（Risk Neuter）亦称风险中性者，一般是消费者在无风险确定收入的效用水平和有风险条件下期望收入效用水平相等时，这时消费者为风险中立者。

3. 如何减少风险

在现实生活中，多数人在多数时间内是风险回避者，会以各种方式回避风险，主要有三种形式或途径，如风险分散化、购买保险及多了解信息等。

（1）风险分散化，亦称风险多样化，是指在许多不确定的情况下，为避免风险可采取多样化行动，以减少损失、增加收入、提高效用水平。如商店为增加销售收入，可多经营一些品种，以免一种商品滞销时，造成商品积压，减少收入。

（2）保险是避免风险的最好办法。消费者放 弃一部分现在收入作为保险金，进行财产或其他保险，一旦遭遇意外，能得到补偿，减少损失，不至于使消费者效用水平降低过多。

（3）获得更多的信息。这也是减少风险的重要措施，因为消费者决策是根据准确及时的信 息作出的，如信息准确及时，就能作出科学决策，增加收入，不断提高效用水平；反之，信息不准确或不及时，据此作出决策会失误，必然带来极大的损失。如果情况已变化，消费者却没能掌握变化了的信息，不能相应改变决策，这就会带来很多风险；如果掌握变化了的信息，相应地改变决策，就能避免风险，增加收入，保证效用水平的不断提高。

三、消费者的多方面选择

上两个问题讨论了消费者对商品的选择，实际上消费者的选择是多方面的，除选择商品外，还有对收入与闲暇的选择、对消费和储蓄的选择等。

1. 消费者对收入与闲暇的选择

消费者对收入与闲暇的选择，可分为两种情况进行分析，一种以是工资率为常数，另一种是工资率不断变动，如加班加点工资率就属于变动工资率。这两种分析的目标都是实现效用的最大化,这里只分析前者。

所谓收入和闲暇的选择,实际上是工作(带来收入)和闲暇的选择。消费者对收入和闲暇的选择,也有效用相同的无差异曲线和受时间制约的预算线。这两条线如图3－13和图3－14所示。

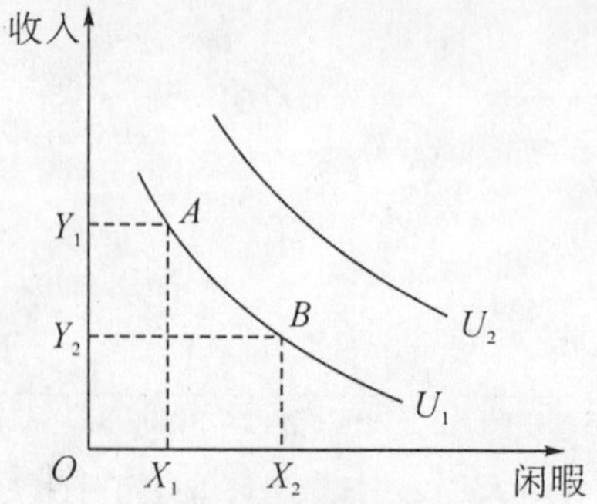

图3－13　收入和闲暇的无差异曲线

收入和闲暇的无差异曲线,与消费者选择商品的无差异曲线形状相同,是一条具有负斜率的凸形曲线,对消费者来说,收入和闲暇可以互相代替。

图3－13中,横轴代表闲暇时间,纵轴代表收入,U_1 和 U_2 为两条消费者无差异曲线,U_2 的效用水平高于 U_1 的效用水平,U_1 线上 A 点和 B 点比较,A 点获得的收入比 B 点要高,但 B 点闲暇比 A 点要多。

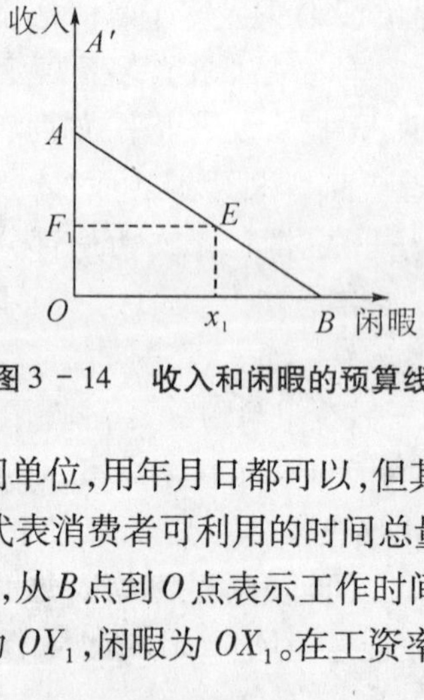

图3－14　收入和闲暇的预算线

图3－14中,横轴表示时间单位,用年月日都可以,但其特点是时间单位固定,如一天为24小时,一周为7天等。OB 代表消费者可利用的时间总量,沿横坐标从 O 点到 B 点表示闲暇的增加或工作时间的减少,从 B 点到 O 点表示工作时间的增加或闲暇时间的减少。预算线 AB 上的 E 点,表示收入为 OY_1,闲暇为 OX_1。在工资率为常数的情况下,消费者的工资率等于 AB 线的斜率。

把消费者收入和闲暇的无差异曲线和预算线画在一个坐标图上,就可以研究消费者对收入和闲暇的最佳选择,如图3－15所示。

图3－15中,坐标及符号含义同图3－13。无差异曲线 U_2 和预算线 AB 相切,切点为 E,即消费者收入和闲暇效用最大化的均衡点,这时消费者用于闲暇时间为 OX_1,用于工作时间为 BX_1,获得工资 X_1E 等于 OY_1。该均衡点表明收入为 OY_1、闲暇为 OX_1 时,E 点是消费者效用最大化的选择。

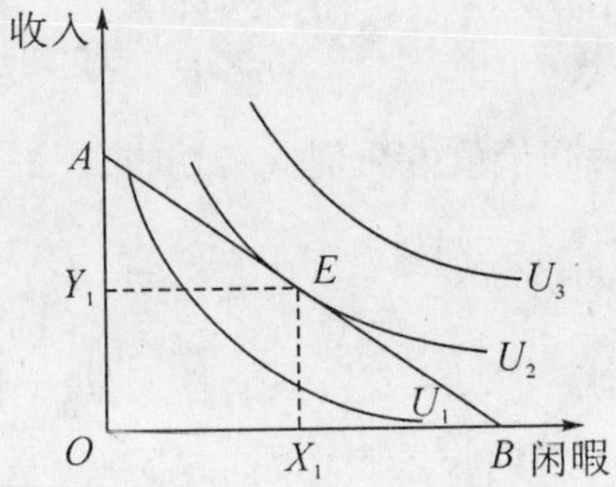

图 3 - 15 消费者均衡

2. 消费者对消费和储蓄的选择

消费者对消费和储蓄的选择实际是对现在消费和未来消费的选择。为分析简单化，假定消费者选择分两个时期，两个时期收入分别为 M_1 和 M_2，两个时期消费分别为 C_1 和 C_2。假定消费者在第二时期结束时用完全部收入，并且在第一期和第二期之间可进行借贷消费与储蓄，借贷利率为 R。在上述这些假定下，消费者的预算线约束可以用下式表示：

$$(1+R)C_1 + C_2 = (1+R)M_1 + M_2$$

这是用未来值表示的消费者预算约束或预算线，可整理如下：

$$C_2 = M_2 + (1+R)M_1 - (1+R)C_1$$

这就推导出二期消费函数公式，也表明二期消费 C_2 是一期收入 M_1、二期收入 M_2、一期消费 C_1 和利率 R 的函数。

消费者预算线也可以移动，如果 $M_1 - C_1 > 0$，即第一期收入大于消费，增加储蓄，到二期时消费者收入增加，增加额为 $(M_1 - C_1)(1+R)$，这时一期预算线在横轴上左移；反之，如果 $M_1 - C_1 < 0$ 时，表示消费者在一期收入小于消费，即借入消费，消费者在第二期要偿还借款，偿还额为 $(M_1 - C_1)(1+R)$。这时一期预算线在纵轴下移，如图 3 - 16 所示。

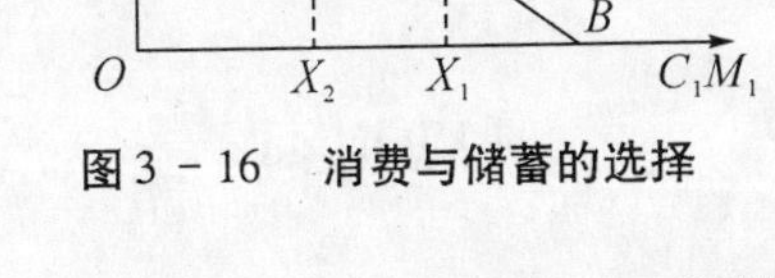

图 3 - 16 消费与储蓄的选择

图 3 - 16 中，横轴代表一期收入 M_1 和一期消费 C_1，纵轴代表二期收入 M_2 和二期消费 C_2，U_1 和 U_2 是消费者两条对消费和储蓄效用相同的无差异曲线（可由消费和储蓄的效用函数导出）。AB 为消费者预算线，无差异曲线 U_1 和预算线 AB 切点为 E，则 E 点是消费者效用最大化均衡点。假定一期收入为 X_1，二期收入为 Y_1。在 E 点表明一期消费为 OX_2，二期消费为 OY_2。很明显，消费者在一期消费为 OX_2，收入为 OX_1，因 $OX_1 > OX_2$，一

期有储蓄为 $OX_1 - OX_2$，则二期收入为 OY_1，消费为 OY_2，因为 $OY_2 > OY_1$，二期有借入 $OY_2 - OY_1$。

如果把一期收入按货币时间价值方法变成二期收入，即 $C_2 = C_1(1+R)$ 代入得到：

$$C_1 = \frac{1}{2} \times (M_1 + \frac{M_2}{1+R})$$

上式表明，一期消费 C_1 与一期收入 M_1、二期收入 M_2 呈同方向变化，与利率 R 呈反方向变化。或者说一期收入 M_1 和二期收入 M_2 提高，都能使一期消费 C_1 增加，而利率的提高，使消费者减少一期消费 C_1 增加储蓄，以便将来增加二期消费。

【本章小结】

1. 效用是指商品满足人的欲望和需要的能力和程度。基数效用是指按 1、2、3…… 基数来衡量效用的一种方法，包括总效用和边际效用。边际效用是递减的，边际效用下降时总效用增加，边际效用为零时，总效用最大，边际效用为负时，总效用下降，总效用是边际效用之和。消费者剩余是指消费者购买商品时愿意支付的最高价格和成交时的实际价格之差，是消费者多购买商品时所得好处的总和。消费者均衡的条件是消费中购买各种商品的边际效用与价格之比相等。

2. 序数效用是指按第一、第二和第三 …… 顺序来衡量效用的一种方法，无差异曲线是用来表示对消费者能产生同等满足程度的两种商品的不同数量组合。一般来说，无差异曲线是一条斜率为负的向右下方倾斜的曲线。预算线是指在消费者收入和商品价格既定条件下，消费者全部收入所能购买的各种商品数量组合。消费者均衡是指无差异曲线和预算线相切点的商品数量，即最佳购买行为点。

3. 消费者选择的问题，包括确定性条件下的消费者选择和不确定性条件下的消费者选择问题。前者是指在商品价格和收入变化为已知条件下的消费者选择，包括收入变化下的消费者选择：收入 — 消费者曲线研究；价格变化下的消费者选择：价格 — 消费者曲线研究以及商品名义价格变化所引起的替代效应和收入效应问题。后者是指在充满不确定性因素条件下的消费者选择，包括风险的测度、消费者对风险的态度及如何减少风险问题。

【思考题】

1. 总效用和边际效用的变动规律如何？
2. 基数效用理论的消费者均衡的条件是什么？为什么？
3. 序数效用理论的消费者均衡的条件是什么？为什么？
4. 确定条件下的消费者选择包括哪些内容？
5. 不确定条件下的消费者选择包括哪些内容？

【综合案例1】

“幸福方程式”与“阿Q精神”

消费的目的是为了获得幸福。对于什么是幸福,美国的经济学家萨谬尔森用的“幸福方程式”来概括。这个“幸福方程式”就是:幸福 = 效用/欲望,从这个方程式中我们看到欲望与幸福成反比,也就是说人的欲望越大越不幸福。但我们知道人的欲望是无限的,那么多大的效用不也等于零吗?因此我们在分析消费者行为理论的时候假定人的欲望是一定的。那么我们在离开分析效用理论时,再来思考萨谬尔森提出的“幸福方程式”,真是觉得他对幸福与欲望关系的阐述太精辟了,难怪他是诺贝尔奖的获得者。

在社会生活中对于幸福不同的人有不同的理解,政治家把实现自己的理想和报复作为最大的幸福;企业家把赚到更多的钱当成最大的幸福;教书匠把学生喜欢听自己的课作为最大的幸福;老百姓往往把平平淡淡、衣食无忧作为最大的幸福。幸福是一种感觉,自己认为幸福就是幸福。但无论是什么人,一般都把拥有的财富多少看成是衡量幸福的标准,一个人的欲望水平与实际水平之间的差距越大,他就越痛苦;反之,就越幸福。“幸福方程式”使我想起了“阿Q精神”。

鲁迅笔下的阿Q形象,是用来批判中国老百姓的那种逆来顺受的劣根性。而我们在这里说的是人生如果一点阿Q精神都没有,会感到不幸福,因此“阿Q精神”在一定条件下是人生获取幸福的手段。在市场经济发展到今天,贫富差距越来越大,如果穷人欲望过高,那只会给自己增加痛苦。倒不如用“知足常乐”,用“阿Q精神”来降低自己的欲望,使自己虽穷却也获得幸福自在。富人比穷人更看重财富,他会追求更富,如果得不到,他也会感到不幸福。

“知足常乐”、“适可而止”、“随遇而安”、“退一步海阔天空”、“该阿Q时得阿Q”,这些说法有着深刻的经济含义,我们要为自己最大化的幸福作出理性的选择。

资料来源:梁小民. 微观经济学纵横谈. 上海:新知三联书店,2000.

【讨论题】

什么是幸福?你认为如何才能得到最大化的幸福?

【综合案例2】

把每一分钱都用在刀刃上

消费者均衡就是指消费者购买商品的边际效用与货币的边际效用相等。这就是说消费者的每一元钱的边际效用和用一元钱买到的商品边际效用相等。假定一元钱的边际效用是5个效用单位,一件上衣的边际效用是50个效用单位,消费者愿意用10元钱购买这件上衣,因为这时的一元钱的边际效用与用在一件上衣的一元钱边际效用相等。此时消费者实现了消费者均衡,也可以说实现了消费(满足)的最大化。低于或大于10元钱,都没有实现消费者均衡。可以简单来说在你的收入和商品价格既定的情况下,花钱最少得到的满足最大就实现了消费者均衡。

我们前面讲到商品的连续消费边际效用递减，其实货币的边际效用也是递减的。在收入既定的情况下，你存的货币越多，购买物品就越少，这时货币的边际效用下降，而物品的边际效用在增加，明智的消费者就应该把一部分货币用于购物，增加他的总效用；反过来，消费者则卖出商品，增加货币的持有，也能提高他的总效用。通俗来说，假定你有稳定的职业收入，你银行存款有50万元，但你非常节俭，吃、穿、住都处于温饱水平。实际上这50万元足以使你实现小康生活。

要想实现消费者均衡，你应该用这50万元的一部分去购房、一部分去买一些档次高的服装，银行也要有一些积蓄；相反，如果你没有积蓄，购物欲望非常强，见到新的服装款式，甚至借钱去买，买的服装很多，而效用降低，如遇到一些家庭风险，而没有一点积蓄，就会使生活陷入困境。

经济学家的消费者均衡的理论看似难懂，其实一个理性的消费者，他的消费行为已经遵循了消费者均衡的理论。比如你在现有的收入和储蓄下是买房还是买车，你会作出合理的选择。你走进超市，见到琳琅满目的物品，你会选择你最需要的。你去买服装肯定不会买回你已有的服装。所以说经济学是选择的经济学，而选择就是在你资源（货币）有限的情况下，实现消费满足的最大化，使每1分钱都用在刀刃上，这种就实现了消费者均衡。

资料来源：佚名. http://www. online. njtvu. com.

【讨论题】

1. 常言道“富日子要当穷日子过”这种理财观念你赞同吗？为什么？

2. 什么是消费者的最佳购买行为？当你在比较富足的情况下如何实现最佳购买行为？

第四章　生产与成本理论

【学习目标与要求】

通过系统地学习，掌握价生产理论的基本知识和基本体系；掌握生产函数、边际分格方法以及边际报酬递减规律，学会短期厂商均衡和长期厂商均衡的分析方法；掌握生产理论对厂商收益决策的影响及应用。

通过本章学习系统地掌握西方经济学成本理论的基本知识和基本体系；掌握成本函数、成本分析方法以及规模报酬递减规律，学会短期厂商均衡和长期厂商均衡的成本分析方法；掌握成本理论对厂商收益决策的影响及应用。

【学习重难点】

重点：短期厂商均衡和长期厂商均衡的分析方法。

难点：要素报酬和规模报酬递减规律的论证与分析。

1. 生产函数
2. 短期生产函数
3. 长期生产函数
4. 规模报酬
5. 成本与成本函数
6. 短期成本
7. 长期成本

第一节　生产和生产函数

在以下实例中，我们做出一个简单的假设：假设张太太蛋糕房的规模是固定的，而且，张太太只能通过改变工人数量来改变生产的糕点量。在短期中，这种分析是现实的。这就是说，张太太不能在一夜之间建立一家更大的工厂，但她在一两年内可以这样做。因此，这种分析描述了张太太短期中面临的生产决策。

表4－1表示张太太的工厂每小时生产的蛋糕量如何取决于工人的数量。正如你在前两栏看到的，如果工厂中没有工人，张太太生产不出糕点；当有1个工人时，她生产50块糕点；当有2个工人时，她生产90块糕点，等等。

表4－1　　生产函数:张太太的糕点房

工人数量	产量(每小时生产的糕点量)	劳动的边际产量
0	0	
1	50	50
2	90	40
3	120	30
4	140	20
5	150	10
6	155	5

一、厂商

在西方经济学中,生产者亦及厂商或企业,它是指能够做出统一的生产决策的单个经济单位。

企业的本质是什么?或者说,企业为什么会存在呢?一些西方经济学家认为,企业作为生产的一种组织形式,在一定程度上是对市场的一种替代。可以设想两种极端的情况:在一种极端的情况下,每一种生产都由一个单独的个人来完成,如一个人制造一辆汽车。这样,这个人就要和很多的中间产品的供应商进行交易,而且,还要和自己的产品的需求者进行交易。在这种情况下,所有的交易都通过市场在很多的个人之间进行。在另一种极端情况下,经济中所有的生产都在一个庞大的企业内部进行,如完整的汽车在这个企业内部被生产出来,不需要通过市场进行任何的中间产品的交易。由此可见,同一笔交易,既可以通过市场的组织形式来进行,也可以通过企业的组织形式来进行。企业之所以存在,或者说,企业和市场之所以同时并存,是因为有的交易在企业内部进行成本更小,而有的交易在市场进行成本更小。

在微观经济学中,一般总是假定厂商的目标是追求最大的利润。这一基本假定是理性经济人的假定在生产理论中的具体化。在长期,一个不以利润最大化为目标的企业终将被市场竞争所淘汰。所以,实现利润最大化是一个企业竞争生存的基本准则。从本章第二节起,我们将具体分析生产者行为。在以下的分析中,我们使用厂商生产的目的是追求最大化利润这一基本假定。

二、生产要素

从物质转化角度看,生产是一个投入产出过程,投入和产出都是实物概念。企业为生产产品所需投入的各种经济资源,叫做生产要素(Factor of Production),主要包括:自然资源、劳动、资本和企业家才能。

【专栏知识】

生产要素禀赋理论

赫克歇尔—俄林提出了生产要素禀赋理论。这个理论被认为是比较成本学说的完整化、现代国际分工理论的开端。它的特点是把国际分工、国际贸易与生产要素(土地、劳动力、资本)联系起来,提出"生产要素禀赋差异"概念,认为国际贸易、地域分工产生的原因是各国"生产要素禀赋差异",而不是各国劳动生产率差异。这个理论的基本点:各个国家(或区域)的生产要素禀赋不同;生产要素供给不同;国际分工、国际贸易能够更有效地利用各种生产要素。

自然资源(Natural Resources):其不仅包括了自然界的土地,也包括自然界一切可以利用的物质资源。

劳动(Labor):其指投入生产中的人力要素,是生产中一切体力和脑力的支出,包括各种形式的劳动,如直接与生产资料相结合的物质生产劳动、提供服务创造无形产品(如知识)的非物质生产劳动等。

资本(Capital):其指人类创造的用于生产的所有物品,包括实物资本和金融资本。实物资本指本身是制成品的生产要素,例如生产工具、机器设备,运输工具等。金融资本指用来开办企业或维持企业经营的资金。在研究生产问题时,资本都体现为货币表示的实物资本,因为生产理论研究的是投入产出之间的物质关系。

企业家或企业家才能(Entrepreneur):其指企业家组织劳动、资本、各种资源进行生产和创新活动,承担市场风险。

【专栏知识】

"企业家才能"值几何?

企业家才能,在经济学里是生产要素,并列于土地、劳动力、资金、技术等。企业家才能极大地产生经济效益。一直认为企业家如果只是职业经理人的话,就应该有双重身份,是老板也是雇员。一来,应该以企业家才能入干股,参加年终分红;二来,应该领取工资薪水外加奖金等。

《第一财经周刊》报道了平安的董事长兼CEO马明哲的高薪论战。马明哲2008年的年薪高达6616万元。听起来吓人一跳,让人咂舌吧。对于他的"天价"薪水,正反两派观点各异。

正派的观点认为,近几十年来,管理的重要性已经越来越被放在重要的位置上,但还是存在低估管理的倾向。也就是说,企业家才能没有享受到应有的待遇。高盛的CEO劳埃德·布兰克的年薪有6850万美元,这才是对有才能的公司一把手的重视。

反派的观点则认为收入过高,并尖锐地抛出"王永庆不领工资"的提问。在如今民营经济、金融、IT都不景气的现实面前,6616万元确实有点扎眼,要知道,2007年马明哲才领1338万元。

不管外部如何评价,马明哲本人和平安集团却对这个结果处之泰然。马明哲认为自己值得拥有这个回报,因为他能够把平安带入500强,这也成为他的骄傲,这个笑起来憨憨的中年人毫不避讳。平安则甚至认为给马明哲的工资有"廉价"的嫌疑。唯恐这个具有非凡创新能力和高超管理能力的英才不满,当然前提也是马明哲让平安在不到20年里,利润翻了差不多100倍。

上述四项要素是任何生产都不可缺少的,但在不同的经济社会其重要性又有所不同。农业社会的核心要素是土地;工业社会的核心要素是资本;知识社会的核心要素是知识。传统经济学将科学技术作为外在条件,不列入生产要素。在现代生产中,科学技术业已成为决定性因素,称为第一生产力。因此,现代经济学日益将科学技术作为内容变量,列为最重要的生产要素。

三、生产函数

生产过程中生产要素的投入量和产品的产出量之间的关系,可以用生产函数来表示。生产函数表示在一定时期内,在技术水平不变的情况下,生产中所使用的各种生产要素的数量与所能生产的最大产量之间的关系。任何生产函数都以一定时期内的生产技术水平为前提条件,一旦生产技术水平发生变化,原有的生产函数就会发生变化,从而形成新的生产函数。

假定 $X_1, X_2, \cdots, X_n$ 顺次表示某产品生产过程中所使用的 n 种生产要素的投入数量,Q 表示所能生产的最大产量,则生产函数可以写成以下形式:

$$Q = f(X_1, X_2, \cdots, X_n)$$

该生产函数表示在一定时期内在既定的生产技术水平下的生产要素组合(X_1, $X_2, \cdots, X_n$)所能生产的最大产量为 Q。

在经济学的分析中,为了简化分析,通常假定生产中只使用劳动和资本这两种生产要素。若以 L 表示劳动投入数量,以 K 表示资本投入数量,则生产函数可以表示为:

$$Q = f(L, K)$$

生产函数表示生产中的投入量和产出量之间的依存关系,这种关系普遍存在于各种生产过程之中。一家工厂必然具有一个生产函数,一家饭店也是如此,甚至一所学校或医院同样会存在着各自的生产函数。估算和研究生产函数,对于经济理论研究和生产实践都具有一定意义。

四、生产时期

微观经济学的生产理论可以分为短期生产理论和长期生产理论。如何区分短期生产和长期生产呢?

短期指生产者来不及调整全部生产要素的数量,至少有一种生产要素的数量是固定不变的时间周期。长期指生产者可以调整全部生产要素的数量的时间周期。相应的,在短期内,生产要素投入可以区分为不变投入和可变投入。生产者在短期内无法进行数量调整的那部分要素投入是不变要素投入,例如,机器设备、厂房等。生产者在短期内可以进行数量调整的那部分要素投入是可变要素投入,例如,劳动、原材料、燃料等。在长期,生产者可以调整全部的要素投入。例如,生产者根据企业的经营状况,可以缩小或扩大生产规模,甚至还可以加入或退出一个行业的生产。由于在长期所有的要素投入量都是可变的,因而也就不存在可变要素投入和不变要素投入的区分。

在这里,短期和长期的划分是以生产者能否变动全部投入要素的数量作为标准的。对于不同的产品生产,短期和长期的界限规定是不相同的。例如,变动--个大型炼油厂的规模可能需要三年的时间,而变动一个豆腐作坊的规模可能仅需要一个月的时间。即前者的短期和长期的划分界限为三年，而后者仅为一个月。微观经济学通常以一种可变生产要素的生产函数来考察短期生产理论，以两种可变生产要素的生产函数考察长期生产理论。

第二节　一种变动投入的生产函数

假定技术水平和其他投入要素不变，只有一种要素(L)是可变的，称为一种变动投入生产函数，可以研究一种变动投入与其他不变投入之间的配置关系，以及这种配置对产量的影响。这种分析有助于企业选择合理的生产区间，进行投入决策。

一、一种可变生产要素的生产函数

由生产函数 $Q = f(L,K)$ 出发，假定资本投入量是固定的，用 $\bar{K}$ 表示，劳动投入量是可变的，用 L 表示，则生产函数可以表示为：

$$Q = f(L,\bar{K}) \tag{4.1}$$

这就是通常采用的一种可变生产要素的生产函数的形式，它被称为短期生产函数。

二、总产量、平均产量和边际产量

短期生产函数表示 $Q = f(L,\bar{K})$ 表示：在资本投入量固定时，由劳动投入量变化所带来的最大产量的变化。由此，我们可以得到劳动的总产量、劳动的平均产量和劳动的边际产量这三个概念。

1. 总产量

在一定技术条件下，总产量指变动投入 L 与一定量的其他固定投入相结合所能生产的最大产量。设总产量为 TP，劳动的总产量表示为：

$$TP = f(L,\bar{K}) = q \tag{4.2}$$

2. 平均产量

在一定技术条件下，平均产量指平均每单位可变动投入所生产的产量。设平均产量为 AP，劳动的平均产量表示为：

$$AP = \frac{TP}{L} = \frac{q}{L} \tag{4.3}$$

3. 边际产量

在一定技术条件下，边际产量指增加单位可变动投入 L 所引起的总产量的增加量。设边际产量为 MP，劳动边际产量表示为：

$$MP = \frac{dTP}{dL} = \frac{dq}{dL} \tag{4.4}$$

根据以上定义及公式，可以编辑一张关于一种可变生产要素的生产函数的总产量、平均产量和边际产量的表，如表 4－2 所示。

表 4 - 2　　某企业短期成本表

劳动投入量 L	劳动的总产量 TPL	劳动的平均产量 APL	劳动的边际产量 MPL
0	0	0	
1	3	3	3
2	8	4	5
3	12	4	4
4	15	15/4	3
5	17	17/5	2
6	17	17/6	0
7	16	16/7	–1
8	13	13/8	–3

三、边际报酬递减规律

由表 4 - 2 可以清楚地看到，对一种可变生产要素的生产函数来说，边际产量表现出的先上升而最终下降的特征。这一特征被称为边际报酬递减规律，有时也成为边际产量递减规模。

西方经济学家指出，在生产中普遍存在这么一种现象：在技术水平不变的条件下，在连续等量地把某一种可变生产要素增加到其他一种或几种数量不变的生产要素上去的过程中，当这种可变生产要素的投入量小于某一特定值时，增加该要素投入所带来的边际产量是递增的；当这种可变要素的投入量连续增加并超过这个特定值时，增加该要素投入所带来的边际产量是递减的。这就是边际报酬递减规律。边际报酬递减规律是短期生产的一条基本规律。

【专栏知识】

马尔沙斯：土地肥效递减理论

例如，对于给定的10公顷麦田来说，在技术水平和其他投入不变的前提下，考虑使用化肥的效果。如果使用1千克化肥，那可想而知，这1千克的化肥所带来的总产量的增加量即边际产量是很小的，可以说是微不足道的。但随着化肥使用量的增加，其边际常量会逐步提高，直至达到最佳的效果即最大的边际产量。但必须看到，若超过化肥的最佳使用量后，还继续增加化肥使用量，就会对小麦生长带来不利影响，化肥的边际产量就会下降。过多的化肥甚至会烧坏庄稼，导致负的边际产量。

边际报酬递减法则通常适用于至少一种投入要素固定不变的场合。在进行有关分析时，不能将劳动投入增加时的边际报酬递减与劳动质量的变化相混淆。例如，不能认为最先投入的劳动是高素质的，接下来再投入的劳动是低素质的，因为运用的边际报酬递减法则假定所有劳动投入素质是同一的。同时，边际报酬递减法则是在一定技术条件下产生的，当技术条件发生变化时，同量劳动投入会产生不同的产品。

四、总产量、平均产量和边际产量相互之间的关系

随着可变投入的变动，总产量、平均产量、边际产量都随之变动，而且三种产量之间也呈现一定的规律，如图4－1所示的生产函数的产量曲线反映了短期生产的有关产量线相互之间的关系。

在图4－1中可以清楚地看到，由边际报酬递减规律决定的劳动的边际产量MP曲线是先上升，并在P_2'点达到最高点，然后再下降。由短期生产的这一基本特征出发，利用图4－1从以下三个方面来分析总产量、平均产量和边际产量相互之间的关系。

1. 边际产量和总产量的关系

根据边际产量的定义公式$MP=\frac{\mathrm{d}TP}{\mathrm{d}L}=\frac{\mathrm{d}q}{\mathrm{d}L}$可以推知，过$TP$曲线任何一点的切点的斜率就是相应的$MP$值。例如，在图中，当劳动投入量为$L_1$时，过$TP$曲线上$P_1$点的切线的斜率，就是相应的$MP$值。

由图可知MP曲线与TP曲线之间存在着这样的对应关系：只要边际产量是正的，总产量总是增加的；只要边际产量是负的，总产量总是减少的；当边际产量为零时，总产量达最大值点。

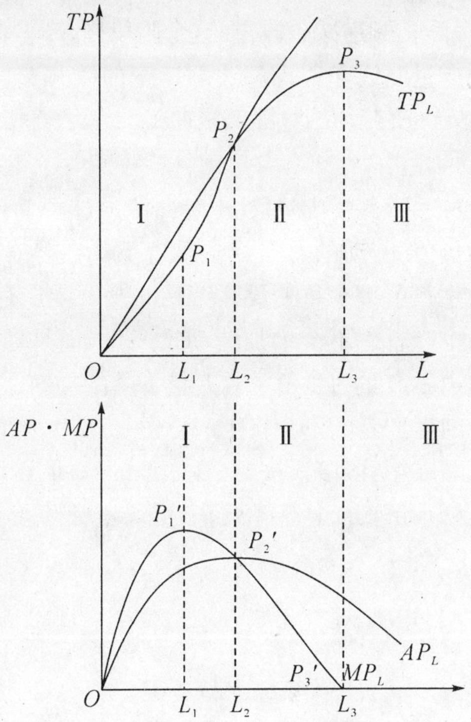

图4－1　生产函数的产量曲线

2. 平均产量和总产量的关系

平均产量AP是总产量与相应的L投入量之比，即等于自原点O到总产量线上相应点

射线的斜率。由图 4 - 1 可知，$AP_{L_1}=\frac{F_1L_1}{OL_1}$、$AP_{L_2}=\frac{F_2L_2}{OL_2}$、$AP_{L_3}=\frac{F_3L_3}{OL_3}$ 分别代表劳动投入量为 L_1、L_2 和 L_3 时的平均产量，其中劳动投入量为 L_2 时为最大，这时射线 OF_2 斜率最大。可见，AP 在劳动投入量达到点 L_2 之前，随投入量的增加而增加，过了点 L_2 以后，随投入量的增加而减少。

3. 边际产量和平均产量的关系

在图中，我们可以看到 MP 曲线和 AP 曲线之间存在这样的关系：两条曲线相交于 AP 曲线的最高点 P_2'。在 P_2' 点以前，MP 曲线高于 AP 曲线，MP 曲线将 AP 曲线向上拉；在 P_2' 点以后，MP 曲线低于 AP 曲线，MP 曲线 AP 曲线向下拉。不管是上升还是下降，MP 曲线的变动都快于 AP 曲线的变动。

五、生产三阶段与生产合理区

根据短期生产的总产量曲线、平均产量曲线和边际产量曲线之间的关系，可将短期生产划分为三个阶段，如图 4 - 1 所示。

第 Ⅰ 阶段（OL_2）：边际报酬递增阶段。在这个阶段内，产量曲线的特征为：劳动的平均产量始终是上升的，且达到最大值；劳动的边际产量上升达到最大值，而后开始下降，且劳动的边际产量始终大于劳动的平均产量。因此该阶段劳动的总产量始终是增加的。

第 Ⅱ 阶段（L_2L_3）：边际报酬递减阶段。在这个阶段内，产量曲线的特征为：在第 Ⅱ 阶段的起点处，劳动的平均产量曲线和劳动的边际产量曲线相交，即劳动的平均产量达到最高点。在第 Ⅱ 阶段的终点处，劳动的边际产量曲线与水平轴相交，即劳动边际产量等于零。

第 Ⅲ 阶段（L_3 以上）：边际负报酬阶段。产量曲线的特征为：劳动的平均产量继续下降，劳动的边际产量降为负值，劳动的总产量也呈现下降趋势。这说明在这一阶段，可变要素的投入量相对过多，生产者减少可变要素劳动的投入量是有利的。因此，即使劳动要素是免费供给的，理性的生产者也不会增加劳动投入量，而是通过减少劳动投入量来增加总产量，以摆脱劳动的边际产量为负值和总产量下降的局面，并退回到第 Ⅱ 阶段。

由此可见，任何理性的生产者既不会将生产停留在第 Ⅰ 阶段，也不会将生产扩张到第 Ⅲ 阶段，所以，生产只能在第 Ⅱ 阶段进行。在生产的第 Ⅱ 阶段，生产者可以得到由第 Ⅰ 阶段增加可变要素投入所带来的全部好处，又可以避免将可变要素投入增加到第 Ⅲ 阶段而带来的不利影响。

【专栏知识】

人多未必好办事

转盘是某电工机械厂制造大型连续卷管机的关键部件，用 4 台机床进行加工。开始时，用 4 名工人加工，一人一台机床。由于每个人既要操作机床，又要做必要的辅助工作（如卡零件、借用工具、相互传递、打扫卫生等），机床的生产效率没有得到充分发挥，结果日产产量为 32 件，人均产量只有 8 件，如表 4 - 3 所示。

表4-3 转盘日产统计表

工人数	机床	*TP*	*AP*	*MP*
4	4	32	8.0	
5	4	41	8.2	9
6	4	54	9.0	13
7	4	63	9.0	9
8	4	71	8.9	8
9	4	75	8.3	4
10	4	75	7.5	0
11	4	70	6.4	-5

当增加一个人,有一个人做辅助工作,其他4个人能够把大部分时间用在机床上,日总产量增加到41件,人均产量为8.2件,边际产量为9件。在增加一个人后,就能将全部辅助工作担当起来,充分发挥了设备的效率,日总产量又增加到54件,人均产量为9件,边际产量为13件。这就是边际报酬递增阶段,总产量以递增的速度增加。

当增加到7个人时,由于新投入的第三个人没有多少活干,总产量虽然增加到63件,但平均产量保持不变,边际产量反而下降。此后,随着投入的劳动力进一步增加,不但剩余时间越来越多,而且互相干扰,废品率也相应上升,结果平均产量不断下降,边际产量下降更快。直到总劳动力为10人时,总产量达到最大,平均产量从递增到递减,边际产量从最大降为0。这就是边际报酬递减阶段,总产量以递减的速度增加。

当劳动力增加到10人以上时,便人浮于事,职责不清,互相扯皮,废品率进一步增加,导致边际产量为负,平均产量继续下降,总产量也开始下降。这就出现了负报酬阶段。

中国有句古话:“一个和尚挑水吃,两个和尚抬水吃,三个和尚没水吃。”看来,的确是“人多未必好办事”。

第三节 两种变动投入的生产函数

第二节讨论的生产一种产品使用的生产要素中,只有一种要素可以变动,其余要素都是固定不变的。例如,由于时间较短,厂房设备等都是固定的,厂商只能通过改变投入的劳动数量来调整其产量。本节介绍长期生产理论,以两种可变生产要素(如劳动L和资本K)的生产函数讨论长期生产中可变生产要素的投入组合和产量之间的关系。其中这两种要素可以相互替代,即既可以多用资本少用劳动,也可以多用劳动少用资本。

一、两种可变生产要素的生产函数

在长期内,所有的生产要素的投入量都是可变的,多种可变生产要素的生产函数可以写为:

$$Q = f(X_1, \cdots, X_n) \tag{4.5}$$

式中，Q 为产量，X_i 为第 i 种可变生产要素的投入数量。该生产函数表示：长期在技术水平不变的条件下，有 n 种可变生产要素投入量的一定组合所能生产的最大产量。

在生产理论中，为了简化分析，通常以两种可变生产要素的生产函数来考察长期生产问题。假定生产者使用劳动和资本两种可变生产要素来生产一种产品，则两种可变生产要素的长期生产函数可以写为：

$$Q = f(L, K) \tag{4.6}$$

式中，L 为可变要素劳动的投入量，K 为可变要素资本的投入数量，Q 为产量。

二、等产量曲线

1. 等产量线的概念

等产量线是指在一定的技术条件下，生产等量产品的两种变动投入所有可能的组合。如表 4－4 所示，假如劳动 L 和资本 K 两种变动投入有四种组合方式，都能生产出 100 件同等数量的产品。

表 4－4　　生产等产品的要素组合

组合方式	劳动 L	资本 K	产量 q
A	1	7	100
B	2	4	100
C	3	2	100
D	4	1	100

根据表 4－4 中的数据，可以绘出图 4－2。图中的等产量曲线表明，劳动和资本这两种要素之间可以相互替代，其结果都能生产同等数量的产品。

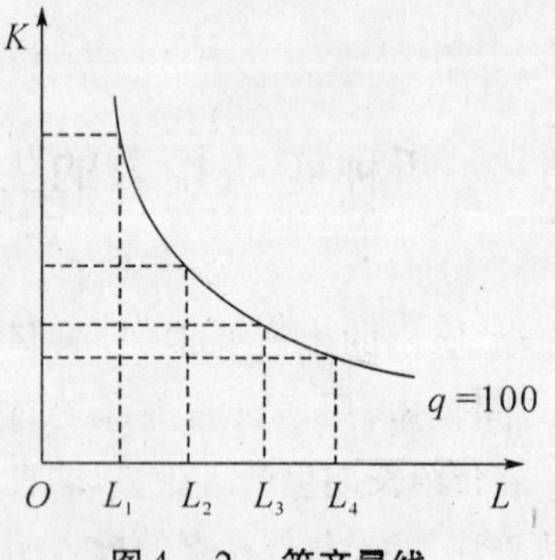

图 4－2　等产量线

2. 等产量线的特点

等产量曲线与坐标原点的距离的大小表示产量水平的高低：离原点越近的等产量曲线代表的产量水平越低；离原点越远的等产量曲线代表的产量水平越高。同一平面坐标上的任意两条等产量曲线不会相交。等产量曲线是凸向原点的。

可见,等产量线相当于效用理论中的无差异曲线,并具有类似的特性。但等产量描述的是物质技术关系,可以通过实际数据加以测定。在现实企业生产中,较为普遍的是连续生产函数的等产量线。对于一个给定的生产函数,可有任意条等产量线,反映在坐标图上的等产量线集合,称为等产量图。与无差异曲线类似,等产量图也可以分为四个区域。图4-2的等产量线属于第Ⅱ区域,具有以下特点:

(1) 距原点越远的等产量线所代表的产量水平越高,反之则低。这是生产函数单调性的反映。

(2) 在合理生产区内,等产量线斜率为负,凸向原点,其原因是边际产量为正,且不断递减。

(3) 同一平面坐标上的任何两条等产量线,不能相交;否则,不符合单调性假设。

3. 等产量线的类型

根据生产要素间的替代性不同,等产量线有如下类型:

(1) 连续性生产函数等产量线。它表示两种投入要素的比例可以任意变动,产量是一个连续函数,这是等产量线的基本类型,如图4-2所示。

(2) 固定比例生产函数等产量线。它表示两种投入要素的比例是固定不变的,要素间的替代比例为常数,产量不一定是连续函数。这种类型的等产量线有三种具体形式:

① 直角形等产量线。在一定技术条件下,如果两种要素投入只能采用一种固定比例进行生产,完全不能互相替代,等产量线呈直角形,如图4-3(*a*)所示。这种直角形等产量线的顶角代表投入要素最佳组合点。

例如,生产产量q_1,可以使用劳动L_1和资本K_1,如果资本固定在K_1,无论劳动如何增加,都不会改变产量。同样,劳动若固定在L_1,无论资本如何增加,也不会改变产量。只有劳动和资本同时按比例增加,如组合A到组合B,才会使产量从q_1增加到q_2。显然,单独增加劳动或资本的边际产量等于0。

② 直线形等产量线。在一定技术条件下,两种投入要素之间可以完全替代,且替代比例为常数,等产量线表现为一条直线,如图4-3(*b*)所示。这时,企业可以资本为主(如A点),或以劳动为主(如C点),或两者按特点比例的任意组合(如B点)生产相同的产量。像高速公路或大桥的收费,既可以采用自动投币,也可以人工收费。

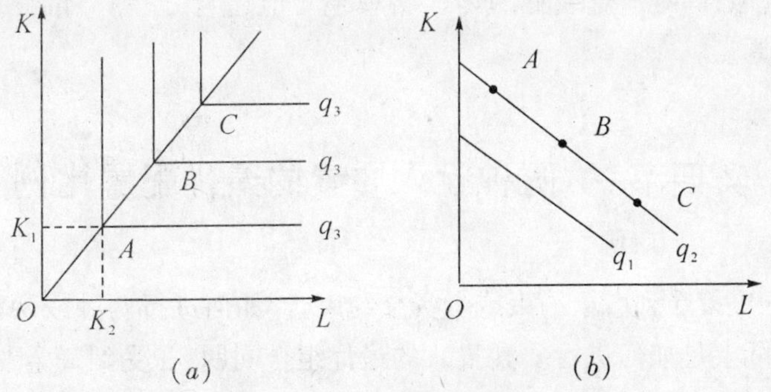

图4-3 固定比例生产函数等产量线

三、变动投入要素之间的替代

1. 边际技术替代率(简称 *MRTS*)

边际技术替代率指在技术水平不变的条件下,等产量线上一种投入要素替代另一种投入要素的比例。由于技术的单调性,为维持产量不变,企业增加一种要素投入,势必相应减少另一种要素投入。在同一条等产量线上的任意一点,劳动投入 L 对资本投入 K 的边际技术替代率等于该点切线的斜率。以 $MRTS_{LK}$ 表示劳动替代资本的边际技术替代率,则

$$MRTS_{LK} = -\frac{\Delta K}{\Delta L}$$
$$MRTS_{LK} = \lim_{\Delta\to 0} -\frac{\Delta K}{\Delta L} = \frac{dK}{dL} \tag{4.7}$$

劳动 L 对资本 K 的边际技术替代率,也可用两种投入的边际产量之比($\frac{MP_L}{MP_K}$)来表示,即

$$MRTS_{LK} = \frac{MP_L}{MP_K} \tag{4.8}$$

2. 边际技术替代率递减法则

在同一条等产量线上,以一种要素替代另一种要素的替代率具有不断下降的必然趋势,称为边际技术替代率递减法则。

当某种投入要素 L 不断增加时,MPL 逐渐下降,而被替代的另一种投入要素 K,则由于数量减少,MPK 不断上升,由此导致边际技术替代率越来越小,即

$$\frac{dMRTS_{LK}}{dL} < 0$$

如表4-4所示,当劳动投入 L_1、L_2、L_3、L_4 等量递增时,相应的,在点 A、B、C、D 所能替代的资本 K_1、K_2、K_3、K_4 是递减的。当产出固定在100时,劳动由1个单位增至2个单位,$MRTS_{LK}$ 将增至2个单位,$MRTS_{LK}$ 等于3;劳动由2个单位增至3个单位,$MRTS_{LK}$ 将至2,然后逐渐降至1。显然,当越来越多的劳动替代资本时,劳动的生产率不断下降,而资本的生产率相对提高,等量劳动能够替代的资本数量越来越少,等产量线变得越来越平坦。边际技术替代率递减,即等产量线上的切线斜率绝对值递减,使等产量线从左上方向右下方倾斜,并凸向原点。

第四节　两种投入要素的最优配置比例

在企业投入决策受到市场约束或者资金约束时,如何进行两种或两种以上要素投入数量的决策,实际上是如何进行要素投入的最优组合问题:在受到资金约束时,是在成本既定的条件下如何实现产量最大化的问题,因为如果市场价格不变,总成本既定,当然产量越多,总收益越大,利润就越大;在受到市场约束时,是在产量既定的条件下如何实现

成本最小化的问题,因为如果市场价格不变,总收益既定,当然投入越少,总成本越小,利润就越大。

一、等成本线

在生产要素市场上,厂商对生产要素的购买支付,构成了厂商的生产成本。成本问题是追求利润最大化的厂商必须要考虑的一个经济问题。生产论中的等成本线是一个和效用论中的预算线非常相似的分析工具。

等成本线是在既定的成本和既定生产要素价格条件下,生产者可以购买到的两种生产要素的各种不同数量组合的轨迹。

假定要素市场上既定的劳动价格即工资率为 w,既定的资本价格即利息率为 r,厂商既定的成本支出为 C,则成本方程为:

$$C = wL + rK \tag{4.9}$$

由成本方程可得:

$$K = -\frac{w}{r}L + \frac{C}{r} \tag{4.10}$$

根据以上式子可以得到等成本线,如图 4 - 4 所示。由于(4.9) 式的成本方程式是线性的,所以,等成本线必定是一条直线。图中横轴上的点表示既定的全部成本都购买劳动时的数量,纵轴上的点表示既定的全部成本都购买资本时的数量,连接这两点的线段就是等成本线。它表示既定的全部成本所能买到劳动和资本的各种组合。

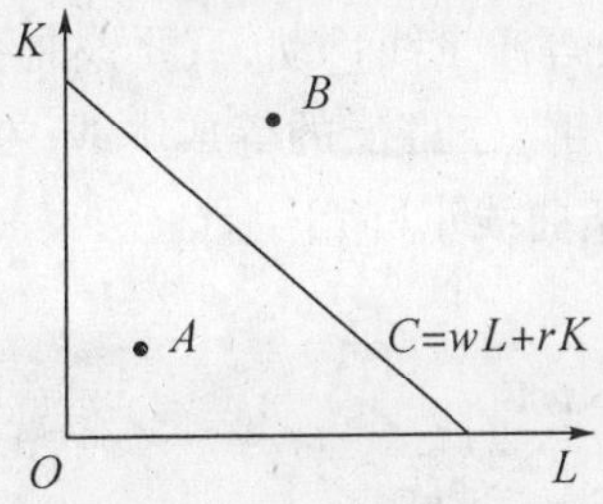

图 4 - 4　等成本线

在图 4 - 4 中,等成本线以内区域中的任何一点,如 A 点,表示既定的全部成本都用来购买该点的劳动和资本的组合以后还有剩余。等成本线以外的区域中的任何一点,如 B 点,表示用既定的全部成本购买该点的劳动和资本的组合是不够的。唯有等成本线上的任何一点,才表示用既定的全部成本能刚好购买到的劳动和资本的组合。

在成本固定和要素价格已知的条件下,便可以得到一条等成本线。所以,任何关于成本和要素价格的变动,都会使等成本线发生变化。

二、既定产量的最低成本的要素组合

在长期,所有的生产要素的投入数量都是可变动的,任何一个理性的生产者都会选择最优的生产要素组合进行生产。本节将把等产量曲线和等成本线结合在一起,研究生产者是如何选择最优的生产要素组合,从而实现既定成本条件下的最大产量,或者实现既定产量条件下的最小成本。

生产函数告诉我们,不同的方法可以生产出同一水平的产量。但是,在许多可能中,企业究竟应该使用那种方法呢?假设一家企业选择生产 500 单位的产量,此时,其可以使用如 A、B、C 和 D 所示的四种投入组合中的一种,如表 4 - 5 所示。

表 4 - 5 生产某一产量的投入与成本

	投入组合		总成本	
	劳动 L	土地 A	$P_L = \$2 \; P_A = \$3$	$P_L = \$2 \; P_A = \$1$
A	1	6	20	8
B	2	3	13	7
C	3	2	12	8
D	6	1	15	13

企业在不同的生产技术之中进行的选择取决于投入的价格。当 $P_L = 2$ 美元,$P_A = 3$ 美元时,可以看到最低成本组合为 C。说明土地价格从 3 美元降至 1 美元,会导致企业选择更加土地集约化的 B 种组合。

将等产量线和等成本线结合在一起,我们可以决定企业的最优或最小成本的位置,如表 4 - 5 中最低成本能够生产出产量 $q = 500$ 的最佳投入组合所处的点。为找到这样的一点,只需简单地把那条等产量线放到图中的一组等成本线上,如图 4 - 5 所示。企业总是沿着图 4 - 5 中凸向原点的那条等产量线移动,只要该曲线能够与较低的成本线相切。因此,均衡点在 C 点,即等产量线相切于最低的等成本线。在该点,等产量线的斜率正好等于等成本线的斜率,而且,这两条曲线正好相切。

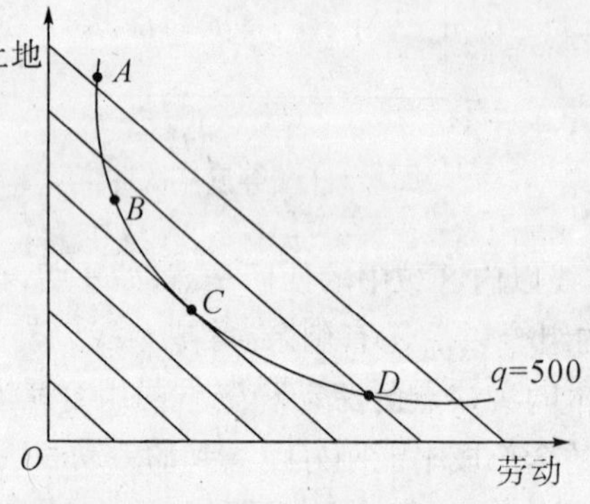

图 4 - 5 最低成本的投入组合

最低成本的条件:任何两种投入的边际产量之比必须等于它们的要素价格之比,即等产量曲线的斜率 = 等成本线的斜率。

$$\frac{劳动的边际产量}{土地的边际产量} = \frac{劳动的价格}{土地的价格}$$

可以推论,多种投入要素的最优组合条件是:

$$\frac{MP_A}{P_A} = \frac{MP_B}{P_B} = \cdots = \frac{MP_N}{P_N} \tag{4.11}$$

上式可称边际报酬均等法则，它是边际效用均等法则在经营决策中的应用。

【专栏知识】

用汽油还是天然气？

假定在出租汽车上装有汽油转换开关，司机根据“使用最小的花费，行驶同样里程”的原则，选择是使用汽油还是天然气。现在汽油的价格是每升2.19元，液化天然气的价格是每升1.51元，每升汽油可以行驶8.33千米（100千米耗油12升），每升天然气可以行驶6.25千米（100千米耗气16升）。单纯从价格上看，天然气更便宜；单纯从每百千米耗费量看，使用汽油更节省。但是，这都不能确定应使用汽油还是天然气。按照生产要素投入的最优组合原理，这个问题就可以解决了。这里，需要计算1元钱的汽油还是1元钱的天然气行驶的里程长，也就是计算里程与价格的比值。经过计算，汽油为3.804千米/元，天然气为4.139千米/元。所以，司机应该选择使用天然气。

三、要素投入最优组合的变动

在长期中，原来固定投入也将成为变动投入。这样，企业就可以根据市场需求，选择最优的生产规模。

扩张线也叫扩展线，是指在要素价格不变条件下，与不同总成本相对应的最优要素投入组合的轨迹。通过扩张线，可推导出企业的长期总成本曲线。

如图4－6所示，在企业的生产函数和投入要素价格不变时，扩张线上的E_1、E_2、E_3，分别代表了不同水平的等产量线与等成本线的切点。根据扩张线的定义，它们都是企业以最低总成本生产某一产量的要素投入组合。

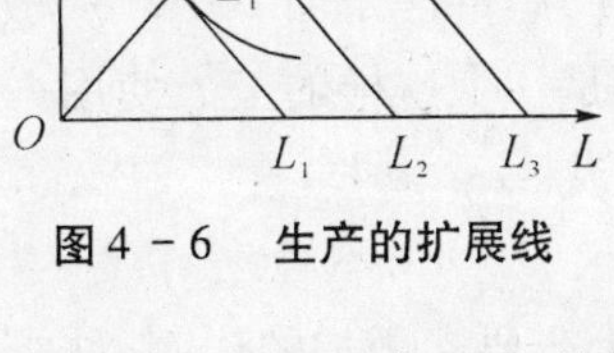

图4－6　生产的扩展线

显然，由于企业在长期沿着扩张线发展，要素组合最优，投入成本最低，因此比短期经营效率更高。在短期内，企业至少有一种固定的投入，这种投入的固定性，使企业在调整产量时，将支付较高的生产成本。图4－7表示，企业初始产出为Q_1，固定投入为K_1，变动投入为L_1。当企业根据市场需求决定将产量提高到q_2时，由于资本固化在K_1，只能将

劳动由 L_1 增至 L_2，资本投入由 K_1 增至 K_2，沿着扩张线 EP 的路径将产量由 q_1 增加到 q_2，但只支付 TC_2 的总成本。显然，与短期经营成本相比，长期经营具有较高效率。

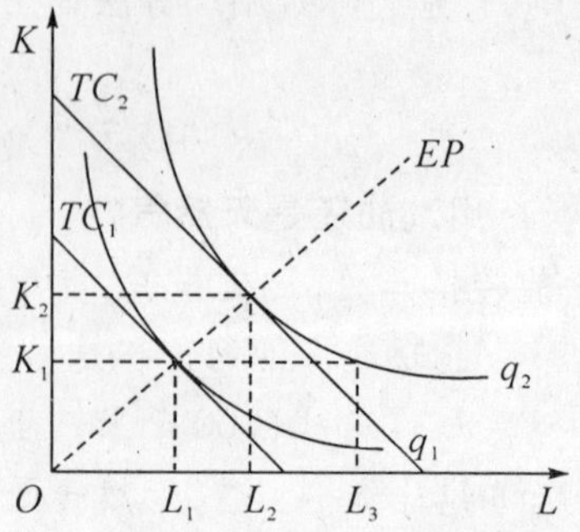

图 4－7　短期成本与长期成本

四、规模报酬

规模报酬分析涉及的是企业的生产规模变化与所引起的产量变化之间的关系。企业只有在长期内才可能变动全部生产要素，进而变动生产规模，因此，企业的规模报酬分析属于长期生产理论问题。在生产理论中，通常是以全部的生产要素都以相同的比例发生变化来定义企业的生产规模的变化。相应的，规模报酬变化是指其他条件不变的情况下，企业内部各种生产要素按相同比例变化时所带来的产量变化。企业的规模报酬变化可以分规模递增、规模报酬不变和规模报酬递减三种情况。

1. 规模报酬递增

产量增加的比例大于各种生产要素增加的比例，称之为规模报酬递增。例如，当全部的生产要素劳动和资本都增加 100% 时，产量的增加大于 100%。产生规模报酬递增的主要原因是由于企业生产规模扩大所带来的生产效率的提高。它可表现为：生产规模扩大以后，企业能够利用更先进的技术和机器设备等生产要素，而较小规模的企业可能无法利用这样的技术和生产要素。随着对较多的人力和机器的使用，企业内部的生产分工能够更合理和专业化。此外，人数较多的技术培训和具有一定规模的生产经营管理，也都可以节省成本。

2. 规模报酬不变

产量增加的比例等于各种生产要素增加的比例，称之为规模不变。例如，当全部生产要素劳动和资本都增加 100% 时，产量也增加 100%。一般可以预计两个相同的工人使用两台相同的机器所生产的产量，是一个这样的工人使用一台这样的机器所生产的产量的两倍。这就是规模报酬不变的情况。

3. 规模报酬递减

产量增加的比例小于各种生产要素增加的比例，称之为规模报酬递减。例如，当全部生产要素劳动和资本都增加 100% 时，产量的增加小于 100%。产生规模报酬递减的主要原因是由于企业生产规模过大，使得生产的各个方面难以得到协调，从而降低了生产效率。它可以表现为企业内部合理分工的破坏，生产有效运行的障碍，获取生产决策所需的各种信息的不易等。

以上所分析的规模报酬的三种情况可以用等产量曲线图来表示，如图 4 - 8 所示。在图 4 - 8 的三张分图中，每张分图都有三条等产量曲线 Q_1、Q_2、Q_3 和一条由原点出发的射线形的扩展线 OR，图中的等成本线均略去。

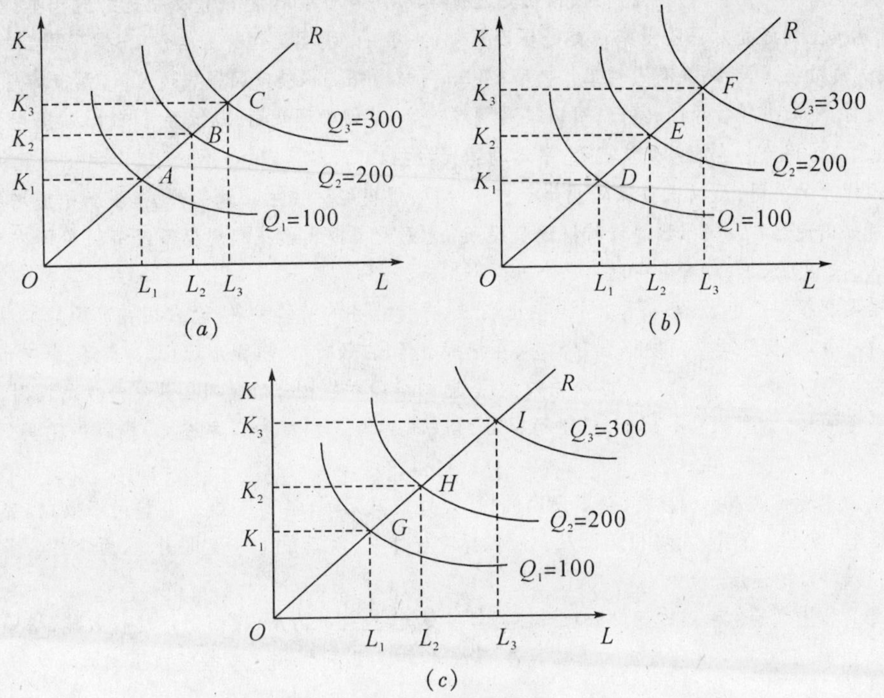

图 4 - 8　规模报酬

图(a)表示规模报酬递增：例如由 A 点到 B 点，两要素的增加比例为$\frac{L_1L_2}{OL_1}=\frac{K_1K_2}{OK_1}<1$，而产量增加的比例为 100%，产量的增加比例大于两要素增加的比例。在规模报酬递增的情况下有 $OA>AB>BC$。

图(b)表示规模报酬不变：例如由 D 点到 E 点，两要素增加的比例为$\frac{L_1L_2}{OL_1}=\frac{K_1K_2}{OK_1}=1$，产量增加的比例是 100%，产量增加的比例和两要素增加的比例是相同的。在规模报酬不变的情况下有 $OD=DE=EF$。

图(c)表示规模报酬递减：例如由 G 点到 H 点，两要素增加的比例为$\frac{L_1L_2}{OL_1}=\frac{K_1K_2}{OK_1}>1$，产量增加的比例是 100%，产量增加的比例小于两要素增加的比例。在规模报酬递减的情况下有 $OG<GH<HI$。

【专栏知识】

大力拓展市场，实现规模经济效应

导致规模报酬变动的主要原因是规模经济与规模不经济。按照规模报酬原理，当生产力弹性 $E_e>1$ 时，生产处于规模报酬递增阶段，产量增长的速度大于投入增加的速度，规模的扩大带来了生产效率的提高；当生产力弹性 $E_e=1$ 时，生产处于规模报酬不变阶段，产量增长的速度等于投入增加的速度，生产效率与规模大小无关；当生产力弹性 $E_e<1$ 时，生产处于规模报酬递减阶段，产量增长的速度小于投入增加的速度，规模扩大使生产效率下降。由此可见，只要使生产力弹性大于 1，则可保持生产处于规模报酬递增阶段。就保险业的经营来说，由于大数法则起作用，加之保险业的要素投入不同于工商企业的

要素投入，只要加强管理，严格控制承保风险和各种成本，从而使生产力弹性大于 l，保持经营处于规模报酬递增阶段，是能够做到的。保险业的经营特点就是必须具有一定的业务规模。保险是一种规模效益型经济，如果没有一定的发展速度和规模，就不能实现一定的经济效益。规模是效益的基础，效益是规模的体现，两者是相互影响、相互制约、相互促进的辩证关系。当然，这种规模必须是结构合理、实实在在的规模。规模上的好处对保险业来说更是显而易见的：第一，可以实行专业化分工，提高职工的技术水平，运用先进的技术设备，提高人均工作效率；第二，可以开拓并保持产品领先地位，增强市场竞争力，降低平均赔付率，减少经营风险；第三，可以提高管理效率，节约管理费用，降低经营成本，提高经济效益，等等。从近几年保险企业的经营状况看，平均利润大约在10% ~15%，且业务规模大的公司赢利状况优于业务规模小的公司，足以说明保险业处于扩张阶段，规模经济占主导地位，规模报酬是递增的。现在的问题是如何使这种规模报酬递增阶段逐步延长，避免规模报酬递减即规模不经济现象的发生。笔者以为，就人保公司来说，应着重在以下三个方面下工夫：

一是要积极拓展市场，努力追求市场占有份额，保持业务的持续发展。大力拓展市场是实现规模经济的先决条件。人保公司必须发挥自身优势，在把握市场、占领市场、巩固市场、开发市场、争夺市场上下工夫。要本着寸土必争、分兵把口、各个击破的原则，对各险种在固守阵地巩固原有规模的同时，积极开拓新的业务领域，做到抓大不放小，抓新不忘旧，努力向市场的深度和广度进军，从而实现理想的业务规模。

二是要本着精简效能的原则，合理设置机构，大力裁减冗员，提高工作效率和经济效益。要大力强化人均概念，按人均保费、人均利润设置责任目标考核体系，改革用工分配机制，从而保持业务增长速度大于投入增加的速度。

三是要加快电子化管理的步伐，加大信息处理、交流、监控的力度，提高网络运行效能，增强业务电脑化的覆盖面，从而减少管理层次和用工数量，降低各种费用成本，避免规模报酬递减的现象。

第五节　厂商的成本决策

在前面的生产函数分析中，我们已经揭示了厂商要素的经济投入区间、资源合理配置的原则以及适度规模的确定。本节要从成本函数的角度，分析不同生产时期内厂商成本的变动规律和相互关系，从而揭示厂商的成本决策。

一、成本及相关概念

1. 机会成本与会计成本

机会成本是指被放弃的一定的资源被用于其他用途时所能获得的最大收益，又称为择机代价或替换成本。它反映不选择最佳方案或机会的“成本”。机会成本是由于资源的稀缺性和替代性所引起的。在经济活动中，为获得一定的成本所付出的代价，不仅包括经济活动本身的资源投入，还应该包括所放弃的收益。资源的稀缺性和替代性也要求将资源优化配置，即将有限的资源使用在最有价值的地方，或者说将有限的资源使用在企业为此所付出的代价最小的地方。这样，企业就放弃了将资源用于次优的、被放弃的其他用途可能得到的净收入的机会。这种损失是一种机会损失，在作决策时必须考虑它。

会计成本是指会计师在账簿上记录下来的成本。会计成本不能用于决策，因为它是属于历史成本，而决策是面向未来的；此外，会计成本只反映了使用资源的实际货币支出，而没有反映企业为使用这些资源所付出的总代价。当然，会计成本也可以成为确定机会成本的基础。

从会计成本的意义来讲，凡是在当期就产生收入的支出，认为是已消耗的支出，叫做费用；而凡是在当期尚未产生收入，而以后会产生收入的支出，认为是未消耗的支出，叫做资产；而有些消耗了的支出（如出了废品）并不能产生收入，这就被看成损失。因此，会计成本可以归纳为：

会计成本 = 账户支出 = 已消耗 + 未消耗

其中：未消耗 = 资产，已消耗 = 产生收入（费用）+ 不产生收入（损失）。

会计成本往往只能说明过去，不能说明将来，而且往往不能完全反映企业经营中的实际代价，还要进一步考虑机会成本。

机会成本是经济学中具有闪光点的见解之一，涉及要素稀缺，又具有多种的用途。当它投入某一用途后就必然丧失了作为其他最佳用途的获益，这就是将它投入该用途所付出的机会成本。

【专栏知识】

从经济成本与机会成本角度算一笔跳槽账

眼看到了年终，李梅又想着跳槽了。这是个心到手到、雷厉风行的女孩子，视跳槽为家常便饭。说起来，李梅的个人资本也算不错——中山大学财经系毕业，且英语非常棒，加上靓丽的外形，这三者帮助她将这山望着那山高的奢望变为现实。于是她每天最重要的事就是研究报上的招聘启事，如果某家公司开出的待遇较高，那她一定义无反顾地爱它没商量。有好事者偷偷帮她算了一下，结果吓了一跳：毕业5年来，李梅已经换过十几家公司，最夸张的时候她一个月连跳3家，其中一次才上一天班就跟老板"拜拜"了。

李梅一直看不起那些老老实实呆在同一个单位，多年没有挪窝打算的人，常常嗤之以鼻："每个月固定拿这么一点工资，一年到头能攒多少嫁妆？不如跳槽去！"

但是这几天，李梅对年终是不是要跳槽还真的有点犹豫不决，因为有人给她算了一笔跳槽账——假设两个同时大学毕业的女生，一个干到退休都没有转换工作，一个终日游走在私企、外企、X企之间。两人起薪都是1500元/月，都工作到55岁退休。

经济成本账

不"挪窝"者：每月"三金"由单位承担，每年平均薪资调幅约10%，熬上几年有望升职加薪。

频繁跳槽者：平均每年换5次工作，每次约加薪15%，但那都是在被录用为正式员工的条件下，必须先从最低的位置干起，试用期3个月只能领一点可怜的基本生活费，另外，在此期间的"三金"自理。当然这还是在比较理想的情况下，还有很多时候会处于等待通知的收入空白期，还有很多时候不得不为单方面提前结束合约而付上一大笔违约金，还有很多时候会由于不断更换新环境而需要更大的花费，比如重新添置工作服、重新求租离新公司更近的房子、重新"贿赂"新同事以搞好关系等。还有一点很重要——大多数单位都是以员工的任职年限作为发放年终奖金的标准，如果你永远是个"新人"，那么你的年终奖金肯定比别人低不止一个档次。

结论:就全面、长期的理财规划来看,一直转换工作、寻求更好的待遇,也许意味着眼下可能过上更宽裕的生活,但肯定会由于不断更换新环境而需要更大的花费。实际上,薪资收入的高低不能代表财富的多少,目前赚较少的钱不见得就不能积累财富。

机会成本账

不"挪窝"者:在同一个岗位上做久了、经验积累多了,就成了"元老",熬上几年一般会升职,且同事之间日久生"情",彼此互相照顾,老板对老员工也总是更倚重一些,工作时心情愉快。

频繁跳槽者:每一次跳槽基本上都得从第一线做起,不少人根本没有耐心等到升迁时就自动"出局",对个人经验的积累并无帮助,且给人不安分的感觉,下一次跳槽也许就很难找到理想的工作。另外,由于不断更换工作,每一次都得重新打造关系网,很难拥有同事兼朋友的珍贵情谊,也难以得到老板的信任。更重要的是,当韶华在跳来跳去间流失,如何面对"35岁现象"?

结论:不跳槽者的平稳生活闷是闷了点,但套用"情商"这个俗语来看,显然比频繁跳槽者过得快乐得多。

2. 增量成本与沉没成本

增量成本是指企业因作出某一特定的决策而引起的全部成本的变化。如果有的成本不能因为企业的决策而发生变化(或者说,决策对于那些成本没有影响),那么,那些成本就是沉没成本。沉没成本一旦形成就再也不能避免。运用总量成本进行决策时,应该把增量成本与增量收入作比较。在管理决策中,增量成本属于相关成本,沉没成本则属于非相关成本。

3. 显成本与隐成本

显成本包括企业向供应其物品或劳务的对方支付现金的那些成本,退税偿付资源的实际现金流出量,即现时期的付现费用。会计上起支配作用的是外显成本。隐成本是指那些不是现时期现金实际流出量的成本,折旧即隐成本。

二、短期成本及分类

短期总成本是短期内生产一定产品所需要的成本总和,简称为STC。在资本投入量不变的条件下,厂商可以通过对可变要素劳动投入量的调整来变动产量水平。也可以说,厂商可以根据不同的产量水平的要求,来确定可变要素劳动的投入量。根据这种关系,在劳动价格w和资本价格r已知的条件下,用STC代表短期总成本,则可以用下式来表示厂商的在每一产量水平上的短期总成本:

$$STC(Q) = w \times L(Q) + r \times \bar{K}$$

其中,$w \times L(Q)$为可变成本部分,$r \times \bar{K}$为不变成本部分,两部分之和构成短期总成本。若以$\phi(Q)$表示可变成本$w \times L(Q)$,以b表示不变成本$r \times \bar{K}$,则短期总成本函数可以写成以下的形式:$STC(Q) = \phi(Q) + b$。

可以看出,企业的短期生产函数和要素的价格共同确定了短期总成本的函数。即短期成本函数可表示为:$STC = f(Q) + a$(其中:STC代表短期总成本;a代表固定成本)。

由于生产理论可分为短期生产理论和长期生产理论，所以成本理论也分为短期成本理论和长期成本理论。但无论短期成本还是长期成本，都分为总成本、平均成本和边际成本三部分。

1. 短期成本的分类

在短期内，厂商使用的生产要素有固定和变动之分，因而短期成本可分为不变成本和可变成本。

(1) 短期成本（*SC*）：其是指厂商在短期内进行生产经营的开支，包括短期总成本 *STC*、短期平均成本 *SAC*、短期边际成本 *SMC* 三部分。

(2) 短期总成本（*STC*）：其是指厂商在短期内为生产一定量的产品对全部要素所支出的总成本，包括固定成本 *TFC* 和变动成本 *TVC*。计算公式为：$STC = STFC + STVC$。

(3) 短期总不变成本（*STFC*）：其是指厂商在短期内为生产一定量的产品对不变要素所支出的总成本。

(4) 短期总可变成本（*STVC*）：其是指厂商在短期内为生产一定量的产品对可变要素所支出的总成本。计算公式为：$STVC = STVC(Q)$。

(5) 短期平均总成本（*SAC*）：其是指厂商在短期内平均每单位产品所消耗的总成本，包括短期平均固定成本 *AFC* 和短期平均可变成本 *AVC*。计算公式为：$SAC = STC/Q = SAFC + SAVC$。

(6) 短期平均不变成本（*SAFC*）：其是指厂商在短期内平均每单位产品所消耗的不变成本。计算公式为：$SAFC = STFC/Q$。

(7) 短期平均可变成本（*SAVC*）：其是指厂商在短期内平均每单位产品所消耗的可变成本。计算公式为：$SAVC = STVC/Q$。

(8) 短期边际成本（*SMC*）：其是指厂商在短期内每增加一单位产品生产所增加的总成本。计算公式为：$SMC = \Delta STC/\Delta Q$；$SMC = \lim \Delta STC/\Delta Q = dSTC/dQ = dSTVC/dQ$。

2. 短期成本的变动规律

根据短期总成本、短期总固定成本和短期总可变成本的相互关系作出“短期成本曲线图”，如图 4－9 所示。

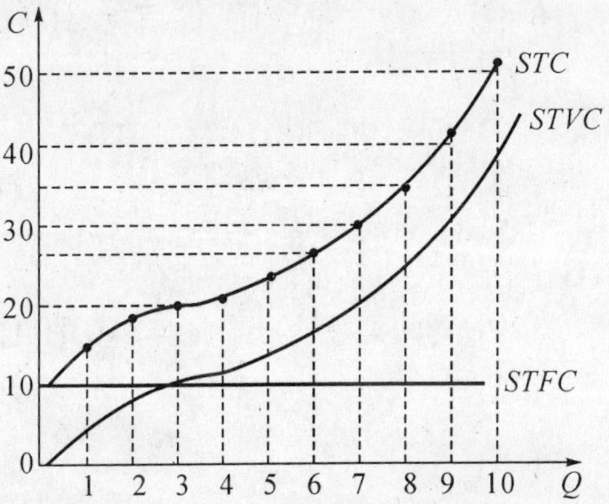

图 4－9 短期成本曲线

从图 4－9 可看出：

(1) 总不变成本曲线(*STFC*) 是一条过纵轴 10 点上与产量轴平行的直线，说明总不变成本在一定的范围内不随产量的变化而变化。

(2) 总可变成本曲线(*STVC*) 是一条由原点开始向右上方延伸的曲线，说明产量为零时，总可变成本为零，且总可变成本随产量增加而增加，这条曲线先较慢增加(平坦)，后较快增加(陡峭)。

(3) 短期总成本曲线(*STC*) 是水平的总不变成本曲线和总可变成本曲线叠加而成。它的形状与总可变成本曲线(*STVC*) 完全相同，只是纵轴上加一个总不变成本 10。

从各种成本曲线图形上看，短期平均成本曲线、平均变动成本曲线和短期边际成本曲线都是先下降而后上升的曲线，呈 *U* 形，如图 4－10 所示，边际成本曲线先后通过平均成本曲线和平均变动成本曲线的最低点。短期平均成本曲线呈 *U* 形变动是由于边际报酬递减规律作用的结果。

从图 4－10 可看出：

(1) 平均不变成本曲线(*SAFC*) 是一条向右下方倾斜，逐渐向产量轴渐近的曲线。它表示平均不变成本随着产量的增加而减少。

(2) 平均可变成本曲线(*SAVC*)、平均总成本曲线(*SAC*) 和短期边际成本曲线(*SMC*) 都呈"*U*"形，随着产量的增加，它们都有先下降后上升的趋势，这三条曲线都有各自的一个最低点。

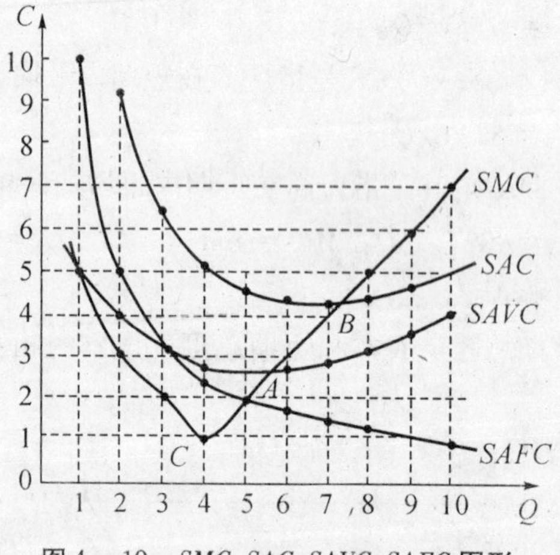

图 4－10　*SMC*、*SAC*、*SAVC*、*SAFC* 图形

(3) 短期边际成本曲线 *SMC* 与短期平均可变成本曲线 *SAVC* 的最低点 *B* 相交。在 *B* 点的左侧，*SMC* < *SAVC*，*SAVC* 下降；在 *B* 点的右侧，*SMC* > *SAVC*，*SAVC* 上升。

(4) 短期边际成本曲线 *SMC* 与短期平均成本曲线 *SAC* 的最低点 *C* 相交。在 *C* 点的左侧，*SMC* < *SAC*，*SAC* 下降；在 *C* 点的右侧，*SMC* > *SAC*，*SAC* 上升。

三、长期成本及其分类

1. 长期总成本

长期总成本是指在长期中，厂商生产一定量产品所投入的总成本。长期总成本是从原点出发的，如图 4 - 11 所示。

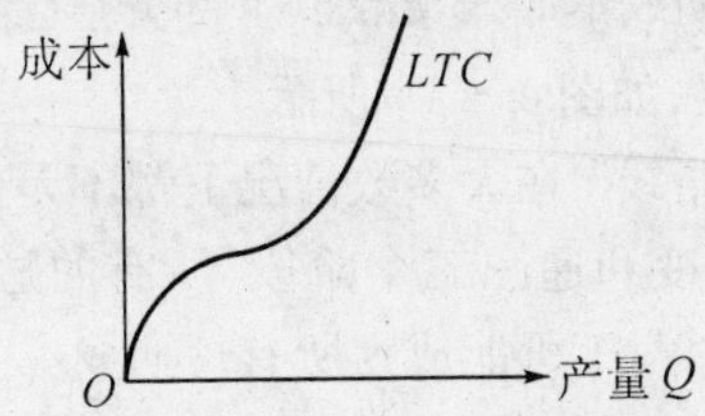

图 4 - 11 长期总成本曲线

2. 长期平均成本

长期平均成本曲线是由短期平均成本曲线描绘出来的。由于市场的需求是不断变化的，企业也应根据市场的变化，适时调整自己的生产规模，这就决定了企业需要调整其固定资产的投入，此时企业的经营决策因此由短期变成了长期。

下面分析长期成本曲线的形状。从理论上讲，长期是由无数个短期组成。我们只以三个较典型的生产规模为例：小规模生产、适度规模生产和大规模生产。根据规模经济规律，三条相应的短期平均成本曲线如图 4 - 12 所示。

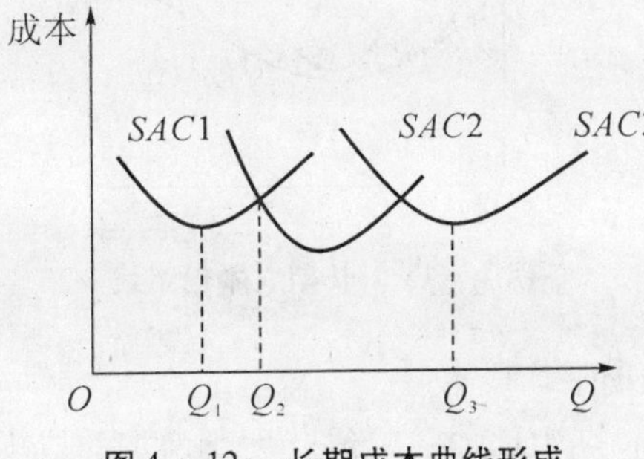

图 4 - 12 长期成本曲线形成

当市场需求量为 Q_1 时，应选择小规模生产，平均成本为 C_1，是最低的。

当市场的需求量为 Q_2 时，则小规模生产或者适度规模生产均可，平均成本均为 C_2。那么到底选择哪一种规模生产，则应该结合市场的销售前景来确定。当市场前景看好时，选择适度规模生产，否则选择小规模生产。

当市场需求量为 Q_3 时，选择大规模生产，此时成本最小。

由此可见，在长期中，进行生产的成本变化趋势如图 4 - 12 中实线所描述的形状，即由短期成本曲线交点以下部分组成的连接。也就是说，在长期中，企业不会按短期平均成本曲线交点以上的部分生产，这是由于企业生产的目的是实现成本最小化或者利润最大化，因此企业必须选择按短期平均成本曲线交点以下部分进行生产。于是，长期平均成本曲线就是短期平均成本曲线交点以下部分的连接。

但是，我们以上只选择了三种生产规模，而实际上在长期中有许多种生产规模，从理论上讲，生产规模具有无限可分性，即有无数条短期平均成本曲线。于是长期平均成本曲线就是所有可能的短期平均成本曲线交点以下部分的连接。

由于上例只有三种生产规模，因此短期成本曲线交点以下部分为一段曲线，当有无数条短期成本曲线时，其交点以下部分缩小为一个点，这些点的轨迹就是长期成本曲线。因此长期成本曲线将所有短期成本曲线交点以下部分连接起来，把所有的短期成本曲线包在其中，所以又称“包络线”，如图 4 - 13 所示。

需要说明的是，这种“包络线” 在大多数情况下都不是短期成本曲线最低点的连接。这是因为规模经济有递增、不变和递减三个阶段，所有的短期成本曲线不会都处于同一条水平线上，因此这条“包络线” 不可能成为所有短期成本曲线最低点的连接。

在大多数情况下，两者的关系如下：

在规模经济递增阶段，长期成本曲线与短期成本曲线相切于短期成本曲线的左端（在规模经济递增阶段，规模经济还没有充分显示时，扩大生产规模可以降低成本，也就是说，在 *SAC*1 未达到最佳生产状态时，企业就选择了较大的生产规模，而此较大的生产规模的平均成本较低）。

在规模经济不变阶段，长期成本曲线与短期成本曲线相切于短期成本曲线的最低点。

在规模经济递减阶段，长期成本曲线与短期成本曲线相切于短期成本曲线的右端。

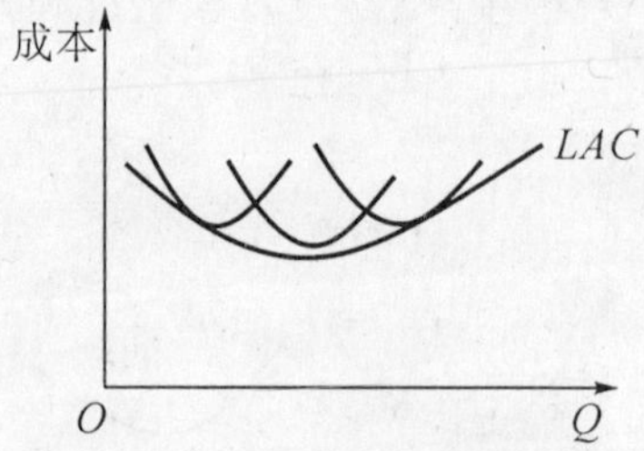

图 4 - 13　长期成本包络线

3. 长期边际成本和长期平均成本

长期边际成本是指在长期中增加一单位产品所增加的成本。长期边际成本也是先下降后上升的。它与长期平均成本曲线相交于长期平均成本曲线的最低点。在 *LAC* 的最低点，*SAC*、*SMC*、*LAC*、*LMC* 相交于一点，如图 4 - 14 所示。

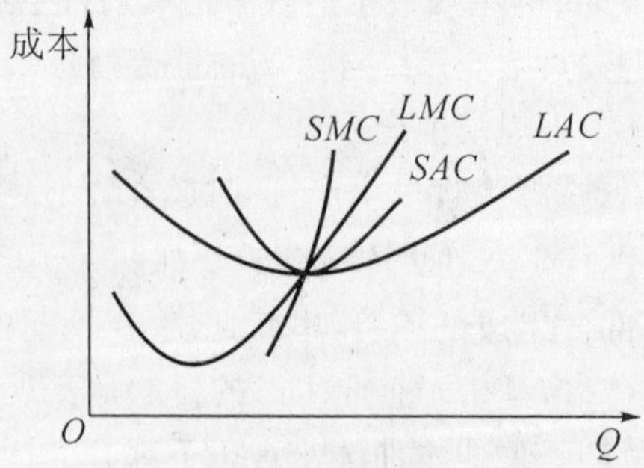

图4 - 14　长期边际成本和长期平均成本

四、短期成本与长期成本之间的关系

1. 短期总成本曲线与长期总成本曲线的关系

短期总成本曲线不从原点出发，而是从变动成本出发，随着产量的变动而变动，是一条从变动成本出发的向右上方倾斜的曲线。它表明产量为零时，总成本也不为零，总成本最小也等于固定成本。长期总成本曲线是从原点出发的向右上方倾斜的曲线，它随着产量的增加而增加，产量为零，总成本也为零。

长期总成本是生产扩张线上各点所表示的总成本。长期总成本曲线表示长期中与每一特定产量对应的最低成本点的轨迹。它由无数条短期总成本曲线与之相切，是短期总成本曲线的包络线。

2. 短期平均成本曲线与长期平均成本曲线的关系

长期平均成本曲线是无数条短期平均成本曲线与之相切的切点的轨迹，是所有短期平均成本曲线的包络线。长期平均成本曲线上的每一点都表示生产相应产量水平的最低平均成本。

短期平均成本曲线与长期平均成本曲线都是一条先下降而后上升的 *U* 形曲线。所不同的是短期平均成本曲线无论是下降还是上升都比较陡峭，而长期平均成本曲线无论是下降还是上升都比较平坦；短期平均成本曲线是由边际报酬递减规律决定的，而长期平均成本曲线是由规模经济决定的。

3. 短期边际成本曲线与长期边际成本曲线的关系

长期边际成本是厂商长期内每增加一单位产量所增加的总成本量，它也是由短期边际成本曲线推出的，所不同的是长期边际成本曲线不是短期边际成本曲线的包络线，长期边际成本曲线比短期边际成本曲线要平坦。

短期边际成本曲线与长期边际成本曲线也是一条先下降而后上升的 *U* 形曲线。

【本章小结】

1. 生产者或厂商是指能够作出统一的生产决策的个体经济单位。厂商进行生产所追求的目标是利润最大化。其生产可以分为短期生产和长期生产，短期是指在生产中厂商至少有一种生产要素来不及调整的时期；长期是指在生产中厂商对于所有的生产要素都可以进行调整的时期。相应的，我们分别以短期生产理论和长期生产理论来讨论短期生产和长期生产的基本特征。

2. 短期生产的基本规律是边际报酬递减原理。该规律强调：在任何一种产品的短期生产中，在其他条件不变的前提下，任何一种可变要素的边际产量必然会从递增阶段发展为递减阶段。也就是说，任何一种可变要素的短期边际产量曲线呈现出先上升后下降的倒 *U* 形特征。由短期边际产量曲线的特征可以推导出短期总产量曲线与短期平均产量曲线。短期生产可分为三个阶段，厂商生产的合理区间是第二阶段。

3. 长期生产理论的主要分析工具是等产量曲线和等成本线。等产量曲线表示在技术水平不变的条件下生产同一产量的两种生产要素投入量的所有不同组合。等产量曲线的斜率可以用边际技术替代率表示，边际技术替代率是递减的。等成本线是在生产成本和要素价格给定的条件下，生产者可以购买到两种生产要素的各种不同组合的轨迹。等成本线的斜率可以用两要素的价格之比来表示。

4. 在长期生产中，厂商无论是实现既定成本下的最大产量，还是实现既定产量下的最小成本，生产的均衡点都发生在等产量线和等成本线的相切点。在切点上，等产量曲线和等成本线的斜率相等，即两要素的边际技术替代率等于两要素的价格之比。

5. 规模报酬属于长期生产的概念。规模报酬递增、规模报酬不变和规模报酬递减分别指长期生产中全部生产要素增加的比例小于、等于或大于它所导致的产量增加的比例。在企业扩大规模的长期生产过程中，一般会先后经历规模报酬递增、规模报酬不变和规模报酬递减这三个阶段。

【思考题】

1. 为什么说扩展线上的任何一点都是生产者均衡点？

2. 一个企业主在考虑雇用一个工人时在劳动的平均产量和边际产量中，他更关注哪一个？

3. 应用最恰当的微观经济学理论论述国有企业减员增效的意义。

4. 分析判断“如果生产函数具有规模报酬不变的特征，那么，要素在生产上边际替代率不变”。

【综合案例】

赠报的免费午餐

经济学上有一句话“天下没有免费的午餐”，是说要想得到什么就必须付出一定的其他东西。应该说，天下没有免费的午餐可以解释许多行为和现象，但是尚不存在金科玉律，任何概括都有例外。本文所说的赠报行为或许便是一例。

每年的12月份，各大报刊都作了大量的广告，以期留住老客户，吸引新客户。在今年的元旦伊始，笔者到收发室拿报纸，看到这样一则通知，本地的一家晚报向各个班赠送一个月的报纸，并且可以在以后进行续订。笔者当初没有注意，商家总要赠送一些使用品嘛，报社的这种行为当然也是可以理解的。不过令人奇怪的是，一个月以后，这种赠送行为仍然在进行，笔者就有了疑惑。

从订报者如一个班来说，在元旦这几天如果要订一份报纸的话，那么就会选择用较少的钱来订阅较多的报纸，也可以称之为追求阅读福利的最大化。那么，被赠阅的这个班就会订阅其他报纸，其阅读福利肯定会比订阅那份赠阅的报纸要多。报社的赠阅行为岂不是相当非理性？其直接后果是驱逐了其中一部分本来会订阅该报纸的客户，大部分报刊是不会赠阅的。

但从成本收益的角度来分析，报社的这种赠阅行为却可能是符合成本收益的。

从短期分析看，报社的成本不一定会因为赠报而增加，办过报纸的人应该很清楚，报纸是存在规模经济的典型产品，发行量达到一定数量，报社所花的成本最低。况且报纸这种产品，其产品的边际成本是很低的。对报社来讲，如果今年的订阅量比上一年增加，那么报社应该增加印数，如果今年的订阅量比上一年有少量降低，那么报社可以按上一年的订阅量印刷，因为报社形成的生产要素可以不去调整，而减少要素的投入来达到减少产量的做法可能会导致成本的提高。因为报社原有的工作人员、运作程序等就需要进行调整，而只是把多余的报纸送出去，所以这种赠送根本就不会增加成本。况且在受赠的客户中，有一部分会订阅该报刊，因为他们可以用11个月的钱来看12个月的报纸。这对报社来说，也会增加这后来订阅该报刊的小部分收益。更为重要的是，报社的这种赠阅行为有如公益行为，扩大了该报刊的知名度，这也是一种收益，而且比金钱的收益更加重要。

从长期分析看，一份报纸是可以形成偏好的，读者基本上不会因为报社的赠阅行为而改变对该报的偏好程度。事实上，一个读者既然可以在文化支出上订一份报刊，那么他也不会因为可能享受那点赠阅而改变偏好，所以他们基本上不会在乎这种赠阅行为。即使读者对那点赠阅有心，他也不可能获得该额外阅读福利，因为报社处于信息有利的一面，读者既不知道在哪一年要进行赠阅，也不知道报社在哪一年要进行赠阅，也不知道赠阅的对象是谁。笔者看来，学校的班级受赠的概率较高，但学校的班级也不会这样去总结规律，或者说等到总结规律时已经毕业了。因此，赠阅行为的信息和主动权都掌握在报社手中，报社不会因为赠报而减少客户。从长期分析来看，报社的长期赠阅仍然可以理解，不知道这份报纸还会不会继续赠阅下去，这有待于实践来检验。

从以上的分析中可以看出，赠报的行为表面上是驱逐订阅客户的，但实质上符合成本收益的分析，报社这一生产者是追求利润最大化的。对受赠的客户来说，他们因为报社在追求利润最大化的行为而享受到了免费的午餐。

企业的行为取决于其目标。在现实中，企业可能有各种目标，但是，如同消费者行为理论中假定一个理性消费者是以效用最大化为目标一样，在分析企业行为时，从企业在社会经济活动中所起的作用和承担的经济责任出发，微观经济学假定厂商是以利润最大化为目标的。利润最大化就是要获得最大可能的利润。它是稀缺性的直接结果，是为了稀缺资源得到最好的使用。所以，使稀缺资源得到最好使用与追求利润最大化是同一回事。

在现实中，企业可能还有其他目标，如销售量最大化、为社会谋福利等。但利润最大化仍不失为一个合理的假设。就绝大多数企业而言，利润最大化是基本目标。因此，利润最大化是基本目标。因此，利润最大化目标符合现实。

以利润最大化作为追求目标，有利于企业实现资源的有效配置。所谓资源的有效配置，也就是在产量既定的条件下实现成本尽可能的小，或在成本既定的条件下达到产量尽可能的大。企业把利润最大化作为追求目标，其直接结果能够达到微观层次上的资源有效配置，进而也给宏观层次上的资源的有效利用提供了基础条件。从这点上讲，追求利润最大化是企业的理性行为。

本案例分析了报社作为生产厂商的赠报行为，通过生动形象的例子阐述了报社是如何追求利润最大化的目标的，看似非理性，实则理性，可以引发我们对生活中很多类似的现象进行思考。

资料来源:吕明晓. 赠报的免费午餐. 经济学消息报,2002 - 5 - 31(2).

【讨论题】

如何按生产理论和厂商目标理论来分析企业赠送行为后的根本动机?

第五章　市场结构和厂商均衡理论

【学习目标与要求】

了解市场经济下厂商如何根据利润最大化原则确定产量，由此进一步说明供给曲线；掌握不同市场结构是如何划分的，划分的依据是什么；掌握完全竞争厂商短期均衡的几种情况及短期曲线和长期均衡的实现，能结合实际对完全竞争市场的经济效率作出评价；掌握不同市场中厂商需求曲线、收益曲线的区别，长期均衡产量的确定有何特点、条件、相同点与不同点，进一步论证其市场效率的差异；了解有关博弈理论的知识，能结合现实，对完全垄断和寡头垄断企业的经营行为与定价特点有较深入的认识和分析，以及理解政府限制垄断、鼓励竞争的政策。

【学习重难点】

重点：完全竞争市场的特点，短期厂商均衡和长期厂商均衡的区别。运用厂商均衡理论推出供给曲线。完全垄断市场的特点，垄断厂商均衡的特点。垄断厂商的总收益、边际收益、价格、产量、需求弹性之间的关系，垄断厂商的三级价格歧视。垄断竞争和寡头完全垄断市场的特点，短期厂商均衡和长期厂商均衡的区别。

难点：不同市场经济效率的分析。

1. 完全竞争市场的特点
2. 完全竞争市场的瞬时均衡和短期均衡
3. 完全竞争市场的长期均衡
4. 完全垄断市场概述
5. 垄断企业的短期均衡
6. 垄断企业的长期均衡
7. 垄断竞争市场中价格和产量的决定
8. 寡头垄断市场中价格和产量的决定

第一节　厂商和市场的类型介绍

一、市场类型

市场可以有多种划分标准。在微观经济学中，划分市场类型的标准是商品的供求态势。它具体体现在商品市场竞争的强与弱。而影响市场竞争程度的具体因素主要有以下四点：

（1）市场上厂商的数目；

（2）厂商之间各自提供的产品的差别程度；

（3）单个厂商对市场价格控制的程度；

（4）厂商进入或退出一个行业的易难程度。

关于这四个类型的市场和相应的厂商的区分及其特点如表5－1所示。

表5－1　　市场和厂商类型的划分和特征

类型	厂商数目	产品差别	价格控制	进出行业难易程度	接近市场情况
完全竞争	很多	完全无差别	没有	很容易	一些农产品
垄断竞争	很多	有差别	有一些	比较容易	香烟、糖果
寡头	几个	有差别或无差别	相当程度	比较困难	钢铁、汽车
垄断	一个	唯一的产品，没有接近的替代产品	很大程度，但经常受到管制	很困难，几乎不可能	公用事业，如水、电

二、完全竞争市场的含义与特征

完全竞争（Perfect Competition）又称为纯粹竞争。完全竞争市场是指竞争充分而不受任何阻碍和干扰的一种市场结构。完全竞争市场必须具备以下条件：

（1）市场上有大量的卖者和买者。作为众多参与市场经济活动的经济单位的个别厂商或个别消费者，单个的销售量和购买量都只占很小的市场份额，其供应能力或购买能力对整个市场来说是微不足道的。这样，无论卖方还是买方都无法左右市场价格，或者说单个经济单位将不把价格作为决策变量，他们是价格接受者。显然，在交换者众多的市场上，若某厂商要价过高，顾客可以从别的厂商购买商品和劳务；同样，如果某顾客压价太低，厂商可以拒绝出售给顾客而不怕没有别的顾客光临。

（2）参与经济活动的厂商出售的产品具有同质性。这里的产品同质不仅指商品之间的质量、性能等无差别，还包括在销售条件、装潢等方面是相同的。因为产品是相同的，对于购买商品的消费者来说哪一个厂商生产的产品并不重要，他们没有理由偏爱某一厂商的产品，也不会为得到某一厂商的产品而必须支付更高的价格。同样对于厂商来说，没有任何一家厂商拥有市场优势，他们将以可能的市场价格出售自己产品。

（3）厂商可以无成本地进入或退出一个行业，即所有的资源都可以在各行业之间自由流动。劳动可以随时从一个岗位转移到另一个岗位，或从一个地区转移到另一个地区；资本可以自由地进入或撤出某一行业。资源的自由流动使得厂商总是能够及时地向获利的行业运动，及时退出亏损的行业，这样，效率较高的企业可以吸引大量的投入，缺乏效率的企业会被市场淘汰。资源的流动是促使市场实现均衡的重要条件。

（4）参与市场活动的经济主体具有完全信息。市场中的每一个卖者和买者都掌握与自己决策、与市场交易相关的全部信息，这一条件保证了消费者不可能以较高的价格购买，生产者也不可能以高于现行价格出卖，每一个经济行为主体都可以根据所掌握的完全信息，确定自己最优购买量或最优生产量，从而获得最大的经济利益。

显然，理论分析上所假设的完全竞争市场的条件是非常严格的，在现实的经济中没有一个市场真正具有以上四个条件，通常只是将某些农产品市场看成是比较接近的完全竞争市场类型。但是完全竞争市场作为一个理想经济模型，有助于我们了解经济活动和资源配置的一些基本原理，解释或预测现实经济中厂商和消费者的行为。

三、完全垄断市场的含义与特征

完全垄断又称为独占、卖方垄断或纯粹垄断，与完全竞争市场结构相反，完全垄断市场结构是指一家厂商控制了某种产品全部供给的市场结构。在完全垄断市场上，具有以下特征：

(1) 厂商数目唯一，一家厂商控制了某种产品的全部供给。

(2) 完全垄断企业是市场价格的制定者。

(3) 完全垄断企业的产品不存在任何相近的替代品。

(4) 其他任何厂商进入该行业都极为困难或不可能，要素资源难以流动。

完全垄断市场和完全竞争市场一样，都只是一种理论假定，是对实际中某些产品的一种抽象，现实中绝大多数产品都具有不同程度的替代性。

完全垄断是如何形成的呢?垄断厂商之所以能够成为某种产品的唯一供给者，是由于该厂商控制了这种产品的供给，使其他厂商不能进入该市场并生产同种产品。导致垄断的原因一般有以下几方面：

第一，对资源的独家控制。如果一家厂商控制了用于生产某种产品的全部资源或基本资源的供给，其他厂商就不能生产这种产品，从而该厂商就可能成为一个垄断者。

第二，规模经济的要求形成自然垄断。如果某种商品的生产具有十分明显的规模经济性，需要大量固定资产投资，规模报酬递增阶段要持续到一个很高的产量水平，此时，大规模生产可以使成本大大降低。那么由一个大厂商供给全部市场需求的平均成本最低，两个或两个以上的厂商供给该产品就难以获得利润。这种情况下，该厂商就形成自然垄断。许多公用行业，如电力供应、煤气供应、地铁等是典型的自然垄断行业。

第三，拥有专利权。专利权是政府和法律允许的一种垄断形式。专利权是为促进发明创造、发展新产品和新技术，而以法律的形式赋予发明人的一种权利。专利权禁止其他人生产某种产品或使用某项技术，除非得到发明人的许可。一家厂商可能因为拥有专利权而成为某种商品的垄断者。不过专利权带来的垄断地位是暂时的，因为专利权有法律时效。

第四，政府特许权。某些情况下，政府通过颁发执照的方式限制进入某一行业的人数，如大城市出租车驾驶执照等。很多情况下，一家厂商可能获得政府的特权，而成为某种产品的唯一供给者，如邮政、公用事业等。执照特权使某行业内现有厂商免受竞争，从而具有垄断的特点。作为政府给予企业特许权的前提，企业同意政府对其经营活动进行管理和控制。

四、垄断竞争市场的含义与特征

垄断竞争是一种介于完全竞争和完全垄断之间的市场组织形式,在这种市场中,既存在着激烈的竞争,又具有垄断的因素。

作为垄断竞争的市场应具有如下基本的特征:

1. 市场中存在着较多数目的厂商,彼此之间存在着较为激烈的竞争

由于每个厂商都认为自己的产量在整个市场中只占有一个很小的比例,因而厂商会认为自己改变产量和价格,不会招致其竞争对手们相应行动的报复。

2. 厂商所生产的产品是有差别的,或称“异质商品”

至于产品差别是指同一产品在价格、外观、性能、质量、构造、颜色、包装、形象、品牌、服务及商标广告等方面的差别以及以消费者想象为基础的虚幻的差别。由于存在着这些差别,使得产品成了带有自身特点的“唯一”产品了,也使得消费者有了选择的必然,使得厂商对自己独特产品的生产销售量和价格具有控制力,即具有一定的垄断能力,而垄断能力的大小则取决于它的产品区别于其他厂商的程度。产品差别程度越大,垄断程度越高。

3. 厂商进入或退出该行业都比较容易,资源流动性较强

垄断竞争市场是常见的一种市场结构,如肥皂、洗发水、毛巾、服装、布匹等日用品市场,餐馆、旅馆、商店等服务业市场,牛奶、火腿等食品类市场,书籍、药品等市场大都属于此类。

五、寡头垄断市场的含义与特征

1. 定义

寡头市场是指少数几个厂商控制整个市场的产品的生产和销售的这样一种市场组织。

2. 寡头行业的分类

(1) 如果寡头行业每个厂商所生产的产品是同质的,例如,钢铁、水泥、铜等产品生产的寡头,则称为纯粹寡头行业(Pure Oligopoly)。

(2) 如果寡头行业每个厂商所生产的产品是有差别的,例如汽车、电脑产品生产的寡头,则称为差别寡头行业(Differentiated Oligopoly)。

3. 寡头市场的特征

与完全竞争、完全垄断、垄断竞争市场上厂商的一个重要差别是寡头间行为相互不独立。在完全竞争、完全垄断、垄断竞争三种市场上厂商的行为是相互独立的,每个厂商在作决策时都无须考虑其他厂商会作出什么反应。由于寡头市场上少数几个厂商生产一个产业的全部或绝大部分产量,因此每一个厂商的行为都会对该市场发生举足轻重的影响。一个厂商通过产品降价或新模式产品的推出而扩大自己产品的市场,就会使得对其他寡头产品需求量下降。因为一个厂商的行为会对本产业整个产品市场发生举足轻重的影响,所以一个厂商采取某种对策扩大自己的产量,会遇到其对手的反对策行为。厂商之间的竞争行为是不确定的。一个厂商通过降价来扩大自己的市场份额可能会导致对手如

法炮制。一个寡头通过广告战争夺市场,也会引起对手用相同手法来遏制它的行为。寡头之间也可能不是通过竞争而是通过合作的方式共同谋取好处的。

六、厂商实现利润最大化及均衡条件

1. 利润最大化的必要条件

我们知道,利润等于总收益减总成本,即

$\pi(Q) = R(Q) - C(Q)$

其中π为利润,R 为总收益,C 为总成本。成本包括显成本与隐成本。由于收益与成本都是产出的函数,即 $R = R(Q)$,$C = C(Q)$,所以利润也是产出的函数,即$\pi = \pi(Q)$。就$\pi(Q) = R(Q) - C(Q)$式的利润函数对产出求一阶导数,并令该导数值等于0,可以得到利润最大化的必要条件。由

$$\frac{d\pi}{dq} = \frac{dR}{dq} - \frac{dC}{dq} = 0$$

得到$MR = MC$。其中$MR = dR/dq$,为某产量点的边际收益;$MC = dc/dq$,为某产量点的边际成本,即厂商达到利润最大化的必要条件是生产推进到边际成本等于边际收益的产量点。

2. 对于利润最大化必要条件 $MR = MC$ 的理解

在 $MR = MC$ 的均衡点上,厂商可能是盈余的,也可能是亏损的。如果是赢利的,这时的利润就是相对最大利润;如果是亏损的,这时的亏损就是相对最小亏损。不管是盈还是亏,在 $MR = MC$ 点上,厂商都处在收益曲线和成本曲线所能产生的最好的结果之中。

3. 利润最大化的充分条件

可以看出,当产量达到 q 时,厂商获得最大化利润。该点满足利润最大化的必要条件。在该产量点,总成本曲线切线的斜率(dC/dq)等于总收益曲线切线的斜率(dR/dq),也即是 $MR = MC$。但是仅仅满足利润最大化的必要条件并不能保证厂商获得最大化利润。所以除了给出利润最大化的必要条件外,我们还要给出利润最大化的充分条件。利润最大化的充分条件是在某产量点上的二阶导数小于零,即$\frac{d\pi^2}{dq^2} < 0$。

第二节 完全竞争市场的厂商均衡

一、完全竞争厂商的需求曲线和收益曲线

(一) 需求曲线

在任何一个商品市场中,市场需求是针对市场上所有厂商组成的行业而言的,消费者对整个行业所生产的商品的需求称为行业所面临的需求,相应的需求曲线称为行业所面临的需求曲线,也就是市场的需求曲线,它一般是一条从左上方向右下方倾斜的曲线。图 5 - 1(a) 中的 D 曲线就是一条完全竞争市场的需求曲线,是向右下方倾斜的。

消费者对行业中的单个厂商所生产的商品的需求量，称为厂商所面临的需求量，相应的需求曲线称为厂商所面临的需求曲线，简称为厂商的需求曲线。在完全竞争条件下，厂商所面临的需求曲线是一条由既定的市场均衡价格出发的水平线。图 5 - 1(*b*) 中的 *d* 曲线就是一条完全竞争厂商的需求曲线，是一条与横轴平行的水平线。

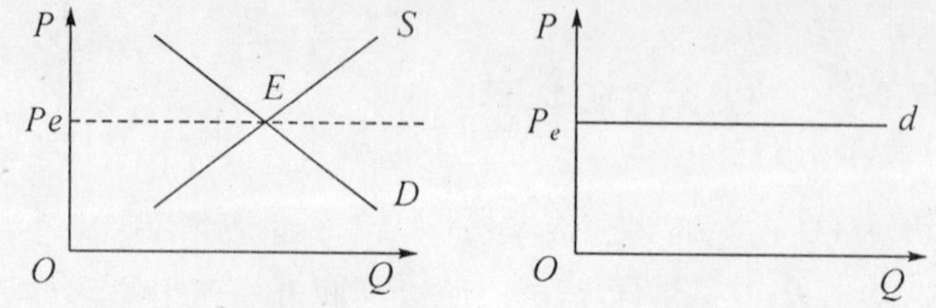

(*a*) 完全竞争市场的需求曲线　　(*b*) 完全竞争厂商的需求曲线

图 5 - 1　完全竞争市场和完全竞争厂商的需求曲线

图(*b*) 中的厂商的需求曲线 *d* 是相对于图(*a*) 中的市场需求曲线和市场供给曲线共同作用所决定的均衡价格 P_e 而言的。如果市场的供给曲线或需求曲线的位置发生移动，就会形成新的市场均衡价格，相应的，在图(*b*) 中便会形成另一条从新的均衡价格水平出发的呈水平线形状的厂商的需求曲线。

(二) 收益曲线

厂商收益就是厂商的销售收入。厂商的收益可以分为总收益、平均收益和边际收益。

总收益 *TR* 指厂商按一定价格出售一定量产品时所获得的全部收入，即价格与销售量的乘积，以 *P* 表示商品的市场价格，以 *Q* 表示销售量，则有：

$$TR(Q) = P \times Q$$

由于完全竞争市场的一个基本特征是单个厂商无法通过改变销售量来影响市场价格；相反，厂商每销售一单位的商品都接受相同的价格，也就是说厂商只能被动地接受价格。这样随着厂商销售量的增加，它的总收益是不断增加的。但由于商品的单位市场价格是固定不变的，所以总收益曲线是一条从原点出发的斜率不变的直线。

平均收益指厂商出售一定数量商品，每单位商品所得到的收入，也是平均每单位商品的卖价。它等于总收益与销售量之比。由于完全竞争市场厂商只能按既定价格出售，因此平均收益也等于商品的单位价格，即

$$AR(Q) = \frac{TR(Q)}{Q} = \frac{P \cdot Q}{Q} = P$$

边际收益指厂商增加一单位产品销售所获得的收入增量。商品价格为既定时，边际收益就是每单位商品的卖价，即

$$MR = \frac{\Delta TR}{\Delta Q}$$

可见在完全竞争市场厂商的平均收益与边际收益相等，且都等于既定的价格，或者说在任何销售量水平上都有：

$$AR = MR = P$$

相应可以绘出完全竞争厂商的收益曲线，如图 5 - 2 所示。

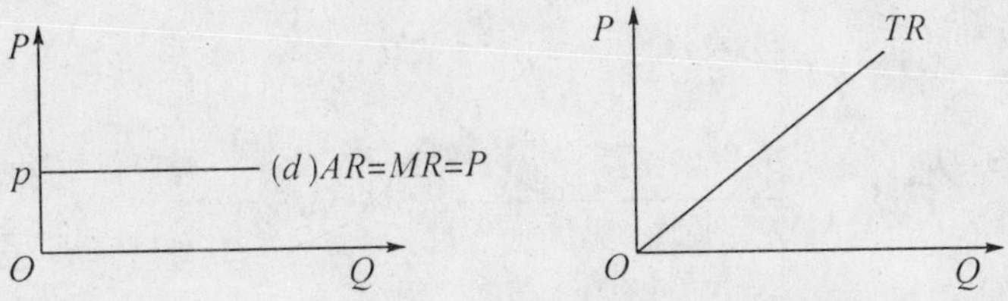

图5－2　完全竞争厂商平均收益与边际收益曲线

图5－2中横轴表示厂商的销售量或所面临的需求量，纵轴表示商品的价格。图中的收益曲线具有如下特征：完全竞争厂商的平均收益 AR 曲线、边际收益 MR 曲线与需求曲线 d 是重合的，是从既定价格出发的平行于横轴的一条水平线。这正是因为对于完全竞争厂商来说，在既定的市场价格下，任何销售量上都有 $AR = MR = P$，而完全竞争厂商所面临的需求曲线就是一条由既定的市场价格水平出发的水平线；同时，也由于每一销售量上的边际收益值是相应的总收益曲线的斜率，且边际收益是不变的，等于既定的市场价格，所以决定了总收益曲线是斜率不变的直线。

二、完全竞争厂商的短期均衡

(一) 完全竞争厂商短期均衡产量的决定

当厂商的生产水平保持不变，既不扩大也不缩小时，厂商达到并处于均衡状态。在短期里，不仅产品的市场价格是既定的，而且生产中的不变要素投入量是无法改变的，或者说厂商只能通过变动可变要素的投入量来调整产量，从而通过对产量的调整来实现 $MR = MC$ 的利润最大化均衡条件。在完全竞争的市场中，市场供给和需求相互作用形成的产品价格，可能高于、等于、低于厂商的平均成本，因此在短期内，厂商出售产品就有可能处于赢利、盈亏平衡或亏损等不同状态。完全竞争厂商短期均衡时的盈亏状态可以用图5－3来说明。

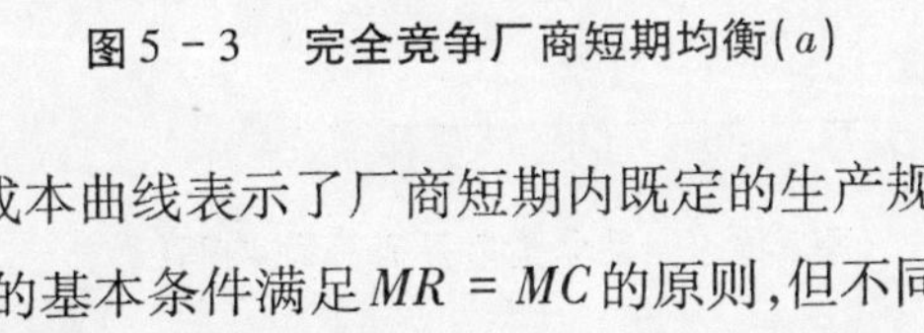

图5－3　完全竞争厂商短期均衡(a)

图5－3中各图的成本曲线表示了厂商短期内既定的生产规模，从分析中可以看到，完全竞争厂商短期均衡的基本条件满足 $MR = MC$ 的原则，但不同的市场价格水平将直接影响既定规模下的厂商短期均衡的盈亏状况。

第一，价格或平均收益大于平均总成本，即 $P = AR > SAC$，厂商处于赢利状态。

当市场价格较高，达到 P_1 时，厂商面临的需求曲线为 d_1，为获取最大利润，厂商根据

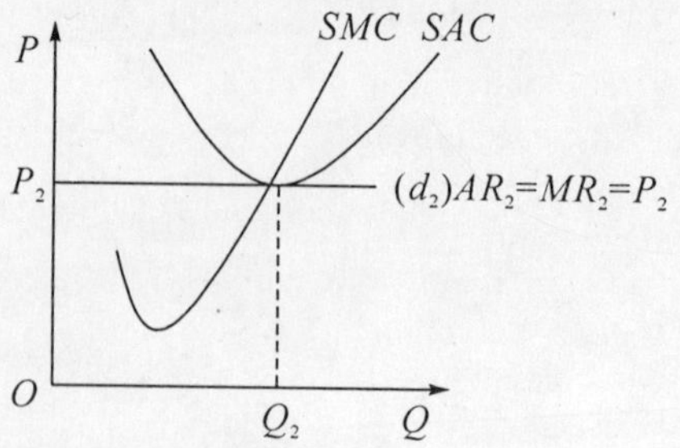

图 5－3　完全竞争厂商短期均衡(b)

$MR = SMC$ 的利润最大化原则，把产量确定在 Q_1 上，SMC 曲线与 MR_1 曲线的交点 E_1 即为厂商的短期均衡点。这时平均收益为 OP_1，平均总成本为 Q_1F，单位产品获得的利润为 E_1F，总收益为 $OQ_1 \times OP_1$，总成本为 $OQ_1 \times Q_1F$，利润总量为 $OQ_1 \times E_1F$，即为图 5－3(a)中矩形 HP_1E_1F 的面积。如果产量超过 OQ_1 以后，$MC > P_1$，增加产量会降低总利润；若产量小于 OQ_1，增加产量都能增加总利润；只有使产量确定在 OQ_1，$MR = P = SMC$，总利润达到最大。

第二，价格或平均收益等于平均总成本，即 $P = AR = SAC$，厂商的经济利润恰好为零，处于盈亏平衡状态。

当市场价格为 P_2 时，厂商面临的需求曲线为 d_2，这条需求曲线刚好切于短期平均总成本曲线 SAC 的最低点，同时短期边际成本 SMC 曲线也通过此点，SMC 曲线与 MR_2 曲线的交点 E_2 就是均衡点，相应的均衡产量确定在 Q_2。在 Q_2 产量上，平均收益等于平均成本，总收益也等于总成本，如图 5－3(b) 中矩形 $OP_2E_2Q_2$ 面积，此时厂商的经济利润为零，但实现了全部的正常利润。由于在该点上，厂商既无经济利润，又无亏损，所以也把 SMC 与 SAC 的交点称为“盈亏平衡点”或“收支相抵点”。

第三，价格或平均收益小于平均总成本，但仍大于平均可变成本，即 $AVC < AR < SAC$，厂商亏损，在存在沉没成本时，厂商还应继续生产。

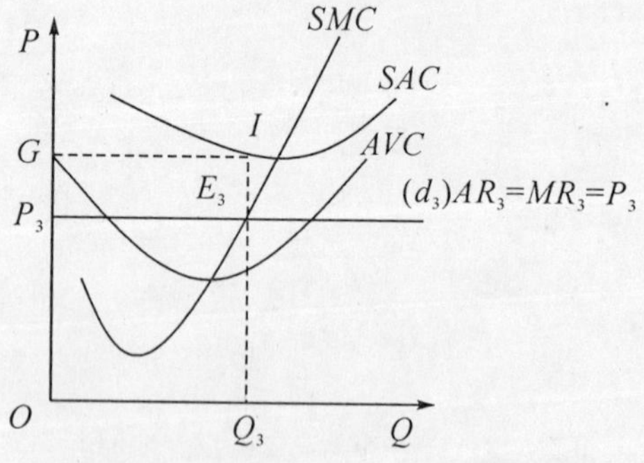

图 5－3　完全竞争厂商短期均衡(c)

当市场价格为 P_3 时，厂商的平均总成本已经高于产品的市场价格，整个平均总成本曲线 SAC 处于价格 P_3 线之上，出现了亏损。为使亏损达到最小，产量由 SMC 曲线和 MR_3 曲线的相交的均衡点 E_3 决定，在 Q_3 的均衡产量上，平均收益为 OP_3，平均总成本为 OG，总成本与总收益的差额构成厂商的总亏损量，如图 5 - 3(*c*) 中矩形 P_3GIE_3 面积。不过平均可变成本小于平均收益。厂商在这种情况下，应立即停止生产，还是应继续进行生产？取决于是否存在沉没成本。沉没成本是指一旦停止生产，已投入的不能再收回的成本。这里我们假定厂商的某些不变成本或许全部不变成本是沉没成本，则当价格或平均收益介于平均总成本和平均可变成本之间时，虽然出现亏损，厂商仍会继续生产，因为此时厂商获得的全部收益，不仅能够弥补全部的可变成本，还能够收回一部分固定成本，即厂商继续生产所获得的收益超过继续生产所增加的成本。当然，如果某厂商一旦停止生产，成本就会变为零，并且所有的不变成本都可以收回，也就是说厂商没有沉没成本，那么只要价格降到平均总成本水平以下，厂商就会停止生产。

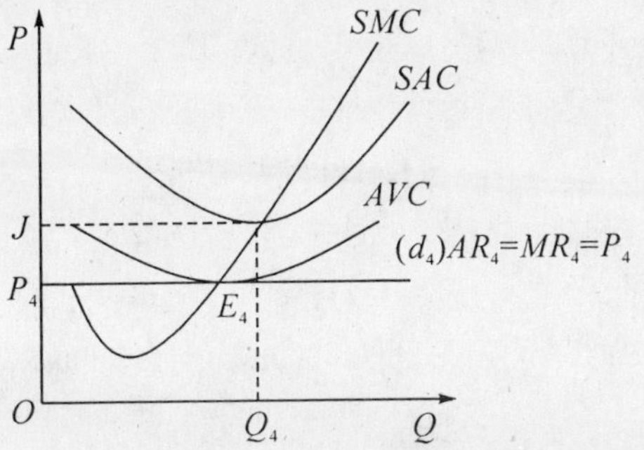

图 5 - 3　完全竞争厂商短期均衡(*d*)

第四，价格或平均收益等于平均可变成本，即 $P = AR = AVC$，厂商处于亏损状态，且处于生产与停产的临界点。

当价格为 P_4 时，厂商面临的需求曲线为 d_4，此线恰好切于平均可变成本 *AVC* 曲线的最低点，*SMC* 曲线也交于该点。根据 $MR_4 = SMC$ 的利润最大化原则，这个点就是厂商短期均衡点 E_4，决定的均衡产量为 Q_4。在 Q_4 产量上，平均收益小于平均总成本，必然是亏损的。同时平均收益仅等于平均可变成本，这意味着厂商进行生产所获得的收益，只能弥补可变成本，而不能收回任何的不变成本，生产与不生产对厂商来说结果是一样的。所以，*SMC* 曲线与 *SVC* 曲线的交点是厂商生产与不生产的临界点，也称为"停止营业点" 或"关闭点"，如图 5 - 3(*d*) 所示。

第五，价格或平均收益小于平均可变成本，即 $AR < AVC$，厂商处于亏损状态，且停止生产。

当价格进一步下降至 P_5 时，厂商面临的需求曲线为 d_5，MR_5 曲线与 *SMC* 曲线相交之点为短期均衡点 E_5，相对应的产量为 Q_5。在这一产量上，平均收益已小于平均可变成本，意味着厂商若继续生产的话，所获得的收益连可变成本都收不回来，更谈不上收回固定成本了，所以厂商停止生产。

上述分析表明，完全竞争厂商短期均衡的条件：

短期内，在完全竞争的市场条件下，无论市场价格怎样变化，由于厂商不能根据市场需求情况来调整全部生产要素，厂商只能按 $AR \geqslant AVC$、$SMC = MR$ 原则来调整自己的产量点。企业应该将生产点推进到边际成本与边际收益相等的点。

即可得出：$AR \geqslant AVC$、$SMC = MR$。

也就是我们在上面所说的企业的最佳产量点 Q_1、Q_2、Q_3、Q_4、Q_5；在上述的最佳产量点上，厂商或者可以获得最大利润，或者可以利润为零，或者可以蒙受最小亏损。

(二) 完全竞争厂商的短期供给曲线

前面的论证已经表明使利润最大化的产量是由边际收益等于边际成本决定的，而在完全竞争市场上，厂商的产量并不会影响价格，它面对的需求是水平的，因此厂商多出售一单位产品所增加的收益就等于价格，即厂商的边际收益等于价格。于是厂商利润最大化的产量也决定于如下条件：

$$P = SMC(Q)$$

该式表明，完全竞争厂商为了获得短期最大利润，应该把最优产量确定在使得商品的价格和边际成本相等的水平上。就是说在每一个短期均衡点上，厂商的产量与价格之间都存在着一种对应的关系。在图5－3中可以看到，根据 $P = SMC(Q)$ 或 $MR = SMC(Q)$ 的短期均衡条件，当商品市场价格为 P_1 时，厂商所选择的最优产量为 Q_1，当商品市场价格为 P_2 时，厂商所选择的最优产量为 Q_2，等等。由于每一个商品价格水平都是市场给定的，所以，在短期均衡点上商品价格与厂商的最优产量之间的对应关系可以明确地表示为以下的函数关系：

$$Q_s = f(P)$$

其中 P 表示商品的市场价格，Q_s 表示厂商的最优产量或供给量。

同时，在图5－4中还可以看到，根据 $P = SMC(Q)$ 或 $MR = SMC(Q)$ 的短期均衡条件，商品的价格和厂商的最优产量的组合点或均衡点 E_1、E_2、E_3、E_4 都出现在厂商的边际成本 SMC 曲线上。若进一步严格来说，商品价格与厂商愿意提供的产量的组合点，并非出现在全部的边际成本曲线上。我们知道，边际成本曲线穿过平均可变成本的最低点，价格低于这一点，厂商关闭，产量为零；价格超过这一点，产量与价格的关系由边际成本曲线所决定。既然是通过边际成本曲线来确定厂商在该价格下的产量，因此边际成本曲线反映了产量与市场价格之间的关系。

基于以上分析，可以得到如下结论：完全竞争厂商的短期供给曲线，就是完全竞争厂商的短期边际成本 SMC 曲线上等于和高于平均可变成本 AVC 曲线最低点的部分。毫无疑问，完全竞争厂商的短期供给曲线是向右上方倾斜的。图5－4中实线部分所示即为完全竞争厂商短期供给曲线。

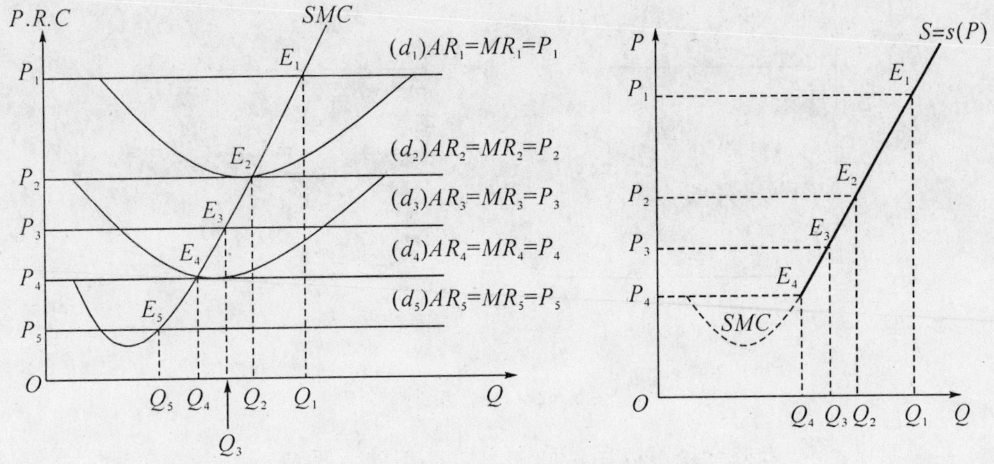

图5－4 完全竞争厂商短期供给曲线

完全竞争厂商短期供给函数说明了厂商的产量是如何随着价格变化而变化，但是只有作为价格接受者的厂商其产量才随着价格变化而变化。厂商若是价格设定者，则价格和产量都是厂商的决策变量。这时，问“给定某一价格，企业将生产多少”是没有意义的。因此只有价格接受者才有供给函数。

从对完全竞争厂商短期供给曲线的推导过程中，可以清楚地看到供给曲线背后的生产者追求最大利润的经济行为。供给曲线不仅仅是表示在其他条件不变的条件下，生产者在每一价格水平愿意而且能够提供的产品的数量，更重要的是，其表示生产者所提供的产品数量是在既定价格水平下能够给他带来最大利润或最小亏损的产品数量。

(三）生产者剩余

1. 生产者剩余的概述

生产者剩余指厂商在提供一定数量的某种产品时实际接受的总价格或总支付与愿意接受的最小总价格或总支付之间的差额。已知厂商从事生产或经营，总是要追求利润最大化，而保证利润最大化的条件就是要使 $MR = MC$，只要 $MR > MC$，厂商就是有利的，由于在完全竞争市场里，$MR = P$，因此只要价格 P 高于边际成本 MC，厂商进行生产，就可以得到生产者剩余。此时厂商实际接受的总价格或总支付就是价格线以下的总收益，而厂商愿意接受的最小总价格或总支付便是边际成本线以下的总边际成本。用图形来表示，则价格直线和边际成本曲线所围成的面积即为生产者剩余。如图 5－5(a) 中阴影部分的面积。

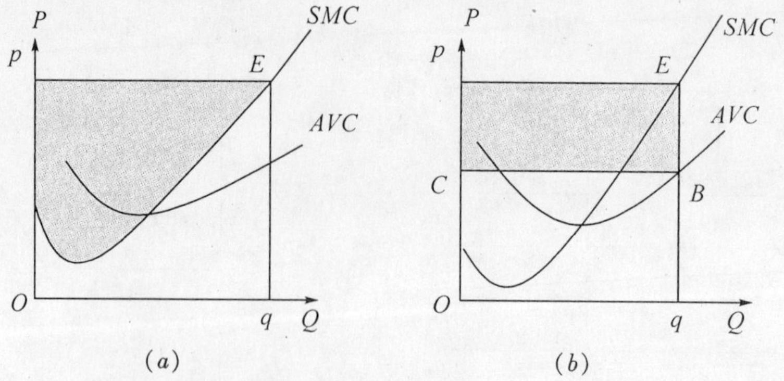

图5－5　生产者剩余

在短期里,生产者剩余还可以用厂商的总收益与总可变成本的差额来衡量。因为在短期里,厂商的固定成本是无法改变的,总边际成本必然等于总可变成本。当产量为1时,可变成本即是边际成本,即$VC(1)=MC(1)$;当产量为2时,$VC(2)=MC(1)+MC(2)$;以此类推,$VC(Q)=MC(1)+MC(2)+\cdots+MC(Q)$。表明可变成本可以用边际成本曲线与横轴之间的面积来表示。此外在短期里厂商无论生产还是不生产,固定成本都是要支付的,实际上只要价格高于可变成本,厂商生产就是有利的。这时继续生产不仅能收回全部的可变成本,还能够补偿一部分固定成本,可以减少损失,若厂商不生产,将损失全部的固定成本。所以图5－5(b)中阴影矩形$CPEB$的面积便是生产者剩余,它等于总收益减去总可变成本。

在以后的内容中我们将会看到,生产者剩余,与消费者剩余这两个概念结合在一起,是分析经济效率和社会福利的十分有用的工具。

2. 生产者剩余表示方法

(1) 几何图形表示法。可用厂商供给曲线以上、市场价格线以下的面积表示,如图5－5。

(2) 解析式表示法。令反需求函数$P^d=f(Q)$,价格为P_0时的生产者需求量为Q_0,则生产者剩余为:

$$PS=[(OP_0-OH)\cdot OQ+OP_0\cdot OQ_0]-\int_0^{Q_0}f(Q)\mathrm{d}Q$$

三、完全竞争厂商的长期均衡

(一) 完全竞争厂商的长期均衡与短期均衡不同

(1) 从厂商均衡的角度来分析,短期与长期的含义在于:在短期内,厂商的规模和厂商的数目都是不变的(因为时间过短,厂商来不及调整规模,新厂商也来不及加入该行业),而在长期内,不仅厂商的规模可以调整,而且厂商的数目也是可以增减的。

(2) 在完全竞争市场价格给定的条件下,厂商在长期生产中对全部要素的可以表现为两个方面:一方面表现为对最优生产规模的选择,另一方面表现为进入或退出一个行业的选择。

(3) 在短期的情况下，只要厂商出售产品的平均收益大于平均变动成本就可以开工生产。长期厂商则不能这样做。长期内厂商必须使得自己所出售的产品的平均收益能够弥补平均总成本，即平均变动成本加平均固定成本。如果长期调整也不能改变企业的亏损状态，则企业应该退出该行业，而转入那些其平均收益可以弥补其平均成本的行业生产。

(二) 完全竞争厂商的长期均衡

在长期里，完全竞争厂商的所有要素都是可变的，厂商通过对全部生产要素的调整，来实现最大利润的原则。完全竞争厂商在长期中对生产要素的调整表现为两方面：一是厂商自身对最优生产规模的调整；二是厂商进入或退出一个行业即厂商数目的调整。

1. 完全竞争厂商自身对最优生产规模的调整

在短期里，如果厂商能够获得利润，它会进一步加以调整，以得到更多的利润。从图 5－6 可以看到，假定产品的市场价格为 P_0，且既定不变，短期里厂商已拥有的生产规模为 SAC_1 曲线和 SMC_1 曲线，在短期里厂商生产规模给定，只能在既定的生产规模下进行生产，根据利润最大化均衡条件，厂商选择的最优产量为 Q_1，所获得的利润为图中 P_0E_1GF 面积。但是，在长期里，厂商会调整生产规模，假设厂商将生产规模调整为 SAC_2 曲线和 SMC_2 曲线所代表的最优生产规模进行生产，按照 $MR = LMC$ 的利润最大化原则，相应的最优产量达到 Q_2，此时厂商获得的利润增大为图中 P_0E_2IH 所示的面积。很显然，在长期内，厂商通过对生产规模的调整，能够获得比在短期所能获得的更大的利润。

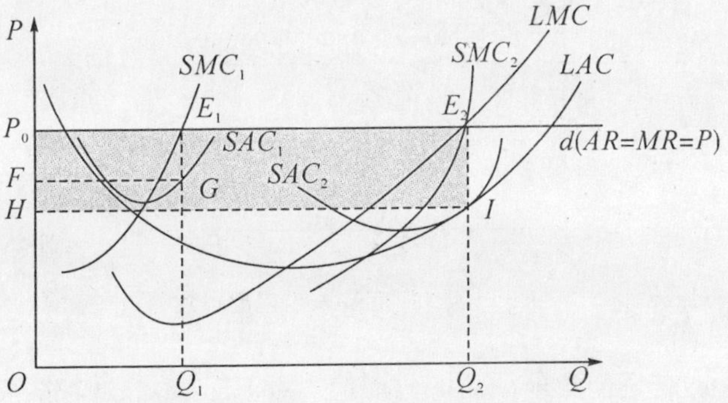

图 5－6　长期内厂商对最优生产规模的调整

不过，这里是假定产品的市场价格始终不变。但实际上，如果市场需求不变的话，各个厂商自身都调整规模，即使厂商数量没有变化，整个行业的产量也会相应的发生变化，随着整个市场供给量的增加，往往会引起价格下降。

2. 行业中厂商数目的调整

分析完全竞争厂商在长期中进入或退出一个行业即厂商数量的调整及对单个厂商利润的影响。

前面已经指出，在完全竞争市场，要素可以在不同部门之间自由流动，或者说厂商可以自由进入或退出一个行业。实际上生产要素总是会流向能获得更大利润的行业，也总是会从亏损的行业退出，正是由于行业之间生产要素的自由流动或厂商的自由进出，导致了完全竞争厂商长期均衡时的经济利润为零。具体来看，如果当某一行业开始时的产品价格较高为 P_1，厂商根据利润最大化均衡条件，将选择最优生产规模进行生产，如图 5－7 中的 Q_1 产量。此时厂商获得了利润，这会吸引一部分厂商进入该行业中。随着行业内厂商数量的增加，市场上的产品供给就会增加，在市场需求相对稳定的情况下，市场价格就会不断下降，单个厂商的利润随之逐步减少，厂商也将随着价格的变化进一步调整生产规模。只有当市场价格水平下降到使单个厂商的利润减少为零时，新厂商的进入才会停止，至此厂商的生产规模调整至 Q_2 产量上。

相反，如果市场价格较低为 P_3，厂商根据 $MR = MC$ 的条件，相应的最优生产规模选择在 Q_3 产量上。此时，厂商是亏损的，这会使得行业内原有厂商中的一部分退出该行业的生产，随着行业内厂商数量的逐步减少，市场上产品的供给就会减少，若市场需求相对稳定，产品的市场价格就会上升，单个厂商的利润又会随之逐步增加。只有当市场价格水平上升到使单个厂商的亏损消失即利润为零时，厂商的退出才会停止。总之，不论是新厂商的加入，还是原有厂商的退出，最终这种调整将使市场价格达到等于长期平均成本最低点的水平，如图5－7 中的价格水平 P_2。在这一水平，行业中的每个厂商既无利润，也无亏损，但都实现了正常利润小，实现了长期均衡。

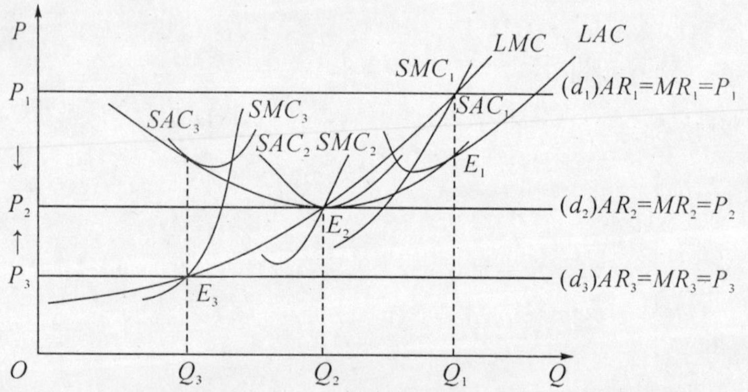

图5－7　厂商进入或退出行业

图5－7中 E_2 点是完全竞争厂商的长期均衡点。在这个长期均衡点上，LAC 曲线达到最低点，代表最优生产规模的 SAC_2 曲线相切于该点，相应的 SMC_2 曲线和 LMC 曲线都从该点通过，厂商面对的需求曲线与 LAC 曲线相切于这一点。总而言之，完全竞争厂商的长期均衡出现在 LAC 曲线的最低点。此时不仅生产的平均成本降到长期平均成本的最低点，而且商品的价格也等于最低的长期平均成本。

因此，我们得到完全竞争厂商的长期均衡条件为：

$MR = LMC = SMC = LAC = SAC = AR = P$

此时单个厂商的利润等于零。

在理解长期均衡时，我们要注意两点：

（1）长期均衡点 E 就是收支相等点。这时，成本与收益相等。厂商所能获得的只是作为生产要素之一的企业家才能的报酬 —— 利润。

（2）长期均衡点就是平均成本与边际成本相等点，即 $MR = AR = P$，也就是这两曲线相交时，平均成本一定处于最低点。这也就说明了在完全竞争条件下，可以实现成本最小化，从而也就是经济效率最高。

第三节　完全垄断市场的厂商均衡

一、完全垄断厂商的需求曲线和收益曲线

1. 需求曲线（d）

完全垄断条件下，市场上只有一家企业，企业和行业合二为一，企业就是行业。因此垄断厂商所面临的需求曲线就是整个市场的需求曲线，这是垄断厂商的重要特征。垄断厂商的需求曲线向右下方倾斜，斜率为负，销售量与价格成反比关系。因此，完全垄断厂商是价格的制定者，可以通过减少销售量来提高市场价格，在其产量水平较高时，市场价格也随之下降。这一点与完全竞争市场上厂商是价格的接受者不同。

知道了完全垄断厂商的需求曲线，就可以分析垄断厂商的收益曲线。

2. 收益曲线（R）

首先看平均收益。由于完全垄断厂商的 P 与 Q 之间成反比关系，因此，垄断厂商的总收益 $TR = P(Q) \cdot Q$，由 AR 定义可知，此时：

$$AR = \frac{TR}{Q} = P(Q)$$

即厂商的平均收益曲线与需求曲线重合。

其次看总收益。由于 AR 曲线向右下方倾斜，说明 AR 呈递减趋势，根据边际量与平均量的关系，可知 MR 曲线在 AR 曲线的下方。假定垄断厂商的需求曲线是线性的，则可确定 MR 的函数形式，进而确定 MR 曲线的位置。具体分析如下：

设垄断厂商的总需求函数形式为：

$$P = a - b \cdot Q$$

式中，a、b 为常数，a、$b > 0$，则垄断厂商的总收益和边际收益函数分别为：

$$TR(Q) = P \cdot Q = (a - b \cdot Q) \cdot Q = a \cdot Q - b \cdot Q^2$$

$$MR(Q) = \frac{\mathrm{d}TR(Q)}{\mathrm{d}Q} = a - 2bQ$$

根据 MR 的函数形式即可得 MR 曲线，MR 曲线的斜率为$-2b$，在纵坐标轴上的截距与需求曲线相同，在横轴上的截距是需求曲线在横轴上截距的一半。

垄断厂商的边际收益不仅与价格相关，还与需求弹性相关。设需求函数为：

$$P = P(Q)$$

则：

$$TR(Q) = P(Q) \cdot Q = P\left(1 + \frac{Q \cdot \mathrm{d}P}{P \cdot \mathrm{d}Q}\right) MR(Q) = \frac{\mathrm{d}TR(Q)}{\mathrm{d}Q} = P + Q \cdot \frac{\mathrm{d}P}{\mathrm{d}Q}$$

即：

$$MR = P\left(1 - \frac{1}{e_d}\right)$$

式中，e_d 为需求价格弹性。

从上式可以看出：

当需求富有弹性时，即 $e_d > 1$ 时，$MR > 1$，富有弹性的需求曲线意味着产量的增加将使总收益增加；当需求缺乏弹性时，即 $e_d < 1$ 时，$MR < 1$，缺乏弹性的需求曲线意味着产量的增加将使总收益减少；当需求具有单位弹性时，即 $e_d = 1$ 时，$Mri = 1$，此时垄断厂商的总收益达到最大。

二、完全垄断厂商的短期均衡

1. 垄断厂商的短期均衡背景

（1）假定垄断者所面临的市场需求曲线是线性的。

（2）短期固定投入不变，厂商只能通过调整变动投入而调整产量与价格。

（3）实现利润最大化原则下价格与最优产量点的决定。

2. 垄断厂商的短期均衡过程

垄断厂商可以通过调整产量和价格来实现利润最大化，与完全竞争市场类似。垄断厂商利润最大化时的产量也是由需求状况和成本状况共同决定的。其利润最大化条件为 $MR = MC$，这也是垄断厂商短期均衡的条件。在短期里，垄断厂商由于各种原因，如既定规模成本过高，或面对的市场需求较小等，可能导致短期里盈亏平衡甚至亏损，不一定总是获得垄断利润。所以垄断厂商的短期均衡有三种情况：获得超额利润、获得正常利润和蒙受损失。

（1）获得超额利润时的短期均衡。图 5－8 反映了垄断厂商获得超额利润时的短期均衡状态。

运用边际收益—边际成本分析法，垄断厂商按照 $MR = MC$ 的原则确定产量水平 Q_1，与 Q_1 产量水平对应的价格可由需求曲线得到为 P_1，对应的成本由 AC 曲线得到为 C_1，显然 $P_1 > C_1$，厂商存在超额利润。超额利润为矩形 P_1C_1BA 的面积。

从图 5－8 中看，在 Q_1 产量水平上，$MR = MC$，所以 Q_1 是垄断厂商利润最大化时的均衡产量。

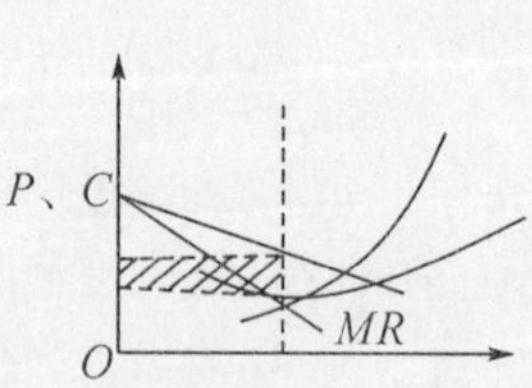

图 5－8　垄断厂商的短期均衡

（2）获得正常利润的短期均衡。如图 5－9 所示，此时按照 $MR = MC$ 确定的产量水平在 Q_2，这一产量水平与需求曲线的交点正好是 AC 曲线与需求曲线 D 的切点，因此在这一产量水平上 P 与 C 相等，即平均收益等于平均成本，因而垄断厂商的 TR 等于 TC，厂商的经济利润为零，只获得正常利润。

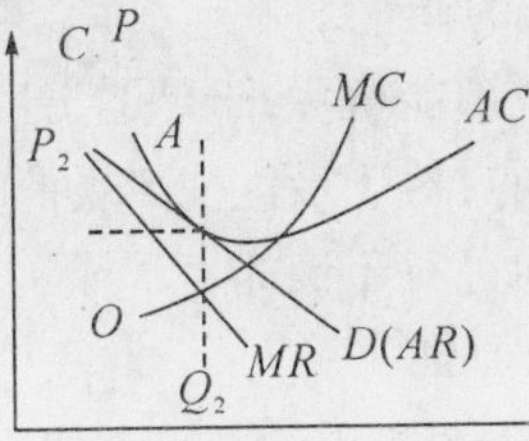

图5－9　垄断厂商获得超额利润的短期均衡

(3) 垄断厂商亏损时的短期均衡。垄断厂商虽然可以通过控制产量和价格获得利润，但并不意味着总能获得利润，垄断厂商也可能发生亏损。这种情况可能是由于既定生产规模的生产成本过高，也可能是由于面临的市场需求过小。图5－10反映垄断厂商亏损时的短期均衡。

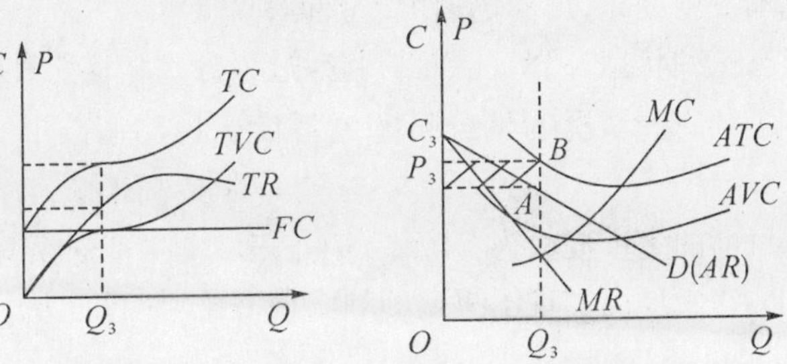

图5－10　垄断厂商获得正常利润的短期均衡

按照 $MR = MC$ 的原则确定的产量水平在 Q_3 的水平上，从需求曲线得到与这一产量水平相对应的价格为 P_3，从 AC 曲线上得到相应的总成本为 C_3，从图 5－10 中可看出 $P_3 < C_3$，即平均收益小于平均成本，厂商蒙受损失，但这时的损失额是最小的，等于矩形 P_3ABC_3 的面积。此时 $P_3 > AVC$，因此，垄断厂商继续进行生产，所获得的总收益在补偿了全部可变成本的基础上，最大限度地补偿了部分固定成本。如果 $P_3 < AVC$，厂商将会停止生产。

3. 垄断厂商的短期均衡条件

从以上三种情况可以看出，垄断厂商短期均衡的条件是：

$MR = SMC \quad AR \geqslant AVC$

在短期均衡点上，垄断厂商可能获得最大利润，也可能是形成最小亏损。

三、完全垄断厂商的长期均衡

1. 垄断厂商的长期均衡含义

由于垄断产业只有一家厂商经营该产业的全部产品，不存在第二家企业，所以，即使垄断者存在超额利润(经济利润)，在长期也不可能像完全竞争产业那样通过厂商间的竞争消除超额利润。因此垄断者的长期均衡是指垄断者在长期、自己进行调整而达到的利润最大化的均衡。

2. 垄断厂商在长期内对于生产的调整结果

(1) 短期内是亏损的,长期内也不能扭亏,于是退出生产;

(2) 短期内是亏损的,长期内通过对于最优生产规模的选择,扭亏为盈;

(3) 短期内是盈利的,长期内通过对于最优生产规模的选择,改小盈为大盈。

3. 长期垄断者调整遵循的两个原则

一是使得出售产品的平均收益至少可以弥补平均成本,即 $LAR = LAC$;

二是使长期边际成本等于边际收益,即 $LMC = LMR$。

4. 垄断厂商长期均衡的过程

完全垄断条件下,长期中不会有新的厂商进入该市场。垄断厂商可以通过生产规模调整来实现长期利润最大化。完全垄断市场长期均衡形成过程中不存在厂商数量的调整,因而垄断行业的长期均衡并不以利润消失为标志。如果垄断厂商短期内获得利润,长期内只要需求状况不发生变化,厂商仍然可以获得利润。

垄断厂商短期有三种状态。因此,厂商的调整过程分别从这三种状态开始,其调整过程非常类似,本书以第一种情况为例分析垄断厂商长期均衡的形成过程,如图 5 - 11 所示。

假定垄断厂商目前的生产规模为 SAC_1、SMC_1 表示的生产规模,在 $SMC_1 = MR$ 所确定的产量水平 Q_1 上,垄断厂商实现了短期的利润最大化。其利润为矩形 HP_1AB 所表示的面积。

但是从长期看,这并不是最优的生产规模。由于长期中其他厂商不能进入,垄断厂商可以通过规模调整实现更大的利润。垄断厂商将会把产量调整到 $MR = LMC = SMC$ 所确定的产量 Q_2 水平上,此时对应的生产规模为 SAC_2 和 SMC_2 所表示的生产规模。对应的总利润为矩形 IP_2FG 所表示的面积,此时的总利润大于短期内所获得的总利润。

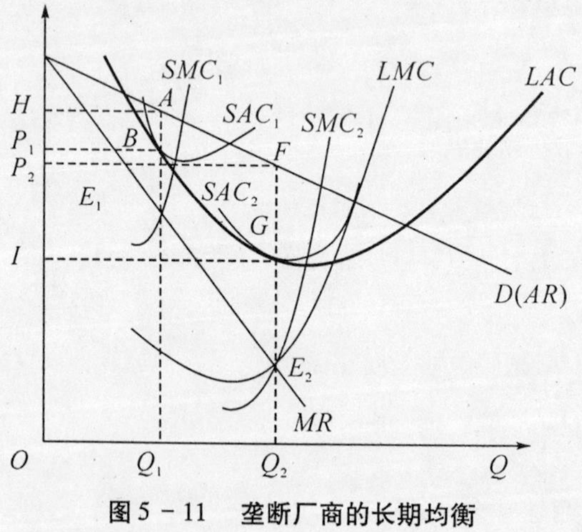

图 5 - 11　垄断厂商的长期均衡

5. 垄断厂商的长期均衡条件

从图 5 - 11 中可以看出,在 Q_2 产量水平上,MR 曲线、LMC 曲线、SMC 曲线交于一点,这表明厂商利润最大化的条件是 $MR = MC$，不仅在短期得到满足，而且在长期也得到满足，所以垄断厂商的长期均衡条件是：

$MR = LMC = SMC$

$TR > TC$ 或 $AC > AC$，当这一条件满足时，$SAC = LAC$，即图形中 SMC_2 和 LMC 的交点对应 LAC 上的点，也就是相应的 SAC 与 LAC 的切点。

四、完全垄断厂商的价格歧视

由于垄断这一得天独厚的条件，厂商便会在追求利润最大化的动机之下作出一些违规之举。例如进行价格歧视。

1. 定义

价格歧视是指同一厂商在同一时间对同一产品向不同的购买者索取两种或两种以上的价格，或者对销售对不同购买者的同一产品在成本不同时索取相同的价格。

2. 垄断厂商实行价格歧视必须具备的两个条件

一是不同市场之间可以有效地分离。否则消费者将在价格低的市场购买商品，或者把低价购进的商品在价格更高的市场上重新出售，从而使价格歧视难以维持。

二是被分隔开的多个市场上需求弹性不同。只有在这种情况下，垄断者根据不同的需求弹性对同一商品索取不同的价格，方能获得多于索取相同价格时的利润；否则，最佳策略是对同一商品收取相同价格。

一般来说价格歧视分为三类：一级价格歧视、二级价格歧视和三级价格歧视。

（1）一级价格歧视，又称完全价格歧视，是指厂商根据消费者愿意为每单位商品付出的最高价格而为每单位产品制定不同的销售价格。从消费者行为理论已知，需求曲线反映了消费者对每一单位商品愿意并且能够支付的最高价格。如果厂商已知消费者的需求曲线，即已知消费者对每一单位产品愿意并且能够支付的最高价格，厂商就可以按此价格逐个制定商品价格，如图 5 - 12 所示。

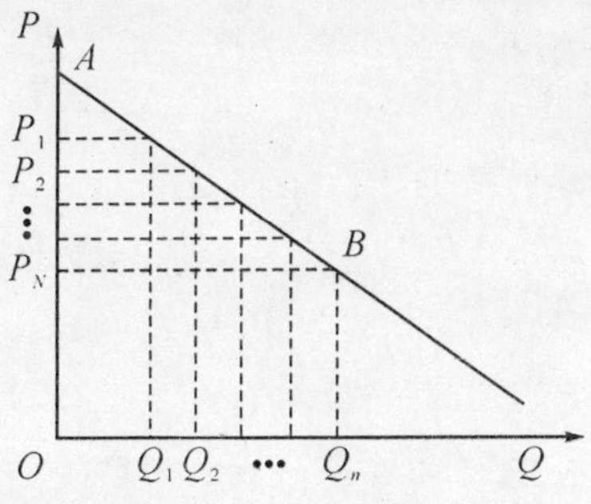

图 5 - 12　一级价格歧视

如图 5 - 12 所示，第一单位商品消费者愿意支付的最高价格为 P_1，厂商就按 P_1 价格出售，第二单位商品，消费者愿意支付的最高价格为 P_2，厂商就按 P_2 的价格出售，以此类推，直至厂商销售完全部的商品。这是一种理想的极端情况。假定厂商生产的平均成本为 P_N，则此时厂商的利润为 P_NAB，而通常情况下，厂商按单一价格 P_N 销售，利润为零。可见实行一级价格定价后，厂商的利润增加了三角形 P_NAB 的面积。由消费者理论知，这部分面积正好是消费者剩余，因此，实行一级价格歧视的厂商实际上是将所有消费者剩余榨光，转化为了生产者的垄断利润。

（2）二级价格歧视是指垄断厂商根据不同的购买量和消费者确定的价格。日常生活中，二级价格歧视比较普遍，如电力公司实行的分段定价等。二级价格歧视主要适用于那些容易度量和记录的劳务，如煤气、电力、水、电话通信等的出售，如图 5 - 13 所示。

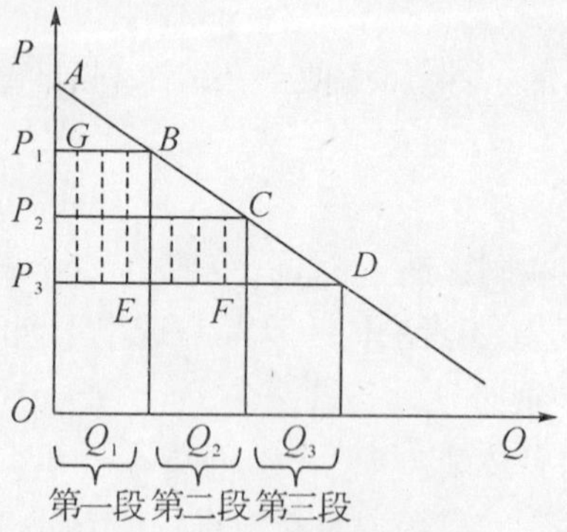

图 5 - 13　二级价格歧视

假定消费者对电力公司产品的需求曲线为 D，当消费者的耗电量低于 Q_1 时，公司按 P_1 价格向消费者收费；当耗电量达到 Q_2 时，增加消费的部分 Q_1Q_2 按 P_2 价格收费；当耗电量达到 Q_3 时，按超过 Q_2 的部分 Q_2Q_3 以更低的价格 P_3 收费。从图中可见，二级价格歧视与一级价格歧视不同，对不同的数量制定不同价格。假设垄断厂商的平均成本为 P_3，则销售量为 P_2Q_3 时，厂商的收益为图中阴影部分 $FCGBP_1P_3$ 的面积。当按同一价格，例如 P_3 价格销售 Q_3 产量时利润为零。而阴影部分面积属消费者剩余的一部分，在二级价格歧视下，厂商将这部分消费者剩余转化成了垄断利润。

（3）三级价格歧视是指垄断厂商对同一种产品在不同的市场上（或对不同的消费者群体）收取不同的价格。实际中的例子很多，如同一种产品，国内市场和国际市场价格不一样，黄金时间和非黄金的广告费不一样等。

三级价格歧视下资源配置效率的分析比较复杂。本书对最简单的、两个子市场的情况进行分析，所得结论，很容易推广到多个市场的情况，如图 5 - 14 所示。

假定厂商的规模报酬不变，则边际成本 MC 曲线为一水平线。假定 A 市场的需求弹性较小，需求曲线较陡峭；B 市场的需求弹性较大，需求曲线较平坦。按照利润最大化原则，当 $MR = MC$ 时厂商利润最大。由此得出，A 市场的产量为 Q_A，价格为 P_A；B 市场的产量为 Q_B，价格为 P_B。由图中可以看出 $P_A > P_B$，这说明厂商可以根据不同的市场需求状况制定不同的价格，即对需求弹性较小的市场索取较高价格，对需求弹性较大的市场制定较低的价格。这一结论适用于复杂三级价格歧视情况。证明过程如下：

根据前面推导，市场 A 有：

$$MR_1 = P_1\left(1 - \frac{1}{e_{d1}}\right)$$

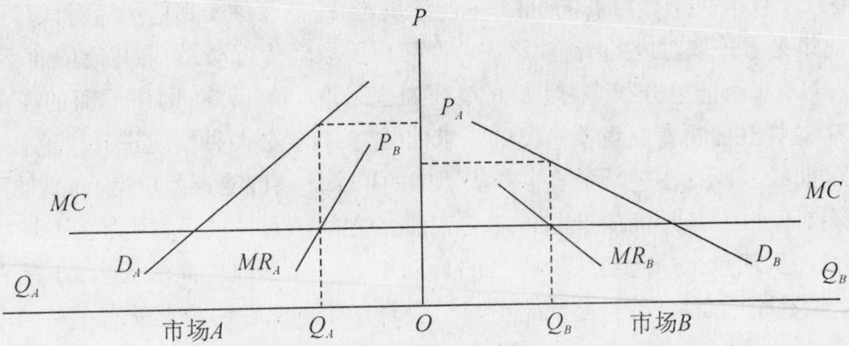

图 5－14　三级价格歧视

市场 B 有：

$$MR_2 = P_2\left(1 - \frac{1}{e_{d2}}\right)$$

垄断厂商在两个市场上的边际收益应相等，即 $MR_1 = MR_2$；否则，厂商将会把产品从边际收益小的市场调整到边际收益大的市场销售以获取更大的利润。则有：

$$P_1\left(1 - \frac{1}{e_{d1}}\right) = P_2\left(1 - \frac{1}{e_{d2}}\right)$$

整理得：$$\frac{P_1}{P_2} = \frac{1 - \frac{1}{e_{d2}}}{1 - \frac{1}{e_{d1}}}$$

该式说明实行三级价格歧视时，应在需求价格弹性小的市场上提高价格，而在需求价格弹性大的市场上降低价格。

第四节　垄断竞争和寡头垄断市场的厂商均衡

一、垄断竞争市场的厂商均衡

（一）垄断竞争厂商的需求和收益

1. 需求曲线

由于垄断竞争厂商生产的是有差别的产品，因而对该产品都具有一定的垄断能力，与完全竞争的厂商只是被动地接受市场的价格不同，垄断竞争厂商对价格有一定的影响力。比如，厂商如果将它的产品价格提高一定的数额，则习惯于消费该物品的消费者可能不会放弃该物品的消费，该产品的需求不会大幅度下降。但若厂商大幅度提价的话，由于存在着大量的替代品，消费者就可能舍弃这种偏好，转而购买该商品的替代品。因此，垄断竞争厂商所面临的需求曲线相对于完全竞争厂商而言要更陡一些（即更缺乏弹性），而相对于垄断厂商来讲需求曲线要更缓，即更富有弹性。

由于在垄断竞争行业中厂商生产的产品都是有差别的替代品，因而市场对某一厂商产品的需求不仅取决于该厂商的价格—产量决策，而且取决于其他厂商对该厂商的价格—产量决策是否采取对应的措施。比如一个厂商采取降价行动，如果其他厂商不降价，则该厂商的需求量可能上升很多，但如其他厂商也采取降价措施，则该厂商的需求量不会增加很多。这样在分析垄断竞争厂商的需求曲线时，就要分两种情况进行讨论。

(1)d 曲线。表示：在垄断竞争生产集团中的单个厂商改变产品价格，而其他厂商的产品价格保持不变时，该厂商的产品价格与销售量之间的对应关系。因为在市场中有大量的企业存在，因而单个厂商会认为自己的行动不会引起其他厂商的反应，于是它便认为自己可以像垄断厂商那样，独自决定价格。这样，单个厂商在主观上就有一条斜率较小的需求曲线，称为主观需求曲线(以2000年空调市场为例，海信降价，但其他企业不降价)。

(2)D 曲线。表示：在垄断竞争生产集团中的单个厂商改变产品价格，而其他所有厂商也使产品价格发生相同变化时，该厂商的产品价格和销售量之间的关系。在现实中，一个垄断竞争厂商降低价格时，其他厂商为了保持自己的市场，势必也会跟着降价，该厂商因而会失去一部分顾客，需求量的上升不会如厂商想象的那么多，因而还存在着另外一条需求曲线，称之为客观需求曲线或比例需求曲线。

在图5－15中，垄断竞争厂商的主观需求曲线为 d_1，厂商最初的产量为 Q_1，最初的价格为 P_1，因而位于主观需求曲线上的 A 点。当该厂商将产品的价格由 P_1 下调至 P_2 后，按照其主观需求曲线 d_1，厂商预期其销售量将提高至 Q_2。但是，由于该厂商降价时，其他厂商也将采取同样的措施，以维护自己的市场占有率，因此，该厂商的销售量实际只有 Q_3，即介于 Q_1 和 Q_2 之间，厂商实际只能移动到 B 点。当厂商意识到这点之后，厂商的主观需求曲线就会做出相应的调整，改为通过 B 点的 d_2。相反，如果厂商将它的价格由 P_1 提高至 P_3，厂商按照主观需求曲线 d_1 会预期自己的需求量将降低至 Q_4，但由于其他厂商也同样采取提价措施，该厂商需求量的下降并不像预期的那么多，实际的需求量为 Q_5，即厂商实际移动到 C 点，厂商的主观需求曲线也将随之调整至通过 C 点的 d_3。根据客观需求曲线的定义，连接 A、B、C 三点的曲线 D 即是客观需求曲线。

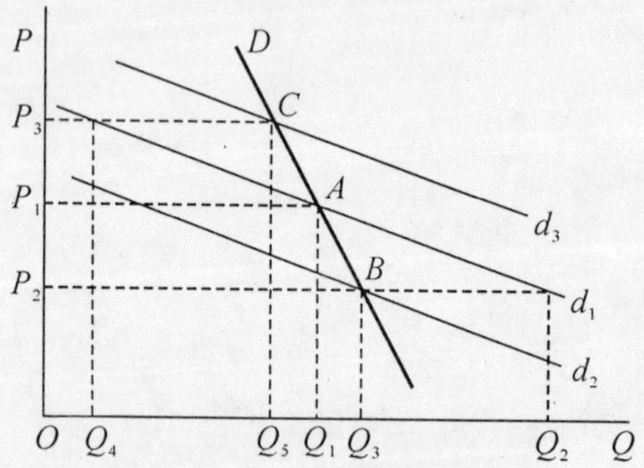

图5－15　垄断竞争厂商所面临的需求曲线

(3)d 曲线与 D 曲线的关系。

① 当所有厂商同样调整价格时，整个市场价格的变化会使单个垄断竞争厂商 d 曲线沿着 D 曲线上下移动。

②d 曲线表示单个改变价格时预期的产量，而 D 曲线表示单个厂商在每一价格水平

实际面临的市场需求量或销售量，所以 d 曲线与 D 曲线相交，意味着垄断竞争市场的供求平衡状态。

③ 客观需求曲线 D，更缺乏弹性，所以更陡峭一些，主观需求曲线弹性较大，较平坦些。

2. 收益曲线

由于厂商的平均收益 AR 总是等于该销售量的价格 P，因此平均收益曲线就是厂商的需求曲线。需求曲线向右下方倾斜，则平均收益曲线也是向右下方倾斜的，且两线重合。平均收益递减，则边际收益必定也是递减的，并且小于平均收益。所以与垄断厂商类似，垄断竞争厂商的边际收益（MR）曲线也是位于平均收益 AR 曲线之下且较 AR 曲线更为陡峭。

（二）垄断竞争厂商的短期均衡

垄断竞争厂商在短期内会通过调整它的产量和价格来实现它的利润最大化目标。

如图 5－16 所示，SMC 是代表性厂商的边际成本曲线，d_1 是厂商的主观需求曲线，D 是厂商的客观需求曲线。假定厂商一开始处于 A 点，此时产量是 Q_0，价格为 P_0。厂商为了实现利润最大化，会按照 $MR_1 = MC$ 的原则来调整其价格和产量，即沿着主观需求曲线调整至 B 点，此时价格是 P_1，产量为 Q_1。由于在行业中的其他厂商也面临着相同的情况，每个厂商都在假定其他厂商不改变产量和价格的条件下根据自己的利润最大化原则降低了价格。于是，当其他厂商都降低了自己产品的价格时，代表性厂商实际的需求量不能增加到 Q_1，而只能是 Q_0 和 Q_1 之间的一点 C，需求量只有 Q_2。厂商的主观需求曲线也要修正到通过 C 点的 d_2，边际收益曲线也相应调整至 MR_2。这样该厂商在 P_1 的价格下无法实现最大利润，必须进一步做出调整。按照厂商利润最大化的条件 $MR_2 = MC$，厂商将会把价格进一步降低至 P_2，厂商预期自己的需求量将会增加至 Q_3。但是由于其他厂商采取同样的行动，该厂商的需求量实际只能沿客观需求曲线增加到 Q_4，厂商在 P_2 价格下仍无法实现最大利润。依此次类推，厂商的价格还需做出进一步的调整，其主观需求曲线也将沿客观需求曲线不断移动。

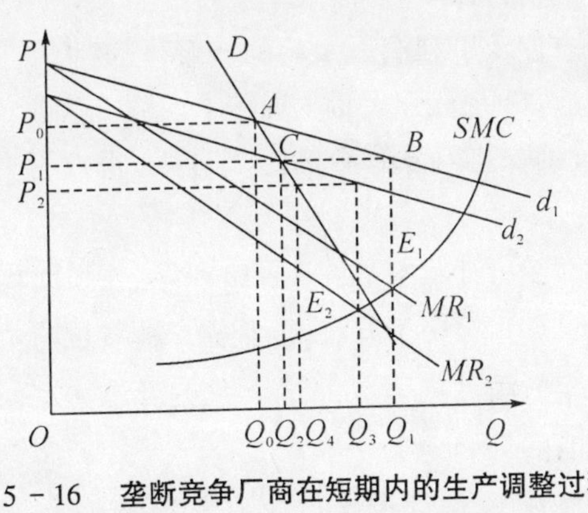

图 5－16　垄断竞争厂商在短期内的生产调整过程

上述调整过程实际是一个“试错”的过程，这一“试错”过程不断进行，一直持续到实现短期均衡状态为止。如图 5－17 所示，厂商实现短期均衡时，必须满足如下条件：① 厂商的产量Q_E符合$MR = MC$的原则，厂商实现了利润最大化，因而厂商没有动力改变目前的状态。② 厂商此时的产量和价格决策恰位于主观需求曲线与客观需求曲线的交点H，亦即厂商按自己能够感觉到的主观需求曲线所做出的价格产量决策恰好与其他厂商也做出同样调整的价格产量决策相一致。

垄断竞争厂商实现短期均衡时的利润如图 5 - 17 中阴影部分所示。当然，与垄断厂商、完全竞争厂商一样，垄断竞争厂商也可能获得经济利润，也可能是经济利润为零，甚至是亏损，经济利润为负。这主要取决于厂商所面临的需求曲线与其平均成本曲线的位置，如果厂商的平均成本曲线位于需求曲线之上，也就是说，厂商的平均成本太高或者需求太低，则厂商在短期内无论如何调整其价格和产量，都无法摆脱亏损的命运。

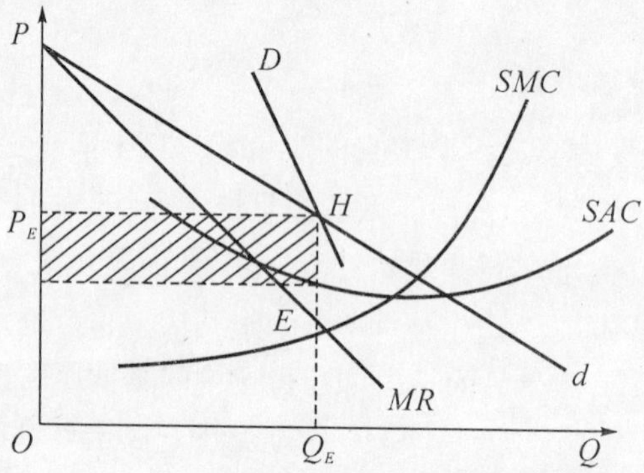

图 5 - 17　垄断竞争厂商的短期均衡

（三）垄断竞争厂商的长期均衡

在长期内，垄断竞争厂商可以通过扩大或缩小其生产规模来与其他企业进行竞争，也可以根据自己能否获得经济利润来选择是进入还是退出一个行业。

假设垄断竞争厂商在短期内能够获得经济利润，在长期内所有的厂商都会扩大生产规模，也会有新的厂商进入该行业进行生产，在市场总的需求没有大的改变的情况下，代表性厂商的市场份额将减少，虽然主观需求曲线不变，但客观需求曲线将向左下方移动，从而厂商的产品实际需求量低于利润最大化的产量。厂商为了实现长期均衡必须降低其价格而提高其产量来适应这种变化，从而主观需求曲线和客观需求曲线都会向左下方移动。这一过程会一直持续到行业内没有新的厂商进入，也没有企业愿意扩大生产规模为止，此时厂商的利润为零。

厂商实现长期均衡时的所处状态如图5 - 18所示。在长期均衡时，厂商的主观需求曲线d与长期平均成本曲线LAC相切于E点，客观需求曲线也与d和LAC曲线相交于E点，此时厂商的均衡产量为Q_E，满足厂商利润最大化的要求$MR = LMC = SMC$。而此时的$P = AR = LAC$，所以厂商的利润为零。

如果考虑行业内厂商亏损，厂商退出行业或者减少产量的过程，与上述的分析过程类似，只不过两条需求曲线的移动方向相反而已，最终均衡的结果都是主观需求曲线与LAC曲线相切，利润为零。

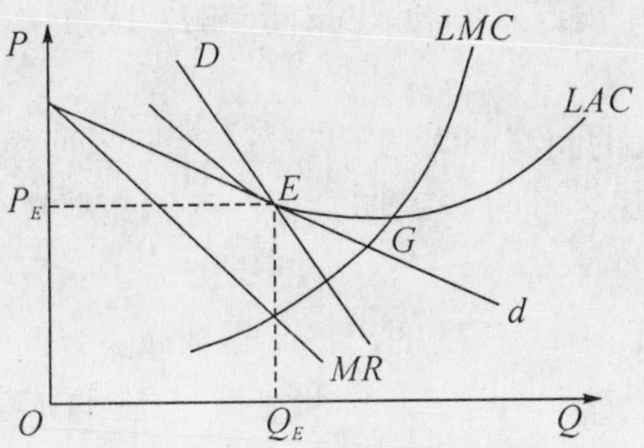

图 5 - 18　垄断竞争企业的长期均衡

从长期均衡的条件看,垄断竞争厂商与完全竞争厂商相同,但实际上却存在着很大不同,其差别在于:

其一,完全竞争厂商 D、AR、MR 曲线三线合一,切为平行线。垄断竞争厂商 D、AR、重合,且向右下方倾斜,并且 $MR < AR$。

其二,完全竞争下长期均衡时的产量其平均成本处于最低点。垄断竞争下长期均衡时的产量其平均成本高于最低点。

其三,完全竞争下长期均衡时价格低于垄断竞争下的均衡价格,且 $P = MC$。垄断竞争下长期均衡时价格较高,$P > MC$。

其四,完全竞争下长期均衡的产量高于垄断竞争时的均衡产量。

二、寡头垄断市场的厂商均衡

对寡头行为作出的假定不同,模型的结论也就不同。有多少关于竞争对手反应方式的假定,就有多少寡头厂商的模型,就可以得到多少不同的结果。因此,在西方经济学中,目前还没有找到一个寡头市场模型,可以对寡头市场的价格和产量的决定作出一般的理论总结。本节我们介绍几种常见的模型。

(一) 古诺模型

古诺模型(Cournot model) 由法国经济学家吉诺(Augustin Cournot)1838 年首先提出。

1. 古诺模型的假设条件

(1) 一个产业只有两个寡头厂商,每个寡头生产和销售相同的产品,他们的生产成本为零,并追求利润最大化。

(2) 两个寡头同时作出产量决策,即寡头间进行的是产量竞争而非价格竞争,产品的价格依赖于两者所生产的产品总量。

(3) 双方无勾结行为。

(4) 每个生产者都把对方的产出水平视为既定,并依此确定自己的产量。

(5) 假定边际成本是常数。

2. 古诺模型的产量和价格的决定

第一轮,A 厂商面临 D 曲线,将产量定为市场总容量的 1/2,将价格定为 OP_1,从而实现了最大的利润；然后，B 厂商进入市场，也按同样的方式行动，生产他所面临的市场容量的 1/2，此时价格下降为 OP_2。

第二轮，为了实现最大的利润，A 厂商将产量定为自己所面临的市场容量的 1/2，B 厂商也生产自己所面临的市场容量的 1/2，于是 A 厂商的产量略有减少，B 厂商的产量略有增加。

在这样轮复一轮的过程中，A 厂商的产量会逐渐减少，B 厂商的产量会逐渐增加，最后，达到 A、B 两个厂商的产量都相等的均衡状态为止。在均衡状态中，A、B 两个厂商的产量都为市场总容量的 1/3，即每个厂商的产量为 $1/3OQ$，行业的总产量为 $2/3OQ$。

3. 古诺模型的推广

古诺模型的推广如图 5－19 所示。令寡头厂商的数量为 m，则可以得到一般的结论如下：

每个寡头厂商的均衡产量 ＝ 市场总容量·$1/m+1$

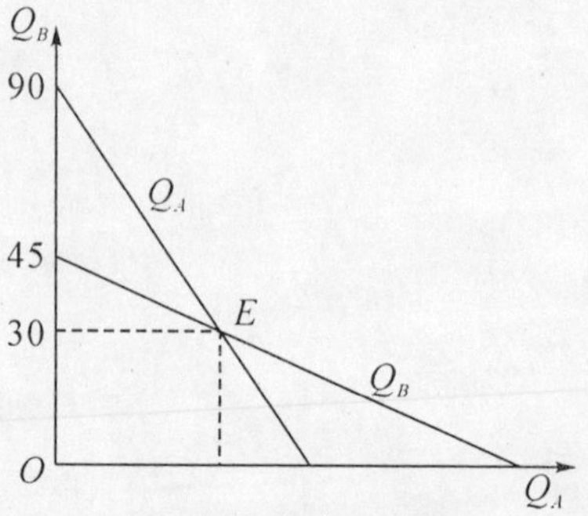

图 5－19　古诺均衡

行业的均衡总产量 ＝ 市场总容量·$m/m+1$

4. 古诺模型也可以用建立寡头厂商的反应函数的方法来说明

反应函数定义：寡头 1 的反应函数记为 $Q_1^*(Q_2)$，定义为在寡头 1 对寡头 2 的产出水平作出各种推测的情况下，寡头 1 所能达到的利润最大化的产量。

给出市场线性需求的反函数为：$P=1500-Q$。

给出寡头厂商 A（或 B）的利润函数为：$\pi_A=TR_A-TC_A$；$\pi_B=TR_B-TC_B$。

对寡头厂商 A（或 B）的利润函数为：$\pi_A=TR_A-TC_A$；$\pi_B=TR_B-TC_B$ 分别求一阶导数，并令各自的一阶导数为零；可导出 Q_A、Q_B 的值。

（二）斯威齐模型

斯威齐模型是美国经济学家保罗·斯威齐于20世纪30年代所建立的。由于寡头厂商之间价格战的结果往往是两败俱伤，竞争的双方利润都趋向于零，所以在寡头垄断市场上，产品的价格往往比较稳定，厂商比较喜欢采用非价格竞争方式，即便采用价格战的方式也是非常慎重的。寡头厂商不愿轻易地变动产品价格，价格能够维持一种比较稳定的状态的情况，被称之为价格刚性。斯威齐模型就是解释在寡头垄断市场上出现的这种价格刚性现象。

斯威齐首先假定：当一个寡头厂商降低价格的时候，其他厂商会跟着降价；当一个寡头厂商提高价格的时候，其他厂商会保持价格不变。做这样的假定的原因是，当一个厂商降低它的产品的价格的时候，其他厂商如果不跟着降价，那么其他厂商的市场份额就会减少，从而产量下降，利润下跌；而当一个寡头厂商提高它的产品价格的时候，如果其他厂商价格保持不变，那么提价的厂商的一部分市场份额将会自动被其他厂商瓜分，从而其他厂商的产量会上升，利润会增加。所以需求曲线呈现弯折的形状，称为弯折的需求曲线。

斯威齐模型的具体形式如图5－20所示。假定厂商原来处于A点，即产量为Q_1，价格为P_1。按照斯威齐的假定，厂商提价的时候，其他厂商价格不变，因而厂商的需求量将会下降很多，即产品富有弹性，相当于图中AE段的需求曲线；当厂商降价的时候，其他厂商的价格也下降，因而厂商的需求量不会增加很多，从而产品是缺乏弹性的，相当于图中AD段。与需求曲线相对应的边际收益曲线也标在图5－20中，可以看出，在H点与N点之间，边际收益曲线有一个较大的落差。如果厂商的边际成本为MC_2所代表，厂商的产量和价格分别将是Q_1和P_1；如果厂商边际成本提高至MC_1，厂商的产量和价格仍然是Q_1和P_1；如果厂商的边际成本降低到MC_3，厂商的利润最大化的产量和价格仍然不变。由此可见，厂商的成本即使在一个很大的范围内发生变动，只要是在H和N之间，厂商的产量和价格仍将保持稳定。

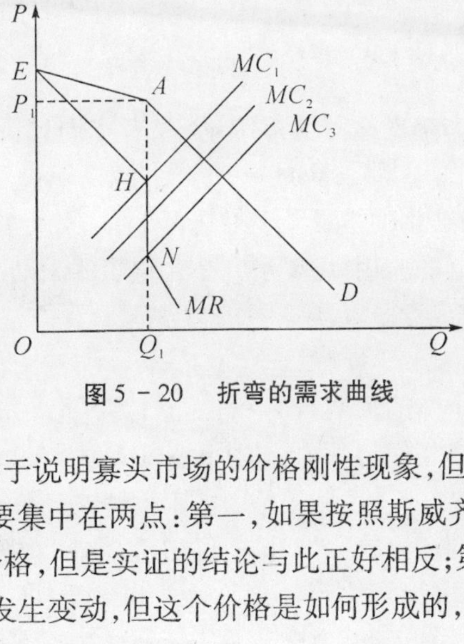

图5－20　折弯的需求曲线

虽然斯威齐模型有助于说明寡头市场的价格刚性现象，但也有很多的经济学家提出了批评意见。这些批评主要集中在两点：第一，如果按照斯威齐模型，寡头市场应该具有比垄断市场更为刚性的价格，但是实证的结论与此正好相反；第二，斯威齐模型只是解释了价格一旦形成，则不易发生变动，但这个价格是如何形成的，却没有给出说明。

1. 基本假设条件

如果一个寡头厂商提高价格，行业中其他寡头厂商都不会跟着提高自己的价格，因而提价厂商的销售量减少是很多的。

如果一个寡头厂商降低价格，行业中其他寡头厂商会将价格下降到相同的水平，以避免销售份额的减少，因而该寡头厂商的销售量的增加是很有限的。

2. 产量与价格的决定

(1) 提价，则价格、产量由DB段决定；

(2) 降价,则价格产量由 BD 决定。

利用间断的边际收益曲线,可以解释价格刚性现象:只要边际成本 SMC 曲线的位置变动不超出边际收益的垂直间断范围,寡头厂商的均衡价格和均衡数量都不会发生变化。

第五节　经济博弈论概述

在前面的章节中,我们看到厂商无论是进行价格决策还是产量决策,都必须考虑竞争对手的反应。这与此前所考察的厂商行为有着明显的不同。当在决策过程中必须考虑其行为对竞争对手的影响以及竞争对手的反应时,我们实际上就进入了博弈论分析的领域。

博弈论就是对上述互动情形的研究。在这些情形中,有多个行为主体参与行动,他们的活动共同决定每个参与人所获得的奖励或惩罚。顾名思义,博弈论的一个直接的也是最初的应用就是现实中诸如打扑克和下棋之类的游戏。但博弈论从一开始就广泛涉及人类行为中有关决策的相互作用或互动决策的各个方面,包括战争和政治活动。近年来,博弈论本身已得到丰富和发展。如今,博弈论已是厂商经济决策分析的必备工具,这也是对上一章寡头行为分析的继续和深入。

一、博弈论的基本知识

博弈论(Game Theory),有时也称为对策论,或者赛局理论,是研究具有斗争或竞争性质现象的理论和方法,它是应用数学的一个分支,既是现代数学的一个新分支,也是运筹学的一个重要学科。目前在生物学、经济学、国际关系学、计算机科学、政治学、军事战略和其他很多学科都有广泛的应用。主要研究公式化了的激励结构(游戏或者博弈)间的相互作用,是研究具有斗争或竞争性质现象的数学理论和方法,也是运筹学的一个重要学科。

博弈论考虑游戏中的个体的预测行为和实际行为,并研究它们的优化策略。表面上不同的相互作用可能表现出相似的激励结构(Incentive Structure),所以他们是同一个游戏的特例。其中一个有名有趣的应用例子是囚徒困境悖论(Prisoner's Dilemma)。

具有竞争或对抗性质的行为成为博弈行为。在这类行为中,参加斗争或竞争的各方各自具有不同的目标或利益。为了达到各自的目标和利益,各方必须考虑对手的各种可能的行动方案,并力图选取对自己最为有利或最为合理的方案。比如日常生活中的下棋、打牌等。博弈论就是研究博弈行为中斗争各方是否存在着最合理的行为方案,以及如何找到这个合理的行为方案的数学理论和方法。

生物学家使用博弈理论来理解和预测进化论的某些结果。例如:John Maynard Smith 和 George R. Price 在 1973 年发表于 Nature 上的论文中提出的"Evolutionarily Stable Strategy"的这个概念就是使用了博弈理论;还可以参见演化博弈理论(Evolutionary Game Theory)和行为生态学(Behavioral Ecology)。

博弈论也应用于数学的其他分支，如概率、统计和线性规划等。

二、博弈的分类

1. 博弈的分类根据不同的基准也有不同的分类

一般认为，博弈主要可以分为合作博弈和非合作博弈。合作博弈和非合作博弈的区别在于相互发生作用的当事人之间有没有一个具有约束力的协议，如果有，就是合作博弈；如果没有，就是非合作博弈。

2. 按照行为的时间序列性博弈论进一步分为静态博弈、动态博弈两类

静态博弈是指在博弈中，参与人同时选择或虽非同时选择但后行动者并不知道先行动者采取了什么具体行动。

动态博弈是指在博弈中，参与人的行动有先后顺序，且后行动者能够观察到先行动者所选择的行动。通俗的理解："囚徒困境" 就是同时决策的，属于静态博弈；而棋牌类游戏等决策或行动有先后次序的，属于动态博弈。

3. 按照参与人对其他参与人的了解程度分为完全信息博弈和不完全信息博弈

完全博弈是指在博弈过程中，每一位参与人对其他参与人的特征、策略空间及收益函数有准确的信息。

不完全信息博弈是指如果参与人对其他参与人的特征、策略空间及收益函数信息了解得不够准确或者不是对所有参与人的特征、策略空间及收益函数都有准确的信息，在这种情况下进行的博弈就是不完全信息博弈。

目前经济学家们现在所谈的博弈论一般是指非合作博弈，由于合作博弈论比非合作博弈论复杂，在理论上的成熟度远远不如非合作博弈论。非合作博弈又分为：完全信息静态博弈、完全信息动态博弈、不完全信息静态博弈、不完全信息动态博弈。与上述四种博弈相对应的均衡概念为：纳什均衡（Nash Equilibrium）、子博弈精炼纳什均衡（Subgame Perfect Nash Equilibrium）、贝叶斯纳什均衡（Bayesian Nash Equilibrium）、精炼贝叶斯纳什均衡（Perfect Bayesian Nash Equilibrium）。

博弈论还有很多分类，比如：以博弈进行的次数或者持续长短可以分为有限博弈和无限博弈；以表现形式也可以分为一般型（战略型）或者展开型，等等。

三、囚徒困境博弈

在博弈论中，含有占优战略均衡的一个著名例子是由塔克给出的"囚徒困境"（Prisoner's Dilemma）博弈模型。该模型用一种特别的方式为我们讲述了一个警察与小偷的故事。假设有两个小偷 A 和 B 联合犯事、私入民宅被警察抓住。警方将两人分别置于不同的两个房间内进行审讯，对每一个犯罪嫌疑人，警方给出的政策是：如果一个犯罪嫌疑人坦白了罪行，交出了赃物，于是证据确凿，两人都被判有罪。如果另一个犯罪嫌疑人也作了坦白，则两人各被判刑 8 年；如果另一个犯罪嫌疑人没有坦白而是抵赖，则以妨碍公务罪（因已有证据表明其有罪）再加刑 2 年，而坦白者有功被减刑 8 年，立即释放。如果两人都抵赖，则警方因证据不足不能判两人的偷窃罪，但可以私入民宅的罪名将两人各判入狱 1 年。表 5 - 2 给出了这个博弈的支付矩阵。

表5－2　　囚徒困境博弈(Prisoner's dilemma)

	B坦白	B抵赖
A坦白	−8,−8	0,−10
A抵赖	−10,0	−1,−1

我们来看看这个博弈可预测的均衡是什么。对A来说，尽管他不知道B作何选择，但他知道无论B选择什么，他选择“坦白”总是最优的。显然，根据对称性，B也会选择“坦白”，结果是两人都被判刑8年。但是，倘若他们都选择“抵赖”，每人只被判刑1年。在表5－2中的四种行动选择组合中，(抵赖、抵赖)是帕累托最优的，因为偏离这个行动选择组合的任何其他行动选择组合都至少会使一个人的境况变差。不难看出，“坦白”是任一犯罪嫌疑人的占优战略，而(坦白，坦白)是一个占优战略均衡。

要了解纳什的贡献，首先要知道什么是非合作博弈问题。现在几乎所有的博弈论教科书上都会讲“囚犯的两难处境”的例子，每本书上的例子都大同小异。

博弈论毕竟是数学，更确切来说是运筹学的一个分支，谈经论道自然少不了数学语言，外行人看来只是一大堆数学公式。好在博弈论关心的是日常经济生活问题，所以不能不食人间烟火。其实这一理论是从棋弈、扑克和战争等带有竞赛、对抗和决策性质的问题中借用的术语，听上去有点玄奥，实际上却具有重要现实意义。博弈论大师看经济社会问题犹如棋局，常常寓深刻道理于游戏之中。所以，多从我们的日常生活中的凡人小事入手，以我们身边的故事做例子，娓娓道来，并不乏味。

话说有一天，一位富翁在家中被杀，财物被盗。警方在此案的侦破过程中，抓到两个犯罪嫌疑人，斯卡尔菲丝和那库尔斯，并从他们的住处搜出被害人家中丢失的财物。但是，他们矢口否认曾杀过人，辩称是先发现富翁被杀，然后只是顺手牵羊偷了点儿东西。于是警方将两人隔离，分别关在不同的房间进行审讯。由地方检察官分别和每个人单独谈话。

检察官说：“由于你们的偷盗罪已有确凿的证据，所以可以判你们1年刑期。但是，我可以和你做个交易。如果你单独坦白杀人的罪行，我只判你3个月的监禁，但你的同伙要被判10年刑。如果你拒不坦白，而被同伙检举，那么你就将被判10年刑，他只判3个月的监禁。但是，如果你们两人都坦白交代，那么，你们都要被判5年刑。”斯卡尔菲丝和那库尔斯该怎么办呢？他们面临着两难的选择——坦白或抵赖。显然最好的策略是双方都抵赖，结果是大家都只被判1年。但是由于两人处于隔离的情况下无法串供。所以，按照亚当·斯密的理论，每一个人都是从利己的目的出发，他们选择坦白交代是最佳策略。因为坦白交代可以期望得到很短的监禁——3个月，但前提是同伙抵赖，显然要比自己抵赖要坐10年牢好。这种策略是损人利己的策略。不仅如此，坦白还有更多的好处。如果对方坦白了而自己抵赖了，那自己就得坐10年牢。太不划算了！因此，在这种情况下还是应该选择坦白交代，即使两人同时坦白，至多也只判5年，总比被判10年好吧。所以，两人合理的选择是坦白，原本对双方都有利的策略(抵赖)和结局(被判1年刑)就不会出现。

这样两人都选择坦白的策略以及因此被判5年的结局被称为“纳什均衡”，也叫非合作均衡。因为，每一方在选择策略时都没有“共谋”（串供），他们只是选择对自己最有利的策略，而不考虑社会福利或任何其他对手的利益。也就是说，这种策略组合由所有局中人（也称当事人、参与者）的最佳策略组合构成。没有人会主动改变自己的策略以便使自己获得更大利益。“囚徒的两难选择”有着广泛而深刻的意义。个人理性与集体理性的冲突，各人追求利己行为而导致的最终结局是一个“纳什均衡”，也是对所有人都不利的结局。他们两人都是在坦白与抵赖策略上首先想到自己，这样他们必然要服长的刑期。只有当他们都首先替对方着想时，或者相互合谋（串供）时，才可以得到最短时间的监禁结果。“纳什均衡”首先对亚当·斯密的“看不见的手”的原理提出挑战。按照斯密的理论，在市场经济中，每一个人都从利己的目的出发，而最终全社会达到利他的效果。

不妨让我们重温一下这位经济学圣人在《国富论》中的名言：“通过追求（个人的）自身利益，他常常会比其实际上想做的那样更有效地促进社会利益。”从“纳什均衡”我们引出了“看不见的手”的原理的一个悖论：从利己目的出发，结果损人不利己，既不利己也不利他。两个囚徒的命运就是如此。从这个意义上说，“纳什均衡”提出的悖论实际上动摇了西方经济学的基石。因此，从“纳什均衡”中我们还可以悟出一条真理：合作是有利的“利己策略”。但它必须符合以下黄金律：按照你愿意别人对你的方式来对别人，但只有他们也按同样方式行事才行。也就是中国人说的“己所不欲勿施于人”。但前提是人所不欲勿施于我。其次，“纳什均衡”是一种非合作博弈均衡，在现实中非合作的情况要比合作情况普遍。所以“纳什均衡”是对冯·诺依曼和摩根斯特恩的合作博弈理论的重大发展，甚至可以说是一场革命。

从“纳什均衡”的普遍意义中我们可以深刻领悟司空见惯的经济、社会、政治、国防、管理和日常生活中的博弈现象。我们将列举出许多类似于“囚徒的两难处境”这样的例子，如价格战、军备竞赛、污染等。一般的博弈问题由三个要素所构成：即局中人（Players）又称当事人、参与者、策略等的集合，策略（Strategies）集合以及每一对局中人所做的选择和赢得（Payoffs）集合。其中所谓赢得是指如果一个特定的策略关系被选择，每一局中人所得到的效用。所有的博弈问题都会遇到这三个要素。

【专栏知识】

博弈论的现实应用

1. 价格战博弈

现在我们经常会遇到各种各样的家电价格大战，彩电大战、冰箱大战、空调大战、微波炉大战……这些大战的受益者首先是消费者。每当看到一种家电产品的价格大战，百姓都会“没事儿偷着乐”。在这里，我们可以解释厂家价格大战的结局也是一个“纳什均衡”，而且价格战的结果是谁都没钱赚。因为博弈双方的利润正好是零。竞争的结果是稳定的，即是一个“纳什均衡”。这个结果可能对消费者是有利的，但对厂商而言是灾难性的。所以，价格战对厂商而言意味着自杀。从这个案例中我们可以引申出两个问题：一是竞争削价的结果或“纳什均衡”可能导致一个有效率的零利润结局。二是如果不采取价格战，作为一种敌对博弈论（Vivalry Game）其结果会如何呢？每一个企业，都会考虑采取正常价格策略，还是采取高价格策略形成垄断价格，并尽力获取垄断利润。如果垄断可以形成,则博弈双方的共同利润最大。这种情况就是垄断经营所做的,通常会抬高价格。另一个极端的情况是厂商用正常的价格,双方都可以获得利润。从这一点,我们又引出一条基本准则:“把你自己的战略建立在假定对手会按其最佳利益行动的基础上。”事实上,完全竞争的均衡就是“纳什均衡”或“非合作博弈均衡”。在这种状态下,每一个厂商或消费者都是按照所有的别人已定的价格来进行决策。在这种均衡中,每一企业要使利润最大化,消费者要使效用最大化,结果导致了零利润,也就是说价格等于边际成本。在完全竞争的情况下,非合作行为导致了社会所期望的经济效率状态。如果厂商采取合作行动并决定转向垄断价格,那么社会的经济效率就会遭到破坏。这就是为什么世界贸易组织(WTO)和各国政府要加强反垄断的意义所在。

2. 污染博弈

假如市场经济中存在着污染,但政府并没有管制的环境,企业为了追求利润的最大化,宁愿以牺牲环境为代价,也绝不会主动增加环保设备投资。按照看不见的手的原理,所有企业都会从利己的目的出发,采取不顾环境的策略,从而进入“纳什均衡”状态。如果一个企业从利他的目的出发,投资治理污染,而其他企业仍然不顾环境污染,那么这个企业的生产成本就会增加,价格就要提高,它的产品就没有竞争力,甚至企业还要破产。这是一个“看不见的手的有效的完全竞争机制”失败的例证。直到20世纪90年代中期,中国乡镇企业的盲目发展造成严重污染的情况就是如此。只有在政府加强污染管制时,企业才会采取低污染的策略组合。企业在这种情况下,获得与高污染同样的利润,但环境将更好。

3. 贸易战博弈论

这个问题对于刚刚加入世界贸易组织(WTO)的中国而言尤为重要。任何一个国家在国际贸易中都面临着保持贸易自由与实行贸易保护主义的两难选择。贸易自由与壁垒问题,也是一个“纳什均衡”,这个均衡是贸易双方采取不合作博弈的策略,结果使双方因贸易战受到损害。X国试图对Y国进行进口贸易限制,比如提高关税,则Y国必然会进行反击,也提高关税,结果谁也没有捞到好处。反之,如X和Y能达成合作性均衡,即从互惠互利的原则出发,双方都减少关税限制,结果大家都从贸易自由中获得了最大利益,而且全球贸易的总收益也增加了。

【本章小结】

在本章中,西方学者通过对完全竞争厂商和行业的短期和长期均衡的分析,推导出完全竞争厂商和行业的短期供给曲线以及行业的长期供给曲线,说明了完全竞争市场的价格和产量的决定。在此基础上,强调了完全竞争市场能以最低的成本进行生产来使消费者得到最大的满足。此外,西方学者考察了垄断、寡头和垄断竞争这三种非完全竞争市场的产量和价格的决定,并进一步结合完全竞争市场,对不同市场组织下的经济效益进行了比较。

【思考题】

1. 用图说明完全竞争厂商短期均衡的形成及其条件。

2. 为什么完全竞争厂商的短期供给曲线是 *SMC* 曲线上等于或高于 *AVC* 曲线最低点的部分?

3. 用图说明完全竞争厂商长期均衡的形成及其条件。

4. 用图说明垄断厂商短期和长期均衡的形成及其条件。

5. 试述古诺模型的主要内容和结论。

6. 弯折的需求曲线模型是如何解释寡头市场上的价格刚性现象的?

【综合案例】

农村春联市场:完全竞争的缩影

去年临近春节,笔者有机会对某村农贸市场的春联销售进行了调查,该农贸市场主要供应周围7个村5000多农户的日用品需求。贴春联是中国民间的一大传统,春节临近,春联市场红红火火,而在农村,此种风味更浓。

在该春联市场中,需求者有5000多农户,供给者为70多家零售商,市场中存在许多买者和卖者;供应商的进货渠道大致相同,且产品的差异性很小,产品具有高度同质性(春联所用纸张、制作工艺相同,区别仅在于春联所书写内容的不同);供给者进入退出没有限制;农民购买春联时的习惯是逐个询价,最终决定购买,信息充分;供应商的零售价格水平相近,提价的话基本上销售量为零,降价会引起利润损失。原来,我国有着丰富文化内涵的春联,其销售市场结构竟是一个高度近似的完全竞争市场。

供应商在销售产品的过程中,都不愿意单方面降价。春联是农村过年的必需品,购买春联的支出在购买年货的支中只占很小的比例,因此其需求弹性较小。某些供应商为增加销售量,扩大利润而采取的低于同行价格的竞争方法,反而会使消费者认为其所经营的产品存在瑕疵(例如:上年库存、产品质量存在问题等),从而不愿买。

该农村集贸市场条件简陋,春联商品习惯性席地摆放,大部分供应商都将春联放入透明的塑料袋中以防尘保持产品质量。而少部分供应商则更愿意损失少部分产品暴露于阳光下、寒风中,以此展示产品。因此就产生了产品之间的鲜明对照。暴露在阳光下的春联更鲜艳,更能吸引消费者目光、刺激购买欲望,在同等价格下,该供应商销量必定高于其他同行。由此可见,在价格竞争达到极限时,价格外的营销竞争对企业利润的贡献不可小视。

在商品种类上,例如"金鸡满架"一类小条幅,批发价为0.03元/副,零售价为0.3元/副;小号春联批发价为0.36元/副,零售价为0.50元/副。因小条幅在春联中最为便宜且为春联中的必需品,统一价格保持5~6年不变,因此消费者不对此讨价还价。小条幅春联共7类,消费者平均购买量为3~4类,总利润可达1.08元,并且人工成本较低。而小号春联相对价格较高,在春联支出中占比重较大,讨价还价较易发生;由此,价格降低和浪费的时间成本会造成较大利润损失，对小号春联需求量较大的顾客也不过购买7～8副，总利润至多1.12元。因此，我们不难明白浙江的小小纽扣风靡全国、使一大批人致富的原因；也提醒我们，在落后地区发展劳动密集、技术水平低、生产成本低的小商品生产不失为一种快速而行之有效的致富方法。

春联市场是一个特殊的市场，时间性很强，仅在年前存在10天左右，供应商只有一次批发购进货物的机会。供应商对于该年购入货物的数量主要基于上年销售量和对新进入者的预期分析。如果供应商总体预期正确，则该春联市场总体商品供应量与需求量大致相同，则价格相对稳定。一旦出现供应商总体预期偏差，价格机制就会发挥巨大的作用，将会出现暴利或者亏损。

综上可见，小小的农村春联市场竟是完全竞争市场的缩影与体现，横跨经济与管理两大学科。这也就不难明白经济学家为何总爱将问题简化研究，就像克鲁格曼在《萧条经济学的回归》一书中，总喜欢以简单的保姆公司为例得出解决经济问题的办法，这也许真的有效。

就案例中所提到农村春联市场来看，从春联产品的同质性、厂商进入与退出市场没有障碍、买卖双方的数量很多以及信息的充分说明春联市场接近于一个完全竞争的市场。这种竞争的充分性主要来源于产品的同质性即产品之间的完全替代，而厂商的无数个保证单个厂商不能控制产品的价格，在模型中要求参与者数量是无数个，他们的经济行为对价格没有影响。在现实中，尽管厂商和消费者的数量很大，但总是有限的，也就不能满足个体行为对价格没有影响的条件。从信息的充分与对称性来看，忽略了获取信息是有成本的，人们对与信息的搜寻与获取也是建立在成本与收益的比较之上而做出决策，在现实中人们往往根据经验来做出产品相关性质的判断，所以在一些外观形状、颜色等较容易判断的低级产品上容易产生接近于完全竞争性质的市场，而在一些个体化的、对产品和服务需要更多信息的高级产品以及需要相关制度安排来保证交易的顺利进行的产品和劳务就不太容易形成接近于完全竞争性质的市场。在自由进出市场上，政府扮演一个非常重要的角色，我们似乎可以从政府是不是促进厂商之间，不论是国有企业还是私有企业的充分竞争来判断政府的社会价值是不是从效率出发，如果人为规定某个领域不能让某几类性质厂商进入，那么可以肯定一点，那就是政府一定有经济效率之外的考虑即并没有完全从经济效率的角度来促进社会经济的发展。

资料来源：杨晓东．农村春联市场：完全竞争的缩影．经济学消息报，2004－6－25.

【讨论题】

如何按完全竞争市场的基本条件来分析农村春联市场？

第六章　分配理论

【学习目标与要求】

通过系统地学习，掌握的生产要素价格与收入分配基本知识和基本体系。掌握生产要素价格与收入分配理论的基本内容和分析方法，了解的生产要素价格决定特点及应用。

【学习重难点】

重点：厂商的利润最大化原则 $MR = MC$ 在要素市场是如何转变为 $MRP = MFC$。

难点：不同市场类型下的生产要素市场的价格决定。

1. 生产要素的需求
2. 生产要素的供给和价格决定
3. 贫富差别

第一节　生产要素价格的决定

19 世纪末，由马歇尔提出的"四位一体"公式：劳动 —— 工资、资本 —— 利息、土地 —— 地租、企业家才能 —— 利润，概括了现代西方经济学分配理论的中心和研究基础。劳动、资本、土地、企业家才能各种生产要素根据各自在生产中所作的贡献获得相应的报酬，其报酬就是各生产要素的价格。因此，分配理论主要解决的是生产要素的价格决定问题。而生产要素的价格决定与产品的价格决定一样，是由供求关系决定的。

分析生产要素的价格决定，应该从生产要素的需求与供给两方面进行考察。由于要素市场和产品市场都存在完全竞争和非完全竞争两种情况，所以在不同的市场结构中对生产要素的需求不同，会导致生产要素的价格决定不同。本节仅分析要素市场和产品市场均是完全竞争情况下的生产要素价格的决定。

一、生产要素的需求

（一）生产要素需求的性质

1. 生产要素的需求是一种派生的需求

消费者购买产品是为了直接满足自己的需要，而生产者对生产要素的需求并不是为了直接满足自己的需要，而是为了生产出消费者所需要的产品，实现利润最大化。也就是说，生产者对生产要素的需求，是由消费者对产品的直接需求派生或引致出来的，是一种派生需求或引致需求。例如：消费者需要面包，这就引致面包生产者购买原材料、劳动力、机器设备等生产要素进行生产。

2. 生产要素的需求是一种联合的需求或相互依存的需求

任何产品都不可能仅靠一种生产要素就能生产出来，生产需要多种要素的结合，并且各要素之间具有替代性或互补性。如果只增加一种生产要素而不增加另一种生产要素，就会出现边际收益递减现象。

（二）影响生产要素需求变动的主要因素

（1）市场对产品的需求和产品的价格。一般而言，市场对某种产品的需求越大，该产品的价格越高，则对生产这种产品所需要的生产要素的需求就越大；反之，则结果相反。

（2）生产技术状况。如果生产技术是资本密集型的，则对资本的需求大；如果生产技术是劳动密集型的，则对劳动的需求大。同时，生产技术构成发生变化时，也会对生产要素需求产生替代影响或互补影响。

（3）生产要素价格。生产要素的价格会影响生产者的成本和利润。由于各生产要素之间具有一定的替代性，生产者一般会用价格低的生产要素代替价格高的生产要素。

（4）产品市场结构和生产要素市场结构的影响，即是完全竞争还是非完全竞争的市场结构。

（5）一家生产者对生产要素的需求与整个行业对生产要素需求的关系。

二、生产要素的供给

生产要素从供给方面看，包括三大类：自然资源、资本品、劳动。在经济分析中，一般认为土地、矿藏之类的自然资源的供给是固定不变的；资本品类生产要素的供给，同其他商品的供给一样，价格上涨，供给增加，反之结果相反；而对于非物质的人的劳动的供给，又不同于前两种生产要素的供给，当其价格达到一定水平后，其供给反而随价格的上涨而减少，其供给曲线是一条向后弯的线。

三、完全竞争条件下生产要素价格的决定

（一）生产要素的边际生产力

边际生产力（MP）是指在其他条件不变的情况下，增加一单位某种生产要素所增加的产量或收益。如果以实物来表示生产要素的边际生产力，则称为边际物质产品（MPP）。如果以货币来表示生产要素的边际生产力，则称为边际收益产品（MRP），即投入的边际要素所能增加的总收益数量，也就是边际物质产品所能获得的边际收益。用公式表示即 $MRP = MPP \times MR$，MR 表示边际收益。如果以边际要素所生产的产品市场价格来表示生产要素的边际生产力，则称为边际产品价值（VMP），$VMP = MPP \times P$。

在完全竞争市场条件下，生产者销售的产品价格 P 等于平均收益，也等于边际收益，即 $P = MR$，因此有：$MRP = VMP$。

(二) 生产要素的需求曲线与供给曲线

1. 生产要素的需求曲线

为了简便,这里假设其他生产要素不变,只有劳动一种可变要素,且只分析单个生产者的均衡。在完全竞争市场条件下,对单个生产者来说,价格是不变的,等于边际收益。可见,生产者对生产要素的需求取决于生产要素的边际收益。由于边际收益递减规律的作用,在其他条件不变的情况下,要素的边际物质产品随着生产要素的增加而递减,从而要素的边际收益产品或边际产品价值递减,边际生产力曲线是一条向右下方倾斜的线,这条曲线也是生产要素需求曲线,如图 6 - 1 所示。

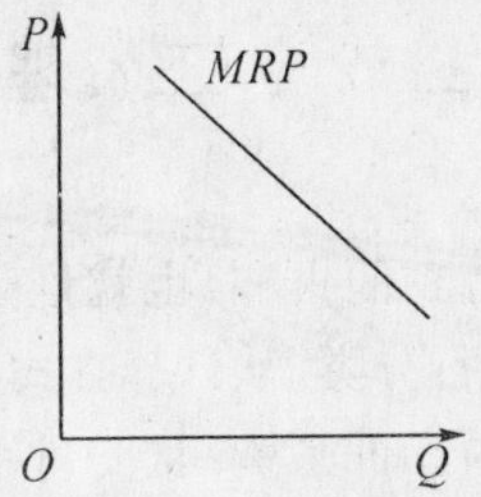

图 6 - 1　生产要素的需求曲线

2. 生产要素的供给曲线

由于在完全竞争市场条件下,单个生产者只是价格的接受者,因此,生产要素的供给曲线是一条和横轴平行的直线。同时由于要素价格固定不变,则平均要素成本(AFC)等于边际要素成本(MFC)等于要素价格,即 $AFC = MFC = W_0$,如图 6 - 2 所示。

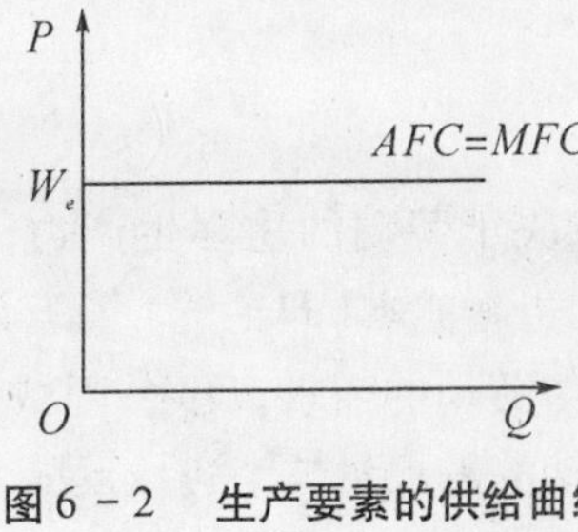

图 6 - 2　生产要素的供给曲线

(三) 生产要素的均衡价格与使用量的决定

在完全竞争市场条件下,生产要素的均衡价格与使用量由要素的需求和供给共同决定。生产者要实现利润最大化就必须满足 $MRP = MFC$。如图 6 - 3 所示,生产要素的需求曲线即边际收益产品曲线 MRP 或边际产品价值曲线 VMP,与生产要素的供给曲线即边际成本曲线 MFC 相交于 E 点,此时的价格 W_0 和要素的使用量 Q_0 即在完全竞争市场条件下生产要素的均衡价格和使用量。

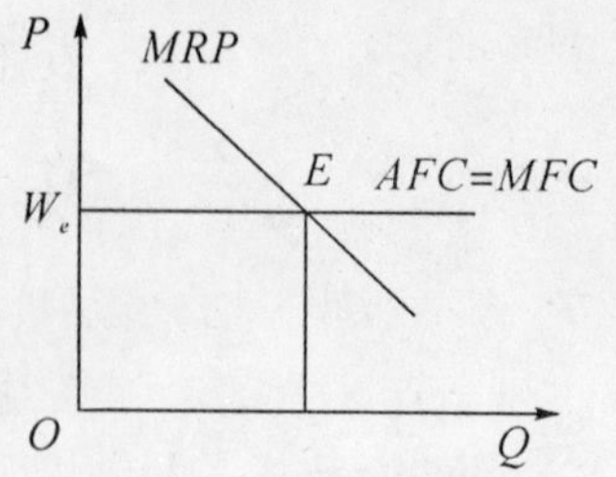

图6－3　生产要素的均衡价格与使用量的决定

第二节　工资理论

工资是劳动者提供劳务后所得到的报酬，也就是劳动这种生产要素的价格。在实际支付中，工资可以从不同的角度进行分类。从计算方式上分，有按劳动时间长短支付的计时工资与按劳动成果和质量支付的计件工资；从支付手段上分，有以货币支付的货币工资与以实物支付的实物工资；从购买力上分，有按货币单位衡量的名义工资与按实际购买力衡量的实际工资。本节将分别讨论完全竞争市场上和非完全竞争市场上货币工资的决定和变动。

一、完全竞争市场上工资的决定

在完全竞争市场上，工资的决定完全由劳动的供求关系决定，也就是劳动的需求与供给均衡时的价格。

（一）劳动的需求

生产者对劳动的需求主要取决于劳动的边际生产力，劳动的边际生产力是递减的。生产者在购买劳动时要使劳动的边际成本（即工资）等于劳动的边际产品。当劳动的边际产品大于工资，生产者就会增加对劳动的需求；反之，则减少。因此，劳动的需求曲线是一条向右下方倾斜的曲线，表明劳动的需求量与工资成反向变动。

（二）劳动的供给

劳动的供给主要取决于劳动的实际成本和心理成本。实际成本即维持劳动者个人和家庭生活所必需的生活资料费以及劳动者的教育、劳动技能培训等费用。因为劳动，劳动者牺牲了休闲娱乐和享受的时间和精力，这会给劳动者造成心理上的负效用，为了补偿这种负效用需要给劳动者支付工资，即是劳动的心理成本。但是，当货币收入不足以补偿这种负效用时，劳动就会减少。

一般而言，工资增加劳动会增加，但当工资增加到一定程度后，再增加工资，劳动不但不会增加还会减少。这正是由于劳动的心理成本的存在，工资增加到一定程度后，货币的边际效用递减，不足以抵消心理上的负效用。因此，劳动的供给曲线是一条先向右上方后向左上方弯曲的曲线，表明在一定工资水平上，劳动的供给与工资成同向变动，当工资达到一定水平之后，劳动的供给与工资成反向变动。

(三) 工资的决定

在完全竞争市场上工资的决定由对劳动的需求与劳动的供给决定。如图 6 - 4 所示，劳动的需求曲线 D_L 与劳动的供给曲线 S_L 相交于点 E，决定了工资 We，需要的劳动量 Le，此时的工资 We 即为均衡时的劳动价格。当劳动的需求大于供给时，工资就上涨；反之，工资就下降。

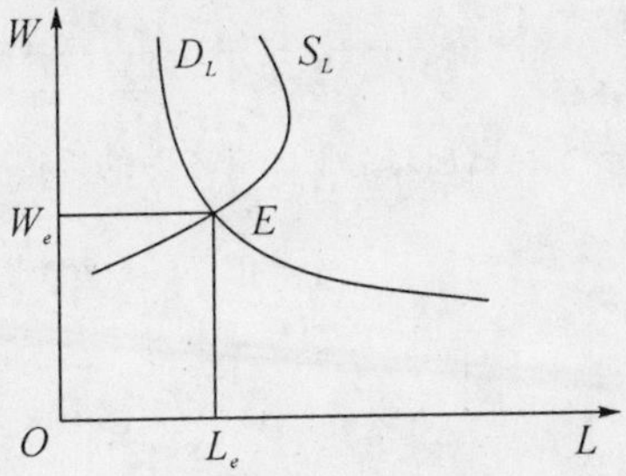

图 6 - 4 完全竞争市场上的工资决定

二、非完全竞争市场上工资的决定

非完全竞争市场包括两种情况，一是生产者对劳动购买的垄断；二是劳动者组成工会对劳动供给的垄断。经济学中，工会被认为是一种能对劳动的供给和工资的决定产生重要影响的组织。工会对工资的影响和干预主要通过以下三种方式：

(一) 增加对劳动的需求

在劳动供给不变的条件下，工会可以采取措施通过增加市场对产品的需求来增加对劳动的需求，从而达到提高工资的目的。例如要求政府鼓励出口限制进口、实行贸易保护主义等。如图 6 - 5 所示，原来的劳动需求曲线 D_0 与供给曲线 S 相交于 E_0，决定了工资水平为 W_0，劳动使用量 L_0。工会采取措施增加对劳动的需求后，需求曲线 D_0 移动到 D_1，与 S 线交于 E_1，从而使工资水平提高到 W_1，同时使劳动使用量增加到 L_1。可见，增加对劳动的需求不仅可以提高工资水平，而且能提高就业水平。

(二) 减少对劳动的供给

在劳动的需求不变的条件下，工会同样可以采取措施通过减少对劳动的供给来提高工资水平，只是这种方法会减少就业。如图 6 - 6 所示，原来的劳动供给曲线 S_0 与需求曲线 D_L 相交于 E_0，决定了工资水平为 W_0，就业量为 L_0。工会采取措施使劳动的供给减少，受雇的劳动者数量由 L_0 减少到 L_1，供给曲线 S_0 向左移动到 S_1，与 D_L 交于 E_1，决定了新的工资水平 W_1。可见这种方法虽然使工资水平由 W_0 提高到 W_1，但是却使就业水平由 L_0 降低到 L_1 了。

工会减少对劳动的供给主要采用的方法有：限制非工会会员受雇、禁止使用童工、限制移民、缩短工作时间、通过政府立法强制提前退休等。

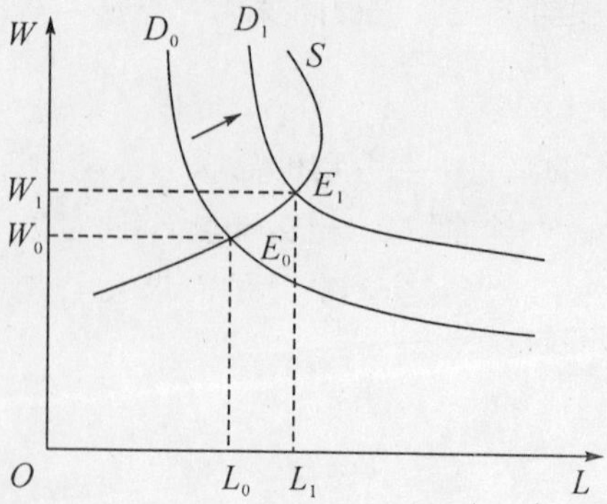

图 6 - 5　增加对劳动的需求时的工资决定

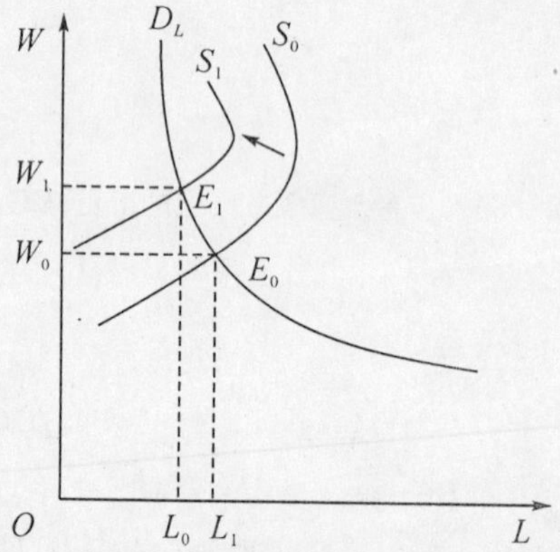

图 6 - 6　减少对劳动的供给时的工资决定

(三) 最低工资法

工会可以通过一些活动迫使政府通过立法形式确定最低工资水平以保护劳动者的利益，这样即使在劳动的供给大于需求时，也能使工资维持在一定水平。如图 6 - 7 所示，劳动的需求曲线 D_L 与供给曲线 S_L 交于点 E_0，决定的工资水平为 W_0，对劳动的需求为 L_0。而最低工资法规定的最低工资水平为 $W_1 > W_0$，由于劳动的价格较高，生产者对劳动的需求下降为 L_1，但反映在供给曲线上的劳动供给量为 $L_2 > L_1$，说明在这种情况下，存在失业，失业人数为 L_2L_1。

三、影响工会作用的限制条件

虽然工会可以通过以上三种方式影响工资的决定，但其作用也会收到一些条件的限制。

(一) 对劳动需求影响的受限条件

1. 产品需求的弹性

劳动的需求取决于消费者对产品的需求，如果某种产品的需求弹性较大，则增加工资会使该产品的价格上升，从而造成市场对该产品的需求减少，那么要求增加工资的难

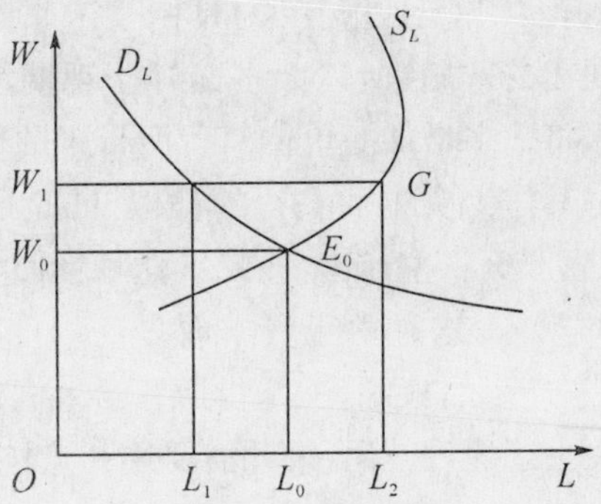

图 6－7　制定最低工资法的工资水平

度就会较大；反之，则结果相反。

2. 劳动在总成本中所占的比例

如果劳动在总成本中所占的比例较大，增加工资会引起总成本增加较多，那么工会提高工资的要求就不容易实现；相反，如果劳动在总成本中所占的比例较小，那么工会提高工资的要求比较容易实现。

3. 劳动的可替代性

如果劳动不容易被其他生产要素替代，较容易提高工资；如果劳动较容易被其他生产要素替代，则工资提高就有限。

（二）对劳动供给影响的受限条件

1. 工会控制的人数

工会控制的工人人数越多，垄断程度越高，对工资的影响程度就越大；反之，则结果相反。

2. 工人的流动性

如果工人的流动性大，某一行业或地区可以从其他来源获得工人，则该行业或地区工人提高工资的要求就不容易实现；反之，则较容易实现。

3. 工会的基金

如果工会的经济力量较强，能够保障工人罢工期间的生活，则提高工资的要求比较容易实现；反之，则不容易实现。

在劳动市场上同时还存在生产者的卖方垄断，当生产者的垄断程度较高时，就会尽量将工资压低到劳动的边际生产力之下。但从长期来看，仍然是劳动的供求状况在起决定性作用，这是决定工资的关键因素。

第三节　利息理论

一、利息的产生

利息是资本这种生产要素的价格，即资本家投入资本参与了生产而获得的报酬。在西方经济学中对利息的产生有以下三种解释：一是由于未来是难以预测的，人们对物品未来效用的评价总是小于现在的效用，所以大多偏好于现期消费，即现在多增加一单位消费所带来的边际效用大于将来多增加一单位消费所带来的边际效用。利息可以说是人们放弃了货币的现期消费将其作为资本而获得的补偿。二是迂回生产理论认为，先生产出生产资料，然后再用这些生产资料生产出消费品，这种迂回生产提高了生产效率，而迂回生产的实现必需有资本的投入。这种由于资本而提高的生产效率就是资本的净生产力，资本的净生产力就是利息产生的根源。三是货币有给人们带来希望的效用，而把货币作为资本借出后就意味着失去了这种效用，因此需要用利息作为补偿。

二、利息率的决定

利息与工资不同，不是以货币的绝对量来表示，而是用利息率来表示。利息率是利息在每一单位时间内在货币资本中所占的比重。例如货币资本为20 000元，利息为1年1000元，则利息率为5%，或称年利息为5%。利息率由资本的需求与供给决定，即资本供求的均衡价格决定利息率。

（一）资本的需求

对资本的需求主要来自于生产者进行投资，以实现利润最大化。投资是否可行，取决于利润率与利息率之间的差额。如果利润率比利息率越高，纯利润越大，则生产者越愿意投资，对资本的需求也就越大；反之纯利润越小，生产者就越不愿意投资，对资本的需求也就越小。因此，在利润率不变的情况下，利息率与投资呈反向变动，即生产者对资本的需求与利息率的高低呈反向变动，资本的需求曲线是一条向右下方倾斜的曲线。

（二）资本的供给

资本的供给主要来源于人们的储蓄，人们储蓄放弃了现期消费是为了获得利息作为补偿。如果利息率越高，人们越愿意增加储蓄，资本的供给越多；反之，则结果相反。可见，资本的供给量是与利息率同向变动的，资本的供给曲线是一条向右上方倾斜的曲线。

（三）均衡利息率的决定

均衡利息率是由资本的供给和需求共同决定的，反映在图6－8中，即资本的需求曲线 D 与资本的供给曲线 S 的交点 E 所决定的利息率 I_0，此时的资本均衡供给量为 K_0。

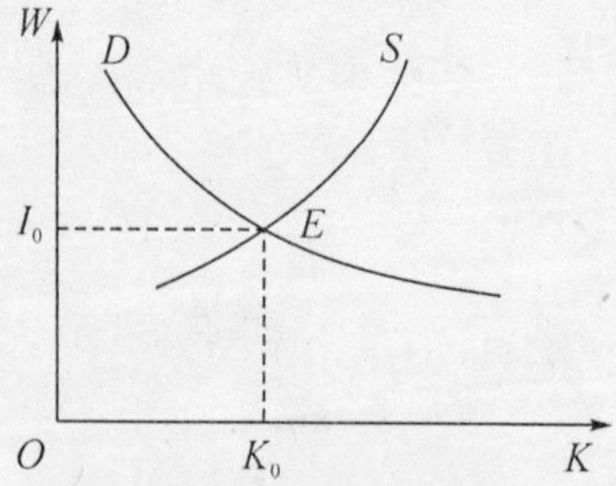

图6－8　均衡利息率的决定

这里所提到的由资本供求关系决定的利息一般称为“纯利息”，反映的是资本的净生产力。在资本市场上，债权人对债务人收取的利息中还包括了由于借贷风险所产生的利息（如不能按期偿还的风险、通货膨胀导致的货币贬值风险等），这种包括了风险收入的利息称为借贷利息，它与纯利息在量上是有差别的。

三、利息在经济生活中的作用

利息是资本的价格，通过利息率的调节作用实现了资本市场的均衡。当资本供大于求，利息率上升，资本供给增加；当资本供不应求，利息率下降，资本需求增加。从利息率的这种调节作用中可以看出，利息在现实经济生活中发挥着重要作用。

首先，可以鼓励人们多储蓄少消费，从而增加投资。其次，可以促使资本得到更有效的利用。在利息率既定的情况下，人们会合理投资，使资本发挥其最大效用，产生高利润，同时由于利息的存在，企业会更节约、有效的利用资本，提高资本利用率。再次，利息可以从一定程度上抑制通货膨胀。在通货膨胀出现时，提高利息率可以抑制人们对可贷资金的需求，刺激可贷资金的供给，从而抑制通货膨胀。最后，由于利息率是连接财政、货币、外汇等政策的杠杆，所以政府可以通过调节利息率来运行宏观经济政策。

第四节 地租理论

地租是土地这种生产要素的价格，土地所有者提供土地，以地租作为报酬。地租理论中的土地包括矿山、油田、土壤、水域等生产中使用的一切自然资源。地租的产生在于土地资源本身具有生产力，并且具有数量有限、不能再生、不能移动、质量不同的特点。地租的产生和归属是两个不同的问题。地租产生于以上原因，是普遍存在的，但地租的归属是与土地所有制性质相联系的。在私有制社会，地租归土地所有者所有，在国有制社会，地租归国家所有。

一、地租的决定

与工资和利息一样，地租由土地的需求与供给决定。同样，土地的需求取决于土地的边际生产力，土地的边际生产力是递减的，因此，土地的需求曲线是一条向右下方倾斜的曲线。而由于土地是一种不可再生的自然资源，就整个社会而言，土地存量是基本不变的，所以土地的供给是固定不变的，土地的供给曲线是一条垂直于横轴的直线。

土地市场均衡时，地租的决定以及地租的发展趋势可以用图 6－9 来说明。横轴代表土地量，纵轴代表地租，S 线为土地的供给曲线，D_0 为土地的需求曲线，两线交于点 E_0，决定地租为 R_0。随着社会经济的发展，对土地的需求不断增加，D_0 线向右移动，假设到 D_1，但土地的供给不变，仍为 S，D_1 与 S 交于 E_1，决定新的地租 $R_1 > R_0$，表明随着对土地需求的增加，地租有不断上涨的趋势。

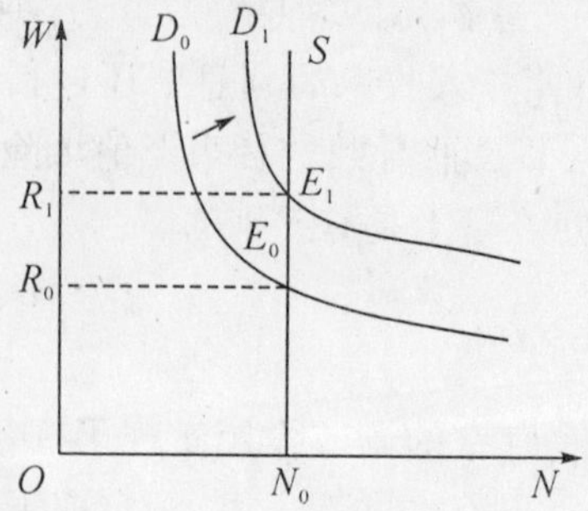

图6－9　土地市场均衡时地租的决定

二、级差地租的形成与决定

以上所分析的土地市场均衡时的地租属于绝对地租，是假定所有的土地是同质的，没有考虑土地的肥沃程度和地理位置差异，但实际上，土地肥沃程度和地理位置的差别相当大，对地租的形成有着非常重要的影响，从而形成了级差地租。

表6－1中反映的是在其他生产要素相同、生产成本相同、农产品市场价格相同的情况下，五块肥沃程度不同的土地A、B、C、D、E的总产值不同，从而形成不同的级差地租。A、B、C三块肥沃程度不同的土地分别产生了400、200、100的级差地租，土地 D 总产值＝总成本，没有地租，称为边际土地，而土地 E 的收益无法弥补成本，不会被利用。

表6－1　级差地租的形成与决定

土地	产量	价格	总产值	生产成本	级差地租
A	300	2	600	200	400
B	200	2	400	200	200
C	150	2	300	200	100
D	100	2	200	200	0
E	80	2	160	200	－40

随着经济社会发展，农产品价格上涨，级差地租也会随之上升，如表6－2所示。当农产品价格上涨到2.5时，A、B、C三块土地由于总产值增加，级差地租相应的增加为550、300、175，D块土地也随之产生了50的级差地租，E土地变成可以利用的边际土地。可见，随着经济发展，级差地租也在增加。

表6－2　经济发展后级差地租的变化

土地	产量	价格	总产值	生产成本	级差地租
A	300	2.5	750	200	550
B	200	2.5	500	200	300
C	150	2.5	375	200	175

表6-2(续)

土地	产量	价格	总产值	生产成本	级差地租
D	100	2.5	250	200	50
E	80	2.5	200	200	0

三、准地租与经济租

(一)准地租

准地租又称为准租金或准租,是指固定资产在短期内所得到的收入。在短期内,固定资产和土地的供给类似,是固定不变的,只要产品的销售价格能够弥补平均可变成本,就可以利用这些固定资产进行生产。而产品价格弥补其平均可变成本之后的余额就是这些固定资产的收入。这种收入和地租性质类似,因此英国经济学家马歇尔将其称为"准地租"。尤其注意的是,准地租只在短期内存在。从长期来看,由于生产者可以调整生产要素,所以固定资产也是可变的,与土地的供给不一样,因此在长期内不会有准地租存在。

(二)经济租

经济租是指生产要素所有者得到的实际收入高于他所希望得到的收入,其超过部分就是经济租。经济租也称为"生产者剩余",类似于消费者剩余,但与消费者剩余不同的是它是实际存在的,而消费者剩余只是一种心理上的感觉。经济租与准地租的不同之处在于它在长期内也存在。例如,市场上有A、B两类工人,A类工人的素质较高,所要求的工资为每天60元,B类工人的素质较低,要求的工资为每天40元。如果某项工作,A、B两类工人都能胜任,在雇佣工人时厂商肯定首选B类工人,但当B类工人不够时也不得不雇佣A类工人。假定某厂商需要200名工人,他就必须雇佣A、B两类工人。这时,厂商必须按A类工人的要求支付每个工人每天60元的工资,这样,B类工人同样得到每人每天60元的工资,其中超出他们所期望的20元就是经济租,其他生产要素所有者也可以得到这种经济租。

第五节 利润理论

一、正常利润

经济学中将利润分为正常利润和超额利润,这两种利润的性质和来源是不同的。正常利润是企业家才能这种生产要素的报酬,即企业家才能的价格,其性质和工资一样,也是由企业家才能的需求与供给所决定。

在市场上,对企业家才能的需求是很大的,它是将劳动、资本以及土地结合起来生产出更多更好产品的决定性因素,是决定一个企业生产经营好坏的关键。然而,并非每个人都具有企业家的天赋,有胆识、有才能、受过良好教育同时拥有丰富实践经验的人毕竟是少数，因此企业家才能的供给是很少的。这样，需求过剩、供给稀缺决定了企业家才能的价格——正常利润很高。所以说，正常利润是一种特殊的工资，正是由于虽然其性质和工资一样，但就数额上来讲却远远高于一般劳动所得的工资。

正常利润是一种隐含成本，包括在成本之中，收支相抵就获得了正常利润。在完全竞争条件下，利润最大化实际上就是获得正常利润。

二、超额利润

超额利润是总收益减去全部成本之后的那部分利润，即超过正常利润的那部分利润，也称为“经济利润”、“纯利润”、“净利润”。在完全竞争条件和静态社会中，不存在超额利润，只有在非完全竞争市场和动态社会中，才会产生超额利润。西方经济学中对超额利润的来源解释为创新、风险和垄断的结果。

（一）创新利润

按照熊彼特的观点，创新包括：第一，引进一种新的产品；第二，引进一种新的生产方法；第三，开辟一个新的市场；第四，获得一种原料的新来源；第五，采用一种新的组织形式。也就是说，创新是企业家对生产要素实行新的组合，从而提高生产效率、降低成本、提高产品质量、提高产量和销售量、提高企业竞争力，进而产生超额利润。创新一定会给企业带来超额利润，它符合社会发展的要求。一个社会需要不断创新才能进步，创新是社会技术进步的动力，所以因为创新而获得的超额利润是对有远见、有胆识的企业家的奖励，是正当的，是一个社会进步必须付出的代价。

（二）风险利润

风险是从事某项事业时失败的可能性。由于未来是难以预测的，企业家很难准确预计市场供求关系的变动、经济周期的变动、企业内部组织管理可能出现的问题、政局变动、政策改变、自然灾害等，因而风险是普遍存在的。既然存在失败的可能，就应该给企业家支付保险金作为冒风险的补偿。另外，社会的进步需要一些人去冒风险从事一些事业，例如开发新技术、新行业或地区、试制新产品等，因此也需要以超额利润的形式给予这些甘冒风险的人作为报酬。可见，由于冒风险而得到的超额利润也是一种合理的报酬。

（三）垄断利润

由垄断而产生的超额利润称为垄断利润。垄断包括卖方垄断和买方垄断。卖方垄断也称为专卖，是指对某种产品或生产要素销售权的垄断。垄断者通过提高销售价格，以损害消费者或生产要素购买者的利益而获得超额利润。买方垄断也称为专买，是指对某种产品或生产要素购买权的垄断。垄断者通过压低收购价格以损害生产者或生产要素供给者的利益而获得超额利润。

由于垄断所产生的超额利润是垄断者凭借其垄断地位，利用垄断价格，对消费者、生产者或生产要素供给者的剥削，是少数人对整个社会的剥削，最后导致社会福利的损失，是不合理、不正当的，应该予以限制。垄断利润也是市场竞争不完全的结果。

三、利润在经济生活中的作用

经济学家认为,利润是推动社会进步的动力,在经济生活中有其重要作用。第一,作为企业家才能报酬的正常利润,可以促使企业家更好的组织经营生产管理,提高经济效率;第二,创新有利于社会技术进步,创新利润能鼓励企业家不断大胆创新,推动社会发展;第三,风险利润可以鼓励企业家勇于承担风险,从事有利于社会经济发展的风险事业;第四,利润能使企业按照社会需要进行生产,有效利用资源,努力降低成本,从而使企业在整体上符合社会的利益;第五,利润可以引导投资,使资本与资源的配置符合社会发展的需要。

第六节　社会分配平等程度的衡量

以上各节我们讨论了各生产要素的价格决定,即是分析了个人收入的分配问题。从整个社会的角度来看,收入分配是否平等?应该用一种什么标准进行衡量?目前国际上通用的一个衡量社会收入分配平等程度的指标是洛伦茨曲线和基尼系数。

一、洛伦茨曲线

洛伦茨曲线是美国统计学家洛伦茨提出来的,反映社会收入分配或财产分配平等程度的一条曲线。它是将社会各阶层人口在总人口中所占的比重与他们的收入在社会总收入中所占比重进行比较,从而衡量一个社会或国家的收入分配是否平等。

如果将一个社会总人口,按其收入由低到高分为10个等级,每个等级人口均占总人口的10%,然后根据他们在社会总收入中所占的比重如表6－3所示。

表6－3　　社会收入分配平等程度资料

人口等级	占总人口百分比(%)	合计(%)	占总收入百分比(%)	合计(%)
1	10	10	2	2
2	10	20	3.5	5.5
3	10	30	4.5	10
4	10	40	5.5	15.5
5	10	50	6.5	22
6	10	60	7.5	29.5
7	10	70	9	38.5
8	10	80	11.5	50
9	10	90	15.5	65.5
10	10	100	34.5	100

从表6－3中可以看出，这个社会最贫困的10％的人口收入仅占社会总收入的2％，而最富裕的10％的人口收入在社会总收入中占了34.5％，也就是说，1/10的人口占了社会总收入的1/3还多。显然，这个社会的收入分配是不平等的。

根据表6－3可以画出相应的洛伦茨曲线，如图6－10所示，横轴代表人口百分比，纵轴代表收入百分比。对角线OY上的L点表示22％的人得到22％的收入，M点表示50％的人得到50％的收入，N点表示80％的人得到80％的收入。可见，这条线上的点表明收入分配绝对平等，OY线称为收入分配绝对平等线。弧线$OBCDY$线上的B点表示22％的人得到8％的收入，C点表示50％的人得到22％的收入，D点表示80％的人得到50％的收入。可见，洛伦茨曲线越是向下方弯曲，表示收入的分配越不平等，最后达到极限，成为折线OPY，表示收入分配绝对不平等。折线OPY线称为收入分配绝对不平等线。

在实际社会中，洛伦茨曲线都不会是直线OY和折线OPY两种情况。因为任何一个社会中，即使最贫穷的人也会有一定的收入，最富裕的人也不会占有社会全部收入，因此实际的洛伦茨曲线是一条向右下方弯曲的线，介于直线OY和折线OPY之间。如果实际的洛伦茨曲线越接近于直线OY，表明这个社会的收入分配越平等；如果实际的洛伦茨曲线越接近于折线OPY，则表明这个社会的收入分配越不平等。

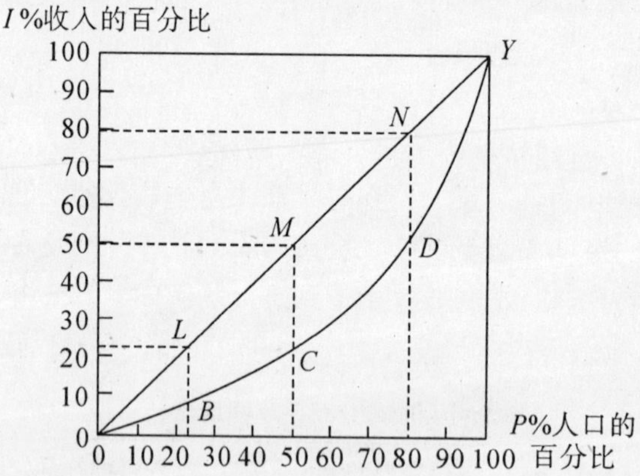

图6－10 洛伦茨曲线

二、基尼系数

根据洛伦茨曲线可以计算出反映社会收入平等程度的一个国际通用指标，即基尼系数。将实际的洛伦茨曲线与收入绝对平等线之间的面积用A表示，实际的洛伦茨曲线与收入绝对不平等线之间的面积用B表示，如图6－11所示。则基尼系数G的计算公式为：

$$G=\frac{A}{A+B}$$

当$A=0$时，$G=0$，洛伦茨曲线就是直线OY，收入分配绝对平等；当$B=0$时，$G=1$，洛伦茨曲线就是折线OPY，收入分配绝对不平等。由于直线OY和折线OPY都是两种极端，实际的基尼系数应该在0～1之间，即$0<G<1$。基尼系数越小，收入分配越平等；基尼系数越大，收入分配越不平等。

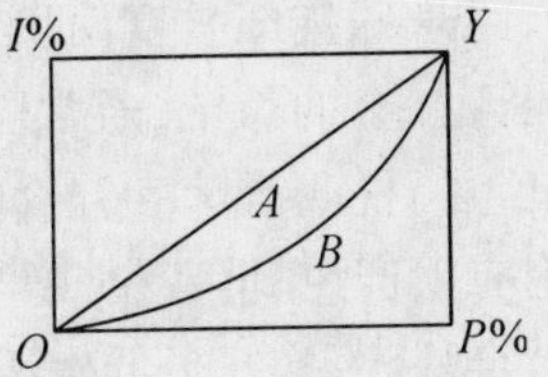

图 6 - 11　基尼系数

国际上通常认为：

$G<0.2$，社会收入分配绝对平均；

$0.2<G<0.3$，社会收入分配基本平均；

$0.3<G<0.4$，社会收入分配基本合理；

$0.4<G<0.5$，社会收入分配差距较大；

$G>0.5$，社会收入分配差距悬殊。

运用洛伦茨曲线和基尼系数可以对世界各国的收入分配平等程度进行比较。根据各国的统计资料，可以在一张图中画出各国的洛伦茨曲线，然后根据曲线的弯曲程度以及其对应基尼系数比较各国收入分配的平等状况。运用洛伦茨曲线和基尼系数也可以对政府收入、税收等政策的实施后果进行检验。通常是将某项政策实施前后的洛伦茨曲线画在同一张图中，观察曲线的弯曲程度或者计算其基尼系数，比较政策实施前后社会收入分配平等程度的变化，以此来检验政策是否可行。因此，作为一种分析工具，运用洛伦茨曲线和基尼系数对社会收入分配平等程度进行衡量是非常有用的。

三、平等与效率

经济学家认为，评判收入分配有三种标准：贡献标准、需要标准、平等标准。贡献标准即按照社会成员所作贡献分配国民收入。这也就是我们在前面讨论过的，按照生产要素的价格进行分配。这一标准强调的是个人的能力和效率，但由于每个人的能力、机遇不同，在实际运用此标准时会引起收入分配的不平等。需要标准即按照社会成员的生活需要进行国民收入的分配。该标准强调了平等，但忽视了效率。平等标准即按照公平原则对社会成员进行国民收入的分配。这一标准同样只强调了平等而忽视了效率。有利于经济效率则会不利于平等，有利于平等则会有损于经济效率，这也就是经济学中所谓的平等与效率的矛盾。

收入分配平等可以用三种标准来衡量。一是劳动贡献分配率，即劳动收入在国民收入中所占的比重；二是洛伦茨曲线与基尼系数；三是工资差异率。收入分配平等时劳动收入在国民收入中所占比重较大，洛伦茨曲线更接近于收入绝对平等线，基尼系数小，工资差异率低。

按贡献来进行国民收入的分配，有利于激发社会成员的，鼓励他们充分发挥自己的能力，在竞争中取胜，从而提高经济效率。因此，一般来说，市场经济注重的是效率优先，在一定范围和程度内兼顾公平。

在市场经济中，以效率优先的原则进行收入分配，但是由于每个人的能力、资产、机遇存在很大差别,因此出现收入差距悬殊甚至贫富两极分化的可能性是存在的。为防止收入差距悬殊和贫富两极对立,保证社会的稳定,通常需要政府实施相应政策对社会收入分配进行调节,主要的收入政策包括税收政策和社会福利政策。税收政策主要是运用个人所得税来进行调节,同时还附有遗产税、消费税、赠与税、财产税等。社会福利政策包括:实行各种形式的社会保障和社会保险;实行最低生活保障;对贫困者进行培训和提供就业机会;医疗保险与医疗援助;教育资助;改善住房条件;鼓励发展社会慈善事业等。除此之外,还通过劳动立法保护对收入分配进行调节,例如立法规定最低工资水平、改善工作条件和环境等。

【本章小结】

1. 分配理论也称为生产要素价格决定理论,主要解决为谁生产的问题,即研究生产出来的产品怎样在各要素所有者之间进行分配的问题。各生产要素供给者根据自己在生产中所作的贡献获取报酬,劳动者获得工资,资本供给者获得利息,土地供给者获得地租,企业家获得利润。

2. 对生产要素的需求是一种派生的需求或引致的需求,源于消费者对产品的需求,它也是一种联合的、相互依存的需求。生产要素的需求要受到市场对产品的需求、产品的价格、生产技术状况、生产要素价格、产品市场结构以及生产要素市场结构等因素的影响。

3. 在其他条件不变的情况下,增加一单位某种生产要素所增加的产量或收益,就是该生产要素的边际生产力(*MP*)。以实物表示的生产要素边际生产力称为边际物质产品(*MPP*);以货币表示的生产要素边际生产力称为边际收益产品(*MRP*);以边际要素所生产的产品市场价格表示的生产要素边际生产力称为边际产品价值(*VMP*)。在完全竞争市场条件下,$MRP = VMP$。边际生产力曲线是一条向右下方倾斜的线,与生产要素需求曲线重合。

4. 生产要素的需求和供给决定了生产要素的价格和使用量。劳动的需求和供给决定了劳动力市场均衡时的工资水平,但在非完全竞争市场条件下,工会的存在会对工资的决定产生影响。资本的需求和供给决定了资本市场均衡时的利息率,利息率对资本市场具有调节作用。土地的需求和供给决定了土地市场均衡时的地租,随着经济的发展,对土地的需求不断增加,而土地的供给不变,导致地租有不断上升的趋势;由于土地肥沃程度、地理位置等差异,形成了级差地租,级差地租也有不断上升的趋势。

5. 固定资产在短期内所得到的收入,称为"准地租";生产要素所有者得到的实际收入高于他所希望得到的收入,称为"经济租"。准地租只在短期内存在,经济租在长期内也存在。

6. 利润包括正常利润和超额利润。正常利润是企业家才能的价格,是一种特殊的工资。超额利润包括创新利润、风险利润、垄断利润,前两种超额利润是合理的,最后一种超额利润是不正当的,是市场竞争不完全的结果。

7. 国际上通常用洛伦茨曲线和基尼系数来衡量社会收入分配平等程度。洛伦茨曲线越向右下方弯曲，社会收入分配越不平等；越接近直线 OY，社会收入分配越平等。基尼系数介于0 ~ 1之间，基尼系数越小，社会收入分配越平等；基尼系数越大，社会收入分配越不平等。

【思考题】

1. 简述生产要素需求的性质以及影响生产要素需求变动的主要因素。
2. 说明劳动的供给曲线为什么是一条先向右上方后向左上方弯曲的曲线。
3. 简述利息在经济生活中的作用。
4. 举例说明级差地租的形成与决定。
5. 简述超额利润的种类及来源，以及它们是否合理，为什么？
6. 什么是洛伦茨曲线和基尼系数？它们有何用途？
7. 假如有两个社区，在一个社区中，10 个家庭每家有1000 元收入，10 个家庭每家有200 元收入；在另一个社区，10 个家庭每家有2000 元收入，10 个家庭每家有220 元收入。请问：① 哪个社区收入分配更不平等？哪个社区贫困问题可能更严重？② 你喜欢哪一种收入分配？不喜欢哪一种收入分配？为什么？

【综合案例】

农村劳动力流动和上海市劳动力市场

随着我国工业现代化进程的不断发展，农村劳动生产率的普遍提高，以及户籍制度的逐渐松动，农村剩余劳动力大量涌入大城市的现象已经司空见惯。根据上海市历次流动人口调查资料统计，进入上海市的外来劳动力1983 年只有3 万多人，到20 世纪80 年代中期就超过了50 万人，1993 年则突破210 万人，平均年增长率达到46%。而同期上海市人口增长率缓慢，1983—1993 年上海市常住人口年均增长率仅0.81%。我们可以通过有关数据来考察上海市自身劳动力资源的利用情况。第三次人口普查中，劳动力资源占常住人口的比重约为66.6%，第四次人口普查中该比例约为63.9%，变化不大，所以可以认为，在这段时间内，上海市本地的劳动力资源已经得到了较充分的利用。

再来看看上海市劳动力就业情况的变化。1983—1993 年间，上海市总体就业水平年均增长率约为2.46%，远远高于上海市本身常住人口及相应的劳动力资源的增长速度。如果我们把观察的尺度再调得细一点，不难发现，1983—1988 年，上海市总体就业水平年均增长约1.93%，而1988—1993 年间，相应的增长速度约为2.57%。同时，有资料显示，1983—1988 年，上海市外来劳动力增加了50 万，1988—1993 年，则增加了125 万。根据以上的数据，我们不难得出这样的结论，从改革开放初到1993 年，大量外来劳动力的进入成为上海市劳动力供给总量扩大的主要源泉。

不仅如此，进一步的改革还把原本存在于国有企业的“隐性失业”问题显性化。据统计，截至1996 年年底，上海市累计下岗人员已达109 万人。这样一来，200 万外来劳动力的涌入和100万上海市下岗职工转岗之间的并存和冲突，形成了上海市劳动力市场的新特点。

在原有的城乡二元就业结构下，城乡劳动力所从事的工种并不相同。外来劳动力能获得的工作种类比较集中，一般多是苦累脏险，本地人不愿意干的，以及对技术水平要求比较低的简单重复型工作。本地劳动力和外来劳动力的工资水平也有较大差距。如果把劳动力的不同劳动生产率和本地正式合同工的各种保障福利津贴计算在内，雇佣相同条件的本地劳动力和外来劳动力的成本之比达到5∶1。

市场机制的发展和完善必然要冲破二元劳动力市场的制度界限。很显然，外来劳动力的"质量 —— 工资"比高于上海市本地劳动力的。这样，随着企业逐渐拥有用工自主权，市场竞争机制逐渐完善，企业就一定会按照边际成本等于边际收益的准则来决策是否雇佣一个劳动力。从而企业将更倾向于雇佣外来劳动力，这一点是不言而喻的。

在这场竞争中，处于更加不利地位的则是超过百万的下岗职工，他们不得不加入到劳动力市场中去，和外来劳动力一起竞争有限的就业机会。他们中的大多数人年龄处于36 ~ 45岁，而女性职工的比例高达68.9%，绝大多数人只有初中以下的文化程度。相比之下，外来劳动力年富力强，年龄大多在30岁以下，并且以男性为主，文化程度也相对较高，能吃苦，愿意接受较低的工资报酬，服从企业的用工安排，这无疑比下岗职工更有吸引力，在第二产业尤其如此。

面对现实，清醒的上海人也作出了理智的决定，在他们以前不屑一顾的餐饮业、零售业等第三产业中，我们可以看到很多下岗工人以餐厅服务员、超市营业员或社区服务人员的身份出现，甚至一些苦累脏险的岗位中也出现了上海人。

可以看出，随着原有严格身份等级隔绝体制的逐渐消除，上海本地劳动力的期望工资水平将逐渐和外来劳动力的相接近，二元市场结构将逐渐被打破，从而有可能在中国首先形成城乡相通的统一劳动力市场。在此，我们也看到了供求规律、市场竞争的强大威力。随着改革的进一步深入，不符合市场规律的事情将会得到纠正。

资料来源：根据相关统计资料编写。

【讨论题】

农村劳动力流动的主要因素有哪些？对我国经济有哪些重要的影响？

第七章　市场失灵与政府干预

【学习目标与要求】

熟悉市场失灵的含义；掌握公共物品的分类；掌握外部性的种类，以及垄断和信息不对称所引起的市场失灵；理解政府干预的理由及方式；掌握政府近年来加强干预的根本动因；了解导致政府干预失效的因素，以及这些失效因素对政府干预带来的影响。

【学习重难点】

市场失灵的原因的分析，说明市场失灵与帕累托最优间的关系。

1. 垄断和反垄断政策
2. 外部影响
3. 公共物品
4. 不完全信息
5. 公共选择

第一节　市场失灵

一、市场失灵的含义

完全竞争的市场是在一系列理想下的假设条件下才能使整个经济达到一般均衡，并最终使资源配置达到帕累托最优状态。当代西方经济学家也不得不承认：作为他们分析的出发点和前提的这种完全竞争的市场模式在现代经济生活中并不存在。比如：买卖双方都是市场价格的接受者，所有商品都是同质的，所有生产要素可以完全自由流动，买卖双方都具有完全的市场信息等，这些假定前提在现实的资本主义经济中都并不存在。正因为现实的市场存在诸多不完备性，因此，市场经济在许多方面都不能调节资源的有效机制配置，市场机制不能真正地发挥作用，甚至还会导致某些不利于社会公平的负效果，这种情况被称为“市场失灵”。

市场失灵最早是由美国经济学家弗朗西斯·M. 巴托1958年在《市场失灵的剖析》中提出的。西方经济学认为生产市场失灵主要有四种基本情形，即公共产品、外部性、垄断和不对称信息等。由于现实中所有的市场都不是完备的，信息总是不完全的、道德风险和逆向选择问题对于所有的市场来说是各有特点的，因此经济中的市场失灵问题是普遍存在的。

二、公共物品

1. 公共物品的含义

公共物品(Public Goods)是指私人不愿意或无能力生产而由政府提供的具有非排他性和非竞争性的物品。例如:一个国家的国防、警务、公共卫生、道路、广播电视等都属于公共物品。公共物品是与私人物品相对应的概念,一种物品要成为公共物品,必须具备以下特性:① 非排他性。公共物品的非排他性是指无论是否付费,任何人都无法排除他人对该产品的消费。之所以会出现免费消费,是因为要么技术上不允许,要么由于收费的成本太大而放弃收费。例如一个国家的国防一经设立,就无法因为某人对国防力量没有贡献而将他排除与国防保护之外。② 非竞争性。公共物品的非竞争性是指任何人对某一物品的消费,都不会给他人对该产品的消费造成影响。即人们无法排斥别人对同一物品的共同享用,也不会由于自己的加入而减少他人对该公共物品享用的质量与数量。例如,夜间走路,我享用路灯的照明,你也同样享用路灯的照明,我对路灯的消费丝毫不减少你从路灯照明得到的效用。③ 不可分割性。公共物品的不可分割性是指公共物品的供给与消费不是只限于某一部分人或利益集团,而是面向所有人的;公共物品也不能分成细小的部分,只能作为一个整体被大家享用。例如一个国家的国防、警务、消防、公共卫生等都不能再分割成细小的部分,只能作为一个整体被人们使用。

2. 公共物品的分类

根据公共物品所具有的非排他性和非竞争性的不同程度,公共物品可以分成纯公共物品和准公共物品两类。

(1) 纯公共物品。纯公共物品(Pure Public Goods) 是指同时具有非排他性和非竞争性的产品,如国防、外交、天气预报等。纯公共物品必须以不拥挤为前提,否则随着消费者数量的增加会影响他人的消费,从而影响公共物品的性质。如节日期间,免费的露天广场就会由于拥挤而具有竞争性。

(2) 准公共物品。准公共物品(Quasi Public Goods) 是指具有不完全排他性和竞争性的产品。准公共物品又分为两类:一类是具有非竞争性和排他性的物品,称为俱乐部物品,如有线电视、社区绿化等;一类是具有非排他性和竞争性的物品,称为公共资源,如公海中的鱼类资源、拥挤的免费道路等。

与公共物品相对物品是私人物品(Private Goods),它是指既具有排他性又具有竞争性的产品,如家具、自行车等。由此,我们可将物品的分类用表 7 - 1 来表示。

表 7 - 1　　物品的分类

	非排他性	排他性
竞争性	公共资源	私人物品
非竞争性	纯公共物品	俱乐部物品

3. 公共物品导致市场失灵

公共物品本身所具有的特性,使得任何私人部门都不愿意或不能充分提供。因此,其产量会低于合理的水平，即达不到帕累托最优状态下的产量水平，由此会造成社会福利的减少和资源的浪费。此时，市场机制在公共物品的提供上不能较好地发挥作用，导致市场失灵。

(1) 公共物品的非排他性导致市场失灵。由于公共物品具有非排他性，非排他性使得任何购买公共物品的人都不能独自占有该产品所能提供的全部效用或收益，都不能阻止别人去无偿的享用该产品。因此，尽管公共物品的社会潜在收益大于它给单个购买者带来的收益，但潜在的购买者在做出支付决策时并不会将他人的潜在收益考虑在内，公共产品的提供者就要独自承担提供该物品的全部成本。这样一来，任何人都想无偿地去享用别人提供的公共物品，继而出现搭便车行为。所谓"搭便车" 就是虽然参与了公共物品消费，但却不愿意支付公共物品的生产成本，完全依赖他人对公共物品生产成本的现象。一旦搭便车者的增多，就会使得公共物品的提供者减少或几乎没有，最终导致资源配置效率的低下，造成市场失灵。例如，你在公寓的楼梯上安装了一盏路灯，其他上上下下的人统统借光，他们从路灯上得到的好处，并没有因为不付费而有丝毫的减少。既然不用付费就同样能享用公共物品，那何必要自己掏腰包购买呢?如果大家都想搭别人的便车，期待他人购买公共物品，结果便没有公共物品。这就是居民区楼道里常常是一团漆黑的原因。因此公共物品的非排他性特征使得由市场提供公共物品带来了严重的问题:即使某种公共物品带给人们的利益要大于生产成本，私人市场也不会提供这种物品。

(2) 公共物品的非竞争性导致市场失灵。公共物品具有非竞争性，一旦公共物品被供应了，多一人享用的边际成本为0，这时多一个消费者享用，其他人的效用并没有减少，这是帕累托改进。例如，当行人和车辆的数量没有超过一条公路的设计能力时，每一增加一辆车通过，就是一个怕累托改进。从效率的角度来看，应该让所有的车辆和行人都免费享用公共物品。以任何方式限制一部分人享用公共物品都会造成效率的损失。但是消费者都想搭便车，那又如何支付公共物品的生产成本呢?市场机制的驱动之一就是利润，如果连生产成本都无法收回，企业是不会提供公共物品的。

既然公共物品的固有特征使得市场机制在公共物品的有效配置显得无能为力，那么由政府或公共部门开支安排，并根据社会福利原则来分配公共物品，就成为解决"搭便车" 问题的唯一途径了。这也就是为什么公共产品通常要由政府来提供的原因。需要指出的是:政府提供公共物品，不等于政府生产公共物品。公共物品的生产并没有特殊性，因此政府提供的公共物品可以由私人企业来生产，比如在西方国家，国防设备和装置是由政府向私人企业订购的。

三、外部性

1. 外部性的含义

外部性(Externality) 是指经济活动的当事人对其他人所造成的无法通过价格体系反映的影响。当市场交易对交易双方以外的第三者产生影响，并且这种影响又不能反映为市场价格时，就会出现外部性。外部性是一方对另一方的非市场影响。这里所说的"非市场性" 的影响是指一种活动所产生的成本或利益无法通过市场价格反映出来的，而是无意识强加于他人的，施加这种成本或利益的人并没有为此付出代价或得到收益。例如，周围人吸烟会给你带来危害，但你却不能要求赔偿；当你欣赏到邻居家阳台的鲜花时，会有一种美的享受，但却无需付费。这些都是外部性的表现。

2. 外部性的种类

根据外部性对他人福利造成的影响，可以将其分为正外部性和负外部性；根据外部性发生的领域，可以将其分为生产外部性和消费外部性。

(1) 生产正外部性。当某个厂商的生产经营活动给其他厂商或别人产生有利的影响，即带来收益时，生产正外部性就产生了。这种情况会使生产者从其活动中得到的私人利益小于该活动带来的社会利益。例如，在你公司接受过业务培训的职工跳槽到其他单位，此时，你公司的行为就给其他单位提供了技术更高的劳动力，有利于该单位的生产，但却不能从该单位索要培训费用。

(2) 消费正外部性。当某个消费者的行为给他人产生有利的影响，即带来收益时，产生消费正外部性，即消费者从其消费活动所获得的利益，小于该活动所产生的社会利益。例如，某人进行了肝炎疫苗接种，不但可使自己不患肝炎，并且由于减少了肝炎传染源而使他人感染此病的概率大大降低，有利于他人身体健康。

(3) 生产负外部性。当某个厂商的生产经营活动给其他厂商或别人产生不利的影响，即带来损失时，会产生生产负外部性，此时，生产者会使为其行为承担的成本小于社会成本。例如，上位于火车站、飞机场附近的居民没有因为这些交通工具的噪音而得到补偿。

(4) 消费负外部性。当某个消费者的行为给他人产生不利的影响，即给他人造成损失或不利影响时，产生消费负外部性，即消费者为其消费活动所支付的成本小于该活动所产生的社会成本。例如，私人轿车方便了个人的出行，但汽车尾气的排放会污染环境，损害他人的身体健康。

外部性的以上分类可以用表 7 - 2 来表示。

表 7 - 2　　外部性的分类

分类标准		发生领域	
		生产	消费
对他人影 响	收益	生产正外部性	消费正外部性
	损失	生产负外部性	消费负外部性

3. 外部性导致市场失灵

由于外部经济效应的存在导致经济活动给外部人带来的后果由于没有得到市场的承认，当事人不必承担外部负的外部经济影响造成的损失，也无法从正的外部经济影响中得到报酬，该经济活动的私人成本(或私人收益) 与社会成本(或社会收益) 便不一致，市场培植资源的效率将因此而降低，从而导致市场失灵。

下面结合一个关于政府治理污染的例子来认识外部性和市场失灵之间的管理关系。

在政府不对污染进行管理的前提下，对于完全竞争的造纸厂行业，厂商的私人成本仅包括原料、劳动、资本、管理等费用，而对社会来说，除此之外还包括生产过程中被排放的污水对社会造成的损失——污染成本，即造纸厂的生产给社会带来了负的外部经济效应,此时的私人成本与社会成本便不一致。但在市场经济中,经济生活的决策基于私人成本与私人收益的比较,因此,所有造纸厂商的边际成本曲线水平相加就构成了纸张市场的供给曲线(图中的MC_r),它与市场需求虚线D相交于F点,市场机制决定的产量是Q_F。但对社会来说,伴随着每一单位的产量都将承受外部成本,假设外部边际成本曲线为MEC,则生产纸张的社会边际成本曲线将是MC_s($MCS = MCR_r + MEC$),社会的最优均衡产量应为Q_E。

可见存在负外部经济影响的时候,市场均衡与最优社会均衡相比,产量过多。同样道理,虽然污水处理的使用可以减少污染,净化环境。但使用污水处理设备的厂商从中得到的私人边际成本要小于社会边际收益,也就是说该设备的使用给社会带来了正的外部经济影响。在市场经济中,经济活动的决策基于私人成本和私人收益,使用设备厂商的边际收益曲线水平相加就构成了市场需求曲线D(如图7-1所示),它与市场设备供给曲线S相交于F,市场机制决定的产量是Q_F。

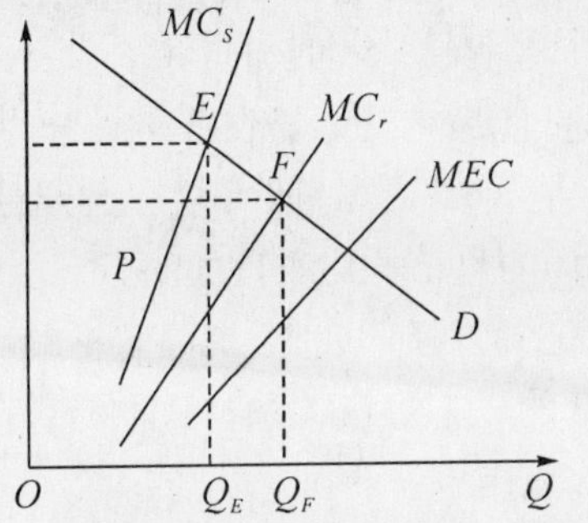

图7-1 负外部经济性引起市场供给过度

而对社会来说,伴随着每一单位设备的使用都将享受外部收益,假设外部边际收益曲线为MEB,则设备的社会边际曲线是D_S($D_S = D + MEB$),社会的最优均衡产量应为Q_E。可见,在存在外部经济效应时,市场均衡与最优社会均衡相比,产量过低,如图7-2所示。

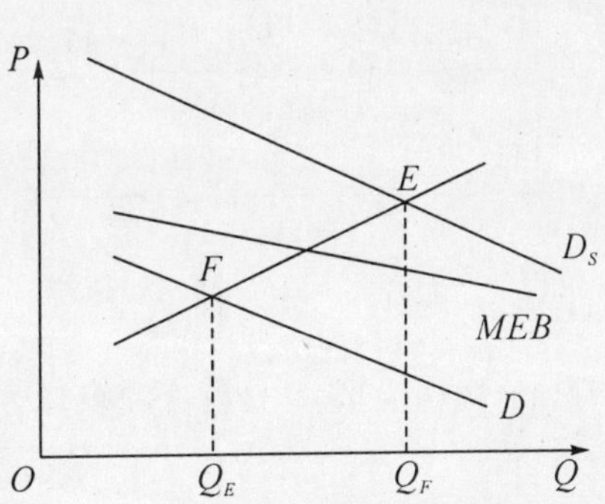

图7-2 正外部经济性引起市场供给不足

外部经济效应的存在使市场最优决策偏离了社会最优决策,从而带来了资源配置效率低下和社会福利的降低,产生市场失灵。

在完全竞争的市场中，当存在只增加社会福利而不增加个人收益的正外部性时，企业和个人的产量可能会低于社会最优产量；而当存在只增加社会成本而不增加个人成本的负外部性时，企业和个人的产量可能会超过社会最优产量。因此，外部性的存在，使私人的边际成本或边际收益与社会的边际成本或边际收益发生背离，所以，当个人作出决策时，为了实现个人利益最大化，会忽略其行为带给他人或企业的效益或成本，从而使竞争的结果变得没有效率，资源的配置达不到最优水平，最终导致整个社会福利的下降。

四、垄断

垄断是指整个行业中只有唯一一个厂商的市场组织。垄断是市场不完善的表现，垄断市场是一个产量较低而价格较高的市场。它的存在，不仅造成资源浪费和市场效率低下，而且使社会福利减少。

1. 垄断造成市场效率低下

在垄断市场条件下，垄断厂商为实现自身利益最大化，也会像竞争厂商一样努力使生产定在边际收益等于边际成本的点上，但与竞争企业不同的是，垄断市场的价格不是等于而是大于边际收益，因此，他最终会选择在价格大于边际成本的点上组织生产。垄断厂商不需被动地接受市场价格、降低成本，而可以在既定的成本水平之上加入垄断利润形成垄断价格。所以，垄断市场的价格比竞争市场高，产量比竞争市场低。

这样，一方面，导致厂商丧失了降低成本、提高效率的动力；另一方面，抬高的垄断定价成为市场价格，扭曲了正常的成本价格关系，对市场资源配置产生误导，造成一种供不应求的假象，导致更多的资源流向该行业。

2. 垄断造成社会福利损失

垄断对社会福利造成损失主要表现为使消费者剩余大大减少。消费者剩余是指消费者愿意为某种商品或服务支付的最高价格与他实际支付的价格之差，如图 7 - 3 所示。

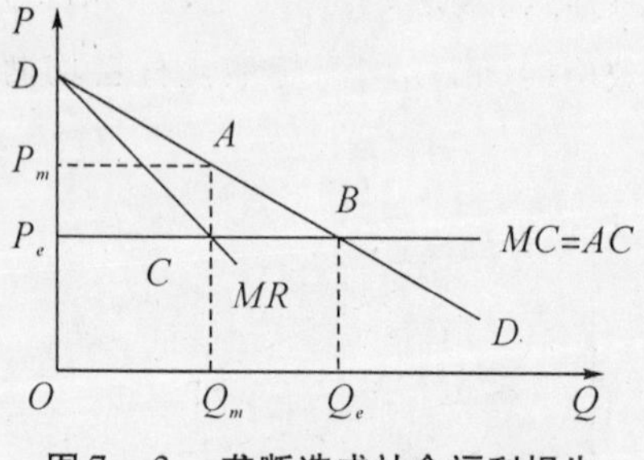

图 7 - 3　垄断造成社会福利损失

在图7 - 3 中，Q 代表产量，P 代表价格，D 是需求曲线，MR 是边际收益曲线。在完全竞争条件下，高于均衡价格 P_e 的价格反映的效用水平就是消费者剩余，即图中ΔDBP_e 部分。在垄断条件下，高于垄断价格 P_m 的价格反映的效用水平就是消费者剩余，即图中ΔDAP_m 部分。显然，前者大于后者，两者之差即 AP_mP_eB 部分，其中 ACP_eP_m 部分为垄断利润，ΔABC 部分就是社会福利损失，即垄断产量限制对社会造成的损失。

3. 垄断造成寻租

寻租(Rent - Seeking)通常指那些通过公共权力参与市场经济从而谋取非法收益的非生产性活动。在垄断市场条件下,垄断厂商为获取垄断利润,就必须保持其垄断地位,为此而付出的花费和开支就是寻租成本。如向政府游说或贿赂立法者、采取合法手段规避政府的管制以及进行反垄断调查等发生的费用都属于寻租成本。由于寻租成本未用于生产性经营活动,因此会造成社会资源的浪费和社会福利水平的降低。

五、信息不对称

1. 信息不对称的含义及原因

完全竞争市场上能够实现帕雷托最优状态的一个重要假定就是完全信息,即市场交易双方对交易产品具有充分的信息。然而,在现实生活中,人们对信息的掌握是不完全的,而这种不完全又往往表现为信息的不对称。信息不对称(Asymmetric Information)是指参与经济活动的当事人拥有不同信息的状况,即有些人拥有比其他人更多的相关信息。例如,商品的卖方要比买方掌握更多的关于产品质量和数量等方面的信息。

信息不对称的产生是多种因素造成的。首先,获取信息需要成本。其次,由于人们认识能力的局限性和差异性使其不可能掌握全部的信息。此外,充分占有信息的一方会为了自身利益而对对方隐藏信息。

2. 逆向选择

逆向选择(Adverse Section)是指市场的一方不能察知市场另一方的商品的类型或质量时,市场中大量的劣货会排挤好货并最终占领市场的过程。逆向选择最经典的例子是二手车市场。在该市场上,既有质量较好的二手车也有质量很差的二手车,但只有卖者掌握车的质量信息,而卖者对其缺乏了解。因此,在该市场上,双方的信息是不对称的。购买者此时的出价会介于质量较好的二手车价格与质量很差的二手车价格之间。这样一来,质量较好的二手车,质量高于价格,车主会不愿进入或退出此市场;而质量很差的二手车,价格高于质量,车主愿意进入或留在此市场,最终导致该市场上的车都是质量较差的二手车。但是,当购买者知道他要买到的车是质量较差的二手车时,他会降低自己的出价,这又会使得比质量最差的二手车稍好一些的二手车退出市场,最后质量最差的二手车占据了整个市场。

3. 道德风险

道德风险(Moral Hazard)指的是人们享有自己行为的收益,而将成本转嫁给别人,从而造成他人损失的可能性。即从事经济活动的人在最大限度地增加自身效用的同时做出不利于他人的行动。举个在保险市场发生道德风险的例子,对于有车族来说,在他们购买保险之前,都会十分在意自己汽车的安全问题,他们会采取非常严密的防盗措施,如雇用保安巡逻或将车放在上锁的车库里。但如果保险公司表示愿意为他们的汽车投保,赔偿额较低时,他们依然会比较注意做好防盗措施,因为一旦汽车丢失,他们要承担大部分损失;当赔偿额较高时,他们可能会较少地关注汽车安全问题,因为此时大部分损失要由保险公司承担;当保险公司完全赔偿额时,他们可能会根本不再关心汽车的安全问题,也不再采取任何的防范措施,因为此时汽车失盗他们将得到全额赔付,自己几乎没有损失,而采取安全措施除了给他带来费用之外几乎没有任何收益。

经济生活中的信息不对称,使逆向选择和道德风险问题普遍存在,这一方面造成了交易市场的严重萎缩,另一方面导致社会资源的极大浪费,影响了资源的配置效率。

4. 委托代理问题

经济学上的委托一代理关系泛指任何一种设计非对称信息的交易,交易中有信息优势的一方称为代理人,信息劣势的一方称为委托人,当委托人受雇佣代理人来代表委托人完成某些指定的任务时,代理人可能不以委托人所请求的方式行为,而且委托人不能直接监督代理人的问题,这就是“委托一代理问题”。委托一代理关系在经济生活中广泛存在,例如,我们经常委托律师来代理自己的相关事务。委托代理问题实际上有三个重要特征:第一,委托人利益的实现取决于代理人的行为;第二委托人的目标不同于代理人的目标;第三有关代理人行为的信息是不对称的。代理人的信息明显要多于委托人的信息,代理人的行为不易直接被委托人所观察到。

以一个企业中的企业所有者与企业雇员为例。企业所有者的利益实现取决于所有雇员的工作努力程度,但是,由于企业主和雇员之间目标不同,并且双方掌握的信息又不对称,于是就产生了委托一代理问题,企业所有者就是委托人,企业的雇员包括经理和工人都是代理人。首先,企业所有者的目标是利润最大化,但这很可能并非就是代理人的目标,代理人都有可能追求自己的工作收入最大化。其次,委托一代理过程不可监督。如果雇员的努力程度是可以观察和监督的,则企业所有者可以采取一些措施制裁雇员的不努力行为。可事实上不管是工人还是经理,其努力的程度都是难以观察到的,而且其监督成本也必然很大。企业所有者不可能时时监督雇员的行为,即使能做到这一点,也不可能知道他们是否百分之百的努力工作了。由此可推断,委托一代理问题中代理人可能由于追求自己的目标,而以牺牲委托人的利益为代价,导致不能达到委托人最优化目标。委托一代理问题在企业中的存在不仅使企业蒙受利润损失,也会造成社会资源配置的效率受损。

解决委托一代理问题的关键是激励。委托人需要确定某种适当的激励促使代理人采取某中适当的行为,从而避免资源的浪费,这需要企业所有者在支付生产要素的报酬上做出某些改进,如可通过建立绩效评定薪酬制、订立利润分享合约等,使经营者与所有者休戚与共。

【专栏知识】

“搭便车者”一词的由来

“搭便车者”一词的英文是“free rider”,它来源于美国西部城市道奇城的一个故事。当时,美国西部到处是牧场,大多数人以放牧为生。在牧场露天圈养的大量马匹对一部分人产生了诱惑,于是出现了以偷盗马匹为业的盗马贼。在道奇城这个城市,盗马贼十分猖獗。为避免自己的马匹被盗,牧场主就联合组织了一支护马队伍,每个牧场主都必须派人参加护马队伍并支付一定的费用。但是,不久就有一部分牧场主退出了护马队,因为他们发现,即使自己不参加,只要护马队存在,他就可以免费享受别的牧场主给他带来的好处。这种个别退出的人就成了“free rider ”(自由骑手)。后来,几乎所有人都想通过自己退出护马队伍来占集体的便宜。于是，护马队解散了，盗马贼又猖獗起来。后来，人们把这种为得到一种收益但避开为此支付成本的行为成为“搭便车”，这样的人称为“搭便车者”。

资料来源：樊纲．市场机制与经济效率．上海：上海三联书店，1995.

第二节　政府干预

一、政府干预的范围

市场经济形成和发展的历史进程不仅向人民结实了市场失灵的种种可能性，而且也提醒人们应当注意避免造成政府失灵。实践证明，现代市场经济运行既离不开市场调节，也离不开正度作用；既需要“看得见的手”，也需要“看不见的手”。政府干预的作用绝不是要弱化市场作用，更不是要取代市场作用，而是为市场的有效运行创造良好的外部秩序。政府干预能否维护和促进市场机制的有效运行，取决于干预的范围、方式和力度，也就是政府干预机制与市场机制的具体结合。因此，市场是经济运行和资源配置的基础，维护市场经济应该形成内在的合乎逻辑的统一。市场调节过强，政府调节过弱，可能导致经济很混乱；政府调节过强，市场调节过弱，又可能导致经济被管得过多、控制太死。在社会经济运行中，我们必须找到两者之间的作用边界及结合方式。

划分市场调节与政府调节的范围，实际上就是划定政府干预的范围。凡是市场机制能够有效调节的领域，政府可以放任不管；凡是市场调节不好或者调节不了的领域，政府要对其结果进行干预、纠正或直接调节。调节活动是一系列预测、决策、执行、检查、监督行为的综合，是信息的收集、存储、加工、输出、反馈过程，政府调节需要相应的机制、系统和人员，支付一定的人力、物力、财力。所有这些构成了政府成本，是社会财富的耗费。另外，政府调节可以改善经济运行状态，增长社会总产出，这是政府调节的收益。只有在调节收益大于成本时，政府的作用才是必要的；否则，就是多余甚至是有害的。从调节成本角度看，政府调节的范围不存在一个刚性不变的边界，而是一个具有高度弹性的模糊集合。国民经济调空当局需要根据不同的情况选择，以取得最佳效益。这就需要政府决策者具有驾驭社会经济的能力、知识和技艺。

二、政府干预的方式

失灵的存在，说明政府干预的必要。在充分发挥市场机制这只“看得见的手”在资源配置中的基础作用的同时，还要辅之以政府干预这只“看不见的手”的作用。市场调节与政府干预、自由竞争与宏观调控，紧密相连、相互交织、缺一不可。如政府可以保护和维护市场，通过宏观调控纠正市场缺陷，弥补市场的不完全性。既然政府干预的理由在于市场失灵的存在，因此市场失灵的领域就决定了政府经济职能的范围和内容。

市场失灵是公共物品、外部性和垄断、信息不对称等不同因素共同作用的结果。因此，政府在实施干预时，必须根据市场失灵的原因有针对性地采取政策和措施，最大限度地解决资源配置效率问题。

1. 针对公共物品原因导致的市场失灵的政府干预方式

(1) 政府在如何确定某一公共物品是否值得提供以及提供多少时，往往采用成本—利益分析的方法。首先估算提供某一公共物品的成本及获得的收益，然后将两者加以比较，最后根据结果确定该公共物品是否值得提供。如果有几个可供选择的公共物品，则分别比较各自的成本与收益，最后选择提供社会净收益较大的公共物品。

(2) 具体来说，政府往往通过以下方式提供公共物品：一是由政府直接经营企业并生产公共物品。二是政府与私人部门签订合同，共同提供公共物品。三是政府以授权、许可的形式委托私人部门提供公共物品。四是政府对私人部门提供补贴，鼓励其提供公共物品。

2. 针对外部性原因导致的市场失灵的政府干预方式

(1) 税收与补贴。英国经济学家庇古(Pigou) 在 20 世纪 20 年代提出了这样一个法则：如果要达到社会总福利的极大化，任何经济活动的边际社会收益与边际社会成本必须相等。因此，通过对造成外部不经济的经济活动，使用水手；对造成外部经济的经济活动，给予补贴的办法来解决外部影响。

然而，尽管庇古的税收方案在理论上能解决外部性问题，但是在实际操作上比较困难。政府要确定最优产量的税收，就必须确切知道边际外部成本，而这种信息对于政府是很难得到的。但是，只要税收不是太高以致超过边际污染成本，税收就能促进完全竞争的产量接近社会最优产量。

我们以教育为例。受教育者能从教育中得到私人利益：如何得到较好的工作，较丰厚的工资，享受比较好文化生活等等。但教育所产生的利益并不局限于受教育者本人。在一个教育程度高的社会里，民主气氛比较好，犯罪和暴力较少。这些都是教育的外部影响，在有正的外部影响的情况下，市场配置将导致产生或消费的不足。因而几乎所有国家的政府都对教育实施某种程度的优惠政策，政府采用公立学校和免费教育的方式，或对私立学校给予非营利机构的免税权利，还给予学生奖学金、助学金或无息贷款、低息贷款，以降低学生求学或学校办学的比较成本，使教育水平提高到社会所需要的水平。

(2) 实行“内部化” 政策。一个企业对另一企业可能产生正外部性或负外部性，但当政府将两个企业进行合并，在合并后的一个企业内部核算成本与收益时，就消除了外部性影响，即使其“内部化” 了。一个企业的生产影响到另一个企业，如果是正的外部影响，则一个企业的生产就会低于社会最优水平；反之，如果是负的外部影响，则第一个企业的生产就会超过社会最优水平。但是，如果把这两个企业合并为一个企业，则此时的外部影响就被内部化了。以造纸和养鱼为例，造纸会给养鱼带来负的外部影响，但如果两者属于一个公司，那么造纸厂给养鱼场所增加的成本仍然是该公司的内部成本，合并似外部影响内部化，合并企业的成本与收益就等于社会成本和收益，资源配置可以达到帕累托最优。

(3) 界定产权。美国经济学家科斯(Coase) 认为外部性之所以产生效率问题，就是因为产权界定不明确。产权不清晰，就无法确定究竟谁应该为外部性承担后果，比如，你的办公室有人吸烟而影响了你的健康，到底是他因吸烟而应该赔偿你的损失呢？还是应该付钱求他到办公室外去吸烟?换句话说,是你有权利享受室内的清洁空气,还是他有权在办公室自由吸烟?

科斯认为只要产权是明确界定了的,并且交易成本为零或很小,则产权无论划归哪一方,交易双方的资源交易都可以使资源获得同样的有效配置。这就是著名的科斯定理。

我们以一个例子来说明以上的定理。假定一个造纸厂排出的污水污染了下游的 5 个渔场,每个渔场由此损失 75 元,5 个渔场共造成 375 元的损失。再假定有两个解决办法,一是花 150 元给化工厂安装一个污水处理设备,二是给每个渔场买一台价值 50 的小型净水器,总共需要 250 元。

如果产权被界定在造纸厂一方,即造纸厂有排污的权利,渔场又想拥有清洁水源,那么他们就会进行商议,5 家渔场共同出钱贿赂造纸厂安装一个价值 150 元的设备,花 150 元的代价避免 375 元的损失,这对渔场是合算的。

如果产权被界定在渔场一方,即渔场有不受污染的权利,那么,处理污染的问题就要由造纸厂来进行了。造纸厂在两种方案中选择的结果是出 150 元安装一个设备比给渔场安装净水器损失要小,也就是说,造纸厂也必然选择一个方案。

这就告诉我们,解决外部影响问题不一定需要政府干预,只要产权界定明确,市场会自动进行合理的解决,在这个过程中,政府只需要承担明确产权的责任。有效的运用国家权力保护产权是市场正常交易的基础,政府在此要做一个裁判而不是一个场上的队员。

(4) 运用行政措施。当采用经济措施和法律措施都难以纠正由于外部性造成的资源配置低效问题时,政府可以采取直接的行政干预、强制性管制措施或推行强制性标准以及采取限制措施对资源配置进行安排或处置。例如政府可以从行政上向生产者提供有关产量最优组合的信息,调整电力和石化等重污染工业布局,严格限制企业厂址的选择等等。政府还可以通过指导和劝说的手段来进行这种调节。日本在 20 世纪 70 年代以前的环境政策对于超出环保包准的企业并不急于罚款或限令停产,而是有主管部门加以裁决,对所管辖企业依不同情况给予“命令”、“要求”、“希望”、“警告”、“建议”以及“奖励”的权限,限制很少。唯一的条件是受指导者必须在指导者的管辖范围内,并所有的指导不与法律产生矛盾。这种行政指导甚至被看成是使得日本成功地跻身于世界工业强国的重要原因之一。在公共资源领域,政府还可以建立制度框架来进行管理。国家强行建立限制捕鱼区,规定渔网每平方米的孔数、孔径大小和其他限制措施,以便减缓这些公共资源的过度使用和无效率厂现象。在美国,石油资源可以归个人所有,但政府拥有对其实施包括分配制度、管理制度甚至在生产过程中使用何种资源及设施在内的干预权限。在私人消费领域和一些公共场合中,政府也可以通过颁布禁令和规则,降低外部性造成的影响,使资源浪费达到最小。

3. 针对垄断原因导致的市场失灵的政府干预方式

(1) 制定反垄断法。例如,美国在 1890—1950 年,曾先后制定并颁布实施了谢尔曼法(1890 年)、克莱顿法(1914 年)、联邦贸易委员会法(1914 年)、罗宾逊 — 帕特曼法(1936 年)、惠特 — 李法(1938 年)、塞勒 — 凯弗维尔法(1950 年) 等反托拉斯法。这些法律可以起到削弱或分解垄断企业,防止垄断产生的目的。

对一般性的垄断,政府应制定与实施遏制垄断的反托拉斯政策,以避免或减少垄断。

美国的汽车工业、钢铁工业、飞机制造工业、化学工业、制铝工业等都属于垄断市场。这些市场大部分供给都被少数几个厂商所控制，属于寡头市场。限制和干预垄断的办法主要是颁布反托拉斯法。美国是最早颁布反托拉斯法的国家，1890—1950 年，美国国会通过了一系列的法案和修正案，反对垄断行为。反托拉斯法的基本精神是通过限制垄断厂商来促进有效竞争，被认为是最全面的经济自由宪章。

美国的反垄断法律的基本框架主要由以下三个部分组成：

① 谢尔曼法(the Sherman Act)。1890 年通过的谢尔曼法成为美国反托拉斯法的基石。谢尔曼法第一条限制任何“企图限制贸易”的合同，联合与共谋。第二条则禁止垄断和任何意在垄断的勾结。

② 克莱顿法(the Clayton Act)。通过克莱顿法是为了澄清和强化谢尔曼法。该法禁止连锁董事会，还禁止通过收购竞争对手公司的普通股票进行兼并。这些行动本身并不一定违法，但是当这些行动实际上明显减少竞争时，它们就违法。

③ 联邦贸易委员会法(FTCA)。1914 年成立了联邦贸易委员会，以禁止“不公平的竞争手段”和向那些违背竞争的兼并行为发出警告。1938 年，联邦贸易委员会还被授权禁止欺骗性的不真实广告。反垄断法对维护自由竞争起着积极作用。萨缪尔森指出：谢尔曼法和克莱顿法以及大多数反托拉斯法对我们制度中竞争制度的改善作出了重大贡献。

(2) 公共管制。政府对垄断的管制主要是政府对垄断价格进行管制并进而影响到价格。价格管制就是使管制之下的垄断厂商制定的价格等于边际成本。这样可以将垄断造成的社会福利损失减少到最低限度，以实现资源的优化配置。公共管制有两类：一是对自然垄断行业的管制，另一类是对非垄断行业的官职管制。

① 对自然垄断行业的管制。所谓自然垄断，是一种自然条件，它恰好使市场只能容纳一个最适度规模的公司：自然垄断的基本特征：一是固定资产投资巨大；二是呈现规模报酬递增。铁路、航空、邮电、煤气、供电等公用事业大多数具有自然垄断的特征。

对于自然垄断部门，如果政府准予自由进入，虽然可以加强市场竞争，但是由于市场需求限制，企业难以取得规模经营效果，巨大的固定投资可能被浪费。因此，对于这一类部门，政府采用管制的方法来抑制垄断行为，其中最主要是价格管制。政府应该通过制定合理的收费标准，以便能消除不合理的垄断利润，又能提高资源配置效率。

② 对完全垄断厂商的税收调节。对完全垄断厂商的税收调节大致分为从量税和一次总付税两种形式。所谓从量税是指对厂商所产生的每一单位产品，征收某一固定数量的税收，税收数量随产量变动而变动，对完全垄断厂商征收从量税会使完全垄断厂商的一部分或全部超额利润消失。所谓一次总付税是指一次性征收的税，例如营业执照说。与征收从量税不同，如果对完全垄断厂商恰当的征收一次总付税，既不会改变均衡价格，也不会改变均衡产量，而且能够完全消除完全垄断厂商的超额利润。

4. 针对信息不对称原因导致的市场失灵的政府干预方式

(1) 解决逆向选择问题的措施。要解决非对称信息所引起的逆向选择，不掌握信息的一方，如银行、保险公司，以一定的成本搜寻信息以改善自己在交易重点的信息劣势，这叫做筛选。比如保险公司要求投保人填写开车人的年龄、婚姻状况、何时取得驾照，一般来说，年龄大些、有家室的、驾龄长的出事故的可能性小。保险公司还可以查看开车人以往的事故记录。类似的，在医疗保险业务里，通常要对申请人进行健康检查。招聘也有各种筛选标手段，最简单的是看文凭，顾主在无法直接确定雇员能力的条件下，只能以教育为筛选标准。招聘单位还可以通过考试或试用期来区别、发现雇员能力。在信贷市场中我们看到许多金融机构都建立客户的信用档案，对客户进行评级，将不同信用登记的借款人区分开来。

处于信息劣势的一方还可以设计一种机制，诱导处于信息优势的一方透露各自隐藏信息，让他们自己“对号入座”，这种自我选择也可以运用到筛选过程中，这就是“信息甄别”。例如保险合同里常有抵扣一款，即损失发生后，投保人承担部分损失，抵扣越大、保险费越低；抵扣越小、保险费越高。这样做的原理是，风险高的人由于出事故的概率高，他们会选择自己承担损失比例小、保费高的合约；相反出，事故概率低的投保人宁愿选择抵扣大、保费低的合约。这样保险公司就成功地将风险高和风险低的投保人筛选出来了。

(2) 解决道德风险问题的措施。防止滋生道德风险，很多行业实行不同形式的抵押制度，比如：一是预付保证金，二是订立合同，三是树立品牌声誉，四是效率工资。在交易或合同执行过程中，一方发现有欺诈或不适当行为，则抵押物归收押方所有。比如在信贷市场，金融机构要求借款人提供担保或者是抵押，这样，一旦借款人违约，金融机构就可以利用担保品或抵押来弥补损失。在建筑市场，承包方通常要交一笔押金，若竣工工期、建筑质量等未能按照合同实现，则抵押方就放弃这笔押金。但低压制度存在两个问题：一是抵押金太高，超出抵押方支付能力，使抵押制度难以实施；而抵押金太少，违约的成本太低，又起不到相应的约束作用。二是收押方也会发生道德风险，例如竣工后，收押方对工程质量吹毛求疵，千方百计侵吞抵押金。

另外，处于信息劣势一方加强信息优势一方的监督，以防范道德风险。董事会监督总经理，总经理监督部门经理，部门经理监督车间主任…… 强化监督通常会提高成本，比如增加监工数量可以减少工人偷懒的机会，但也会同时提高企业的人工成本。另外，越是复杂的交易活动，对其监督也就越难。例如对普通工人，生产的产品数量多、次品少，一般就能确定其工作能力和努力的程度。但是对总经理是否勤奋工作，即使你每天都盯着他工作，也很难判断其工作用心与努力的程度，他可能看起来整天都忙忙碌碌，但一事无成，如果用利润考核总经理也不太合适，影响利润的因素很多，经理可以找出很多理由来推卸自己的责任，并且如果以利润为考核的关键指标，那么经理很可能会为了追求短期利益而损害公司的长期利益。

对付道德风险的另一种方法是提供激励，激励机制可以看成是委托人和代理人之间的一个合同。依据不同的交易环境，委托人和代理人可以是股东、经理和员工、原告或被告和律师、保险公司和被保险人等。通过激励使得当事人的预期报酬和他本身的行为或决策联系起来，以诱导出适当的行为。例如对于经理的报酬，除固定工资以外，相当一部分是和利润挂钩，有的还和将来的股票价值挂钩。这些报酬制度都是为了使经理和股东的利益一致，从而诱导经理采取双方都有利的行为。

【专栏知识】

为什么黄牛没有绝种？

历史上，许多动物都遭到了灭绝的威胁。即使现在，像大象这种动物也面临着这样的境况，偷猎者为了得到象牙而进行疯狂捕杀。但并不是所有有价值的动物都面临这种威胁。例如，黄牛作为人们的一种有价值的食物来源，却没有人担心它会由于人们对牛肉的大量需求而绝种。

为什么象牙的商业价值威胁到大象，而牛肉的商业价值却成了黄牛的护身符呢？这就涉及产权的界定问题。因为野生大象没有确定的产权，而黄牛属于私人所有。任何人都可以捕杀大象获取经济利益，而且谁捕杀的多，谁获取的经济利益大。而黄牛生活在私人所有的牧场上，每个农场主都会尽最大努力来维持自己牧场上的牛群，因为它能从这种努力中得到收益。

政府试图用两种方法解决大象的问题。如肯尼亚、坦桑尼亚、乌干达等非洲国家把捕杀大象并出售象牙作为一种违法行为，但由于法律实施难度较大，收效甚微，大象种群仍在继续减少。而同在非洲，纳米比亚以及津巴布韦等国家则允许捕杀大象，但只能捕杀自己土地上作为自己财产的大象，结果大象开始增加了。由于私有产权和利润动机在起作用，非洲大象或许会像黄牛一样摆脱灭顶之灾。

第三节　政府失灵论

当市场失灵时，政府在公共部门中所起的作用十分明显。但是不是政府对经济的干预总能发挥有效作用呢？答案是否定的。政府的作用是弥补市场的缺陷，使干预后的社会福利得到改进，然而政府调节机制也存在内在的缺陷，政府干预也并非万能，同样也会出现政府失灵。政府失灵主要有两种表现：一是干预过度，即超出了所需要的范围和力度。这种干预不仅不能弥补市场功能的不足；相反，还限制了市场机制的作用的正常发挥，引起经济关系的扭曲，降低了资源配置的效率。二是政府干预无效，即干预的范围和力度不够，或干预的目的和方式的选择不合理。这种干预不足以维持市场运行机制和合理需要，不能使市场的功能按照干预所设定的目标发挥正确的作用，也必然会导致政府失灵。

一、政府失灵的原因

总的来说，导致政府干预失效的因素主要有以下五个：

1. 政府利益取向的非中性，使政府干预并非必然

政府干预的一个前提条件是它应该作为社会公共利益的化身对市场运行进行公正无私的调控，公共选择学派把政府官员视作亚当·斯密所说的“经济人”这一假设，固然有失之偏颇之处，但现实中的政府的确不总是那么高尚。在现实生活中的政府，无论是政府官员还是政府机构都有各自的行为目标，致使政府干预的公正性与超脱性并非必然。政府机构谋求内部私利而非公共利益的所谓“内在效应”(Interalities) 现象在资本主义

国家的"金元"政治中有着淋漓尽致的表现。在社会主义国家,同样在理论上不能完全排除政府机构的"内在效应"可能性,在实践中,政府机构也会发展一些脱离公共职能的规则和标准,用以谋求内部私利而非公共利益,如追求政府规模最大化,少数政府官员的腐败行为等。政府部门这种追求私利的"内在效应"必然极大地影响政府干预下的资源配置的优化,如同外在效应成为市场失灵的一个原因一样,"内在效应"则是政府失灵的一个重要根源。

2. 公共决策的失误

政府是代表公众进行公共决策的政治机构,然而,公共决策作为非市场决策有着不同于市场决策的特点,市场决策是以个人为决策主题的,以私人商品为决策对象,通过竞争性的市场来实现;而公共决策是一忘记体作为决策主题,以公共物品作为决策对象,通过按照某种政治次序运行的政治市场来实现,也就是公共选择。因此,相对于市场决策,公共决策是一个牵涉面广、制约因素多的十分复杂的过程,使得政府难以制定并实施这种合理的公共决策,导致公共决策失误。另外,正确的决策必须以充分可靠的市场信息为依据,但这种信息是在无数分散的个体行为之间发生和传递的,政府很难完全占有。另外,由于现代社会化市场经济活动的复杂性和多变性,增加了政府对信息的全面掌握和分析处理的难度,正确的决策必须要求决策者具备很高的素质。政府进行宏观调控,必须基于对市场运行状况的准确判断,制定调控政策,采取必要手段,这在实践中是有相当难度的。即使判断准确,政策工具选择和搭配适当,干预力度也很难确定。而干预不足与干预过度,均会造成"政府失灵"。而现实中的政府官员很多并不具备上述决策素质和能力,这必然影响政府干预的效率和效果。政府干预的不足或干预过度,均会造成政府失灵,影响政府干预的效果和效率。

3. 政府机构工作的低效率

公共选择理论认为,政府干预的垄断性使政府处于某些需要的公共物品的垄断供给者的地位,这决定了只有政府才拥有从外部对市场进行整体运行干预或调控的职能和权利。这种没有竞争的垄断极易使政府丧失对效率、效益追求的内部动力和外部压力。政府为弥补市场失灵而直接干预的那些投资大、收益低且数量少的公共物品,其供给一般是以非价格为特征的,即政府不能通过明确的价格交换从供给对象那里直接收取费用,而主要是靠财政支出维持其生产和经营,很难精确测定其成本。因此,政府官员缺乏降低成本提高效益的直接利益驱动,他们不去追求成本最小化,而是追求规模最大化以增加自己的升迁机会和扩大自己的权利范围,造成社会资源的浪费,并且人浮于事、效率低下。另外,从理论上讲,政府官员应该在公民代表的监督下工作,但是由于信息不充分,使这种监督失去了效力,结果监督者可能受被监督者操控,从而是被监督者为实现自身利益最大化的政策得以实施。

4. 政府部门的迅速扩张

政府要承担对市场经济活动的干预职能,如组织公共物品、消除外部性,对收入和财富进行再分配、维持社会经济秩序等,自然需要履行这一职能的相应机构和人员。政府就其本性而言有一种天然的和内在的扩大趋势,以谋求行为空间最大化。政府的这种内在扩张性与社会对公共物品日益增长的需求相互契合,极易导致政府干预职能扩展和强化及其机构和人员的增长，由此造成越来越大的预算和财政赤字，成为政府干预的昂贵成本且庞大的官僚机构相互掣肘，使政府效能低下，政府部门这种为谋求私利而非公共利益的内部效应，就如同外部效应会造成市场失灵一样，也会造成政府失灵。

5. 寻租活动

寻租就是为了获得政府特许而垄断性地使用某种市场紧缺资源，或其他方面的政府庇护，所寻求的政府对现有干预政策的改变，从而按照自己的意愿进行生产，或防止他人对这类活动的侵犯。这里的租金是指支付给要素所有者的报酬中，超过要素在任何可替代用途上所能得到的按一部分，如企业通过合法特别是非法的形式向政府争取优惠特惠，通过寻求政府对现有干预政策的改变而获得政府特许或其他政治庇护，垄断性地使用某种市场紧缺物资等。寻租分为“政治寻租”和“抽租”，前者是指政府官员利用行政干预的办法来增私人企业的利润，诱使私人企业向他们行贿，作为得到这种租金的条件；后者指政府官员故意提出某项会使私人企业利益受损的政策作为威胁，迫使私人企业割舍一部分既得利益，与政府官员们分享。寻租的主要危害在于“不仅使生产经营者提高经济效率的动力消失，而且还极易导致整个经济的资源大量地耗费于寻租活动，并且通过贿赂和宗派活动增大经济中的交易费用”，它阻止了更有效的生产方式的实施，使本可以用于生产性活动的资源浪费在对社会无益的非生产性活动中。寻租还会导致政府官员的行为扭曲，他们会为了特殊利益而争夺权利，从而成为政府干预失灵的一个重要根源。

二、避免政府失灵的建议

正因为政府的干预存在着上述缺陷，所以让政府干预成为替代市场的主导力量，其结果只能导致“政府失灵”。用“失灵的政府”去干预“失灵的市场”必然是败上加败，使失灵的市场进一步失灵。但客观存在的市场失灵又需要政府的积极干预，“守夜人”似的“消极”政府同样无补于市场失灵，同样会造成政府失灵。因此，政府不干预或干预乏力与政府干预过度均在摒弃之列。现实而合理的政府与市场间的关系应是在保证市场对资源配置起基础性作用的前提下，以政府的干预之长弥补市场调节之短，同时又以市场调节之长来克服政府干预之短，从而实现市场调节和政府干预两种机制最优组合，即经济学家所推崇的“凸性组合”。为此，就需要政府从最大限度地消除导致政府失灵的根源入手，针对政府失灵的两个方面，采取切实措施，在克服和矫正市场失灵的同时，更要防止和纠正政府失灵。为了避免政府失灵，公共选择理论有如下建议：

1. 应该实现公共决策的法制化

公共观众理论强调宪制改革，注重宪法、法律规则的建设，尤其是公共决策法规的改革。只有重视公共决策的法制化，将公共政策的制定和执行纳入法制化的轨道，优化公共政策的制定和执行系统，完善决策体制和规则、程序，才能提高政策指定和执行的质量，从而使政策方案更合理，减少和避免决策失误。

2. 在政府机构内部形成竞争机制

只要打破公共物品供给的垄断，在政府机构内建立起竞争机制，就可以消除政府效率的最大障碍。例如，可以设置两个或以上的机构来提供相同的公共物品或服务，使他们之间形成竞争可以提高效率；或者将某些公共物品的生产承包给私人企业。

3. 对政府的税收和支出加以约束

政府活动的支出依赖于税收。因此，对政府的税收和支出加以约束，从根本上限制了政府的行为框架，抑制了政府机构的过度增加和膨胀。

4. 对政府的权利范围加以约束

寻租行为的产生完全产生于政府的过度干预，即政府权力的过度扩张。事实上，只要政府行为仅限于保护产权以确保私人之间合同的实施，市场机制这只“看不见的手”将能保证市场出现的任何租金都会随着各类竞争性企业的加入和消失。

【专栏知识】

詹姆斯·布坎南(James Buchanan)与公共选择理论

布坎南1919年10月2日生于美国田纳西州的穆尔弗里鲍尔。他1940年毕业于中田纳西州师范学院，获理学学士学位，并在田纳西大学完成了一年的研究生课程，1941年获文学硕士学位。1948年，他在芝加哥大学获得哲学博士学位。

传统经济理论主要是关于消费者和企业家如何做出关于商品购买、工作选择、生产及投资决策的，而布坎南则相应的建了公共部门的决策理论，被称作“新政治经济学”或“公共选择”理论。布坎南的主要贡献在于，他将经济学中个人间相互交换的概念移植到了政治决策的领域中。于是，政治过程便成为一种旨在达到互利的合作手段。但政治秩序的形成要求人们接受一套规则、一种宪法。这反过来又强调了规则形成的极端重要性和宪法改革的可能性。布坎南认为，劝导政治家或试图影响特定问题的结局常常是徒劳的，事情结局在很大程度上是由规则体系决定的。

【本章小结】

市场失灵是指由于市场价格机制在某些领域、场合不能或不能完全有效发挥作用而导致社会资源无法得到最有效配置的情况。本章分别论述导致市场失灵的四个主要因素：公共物品、外部性、垄断和信息不对称，并分别指出提出了相应的对策。在这些措施中有的是依靠市场来解决，有的则需要政府对之进行调节。政府干预是市场失灵产生以后的必然选择，其主要措施有：直接经营企业并生产公共物品、税收与补贴、制定反垄断法、实行公共管制、规定企业对产品提供质量保证等。政府对经济的干预并不总能发挥有效作用，即会出现“政府失灵”。导致政府干预失效的因素主要有政府干预的公正性并非必然、公共决策的失误、政府机构工作的低效率、政府部门的迅速扩张、寻租活动。

【思考题】

1. 针对市场失灵，政府主要采取哪些主要方式？
2. 在干预市场行为，政府的职能范围主要体现在哪些方面？
3. 避免政府失灵有哪些主要建议？

【综合案例】

“炒煤团”现象

2006年，关于温州“炒煤团”之报道不时见诸报端。这些长篇累牍但又浅尝辄止的文章，揭开了一个个黑洞洞的井口，而其内里究竟何如，却也依然深不见底。

这是一个虽反常但必然的局面。

即使是在最基本事实的掌握上，有说法称温州煤商控制了山西省60%的中小煤矿，煤炭年产量8000万吨，占山西省煤炭年总产量的1/5，全国的1/20；而浙江、温州两级经济技术协作办公室及浙江富兴电力燃料公司共同完成的调研报告则显示，在山西投资兴办煤矿的温州民营煤矿年产量只有2000多万吨。无须细数，类似这样各执一词的说辞比比皆是。从根本上说，在煤炭采掘这类官商不分、令出多门、利益纠缠难分难解的领域中，信息的传达往往是失真的，基于信息的判断往往是片面的，由此判断而形成的规制往往是低效的。

譬如说，生死攸关于“炒煤团”命运的政策主张主要有两条：其一，以山西长治为典型的，以安全生产、环境保护为由头的大规模整治清剿行动；其二，浙江省政府近日发布2006年“一号文件”，明确规定凡是法律法规没有明确禁入的行业和领域，非公资本都可以进入。乍看之下，两者不仅不矛盾，而且足可相互配套，但在实际运行中，其间的空白点又是如此之多，以至于温州资本跨省投资这一再平常不过的现象，必须再次面临巨大的不确定性。

纲不举则目不张。根据已有的较无争议的资料，我们对“炒煤团”的关注最后落脚在以下两点：

首先，从“炒房团”到“炒车团”再到“炒煤团”，急于寻求利益回报的温州资本一次次站到了公众评判的风口浪尖，就某种程度而言，这种罔顾公共利益而一味见缝就钻的取向，也确实显著表现为市场失灵之痼疾。而问题则在于，就在温州炒家四处游走的背后，显然存在着对于民营资本过于严格乃至歧视性的投融资限制。出于资本逐利的天性，倘若政府不能对其实行有效的疏导、引导，则必然陷于被动的、事后的、四处扑火式的疲于应对中，更难谈得上合理运用民营资本服务于经济体效率提升的长远大计了。

其次，不同于“炒房”、“炒车”、“炒煤”所进入的领域是高度管制下的，仰仗的手段是非炒卖型的，面临的调控手段是非市场化的，它所带出的对于制度缺陷的拷问更深刻地烙有转轨中的中国特色。眼下，对于温州“炒煤团”的指责很容易集中到安全生产、环境保护等正义公理上来。但是，“炒煤团”的迅速强大暗示出地方政府给予了强大的保护。这种保护让“炒煤团”获利丰厚，但以牺牲其他人的利益为代价。很难想象，在这个充满不确定因素、寻租求租现象难以杜绝的市场中，新的经营者、监管者能够自觉契合于社会利益的最大化。

【讨论题】

1. 请用本章知识分析“炒煤团”现象的背后凸显的经济学问题是什么？

2. 从经济学角度看，为了遏止“炒煤团”现象，应该采取什么怎样的措施？

3. 你认为要达到帕累托最优即实现资源的最优配置，是让市场机制自发起作用，还是采取政府干预的形式？

第八章　国民收入核算理论

【学习目标与要求】

通过系统地学习，系统地掌握国民收入核算理论和基本体系；掌握两部门、三部门、四部门经济国民收入循环模型和恒等关系式，即收入 — 支出模型；掌握国民收入核算的两种基本方法和应用。

【学习重难点】

重点：讲授国民收入核算体系和国民收入核算的两种基本方法。

难点：三部门、四部门经济国民收入循环模型和恒等关系式。

1. 国民收入核算的基本方法：国民收入流量循环模型、用收入法和支出法核算 GDP、五个重要的经济总量概念。

2. 国民收入核算中的恒等关系：两部门、三部门和四部门中的储蓄．投资恒等式。

3. 价格指数：名义 GDP 和实际 GDP、价格指数、失业的计量、奥肯定律。

第一节　宏观经济学概论

一、宏观经济学的研究对象

宏观经济学以整个国民经济活动作为考察对象，其核心理论是国民收入决定理论。要从总体上把握整个国民经济活动，分析研究国民经济运行情况，就必须有一套定义和计量总产出或总收入的方法，这套方法就是通常所说的国民收入核算体系。经济学已经建立了一整套相对科学、系统和合理的国民收入核算体系，目前世界上绝大多数国家均采用 1993 年经联合国修订的《国民经济核算体系》。

（一）宏观经济学的研究对象

宏观经济学的研究对象是一个国家的国民经济整体，包括国民经济运行方式、运行状况、运行规律以及政府实施宏观经济政策对国民经济运行的影响和调节。通过对影响宏观经济运行情况的各种经济变量的决定及其变动规律的分析和研究，了解一国经济运行状况和发展趋势，同时为政府调控国民经济运行提供分析工具和决策依据，以实现一国经济资源的充分利用。

（二）宏观经济问题研究的历史考察

从宏观角度研究经济问题由来已久。问题的研究可以追溯到古典经济学。从17世纪中期到19世纪60年代，一些古典经济学家对宏观经济问题进行了一些局部的分析和研究。如威廉·配第在历史上第一次估算了国民收入的数量，亚当·斯密提出了与现代经济学中的“国民生产总值”十分相近的“国民财富”概念，布阿吉尔贝尔对国民财富的来源作了分析，萨伊的“生产三要素理论”实际上成为现代国民收入核算理论与研究方法的出发点；魁奈的《经济表》对社会总资本再生产与流通的分析，实际上是把经济中的许多变量归结为总收入、总消费、总投资等经济总量，从而成为古典经济学宏观分析的典范；配第、斯密、休谟、李嘉图、洛克等古典经济学家还对货币的交易作用、货币数量、利率等有关问题进行了分析；此外，古典经济学对国家防务、救助贫困等方面的职能也做过分析，对财政政策进行了分析和论述。

19世纪70年代至20世纪30年代，新古典经济学建立起了古典宏观经济模型。古典宏观经济模型分析了整个经济中产量、就业、消费、储蓄、利率、工资等经济总量的决定，其中，瑞典学派对储蓄与投资不一致问题的分析涉及整个国民经济的总量分析。这个时期，许多经济学家分析研究了属于宏观经济范畴的国民收入核算、经济周期、经济政策实践等内容。可见，在20世纪30年代现代宏观经济学理论体系产生以前，西方经济学家就对宏观经济问题进行了或多或少的分析和研究，并取得了一些成果。

尽管对宏观经济问题的分析研究由来已久，但20世纪30年代以前的宏观经济分析仅仅局限于对宏观经济领域某些问题的局部分析或零散研究，没有将整个国民经济作为一个有机整体，从总体上分析研究国民经济的运行及其规律。真正将国民经济作为一个整体对宏观经济问题进行全面系统分析并建立起完整的宏观经济理论体系的是英国经济学家约翰·梅纳德·凯恩斯。

（三）现代宏观经济学理论体系的建立与发展

1936年，英国经济学家约翰·梅纳德·凯恩斯出版了《就业、利息与货币通论》，该著作的出版成为现代宏观经济学理论体系形成的标志。凯恩斯之前的古典经济学和新古典经济对宏观经济问题的研究是支离破碎的，没有形成一个完整的宏观经济理论体系。到了20世纪30年代，凯恩斯在对1929—1933年资本主义世界经济危机进行深入分析的基础上，写作并于1936年出版了《就业、利息与货币通论》（以下简称《通论》）。《通论》的出版，标志着现代宏观经济学理论体系的初步建立。在《通论》中，凯恩斯否定了传统经济学关于自由市场经济可以自动实现并维持均衡的理论，认为没有政府干预的市场经济不可避免地会发生经济危机和失业，由此强调政府干预经济的必要性，并提出国家干预经济的政策主张。此后，凯恩斯的追随者如哈罗德、希克斯、汉森、莫迪利安尼、索洛、奥肯等人进一步发展了凯恩斯的宏观经济理论。希克斯提出了产品市场和货币市场的一般均衡模型即IS－LM模型，哈罗德和多马建立了经济增长模型，托宾发展了凯恩斯的货币理论。此外，在消费函数、投资函数、总供给理论、通货膨胀理论、开放经济理论、宏观经济计量模型、宏观经济政策等方面，宏观经济理论都得到了发展。

进入20世纪70年代，西方国家发生经济“滞胀”。经济“滞胀”现象的出现，使凯恩斯主义经济理论面临巨大挑战。面对经济停滞与通货膨胀并存的严重局面，凯恩斯主义无法对这一新的经济现象作出理论上的解释，也找不到解决问题的有效办法。在这种情况下，以凯恩斯主义反对者面目出现的货币主义、理性预期学派、供给学派等所谓的新自由主义经济学理论应运而生。新自由主义经济学家大力抨击凯恩斯主义的政府干预理论，极力主张恢复自由放任、自由竞争的市场经济，反对国家干预经济。随后，现代宏观经济学中的另一学派 —— 新凯恩斯主义重新对凯恩斯主义进行了解释，并不断吸收经济自由主义的合理部分。这样，随着各国与世界经济的变化与发展，在新保守主义与新凯恩斯主义的争论中，宏观经济学在货币理论、经济周期理论、经济增长理论等方面取得许多重要的进展，处于不断发展的过程之中。

二、宏观经济学的基本内容

（一）宏观经济学的基本内容

以整个国民经济活动为研究对象的宏观经济学，主要包括五个方面的基本内容。

一是国民收入决定理论。国民收入是衡量一个经济社会国民经济状况的基本指标。国民收入决定理论从总供给与总需求的关系来分析国民收入决定因素、国民收入决定过程、国民收入量的多少及其变动规律。

二是通货膨胀与失业理论。在市场经济条件下，通货膨胀与失业伴随着一个国家的经济发展，市场经济国家都会出现通货膨胀与失业问题，一些宏观经济理论的建立与发展与通货膨胀和失业相关。通货膨胀与失业理论就是分别研究通货膨胀与失业的性质、分类、原因及其对策措施等问题。

三是经济增长与经济周期理论。一个国家的经济增长往往会发生变动，出现正增长、零增长甚至负增长。经济增长理论就是要研究经济增长的影响因素或源泉、经济增长过程和结果以及经济增长的长期趋势。经济周期理论则是通过对有关经济波动统计资料的分析，分析研究经济周期的特点、形成原因、影响和后果，研究政府反经济周期的对策措施，以实现经济的长期、稳定、均衡增长。

四是开放经济理论。在开放经济条件下，国与国之间存在着密切的经济联系，一个国家的经济运行状况都会受到世界经济运行状况的影响，一国经济运行状况也会影响他国经济和世界经济。开放经济理论就是在世界经济的框架范围内研究国民收入的决定、通货膨胀与失业、经济增长与经济周期等问题，进而说明一个国家如何运用经济政策对国民收入进行调整。

五是宏观经济政策。经济理论是制定经济政策的基础和依据，经济政策则是经济理论的运用与实践。宏观经济政策理论就是在国民收入决定理论、通货膨胀与失业理论等宏观经济理论的基础上，研究政府宏观经济政策的目标、政策工具、政策机制、政策效果等内容。

在对宏观经济问题的分析研究中，西方宏观经济理论并没有形成一个内容上完整、逻辑上一致、方法上统一的体系，而是多种宏观经济理论并存。对于上述宏观经济理论，各个经济学流派具有不同的观点；对具体宏观经济问题的分析，各个经济学流派所运用的方法不尽相同；对解决国民经济运行中出现的各种问题，各个经济学流派的政策主张也不相同，有的甚至相互对立。

(二) 宏观经济学的中心内容

宏观经济学的中心内容是国民收入决定与就业分析。国民收入的决定问题是分析其他宏观经济问题的基础，或者说其他宏观经济问题都是运用国民收入决定理论来加以分析、解释，因此，国民收入决定理论是宏观经济学的中心内容；同时，就业状况是随着国民收入变化而变化，与国民收入水平相联系的就业量的变化也反映在经济周期、经济增长乃至政府的经济政策等方面，因此，宏观经济学也就以国民收入决定与就业分析为中心内容。以国民收入决定与就业分析为中心进行宏观经济分析，在凯恩斯主义经济理论中表现得尤其充分。凯恩斯主义宏观经济理论认为，由消费、投资、政府购买、净出口组成的社会总需求如果小于整个经济社会所能提供的商品总供给，将会导致社会生产下降，国民收入减少，失业增多；相反，社会总需求大于社会总供给，就会发生通货膨胀，社会生产水平上升，国民收入增多，就业增加。

三、宏观经济学的研究方法

宏观经济学的基本研究方法是总量分析方法。经济总量是指反映国民经济整体运行状况的经济变量。经济总量包括两类：一类是个量之和，如国民收入、总消费、总投资、总储蓄、总供给、总需求、财政盈余与赤字等。当然，这类总量中有的总量并非是个量的简单相加，而是根据需要、运用数学或统计学中的各种方法所得出的总量。另一类经济总量是平均量，比如价格总水平、失业率、利率、经济增长率等。总量分析方法是研究经济总量的决定、变动及其相互关系以及以此为基础说明国民经济运行状况和宏观经济政策选择的方法。另外，宏观经济学的研究方法还有短期与长期分析方法，静态、比较静态与动态分析方法，均衡分析方法，边际分析方法等。需要说明的是，在宏观经济分析中，运用这些方法时涉及的经济变量大多是经济总量。

第二节　国民收入核算方法

一、国内生产总值的含义

国民收入核算体系中的核心指标是国内生产总值。国内生产总值(Gross Domestic Product，简称 GDP)是指一国或一个地区在一定时期内运用生产要素所生产的全部最终产品(包括有形产品和劳务)的市场价值。

在核算国民收入时，计入 GDP 的产品必须是最终产品。最终产品是指为了最终使用或消费，而不是为了转售或进一步加工制造而购买的商品和劳务。只计算最终产品的市场价值是为了避免重复计算，如在计算在 GDP 时，计算了最终产品汽车的价格就不能再计入配套厂所生产的作为中间产品的汽车零配件如发动机、轮胎、坐椅等的价格。对汽车而言，发动机、轮胎、坐椅等零部件都属于中间产品。中间产品是参加最终产品生产过程的各厂商在生产的各个阶段所生产的产品，是为相互交换而不是为最终使用或消费而生产的产品。中间产品的价格作为作为最终产品价格的组成部分，在计算最终产品价格时已经计入 GDP，若再单独计算就会重复计算。

理解国内生产总值这个概念应该注意以下几点：

(1) GDP 是一个市场价值概念。市场价值是产品或劳务的数量与价格的乘积。由于 GDP 是一国或一个地区一定时期内所生产的最终产品的市场价值，所以 GDP 的数值不仅要受计算期产量变动的影响，也要受计算期价格水平变动的影响。

(2) GDP 只测定最终产品的价值，中间产品的价值不计入 GDP。最终产品是指在一定时期内生产出来直接供人们消费的产品，中间产品是指生产出来后作为下一道生产程序投入品的产品。在实际经济中，某些产品既可以作为最终产品，也可以作为中间产品，例如煤炭在用作燃料发电时是中间产品，而用做人们生活中的燃料时是最终产品。这样，在计算 GDP 时究竟把哪一部分煤炭算成最终产品、哪一部分煤炭算成中间产品就成为一个问题。为了解决这个问题，在实际计算中往往采用增值法，即只计算产品生产过程中各生产阶段所增加的价值。

(3) GDP 一般以一年为统计核算期。就是说，某国的 GDP 只能包括当生产出来的产品和劳务的价值，不能包括以前年度生产出来的产品和劳务的价值。按此规则，出售以前年度生产的存货所得收入就不能计入当年的 GDP。

(4) GDP 是一个地域概念。GDP 是指一年内在一个国家国境内在所生产的全部最终产品的市场价值，而不管国境内的生产要素是不是本国的。它主要侧重于衡量一国本土所具备的生产能力。

(5) GDP 只衡量市场活动所产生的价值。人们生产的产品和劳务可以分二种：一是为市场交换而生产的产品和劳务；二是用于自己消费的自给性产品和劳务。自给性产品和劳务因为不用于市场交换，没有价格，所以不能计入 GDP。如家政公司的家政工作人员替别人打扫房屋时获得的收入要计入 GDP，而家庭主妇清扫自家房屋时却没有收入，其劳务价值也就无法反映到 GDP 中。

【专栏知识】

理性看待我国 GDP 跻身世界“四强”

改革开放近 30 年来，中国宏观经济形势日趋佳境。尤其是 1996 年底中国宏观经济成功实现“软着陆”以来的十年间，中国经济走过了一段持续“高增长、低物价”的辉煌历程，从而使中国经济彻底摆脱了十年前“大起大落”的周期性波动特征。2006 年，中国 GDP 更是大增 10.7%，GDP 总量首次突破 20 万亿元大关。中国宏观经济的这一发展情势令人乐观、令人振奋，因此，有的媒体甚至喊出了“超德赶日”的口号。

确实，从总量上看，中国 GDP 在 2005 年就已超过了英、法、意三国。但是，我们应该看到，德、英、法、意各国仅有几千万人口，日本也只有 1 亿多人口，在国土面积上，这些国家也只能算是“小国”，然而，它们却是真正的“经济强国”，其人均 GDP 高达 3 万 ~5 万美元。相反，我们是一个拥有 13 亿人口、960 万平方公里的大国，即便在人民币升值（或称人民币重估）及近十年经济持续快速增长的有利条件下，我国 2006 年的人均 GDP 也不过

2000美元左右。

众所周知,美、日及西欧这些发达国家是最早完成工业化进程的国家,现在它们已经率先迈入了以信息产业和高科技产业为主导的新经济时代。其主要标志有两个:一是GDP结构与劳动力结构的先进性;二是在生产效率、节约能耗、环境保护、社会保障等方面的绩效。

我国是一个发展中的经济大国,但不是经济强国。虽然我国GDP总量已位居全球第4,但人均GDP却仍处于全球第100位前后,居倒数水平。这一客观的经济发展现实,意味着目前我国产业结构水平与西方发达国家仍然存在较大的差距。

我国劳动力就业结构与GDP结构呈明显的"非对称"特征。目前,中国约有近一半的劳动力还在从事传统而低效的农业生产,他们正在为中国13亿人口的吃饭问题劳碌、奔波,但他们所创造的增加值仅占GDP的15%左右。也就是说,接近一半的劳动力仅创造了15%左右的GDP,这是农业低效的真实"写照"。

与此同时,我国第二产业GDP比重接近50%,但它所吸纳的劳动力却仅占劳动力总数的20%左右。这又是一种畸形的"不对称":20%的劳动力创造了近50%的GDP!究竟是工业"产值"虚高,抑或是工业生产效率太高?我看这种现象应该叫"产值工业化"。

按理而论,高度工业化必然会推进全面的城市化,而城市化的必然结果便是第三产业的高度发达。然而,我国第三产业产值在GDP中的比重仅为1/3多一点,第三产业劳动力占劳动力总数的比重也只有30%左右。这足以证明我国工业化更多地表现为"产值工业化",因为它并未有效地推进城市化进程与第三产业的良性互动。

过去,我国工业走过的基本上是一条抢资源、拼人力、比污染的粗放式数量扩张型道路,因此,出现了工业产值虚高或"产值工业化"的现象,其必然结果是城乡分割、两极分化,从而不能有效地推进城乡经济一体化进程,更无法推动第三产业的壮大与发展。

从长远来看,中国庞大的农业劳动力数量和"三农"问题仍将是困扰中国经济增长方式有效转变的最大难题。尽管我们的工业GDP比重曾高达50%以上,但事实上我们仍是一个农业人口大国,这便是矛盾的症结所在。同时,节能降耗和环境保护任务仍然十分艰巨。

为此,我们的国家和政府已经出台一系列产业政策并采取相关措施,大力解决现实生活中存在的上述问题。在这一大背景、大前提下,20万亿元GDP总量的有效突破,标志着中国经济将在新世纪起点上跃上一个新的平台。我们将会更加注重经济增长质量,大力发展用高科技武装的、无污染的第三产业,并将第三产业作为巨大的劳动力蓄水池,扩大第三产业对劳动力的吸纳容量,进一步做大第三产业,从而有力拉动中国产业结构的升级换代,有效推动城市化进程与城乡一体化发展,并促进和谐社会、经济繁荣的可持续发展。

二、国内生产总值的核算方法

为了分析的方便,我们先建立一个两部门经济的收入和支出循环流动模型,以引申出国民收入核算的基本恒等关系。在两部门经济中,假定只有居民户和厂商两个部门。居民户是全部生产要素的所有者,也是最终产品和服务的唯一购买者;厂商是全部生产要素的购买者,也是最终产品和服务的唯一生产者;同时省略去储蓄、投资、折旧、政府收支、进出口等经济因素。在上述假定下,经济中构成了图8-1所表示的"投入—产出"和"收入—产出"关系。

在图8-1中,厂商所需要的生产要素——劳动、资本、土地和企业家才能来自居民,厂商购买生产要素并向居民支付要素服务的报酬,这些报酬构成一个经济体的全部收入,也就是国民收入。因此,在这个经济体中,厂商全部产出的价值就等于居民户挣得的全部收入,即"投入=产出"和"收入=产出"。

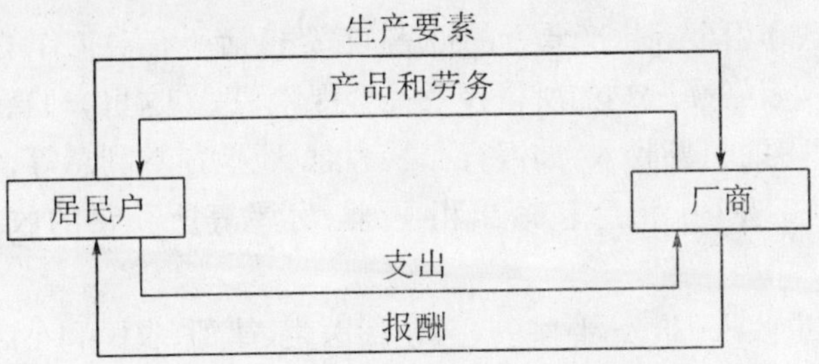

图8-1　国内生产总值的核算

国内生产总值的核算方法有三种,即支出法、收入法和生产法,常用的是支出法和收入法。下面分别对这三种方法予以介绍。

(一)支出法

用支出法(Expenditure Approach)核算GDP,就是通过核算在一定时期内整个社会购买最终产品的总支出即最终产品的总售价来计量GDP。谁是最终产品的使用者呢?在现实生活中,产品和劳务的最后使用包括四个部分:私人消费、私人国内投资、政府购买和净出口。相应的,购买最终产品的支出也就分为四类,即私人消费支出、私人国内投资支出、政府购买支出和净出口。

私人消费支出(C)包括购买耐用品、非耐用品、劳务等的支出。耐用消费品包括家庭轿车、家用电器等商品,但居民用于住宅的支出不包括在耐用消费品支出范围内。非耐用消费品包括食物、衣服等商品。劳务包括医疗服务、教育培训、旅游、理发等。

私人国内投资(I)包括固定资产投资和存货投资。固定资产投资是指居民购买用于生产的新生产的建筑和耐用生产设备的市场价值总额加上居民购买的新建住房的市场价值。存货投资是指厂商持有的存货价值的变动。

政府购买支出(G)是指各级政府部门对商品和劳务的购买支出,主要包括政府在军事设施和物资方面的支出和政府雇员的薪金支出等。需要强调的是,并不是所有的政府支出都要记入GDP。因为政府有一类政府支出属于无偿的转移支付,如社会保障支出、社会救济和社会抚恤支出等,这种支出是政府单方面的支出,并没有相应的产品或劳务的交换发生,因而这类政府支出不能记入GDP。

净出口($X-M$)是一国出口产品和劳务的价值减去进口产品和劳务价值的差额,它反映的是国外对本国产品和劳务的净购买情况。对于一个国家来说,净出口数值既可以为正值,也可以为负值。

把上述四个项目加总求和，即可得到用支出法计算国内生产总值的公式：

$$GDP = C + I + G + (X - M)$$

（二）收入法

收入法（Income Approach）是指通过计算一定时期内整个社会所有生产要素获得的收入来核算国内生产总值。严格说来，最终产品市场价值除了生产要素收入构成的成本，还有间接税、折旧、公司未分配利润等内容，因此，用收入法核算的国内生产总值应包括以下一些项目：

（1）工资、利息和租金等生产要素的报酬。工资包括所有对工作的酬金、津贴和福利费，也包括工资收入者必须缴纳的所得税及社会保险税。在这里，利息是指人们为企业所提供的货币资金获得的利息收入，如银行存款利息、企业债券利息等，但政府公债利息及消费信贷利息不包括在内。租金包括出租土地、房屋等所获得的收入及专利、版权等收入。

（2）非公司业主收入。非公司业主收入包括医生、律师、农民和小店铺主等的收入。非公司业主使用自有资金并且自我雇用，其工资、利息、利润、租金经常混在一起，他们的收入作为非公司企业主收入计入国内生产总值。

（3）公司税前利润。公司税前利润包括公司所得税、社会保险税、股东红利及公司未分配利润等。

（4）企业转移支付及企业间接税。企业转移支付及企业间接税虽然不是生产要素创造的收入，但要通过产品价格转嫁给购买者，故应该视为成本。企业转移支付包括对非营利组织的社会慈善捐款和消费者呆账，企业间接税包括货物税或销售税、周转税等。

（5）资本折旧。资本折旧虽不是要素收入，但包括在总投资中，应该计入国内生产总值。

把上述五个部分加起来，就得到用收入法计算国内生产总值的公式：

GDP = 工资 + 利息 + 利润 + 租金 + 间接税和企业转移支付 + 折旧

从理论上说，用收入法核算出来的国内生产总值和用支出法核算出来的国内生产总值应该是相等的，但是实际核算当中常有误差，因而实际计算时要加上一个统计误差。

【专栏知识】

绿色 GDP

人类的经济活动包括两方面的活动。一方面在为社会创造着财富，即所谓“正面效应”，另一方面又在以种种形式和手段对社会生产力的发展起着阻碍作用，即所谓“负面效应”。这种负面效应集中表现在两个方面：其一是无休止地向生态环境索取资源，使生态资源从绝对量上逐年减少；其二是人类通过各种生产活动向生态环境排泄废弃物或砍伐资源，使生态环境从质量上日益恶化。现行的国民经济核算制度只反映了经济活动的正面效应而没有反映其负面效应，因此是不完整的、有局限性的，不符合可持续发展战略的要求。

改革现行的国民经济核算体系，需要对环境资源的消耗、损耗进行核算。从现行 GDP

中扣除环境资源成本和对环境资源的保护服务费用，其计算结果可称之为“绿色 GDP”。绿色 GDP 这个指标，实质上代表了国民经济增长的净正效应。绿色 GDP 占 GDP 的比例越高，表明国民经济增长的正面效应越高，负面效应越低，反之则相反。北京市哲学社会科学“九五”重点课题——“以 *EPD* 为核心指标的国民经济核算体系研究”中对北京市 1997 年绿色 GDP 进行核算的结果表明，该年北京市按生产法计算的绿色 GDP 占 GDP 的 74.94%，按支出法计算的绿色 GDP 占 GDP 的 75.75%。

第三节　国民收入核算中的其他总量

一、国民收入核算中的五个基本总量及其相互关系

在国民收入核算体系中，除了国内生产总值可以反映一国国民收入以外，还有国民生产总值、国内生产净值、国民生产净值、国民收入（狭义）、个人收入以及个人可支配收入等相关概念，这些概念和国内生产总值、国民生产总值一起统称为国民收入。

国民生产总值（GNP），是指一个国家或地区在一定时期内本国生产要素所生产的全部最终产品（有形产品和劳务）的市场价值。

国内生产净值（NDP），是指一国国境以内在一年内创造出来的净增加值。GDP 是一个国家一年内全部最终产品的市场价值，最终产品的价值既包括了当年新增加的产值，也包括生产过程的资本消耗即折旧的价值，GDP 减去折旧即为国内生产净值。

国民生产净值（NNP），它同国内生产净值一样，是指一国国民在一年内创造出来的净增加值，是国民生产总值扣除折旧后的价值。

国民收入（NI），这里的国民收入是指狭义的国民收入，是一国生产要素所有者在一定时期内提供要素服务所获报酬的总和，即工资、利息、租金和利润的总和。从国民生产净值中扣除企业间接税和企业转移支付再加上政府补助金就得到狭义的国民收入。企业间接税和企业转移支付是计入了产品价格的，但它们并不代表生产要素创造的价值或者说收入，因此计算狭义国民收入时必须扣除。相反，政府给企业的补助金不计入产品的价格，但作为生产要素收入，在计算狭义国民收入时应当加上。

个人收入（PI），是指个人实际得到的收入。国民收入还不是个人收入，一方面国民收入中有三个主要项目不会成为个人收入，这就是公司未分配利润、公司所得税和社会保险税；另一方面政府转移支付（包括公债利息）虽然不属于国民收入（生产要素报酬），却会成为个人收入，因此，从国民收入中减去公司未分配利润、公司所得税和社会保险税，加上政府转移支付，就得到个人收入。

个人可支配收入（DPI），是指缴纳了个人所得税以后留下的可以为个人所支配的收入。

下面用美国 2002 年国民收入核算指标来说明 GDP 至 PDI 的计算过程，如表 8－1 所示。

表 8 - 1　　　　美国 2002 年 GDP 到个人可支配收入

国内生产总值		10 446.2
+ 本国居民来自国外的要素收入	278.1	
–本国支付给外国居民的要素收入	287.6	
= 国民生产总值(GNP)		10 436.7
–固定资本消耗	1393.5	
= 国民生产净值(NNP)		9043.2
- 企业间接税及非税收支付	800.4	
- 企业转移支付	44.1	
- 统计误差	–116.7	
+ 政府补助金	32.5	
= 国民收入(NI)		8347.9
- 包含存货价值和资本消耗调整的公司利润	787.4	
- 净利息	684.2	
- 社会保险税	384.5	
- 工资净增加额	363.0	
+ 个人利息收入	1078.5	
+ 个人红利收入	433.8	
+ 政府和企业对个人的转移支付	1288.0	
= 个人收入(PI)		8929.1
- 个人所得税及非税收支付	1113.6	
= 个人可支配收入(DPI)		7815.5

二、实际国内生产总值与名义国内生产总值

由于GDP是用货币价值来衡量的,因此,一国GDP的变动有两个影响因素:一个是所生产的产品和劳务数量的变动;另一个是产品和劳务价格的变动。对于一国来讲,由于价格上升而导致的 GDP 的上升是没有任何意义的,因为产品和劳务的数量没有增加,人们的消费水平没有得到提高。所以,有必要将国内生产总值变动中的价格因素予以清除,只研究产品和劳务的数量变化。为此需要区分名义国内生产总值和实际国内生产总值两个概念。

名义国内生产总值是用生产产品和劳务那个时期的价格计算出来的国内生产总值,而实际国内生产总值(Real GDP) 是用基年的价格计算出来的价值。例如,2000 年美国的

GDP有两种核算方法,一种是用2000年的价格乘以2000年生产的全部最终产品的数量,这样得到的是当年的名义国内生产总值;另一种是用1990年的价格(假设基年为1990年)乘以2000年生产的全部最终产品的数量,这样得到的是当年的实际国内生产总值。

假设某国只生产两种产品,面包和外套,以1993年为基年,现在核算2003年的名义GDP和实际GDP。1993年和2003年最终产品的数量和价格如表8-2所示:

表8-2　名义GDP与实际GDP

	1993年名义GDP	2003年名义GDP	2003年实际GDP
面包	15万单位×1美元 = 15万美元	20万单位×1.5美元 = 30万美元	20万单位×1美元 = 20万美元
外套	5万单位×40美元 = 200万美元	6万单位×50美元 = 300万美元	6万单位×40美元 = 240万美元
合计	215万美元	330万美元	260万美元

从表中可以看出,1993—2003年,GDP名义上从215万美元增加到了330万美元,但实际只增长到了260万美元,也就是说,扣除物价上涨因素,GDP实际上只增长了20.9%[(260 - 215) ÷ 215 = 20.9%],而名义上却增长了53.5%[(330 - 215) ÷ 215 = 53.5%]。

通过2003年名义GDP和实际GDP的值,可以得到计算期与基期年份相比价格变动的程度,即330 ÷ 260 = 126.9%,这说明从1993—2003年该国平均价格水平上升了26.9%。在这里,126.9%称为GDP折算指数。可见,GDP折算指数是名义的GDP和实际的GDP的比率。名义国内生产总值、实际国内生产总值和价格指数这三者的关系是:

实际GDP = 名义GDP ÷ GDP折算指数

三、国内生产总值与国民生产总值

国内生产总值是指一年中在一国国境内所生产的全部最终产品的市场价值。它是一个地域概念,强调的是一国本土的生产能力。而国民生产总值指一国国民在一年内所创造的全部最终产品的市场价值,这是一个国民概念,强调的是一国国民的生产能力。

例如,某英国公民在日本工作获得了10万日元的收入,从日本角度来看,该笔收入是在日本本土产生的,因而应计入日本的GDP,但这笔收入是一位在日本的英国人创造的,因而不应计入日本的GNP;从英国的角度来看,这笔收入是本国国民创造的,因而应计入英国的GNP,但这笔收入是本国国民在日本创造的,因而不能计入英国的GDP。

对于任何一个对外开放的国家来说,都可以核算出GDP和GNP,而且大多数情况下,这两个数值并不相等。两者的关系是:

GNP = GDP + 本国居民来自国外的要素收入 - 本国支付给外国居民的要素收入

在20世纪90年代以前,包括美国在内的多数国家采用GNP作为对经济总产出的基本测量指标,1991年美国开始改用GDP指标,此后其他国家也逐渐开始采用GDP指标,我国目前也以GDP作为衡量社会总产出的基本测量指标。

四、国内生产总值与经济福利

国内生产总值作为国民收入核算体系中最重要、最核心的总量指标，代表了一国国民在一定时期内可以消费的产品和劳务的数量，因而能从总体上代表一国国民的经济福利水平，但 GDP 本身还是存在着诸多缺陷与不足。

(1) 国内生产总值不能完全反映一国的真实产出。国内生产总值的统计数据是依据市场交换获得的，因此至少有两个方面的产出得不到反映：一是前文所说的自给性产品和劳务的价值；二是地下经济活动产生的价值。自给性产品和劳务由于不到市场上交换，因而无法在国内生产总值中得到反映；地下经济活动由于各种原因无法公开化和合法化，因而也不能在国内生产总值中得到反映。可见，一国国民的总经济福利水平有可能比国内生产总值要高。

(2) 国内生产总值不能完全反映一国居民的真实生活水平。GDP 所衡量的实质上是一个国家的产出水平，一方面，产出并不等于消费，有些产品生产出来后却销售不出去进而积压，这样的产品尽管生产出来却不能增加人们的生活水平；另一方面，闲暇、良好的工作条件是人们生活水平的一个重要组成部分，而 GDP 却不能反映这方面的状况。

(3) 国内生产总值不能反映经济增长的代价及经济增长的效率和效益。一些国家的经济增长带来了巨大的环境污染和生态破坏，在这种情况下，尽管国内生产总值增长了，人们的实际生活水平却并不一定会提高。有的国家的经济增长是低消耗高效率的，而有的国家的经济增长是高消耗低效率的，后一类国家往往为了发展经济而拼命地消耗资源，对资源采用低效的、掠夺式的利用方式，这样极有可能伤及一国的持续发展能力。

(4) GDP 指标无法反映一国产品和劳务的分配情况。如果 A 国与 B 国 GDP 总量相同，但 A 国的收入分配比较均等，而 B 国的收入差距悬殊，显然这两国国民的生活水平是不尽相同的。

可见，国内生产总值并不能与一国国民的经济福利水平完全画等号。正是由于 GDP 存在着上述不足，所以对 GDP 有一些比较偏激的看法，如有的人认为国内生产总值就是国内总污染。经济学家正力图对现行国民收入核算体系进行改进和完善，但至今尚未发现比国内生产总值更能说明问题的总量指标和核算方法。所以，尽管国内生产总值存在着诸多不足，它还是被用作衡量一国经济总体发展水平和经济福利水平的总量指标。

【本章小结】

1. 本章主要介绍了有关国民收入核算的理论与方法。国民收入核算体系是一套用来定义和计量总产出或总收入的方法，在这套方法中，最主要、最核心的指标是国内生产总值。国内生产总值是指一国或一个地区在一定时期内运用生产要素所生产的全部最终产品(产品和劳务) 的市场价值。

2. 国内生产总值的核算方法有两种，即支出法和收入法。支出法通过核算一定时期内整个社会购买最终产品的总支出即最终产品的总卖价来计量 GDP；收入法通过计算一定时期内整个社会所有生产要素获得的收入来核算国内生产总值。

3. 在整个国民收入核算体系中，还有国民生产总值、国内生产净值、国民收入（狭义）、个人收入和个人可支配收入等国民经济总量。

【思考题】

1. 什么是 GDP？
2. 中间产品和最终产品的区别是什么？
3. 简述支出法和收入法如何核算国内生产总值？
4. 为什么要同时核算名义国内生产总值和实际国内生产总值？

【综合案例】

计算产出的难题

国内生产总值是一个估计值，它是将一个经济体里面数以百万计的各种商品和劳务加起来而得出的一个总和。但是计算这一数值的同时会引起一些难题。以下就是其中的一部分难题。

1. 衡量质量的改变

今天的一个西红柿和 50 年前没什么两样，但是一架飞机或一辆汽车却和 20 年前有了很大区别。一些产品的质量（和价格）几乎每年都会发生变化。考虑一下计算机的迅速发展产生的问题。假如那些计算 GDP 的人们只使用计算机的市场价格进行计算，他们可能得出计算机产出上升缓慢甚至下降的结论，因为计算机的价格迅速下降。但是人们不想单纯比较计算机的数量，否则将忽视新式计算机日益强大的事实。一种计算计算机产业真实产出的方法应该同时考虑产品质量的改进。假如所作修正不够充分，那么结果就会显示产出增长比实际要小得多。或者应考虑一下医疗卫生的改进产生的问题。以如今可供应用的医疗技术为例，经济学家们应该怎样将现在医疗保险产业的产出和几十年前进行比较呢?GDP 统计学家们知道这些难题，想方设法基于质量变化作出某些修正。例如，20 世纪 70 年代早期，由于首次要求汽车安装防污设备，汽车价格上升。统计学家们需要确定增加了的成本是一种单纯的价格提升因而成为通货膨胀的一个诱因，还是一种质量改进而有效提高了真实产出，因为消费者购买的是一辆更好的汽车。最后他们选择了第二种意见。然而，统计数字的使用者应该记住，所有类型的修正肯定不时十全十美的。

2. 衡量政府的服务

标准的 GDP 的计算从销售点的价格和数量出发。那么应该如何处理不出售或者不直接出售的商品呢?这类商品的一个重要部分就是政府提供的服务。试想州政府官员们的工作效率提高，能够迅速完成汽车注册的程序，这可能意味着该州政府可以雇用较少的人手完成同样的工作。但是车牌价格并非由竞争市场决定，纳税人交税来支付有关政府职员的薪金。GDP 的统计数字仅仅反映了政府职员的工作时间。如果政府的工作效率提高，得出的 GDP 数值反而可能下降，即使真实的产出即注册数量增加。

3. 衡量非经市场销售的商品

非经市场销售的商品和服务，例如家庭成员完成的家务劳动，向国民收入统计学家提出了相似的难题。统计数字低估了经济产出的真实水平，因为它们忽视了类似这样的经济活动。举例而言，如果一对夫妇留在家中打扫卫生和做饭，其从事家务劳动的活动将不会被列入GDP的统计之内。但是，假如这对夫妇外出工作，另外雇人做清洁和烹调工作，那么这对夫妇和佣人的经济活动都会被计入GDP中。

4. 统计学问题的重要性

一些经济学家认为，即使GDP的计算不尽完美(而这当然是肯定的)，至少这些不尽完美的问题在各个时期都相差无几，因此经济学家仍然可以略带犹豫地运用这些数据，作为经济规模的一种描述。放在几年的短时间里考察，这种看法确实相当正确。但是经济结构将随着时间推移发生变化，GDP计算过程中的这些偏差也会发生变化，于是产出和生产力增长的计算可能出现很大的歪曲。例如，过去几年来，随着越来越多的妇女走出家门，接受有薪工作，相应的她们会更多地聘请管家和在饭店就餐，可能出现的情况就是以往对GDP的低估有所减少，于是GDP的部分增长比真实情况更加明显。另外，如果政府部门增长得比其他部门快，而GDP的计算方法又系统地忽略了公共部门生产力的增长，那么就会得出生产力增长放缓的结论，但实际并非如此。

资料来源：斯蒂格利茨．经济学．刘海燕，等译．北京：中国人民大学出版社，2005.

【讨论题】

GDP的计算方法在其他哪些情况下还存在缺陷？你认为哪些方面可予以改进？

第九章　国民收入决定理论

【学习目标与要求】

掌握总需求决定理论、乘数理论和总需求与总供给如何决定国内生产总值和物价水平,理解消费函数理论、IS - LM 模型,了解总需求曲线和短期总供给曲线的特征及其原因,了解长期总供给曲线的特征。

【学习重难点】

三部门和四部门经济均衡国民收入的决定各影响因素及相互关系。

1. 消费和储蓄
2. 两部门经济国民收入的决定三、国民收入的变动
3. 三部门和四部门经济国民收入的决定

第一节　简单的国民收入决定模型

一国国民收入的决定同时受到产品市场和货币市场运行的影响。为了便于理解,本节假定宏观经济中只存在产品市场而没有货币市场,这样的国民收入决定模型被称为简单国民收入决定模型。

一、消费函数与储蓄函数

(一) 消费函数

消费是指人们为了满足自身的各种需要而购买产品和劳务的经济活动。影响人们消费的因素有很多,如消费者的收入水平、商品价格、消费者自身的偏好、风俗习惯等。在这些因素中,对消费具有决定性作用的是人们的收入水平。

消费函数(Consumption Function) 是用来描述消费与收入之间依存关系的函数。在其他条件不变的情况下,消费与收入呈同向变动关系,消费随着收入的增加而增加。不过,随着人们收入的增加,增量收入中用于消费的比重将逐渐递减,也就是说,随着人们收入的增加,消费以递减的速度增加。描述消费与收入之间依存关系的函数就是消费函数,消费函数可以用公式表示为:

$$C = C(Y) = a + bY$$

式中,C 代表消费;Y 代表收入;a 是收入为零时的消费,称为自发消费,是指一个人的基本

生活消费；b 的经济含义是指增加的每单位收入中用于消费部分的比率，bY 是随着收入变化而变化的消费量，bY 被称为引致消费。

基于消费函数，可以引入两个表示消费与收入关系的概念，即平均消费倾向（APC）和边际消费倾向（MPC）。平均消费倾向是指消费在收入中所占的比例，其计算公式如下：

$$APC = \frac{c}{y}$$

由于人们无论在什么情况下都要消费，因此，平均消费倾向永远大于零。

边际消费倾向是指增加的每单位收入中用于消费的部分所占的比率，也就是消费函数中的系数 b。由边际消费倾向定义可知，边际消费倾向（b）的取值范围在0 ~ 1之间。其计算公式如下：

$$MPC = \frac{\Delta c}{\Delta y}$$

当收入增量和消费增量均为极小时，边际消费倾向的计算公式还可以写成导数形式：

$$MPC = \frac{dc}{dy}$$

一般而言，消费增量总是小于收入增量，而且随着人们收入的增加，增加的收入中用于消费的部分所占比例会逐渐缩小，因此，边际消费倾向呈递减趋势。

（二）储蓄函数

储蓄是指收入中未被消费的部分。在其他条件不变的情况下，储蓄与收入同方向变动，它随着人们收入的增加而增加，并且随着收入的增加，增量收入中用于储蓄的比重逐渐递增，也就是说，随着人们收入的增加，储蓄以递增的速度增加。用来描述储蓄与收入之间依存关系的函数就是储蓄函数，其表达式如下：

$$S = S(Y) = Y - C = Y - (a + bY) = -a + (1 - bY)$$

式中，S 代表储蓄；Y 代表收入；$-a$ 为自发储蓄；b 的经济含义指增加的每单位收入中用于储蓄部分的比率，bY 是随着收入变化而变化的储蓄量，$(1-b)Y$ 也被称为引致储蓄。

基于储蓄函数，可以引入两个表示储蓄与收入关系的概念，即平均储蓄倾向（APS）和边际储蓄倾向（MPS）。平均储蓄倾向是指储蓄在收入中所占的比例，其计算公式如下：

$$APS = \frac{s}{y}$$

一般而言，随着人们收入的增加，人们用于储蓄的部分所占比例会增大，可见，平均储蓄倾向是递增的。

边际储蓄倾向是指增加的每单位收入中用于储蓄的部分所占的比率，也就是储蓄函数中的系数 b。由边际储蓄倾向的定义可知，边际储蓄倾向（b）的取值范围在0 ~ 1之间。其计算公式如下：

$$MPS = \frac{\Delta s}{\Delta Y}$$

当收入增量和储蓄增量均为极小时，边际储蓄倾向的计算公式还可以写成导数形式：

$$MPS = \frac{ds}{dy}$$

在一般情况下，随着人们收入的增加，储蓄增加的速度比收入增加速度要快，因此，边际储蓄倾向递增。

(三) 消费函数与储蓄函数的关系

在简单经济模型中，由于全部收入分为消费和储蓄两部分，因此，消费函数与储蓄函数之间存在如下关系：第一，消费函数和储蓄函数互为补数，两者之和等于总收入，即 $C(Y) + S(Y) = Y$；第二，平均消费倾向（APC）与平均储蓄倾向（APS）的和为 1；第三，边际消费倾向（MPC）与边际储蓄倾向（MPS）的和为 1。

(四) 消费函数与储蓄函数的图形

由于消费函数和储蓄函数都是线性函数，并且这两个函数又是互补的，因此，可以在一个图中画出这两个函数的图形。下面以具体的消费函数和储蓄函数为例加以说明。

设自发消费水平为 1000，边际消费倾向为 0.8，由此可得消费函数和储蓄函数分别为：$C = 100 + 0.75Y$，$S = -100 + 0.25Y$。纵轴代表消费，横轴代表国民收入，由此可作图如 9－1 所示。

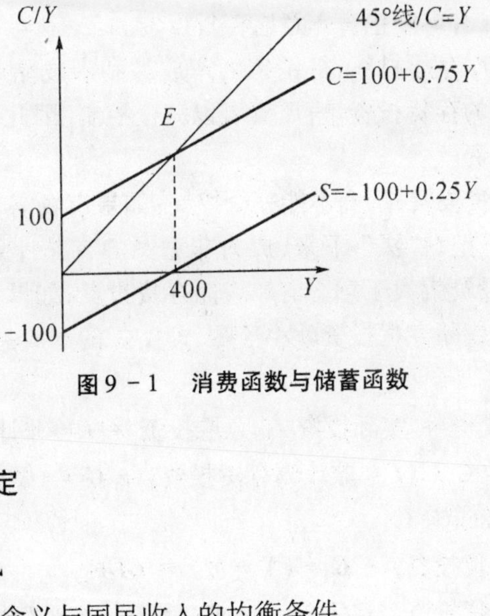

图 9－1　消费函数与储蓄函数

二、均衡国民收入的决定

(一) 国民收入均衡公式

1. 均衡国民收入的含义与国民收入的均衡条件

(1) 均衡国民收入的含义。产品市场中的均衡国民收入或均衡产量是指与总需求相等时的国民收入。它与核算中的国民收入不同。核算中的国民收入是已经生产出来的国民收入，它与总需求既可以相等，也可以不等。而均衡国民收入总是与总需求相等。

(2) 国民收入的均衡条件。国民收均衡条件是：总需求 = 国民收入（总供给）。如果总需求小于国民收入（总供给），即产品供大于求，厂商就会缩减生产，国民收入将减少；如果总需求大于国民收入（总供给），产品供不应求，厂商就会扩大生产，国民收入将增加。

只有当社会总需求恰好等于国民收入(总供给)时,社会生产才既不缩小,也不扩大,国民收入才处于均衡状态。

2. 国民收入均衡公式

从国民收入的均衡条件:总需求 = 国民收入(总供给)来推导国民收入均衡公式。

(1) 实际支出、意愿支出与非意愿支出的含义及其相互关系。实际支出是指已经实现了的支出;意愿支出是指当事人想要的支出或计划支出;非意愿支出是指当事人不想要的而又不得不进行的支出。

实际支出 = 意愿支出 + 非意愿支出。显然,实际支出中的意愿支出一定等于需求。令总需求 = 总意愿支出,则国民收入均衡条件就变为:总意愿支出 = 国民收入。

(2) 社会总意愿支出的组成。社会总意愿支出由个人意愿消费、企业意愿投资、政府意愿购买和国际部门的意愿净出口 4 个部分组成。其中:

① 意愿消费 = 实际消费(C);

② 意愿政府购买 = 实际政府购买(G);

③ 意愿净出口 = 实际净出口($X-M$);

④ 企业的意愿投资 = 实际投资-非意愿投资 = I-非计划存货投资。

企业投资分为固定投资和存货投资两部分(年末存货与年初存货的差额就是企业的存货投资)。实际固定投资全部由厂商控制,一定等于意愿固定投资。但实际存货投资不一定都是意愿存货投资,有可能包含非意愿存货投资。

企业存货包括企业库存原材料、待销售的产成品和半成品或在产品三项。原材料等中间产品与在产品方面的存货投资量,厂商可以完全控制。因此,这两方面的实际存货投资都等于意愿的存货投资。

但产成品方面的存货投资,厂商不能完全控制:如果市场需求减少,一部分产品卖不出去,企业自己就不得不把它“买”下来,成为非意愿的或非计划的产成品存货投资。此时,实际的产成品存货投资就大于意愿的产成品存货投资;如果市场需求增加,产品就供不应求。此时,非意愿产成品存货投资就小于零,即实际的产成品存货投资小于意愿的产成品存货投资。

因此,企业的意愿投资 = 实际投资-非意愿投资 = I - 非计划存货投资。从而有:

社会总意愿支出 = C + (I - 非计划存货投资) + G + $(X - M)$

(3) 国民收入均衡公式。

C + (I - 非计划存货投资) + G + $(X - M)$ = GDP

C + (I - 非计划存货投资) + G + $(X - M)$ = $C + S + T$

为了书写方便,以后仍然用I表示企业的意愿投资。这样I就有两种含义:实际投资与意愿投资。到底是哪一种含义,可以根据上下文加以辨别;国民收入用Y表示,简称收入。于是,上述国民收入均衡公式就变为:

$$C + I + G + (X - M) = Y$$

$$C + I + G + X = C + S + T - M$$

(4) 国民收入均衡公式与核算恒等式的区别。

① 实际支出(投资)与意愿支出(投资)的区别;

② 恒等号与等号的区别;

③ 国民收入恒等式有三个,而国民收入均衡公式只有两个。

由于收入法核算恒等式 GDP $\equiv C + S + T$ 中,没有表示实际支出的项目,不可能用意愿支出来替代实际支出,因此,该收入核算恒等式无法转化为相应的收入均衡式。

(二) 二部门经济中均衡国民收入的决定

1. 两部门经济的总供求分析

均衡的国民收入是指总需求与总供给相等时的国民收入。在国民收入核算中,社会各部门对产品和劳务的总支出代表了整个社会的总需求水平,而参与生产的所有社会生产要素的所有者得到的收入则代表了整个社会的总供给水平。当整个社会的总支出等于总收入即总需求等于总供给时,整个国民经济处于均衡状态。

两部门经济是指一个只有企业和居民两个部门的简单社会。其总支出由两个部分构成:消费支出(C)和投资支出(I);其总收入最终分解成两个部分:储蓄(S)和消费(C),由此,可以得到两部门经济中的总需求与总供给的构成:

总支出 = 总需求(AD) = 消费(C) + 投资(I)

总收入 = 总供给(AS) = 消费(C) + 储蓄(S)

由此可见,国民收入均衡的条件是:$C + I = C + S$。

该均衡条件可以简化为:$I = S$。

2. 消费函数与均衡国民收入的决定

在两部门经济社会中,总需求由消费与投资构成,即 $Y = C + I$,其中消费 $C = a + bY$,此时如果知道投资即可求出国民收入。为了使分析简化,在国民收入决定的简单模型中,投资被看成一个外生变量,是一个不随着利率和国民收入水平变化而变化的常量。根据这个假定,可设 $I = I_0$(I_0 为一个常量),此时,均衡国民收入决定模型如下:

$$\begin{cases} Y = AD \\ AD = C + I \\ C = a + bY \\ I = I_0 \end{cases}$$

解联立方程组,可得均衡国民收入:

$$Y = \frac{a + I_0}{1 - b}$$

可见,如果知道了消费函数和投资水平,就可以根据上述公式求出均衡的国民收入。假设消费函数 $C = 800 + 0.8Y$,投资为 400 亿美元,则均衡收入为 6000 亿美元,即:

$$Y = \frac{800 + 400}{1 - 0.8} = 6000$$

下面再用列表和图形说明均衡收入的决定。下表显示了消费函数为 $C = 800 + 0.8Y$ 和自发投资为 400 亿美元时均衡收入决定的情况。

从表9－1中看出：

第一，当收入为6000亿美元时，总需求 $Y=C+I=5600+400=6000$ 亿美元，总供给 $Y=C+S=5600+400=6000$ 亿美元。此时，总需求等于总供给，说明6000亿美元是均衡的国民收入。

第二，当收入为5000亿美元时，总需求 $Y=C+I=4800+400=5200$ 亿美元，总供给 $Y=C+S=4800+200=5000$ 亿美元。在这种情况下，总需求大于总供给，厂商扩大生产有利可图，厂商会增雇工人、扩大产量，从而使收入增加，向均衡的国民收入靠拢。

表9－1　　均衡国民收入的决定（单位：亿美元）

收入	消费	储蓄	投资
3000	3200	-200	400
4000	4000	0	400
5000	4800	200	400
6000	5600	400	400
7000	6400	600	400

第三，当收入7000亿美元时，总需求 $Y=C+I=6400+400=6800$ 亿美元，总供给 $Y=C+S=6400+400=7000$ 亿美元。在这种情况下，总供给大于总需求，厂商只有减少产量才能销出其滞销的存货，于是厂商会减雇工人、降低产量，这样收入减少，使向均衡的国民收入（6000亿美元）靠拢。

均衡国民收入的决定也可以用图形表示。图9－2表示了如何用消费加投资曲线与45°线的交点决定均衡国民收入（所用数据来自上表）。

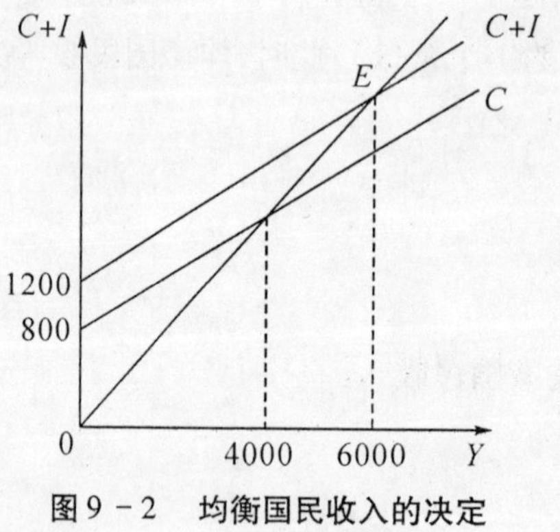

图9－2　均衡国民收入的决定

图中横轴表示收入，纵轴表示消费加投资，在消费曲线（C）上加投资（I）得到消费投资曲线 $C+I$，这条曲线即是总支出（总需求）曲线。由于假定投资为400亿美元，因此，总需求曲线与消费曲线总是平行的，两条线之间的垂直距离即为400亿美元，总需求曲线与45°线相交于 E 点，E 点的收入水平是6000亿美元，此时，总需求与总供给相等，这说明均衡国民收入是6000亿美元。

3. 储蓄函数与均衡国民收入的决定

由上述分析可知，当国民收入处于均衡状态时，投资等储蓄，即$I = S = Y - C$，同时储蓄函数$S = -a + (1-b)Y$，将这两式联立，即可得由储蓄函数决定的均衡国民收入。

$$\begin{cases} I = Y - C = S \\ S = -a + (1-b)Y \Rightarrow Y = \dfrac{a + I_0}{1-b} \\ I = I_0 \end{cases}$$

可见，通过储蓄函数求出来的均衡国民收入决定模型与根据消费函数求出来的均衡国民收入决定模型完全相同。

仍以上例来说明，消费函数$C = 800 + 0.8Y$，则储蓄函数$S = -800 + 0.2Y$，投资为400亿美元，当国民收入处于均衡状态时，投资等于储蓄，也即是储蓄等400亿美元，则均衡收入为6000亿美元($400 = -800 + 0.2Y \Rightarrow Y = 6000$)。可见，通过储蓄函数求得的均衡国民收入与通过消费函数求得的均衡国民收入完全相同，这也不奇怪，因为储蓄函数与消费函数本是一对互补的函数。

同理，也可以表格和图形来说储蓄函数是如何决定均衡国民收入的，其原理和方法与消费函数的完全相同，这里不再重复。

4. 节约悖论

这里的节约是指减少消费或增加储蓄。由于储蓄可以获得利息，故一个家庭越是节约，就越富有。然而，如果所有家庭都节约(增加储蓄)的话，国民收入不仅不增加，而且会减少，引起社会经济萧条。

因此，节约对个人来说是件好事，对整个社会来说却是件坏事。引起个人收入增加的节约却导致了国民收入的减少，这种现象就是所谓的"节约悖论"。

节约悖论的产生是由于投资没有随着储蓄的增加而增加。节约悖论仅仅是短期内储蓄无法转化为投资时产生的一种现象。在长期，储蓄终将转化为投资，节约悖论也就不存在了。

【专栏知识】

从《蜜蜂的寓言》看"节约悖论"

18世纪，荷兰的曼德维尔博士在《蜜蜂的寓言》一书中讲过一个有趣的故事。一群蜜蜂为了追求豪华的生活，大肆挥霍，结果这个蜂群很快兴旺发达起来。而后来，由于这群蜜蜂改变了习惯，放弃了奢侈的生活，崇尚节俭，结果却导致了整个蜜蜂社会的衰败。

蜜蜂的故事说的是"节俭的逻辑"，在经济学上叫"节俭悖论"。众所周知，节俭是一种美德，既然是美德，为什么还会产生这个悖论呢？

宏观经济学的创始人凯恩斯对此给出了让人们信服的经济学解释。他认为从微观上分析，某个家庭勤俭持家，减少浪费，增加储蓄，往往可以致富；但从宏观上分析，节俭对于经济增长并没有什么好处：公众节俭→社会总消费支出下降→社会商品总销量下降→厂商生产规模缩小，失业人口上升→国民收入下降、居民个人可支配收入下降→社会总消费支出下降……1931年1月他在广播中断言，节俭将促成贫困的"恶性循环"，他还说“如果你们储蓄五先令，将会使一个人失业一天”。凯恩斯的解释后来发展成为凯恩斯定理，即需求会创造自己的供给。一个国家在一定条件下，可以通过刺激消费、拉动总需求来达到促进经济发展和提高国民收入的目的。

由于东南亚金融危机等因素的影响，我国经济发展从 1997 年开始步入困难时期，而与此同时，据全国商业信息中心对我国市场主要商品供求情况的分析结果显示，1997 年下半年供过于求的商品占 31.8%，2001 年下半年则升至 83%，2002 年下半年达到 88%，几乎没有供不应求的商品。在这种情况下，我国政府依据凯恩斯理论原理，通过各种途径来拉动和刺激内需，如增发国债以大兴基础设施建设，实施“黄金周”的节假日政策以刺激旅游业的发展等，事实证明，这些政策对于帮助我国走出困境和提高收入水平起到了很大的推动作用。

当然，我们必须要科学地看待“节俭悖论”。“节俭悖论”的产生是有其特定的时空条件的，只有在大量资源闲置、商品供过于求、社会有效需求不足或存在严重失业时，才有可能出现这种悖论所呈现的矛盾现象。2003 年以来，我国频频发生油荒、电荒、煤荒等现象，在这种情况下，节俭不但不会产生悖论，反而是给我们带来更多的好处。

经济学中的有一个基本规律叫合成谬误，即当所有的局部都是正确的时候，全局往往会陷入错误。“节俭悖论”即是一个证明，当社会上每个人都节俭的时候，国民收入往往会下降，从而最终导致每个人生活水平都会下降。明白“节俭悖论”的内涵对于我国这样一个崇尚节俭的社会具有积极的意义，我们应该根据自身的收入水平适当消费，而不是一味地去节俭，这样对自身、对社会都具有积极作用。但是，“节俭悖论”并不是要求我们要选择一种奢侈的生活方式，我国是一个人口众多的国家，自然资源尤其是能源非常紧缺，非常有可能成为制约我国未来经济发展的主要因素，所以理性的选择是“有选择的节俭”，而不是一味的、不分场合的节俭。

（三）三部门经济中均衡国民收入的决定

1. 三部门经济的总供求分析

三部门经济由企业、居民和政府三个经济部门组成。与两部门经济相比，其总支出除了消费和投资外，多了一个政府的购买支出 G；其总收入除了消费和投资外，还包括政府的税收收入 T，因此，三部门经济的总供求构成如下：

总支出 = 总需求(AD) = 消费(C) + 投资(I) + 政府购买(G)

总收入 = 总供给(AS) = 消费(C) + 储蓄(S) + 税收(T)

由此可得国民收入均衡的条件，即：$C + I + G = C + S + T$。

该均衡条件可以简化为：$I + G = S + T$。

2. 三部门经济中均衡国民收入的决定

在三部门经济中，政府是一个重要的经济部门，其行为对于均衡国民收入的决定具有重要影响。政府的行为包括征税、购买支出和转移支出，在这种情况下，决定人们消费支出的收入不再是总收入，而是可支配收入。可支配收入是人们的税后收入再加上政府的转移支付。令 Y_D 为可支配收入，T 为税收，G 为政府购买，TR 为转移支付，则：

$$Y_D = Y - T + TR$$

由此消费函数可以表示为下式：

$C = a + bY_D = a + b(Y - T + TR)$

再假定政府税收是固定税收，投资、政府购买支出和转移支付均为外生变量，是常量，此时由总需求和消费函数可求得均衡国民收入：

$$\begin{cases} Y = AD \\ AD = C + I + G \\ C = a + bY_D \\ Y_D = Y - T + TR \\ I = I_0 \\ G = G_0 \\ T = T_0 \\ TR = TR_0 \end{cases} \Rightarrow Y = \frac{1}{1-b}(a - bT_0 + bTR_0 + I_0 + G_0)$$

可见，在三部门经济中，除了消费、投资以外，政府行为也对均衡国民收入的决定产生重大影响。下面用一个具体例子来说明三部门经济中均衡国民收入的决定。假定某社会的消费函数是 $C = 100 + 0.8YD$，投资支出50亿美元，政府购买支出200亿美元，政府税收收入250亿美元，政府转移支付62.5亿美元，求该三部门经济中的均衡国民收入。

根据已知条件，可列如下方程组：

$$\begin{cases} Y = AD = C + I + G \\ C = 100 + 0.8Y_D \\ \quad = 100 + 0.8(Y - T + TR) \\ I = 50 \\ T = 250 \\ G = 200 \\ TR = 62.5 \end{cases}$$

$$\Rightarrow Y = \frac{1}{1-0.8}(100 - 0.8 \times 250 + 0.8 \times 62.5 + 50 + 200) = 1000$$

可见，该三部门经济的均衡国民收入为1000亿美元。

（四）四部门经济中均衡国民收入的决定

在一个对外开放的经济体系中，除了企业、居民、政府等经济部门外，还增加了外国的企业、居民和政府，宏观经济学中统称为国外部门。与三部门经济相比，四部门经济中的总需求中增加了出口（X），总供给中则增加了进口（M）。其中出口是国外对本国商品的需求，一般视作外生变量，进口则是本国对国外商品的需求，它随着收入的变动而变动，一般表示为 $M = M_0 + mY$，其中 M_0 是自发进口，与国民收入变动无关，m 为进口率（$0 < m < 1$），Y 是国民收入，M 是进口。

由此可以得出四部门经济中总需求与总供给的构成：

总支出 = 总需求(AD) = 消费(C) + 投资(I) + 政府购买(G) + 出口(X)

总收入 = 总供给(AS) = 消费(C) + 储蓄(S) + 税收(T) + 进口(M)

因此,国民收入均衡的条件是:$C+I+G+X=C+S+T+M$,也可写成:$C+I+G+(X-M)=C+S+T$。

该均衡条件可以简化为:$I+G+X=S+T+M$

四部门经济中均衡国民收入的决定模型为:

$$\begin{cases} Y = AD \\ AD = C + I + G + X - M \\ C = a + bY_D \\ YD = Y - T + TR \\ I = I_0 \\ G = G_0 \\ X = X_0 \\ M = M + mY \\ T = T_0 \\ TR = TR_0 \end{cases}$$

$$\Rightarrow Y = \frac{1}{1-b+m}(a - bT_0 + bTR_0 + I_0 + G_0 + X_0 - M_0)$$

这是四部门经济中完整的国民收入决定模型。通过这个模型可以看出,消费、投资、政府行为和进出口都通过不同的方式对均衡国民收入产生着不同的影响。

第二节　扩大的国民收入决定理论

前文的简单国民收入模型是在假设宏观经济中只存在产品市场而没有货币市场的前提条件下得到的。如前文所述,现实经济中,产品市场和货币市场同时对国民收入决定产生影响,本节要介绍的即是一个将产品市场和货币市场联系起来讨论国民收入决定的模型,简称 IS - LM 模型。

IS - LM 模型(IS - LM Model) 考察的是一个没有对外开放的三部门经济体系,其核心思想是产品市场与货币市场互相影响,两个市场共同决定均衡国民收入。在 IS - LM 模型中,*IS* 曲线描述了产品市场的均衡,*LM* 曲线描述了货币市场的均衡。在一个包括产品市场和货币市场的宏观经济体系中,只要有一个市场没有实现均衡,国民收入就不会稳定,只有产品市场和货币市场同时实现均衡时的国民收入才是均衡的国民收入。这一原理可以通过下面的循环过程加以表达:

产品市场中收入变化→货币市场中货币需求变化→利率变化→私人部门的投资支出变化→产品市场总需求变化→国民收入变化→货币市场中货币需求变化……

一、产品市场的均衡与 IS 曲线

(一)IS 曲线的概念与推导

前面分析两部门经济的消费与均衡国民收入的决定时，曾得到均衡收入公式：

$$Y = \frac{a + I}{1 - b}$$

又因为：$I = e - dr$（r 为利率）

将 $I = e - dr$（d 是投资对利率变动的反应程度）代入 $Y = \frac{a + I}{1 - b}$ 中，均衡收入公式变为：

$$Y = \frac{a + e - dr}{1 - b}$$

上式表明，均衡国民收入与利率之间存在反方向变动关系。下面用例子说明均衡国民收入与利率之间的反向变动关系。本例中的单位为亿美元。

假设投资函数 $I = 1250 - 250r$，消费函数 $C = 500 + 0.5y$，相应的储蓄函数 $S = -a + (1 - b)y = -500 + (1 - 0.5)y = -500 + 0.5y$，根据 $Y = \frac{a + e - dr}{1 - b}$ 可得：

$$y = \frac{a + e - dr}{1 - b} = \frac{500 + 1250 - 250r}{1 - 0.5} = 3500 - 500r$$

当 $r = 1$ 时，$Y = 3000$

当 $r = 2$ 时，$Y = 2500$

当 $r = 3$ 时，$Y = 2000$

当 $r = 4$ 时，$Y = 1500$

当 $r = 5$ 时，$Y = 1000$

……

由此得到一条 *IS* 曲线。如图 9 - 3 所示，横轴代表收入，纵轴代表利率，向右下方倾斜的曲线就是 *IS* 曲线。*IS* 曲线表示在投资与储蓄相等的产品市场均衡条件下，利率与收入组合点的轨迹。*IS* 曲线上任何一点都代表一定的利率与收入的组合，在任何一个组合点上，投资与储蓄都相等，即产品市场是均衡的，故把这条曲线称为 *IS* 曲线。

IS 曲线是从表示投资与利率关系的投资函数、储蓄与收入关系的储蓄函数以及使投资与储蓄相等的关系中推导出来的。*IS* 曲线的推导还可以用图 9 - 4 来描述。

图 9 - 3(a) 中，横轴表示投资，纵轴表示利率，投资曲线表示投资是利率的减函数，该曲线是根据上例中的投资函数 $i = 1250 - 250r$ 画出来的。

图 9 - 3(b) 图中，横轴表示投资，纵轴表示储蓄，从原点出发的倾角为 45° 的直线上任何一点，都表示投资与储蓄相等。

图 9 - 3(c) 图中，横轴表示收入，纵轴表示储蓄，储蓄曲线表示储蓄是国民收入的增函数，该曲线是根据上例中的储蓄函数 $s = -500 + 0.5y$ 画出来的。如图 9 - 3(a) 中的

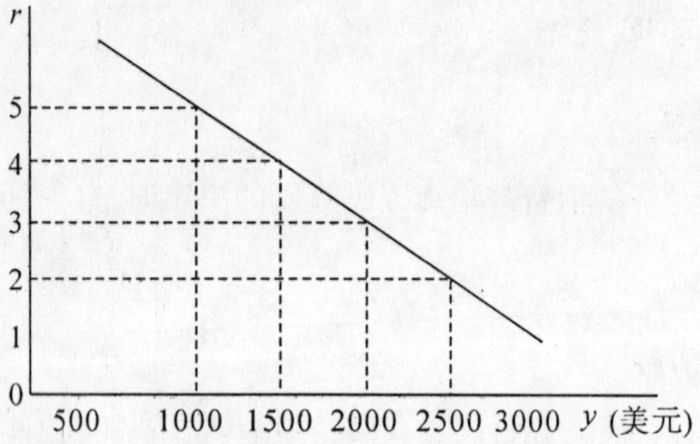

图 9 - 3 *IS* 曲线

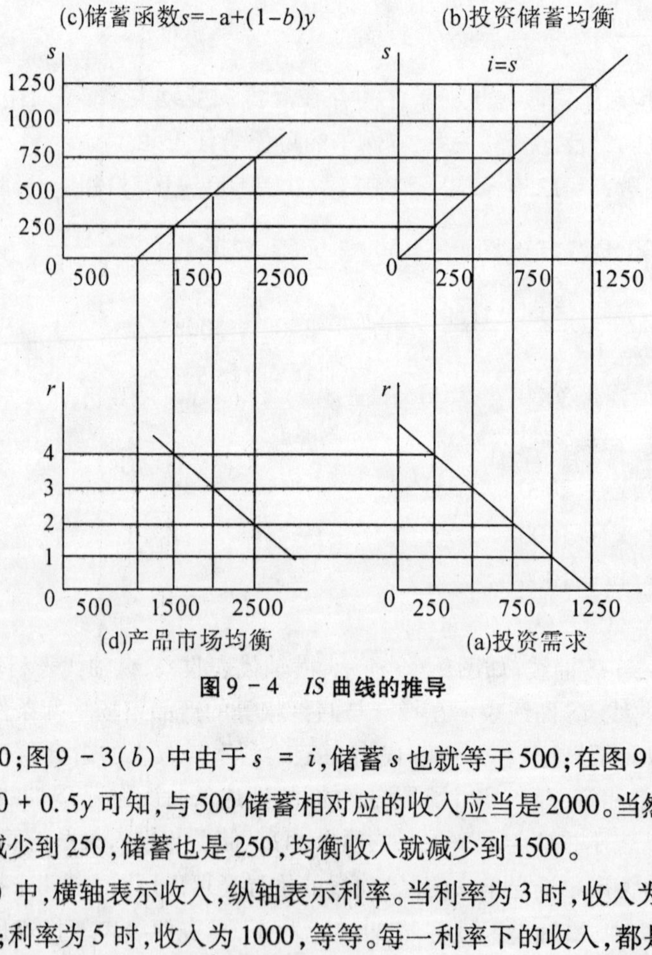

图 9 - 4 *IS* 曲线的推导

$r = 3$ 时，$i = 500$；图 9 - 3(*b*) 中由于 $s = i$，储蓄 s 也就等于 500；在图 9 - 3(*c*) 中，由储蓄函数 $s = -500 + 0.5y$ 可知，与 500 储蓄相对应的收入应当是 2000。当然，如果利率 r 上升到 4，投资就减少到 250，储蓄也是 250，均衡收入就减少到 1500。

图 9 - 3(*d*) 中，横轴表示收入，纵轴表示利率。当利率为 3 时，收入为 2000；利率为 4 时，收入为 1500；利率为 5 时，收入为 1000，等等。每一利率下的收入，都是通过投资函数 $s = i$ 和储蓄函数之间的关系得到的。将均衡利率与均衡收入的众多数量组合点连接起来，就得到 *IS* 曲线。由于 *IS* 曲线代数式 $Y = \dfrac{a + I}{1 - b}$ 表明收入是利率的减函数，*IS* 曲线也就向右下方倾斜。

（二）*IS* 曲线的斜率

将 $Y=\frac{a+I}{1-b}$ 式改写成：$r=\frac{a+e}{d}-\frac{1-b}{d}y$。式中，$y$ 前面的系数 $-\frac{1-b}{d}$ 就是 *IS* 曲线的斜率。由于收入是利率的减函数，故 *IS* 曲线的斜率为负。为了更方便地比较 *IS* 曲线斜率的大小，取斜率 $-\frac{1-b}{d}$ 的绝对值，显然，*IS* 曲线的斜率既取决于 b，也取决于 d。

b 是边际消费倾向。b 的值越大，意味着投资乘数越大，即较小的投资变动会引起收入的较大增加，因而 *IS* 曲线就较平缓，*IS* 曲线的斜率就小。反之，b 的值较小，*IS* 曲线的斜率就大。所以，*IS* 曲线的斜率 d 大小与边际消费倾向 b 成反比。

d 是投资对利率变动的反应程度，表示利率变动一定幅度时投资的变动程度。如果 d 较大，表示投资对利率变动反应比较敏感，即利率的较小变动引起投资的较大变动，进而引起收入的更多增加，*IS* 曲线就较平缓，*IS* 曲线的斜率就小。反之，d 较小，*IS* 曲线的斜率就大。所以，*IS* 曲线的斜率与 d 成反比。

另外，在三部门经济中，由于存在政府购买支出与税收，消费是个人可支配收入的函数，即 $c=a+b(1-t)y$，则 *IS* 曲线的斜率就变为：$\frac{1-b(1-t)}{d}$。在 b 和 d 既定时，t 越小，投资乘数越大，收入增加越多，*IS* 曲线就越平缓，*IS* 曲线的斜率就越小；反之，t 越大，*IS* 曲线的斜率就大。因此，*IS* 曲线的斜率与 t 成正比。

（三）IS 曲线的移动

不论从公式推导还是从几何推导的过程都可以看出，投资与储蓄的变动都会使 *IS* 曲线发生移动。

1. 投资变动的影响

无论自发投资的变动，还是引致投资的变动，都会使投资需求发生变化。投资需求增加，会使收入增多，*IS* 曲线就会向右移动，*IS* 曲线向右移动的幅度等于投资乘数与投资增量之积；相反，如果投资需求减少，收入会减少，*IS* 曲线就向左移动，移动幅度为投资乘数与投资减少量之积。

2. 储蓄变动的影响

储蓄增加，表明消费减少，会使收入减少，*IS* 曲线就向左移动，移动幅度为投资乘数与储蓄增量之积；反之，储蓄减少，*IS* 曲线就向右移动。

3. 政府购买支出变动的影响

政府购买支出最终是要转化为消费与投资的。政府购买支出增加，会使消费与投资增加，进而国民收入增加，因此，*IS* 曲线就向右移动，移动幅度为政府购买支出乘数与政府购买支出增量之积，即移动幅度 $\Delta y=k_g\cdot\Delta g$；反之，政府购买支出减少，*IS* 曲线就向左移动。

4. 税收变动的影响

政府增加税收，会使消费与投资减少，从而使收入减少，*IS* 曲线向左移动，移动幅度为税收乘数与税收增量之积，即移动幅度 $\Delta y=-k_T\cdot\Delta T$；反之，税收减少，*IS* 曲线则向右移动。

二、货币市场的均衡:LM 曲线

(一) 货币的需求

LM 曲线是描述货币市场达到均衡时利率与收入之间关系的曲线。LM 曲线描述的是货币市场的均衡,而货币市场均衡与否,关键在于货币的供给与需求之间的对比。一般来说,货币的实际供给量(用 M 表示)由国家加以控制,可以看成是一个外生变量,因此,货币需求是 LM 曲线分析的重点。

人们需要货币不是因为货币本身,而是因为用货币能够购买到所需求的产品和劳务。货币与其他非货币形态的金融资产(如股票、债券、商业票据)的区别在于其具有使用上的灵活性,即可以直接购买到产品和劳务。非货币形态的金融资产与现金相比有利有弊,有利的一面是凭借金融资产可以获取收益(如股票可以获得股息、债券可以获得利息等),不利的一面是非货币形态的金融资产不能直接和产品、劳务相交换,要实现交换则先要将其变成现金(即通常所说的金融资产的流动性),变现时可能会面临时间的拖延和实际购买力上的损失。由于非货币形态的金融资产的局限性,因此,凯恩斯认为人们对货币有"流动性偏好",即人们具有宁愿牺牲利息、股息等收入而持有一定量不生息货币来保持财富的心理倾向。一般来说,人们持有货币的动机有三种,即交易性动机、预防性动机和投机性动机,货币需求也就相应的分为交易性需求、预防性需求和投机性需求。

1. 交易性需求

货币的交易性需求是指人们为了进行日常交易而持有的货币数量。由于收入和支出在时间上不是同步的,因而个人和企业必须有足够的货币资金来满足日常交易需求的开支。个人和企业出于这种交易性动机所需要的货币量,取决于收入水平、惯例、商业制度等因素,而惯例和商业制度在短期内一般不会有太大变化,所以出于交易动机的货币需求量主要取决于收入,收入越高,交易数量越大,所交换的产品和劳务数量越多,从而为应付日常开支所需的货币量就越大。

2. 预防性需求

货币的预防性需求产生于预防性动机。预防性动机又称谨慎动机,是指人们为预防意外支出而持有一部分货币的动机,如个人或企业为应付突发事故、失业、疾病等意外事件而需要事先持有一定数量的货币。因此,如果说货币的交易需求产生于收入和支出间缺乏同步性,货币的预防性需求则产生于未来收入和支出的不确定性。从整个社会的角度来看,预防性需求大体上也和收入成正比,是收入的函数。

如果用 L_1 表示交易动机和预防性动机所产生的全部实际货币需求量,用 Y 表示实际收入,则这两种货币需求量与收入的关系可以表示为 $L_1 = L_1(Y)$ 或者 $L_1 = kY$。其中,k 为出于上述两种动机所需要的货币量与实际收入的比例,Y 为具有不变购买力的实际收入。

3. 投机性需求

货币的投机性需求产生于投机动机。投机动机是指人们为了抓住有利的购买有价证券的机会而持有一部分货币的动机。人们的金融资产有两种形式,即货币和非货币金融资产,持有货币没有收益,而持有非货币金融资产如债券可以获得一定收益。一般来说,非货币金融资产（如债券、股票）的价格会随着利率的变化而变化，如债券价格与利率一般呈反向变动关系，利率上升，债券价格下降；反之相反。投机者就是利用利率与非货币金融资产价格之间的变化关系进行投机活动，预计债券价格将上涨（即预计利率将下降）的人，会用货币买进债券以备日后以更高价格卖出；反之，预计债券价格下跌的人会卖出债券。这种基于投机目的而产生的货币需求就是货币的投机性需求。可见，货币的投机性需求主要取决于利率，如果用 L_2 来表示货币的投机性需求，用 r 表示利率，则投机性货币需求量和利率的关系可表示为：$L_2 = L_2(r)$。

(二) 流动性偏好陷阱

上面的分析说明这样一个问题，即对利率的预期是人们调节货币需求和非货币金融资产比例的重要依据。利率越高，货币需求量越小，当利率极高时，这一需求量等于零，因为人们认为这时利率不大可能再上升，或者说非货币金融资产的价格不大可能再下降，因而将所持有的货币全部换成有非货币性金融资产；反之，当利率极低，人们会认为这时利率不大可能再下降，或者说非货币金融资产的价格不大可能再上升而只会跌落，因而会将所持有的非货币金融资产全部换成货币；人们有了货币也决不肯再去购买非货币性金融资产，以免非货币性金融资产价格下跌时遭受损失，这时人们不管有多少货币都愿意持有手中，这种情况称为“凯恩斯陷阱”或“流动性偏好陷阱”。

前面曾提到，流动性偏好是凯恩斯提出的概念，是指人们持有货币的偏好。人们之所以产生对货币的偏好，是由于货币是流动性或者说灵活性最大的资产，随时可以用于交易，随时可以用于应付不测之需，随时可作投机之用，因而人们对货币的偏好就称为流动性偏好。货币需求关于利率的系数也称为流动性偏好的利率系数。当利率极低时，人们手中无论增加多少货币，都不会再去购买有价证券，都要留在手中，因而流动性偏好趋向无限大，这时即使银行增加货币供给，也不会再使利率下降。

(三) 货币需求函数

对货币的总需求是人们对货币的交易需求、预防需求和投机需求的总和，货币的交易需求和预防需求取决于收入水平，而货币的投机需求取决于利率，因此，对货币的总需求函数可以描述为下面这个函数：

$$L = L_1 + L_2 = L_1(Y) + L_2(r) = kY - hr$$

式中，L、L_1 和 L_2 都代表对货币的实际需求，即具有不变购买力的实际货币需求量。名义货币量和实际货币量是有区别的。名义货币量是不管货币购买力如何，仅计算货币票面金额的货币量。把名义货币折算成具有不变购买力的实际货币量，需用价格指数加以调整。如用 M、m 和 P 依次表示名义货币量、实际货币量和价格指数，则有 $M = P \times m$。

由于 $L = kY - hr$ 仅代表对货币的实际需求量或者说需要的实际货币量，因此，名义货币需求函数应是实际货币函数乘以价格指数，即 $L = (kY - hr)P$。货币需求函数可以用图 9－5 表示。

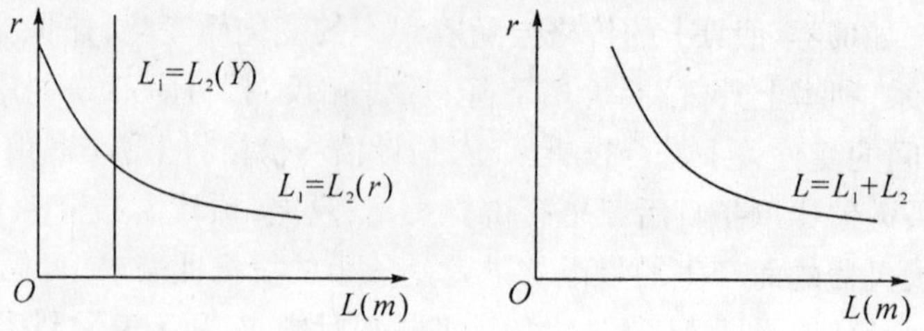

图9－5　货币需求函数

图9－5(*a*)中的垂线L_1表示为满足交易动机和预防动机的货币需求曲线，它和利率无关，因而垂直于横轴。L_2表示满足投机需要的货币需求曲线，它起初向右下方倾斜，表示货币的投机需求量随利率下降而增加，最后为水平状，表示"流动性偏好陷阱"。图9－5(*b*)中的L线则是包括L_1、L_2在内的全部货币需求曲线，其纵轴表示利率，横轴表示货币需求量，由于具有不变购买力的货币一般用m表示，因此横轴也用m表示。这条货币需求曲线表示在一定收入水平上货币需求量和利率的关系，利率上升时，货币需求量减少，利率下降时，货币需求量增加。

(四)货币的供给

货币供给是一个存量概念，它是一个国家在某一时点上所保持的不属于政府和银行所有的硬币、纸币和银行存款的总和。一般说来，货币供给量是由政府用货币政策来调节的，因而是一个外生变量，其大小与利率高低无关，因此货币供给曲线是一条垂直于横轴的直线，如图9－6中的m线。货币供给曲线和货币需求曲线L的交点E决定的利率为均衡利率(r_0)。当货币供给等于货币需求时，货币市场达到均衡状态。如果市场利率水平低于均衡利率，则说明货币需求超过供给，这时人们感到手中持有的货币太少，就会卖出有价证券，证券价格将会下降，利率水平会上升，对货币需求的减少一直要持续到货币供求相等时为止。相反，当利率高于均衡利率时，说明货币供给超过货币需求，这时人们感到手中持有的货币太多，就会用手中多余的货币买进有价证券，于是有价证券价格上升，利率水平下降，这种情况一直要持续到货币供求相等时为止。只有当货币供求相等时，利率才不再变动，货币市场实现均衡。

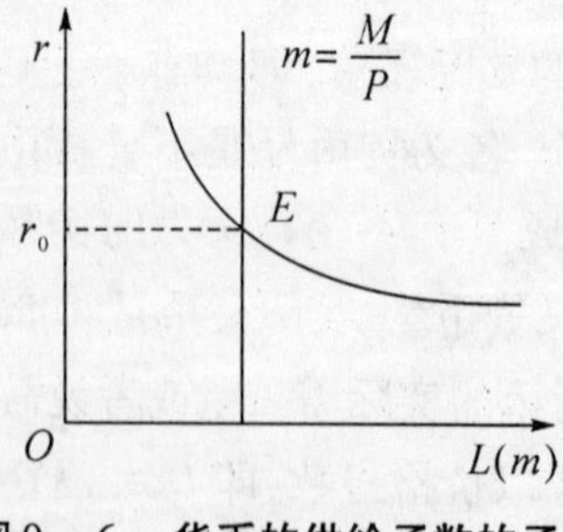

图9－6　货币的供给函数的函数

(五)LM 曲线的推导

利率是由货币的供给与需求共同决定的,而货币的供给量由一国货币当局控制,因而可以看成是一个外生变量。在货币供给量既定的情况下,货币市场的均衡只能通过调节货币的需求来实现。假定 m 代表实际货币供给量,则货币市场的均衡式 $m = L = L_1(Y) + L_2(r) = kY - hr$。从这个等式可知,当 m 为一定量时,L_1 增加时,L_2 必须减少;否则,不能保持货币市场的均衡。L_1 是货币的交易需求(由交易动机和预防动机引起),它随着收入增加而增加。L_2 是货币的投机需求,它随着利率上升而减少。因此,国民收入增加使货币交易需求增加,利率必须相应提高,从而使货币投机需求减少,才能维持货币市场的均衡。反之,收入减少时,利率必须相应下降;否则,货币市场不能保持均衡。

也就是说,当 m 为既定时,$m = kY - hr$ 的公式可以表示为满足货币市场均衡条件下的收入 Y 与利率 r 的关系,表示这一关系的图形被称为 *LM* 曲线。由于货币市场均衡时 $m = kY - hr$,因此,国民收入与利率的关系可以写成:

$$Y = \frac{hr}{k} + \frac{m}{k}$$

或 $r = \dfrac{kY}{h} - \dfrac{m}{h}$

这两个公式都可以作为 *LM* 曲线的代数表达式。由于该曲线图纵坐标表示的是利率,横坐标表示的是收入,因此一般用后一式子作为 *LM* 曲线的表达式。下面用一个例子来说明这个问题:假定货币的交易需求函数为 $m_1 = L_1(Y) = 0.5Y$,货币的投机需求函数为 $m_2 = L_2(Y) = 1000 - 250r$,实际货币供给量 $m = 1250$(亿美元),则货币市场均衡时,$1250 = 0.5Y + 1000 - 250r$,由此可得 $r = 0.002Y - 1$,这样,国民收入和利率之间的关系可以用表 9 - 2 来描述。

表 9 - 2　　*LM* 曲线中的国民收入与利率的对应关系

Y	1000	1500	2000	2500	…
r	1	2	3	4	…

注:$r = 1$、2、3… 是指 $R = 1\%$、2%、3%…

根据这些数据,可以作出图 9 - 7,图中向右上方倾斜的曲线就是 *LM* 曲线。该曲线之所以称为 *LM* 曲线,是因为线上任一点都代表一定的利率和收入组合,在每一利率、收入组合下,货币需求和货币供给都是相等的,也就是说货币市场是均衡的。*LM* 曲线的经济含义是:在其他条件不变的情况下,随着国民收入的上升,货币需求将会增加,为使货币市场保持均衡,市场利率相应上升;反之,国民收入下降,货币需求减少,为使货币市场保持均衡,市场利率相应下降。

由上面的分析可知,*LM* 曲线上的点所对应的国民收入和利率的组合都是货币市场均衡时的组合。换言之,不在 *LM* 曲线上的点所对应的国民收入和利率的组合都不能使货币市场实现均衡。如图 9 - 8 中的 A 点所表示的国民收入和利率的组合,反映了货币市场存在着过度需求(DEM)的情况。从图中可以看出,与 A 点对应的均衡收入是 YA,显然 A 点的利率水平偏低，从而导致了货币需求偏高。同理，B 点所表示的国民收入和利率的组合，反映了货币市场存在着过度供给（ESM）的情况，从图中可以看出，与 B 点对应的均衡国民收入是 YB，显然 B 点的利率水平偏高，从而导致了货币供给偏高。

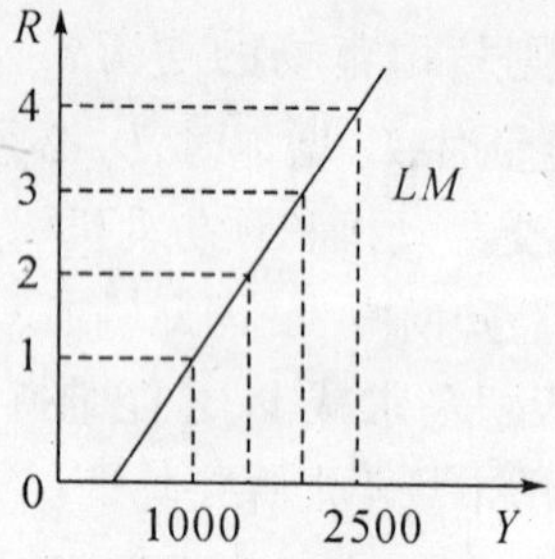

图 9－7　*LM* 曲线

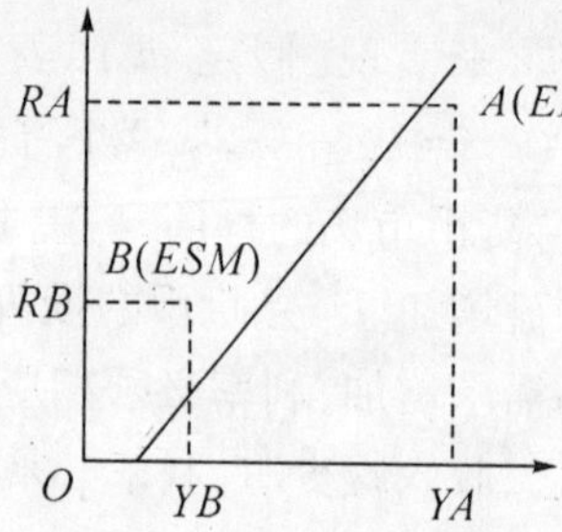

图 9－8　*LM* 的 *EDM* 和 *ESM*

三、产品市场和货币市场的一般均衡：IS－LM 模型

（一）产品市场与货币市场同时均衡的利率与收入

IS 曲线表明产品市场均衡条件下，存在着一系列利率与收入的组合；*LM* 曲线表明货币市场均衡条件下，也存在着一系列利率与收入的组合。产品市场均衡时，货币市场不一定处于均衡状态；货币市场均衡时，产品市场不一定处于均衡状态。产品市场与货币市场的同时均衡，出现在 *IS* 曲线与 *LM* 曲线相交的交点上。在这个交点上，产品市场与货币市场同时实现了均衡。也就是说，表示两个市场同时均衡的利率和收入仅有一个。产品市场与货币市场同时均衡的利率与收入可以通过联立 *IS* 曲线方程和 *LM* 曲线方程求解得出。

产品市场与货币市场同时均衡还可用图 9－9 表示。

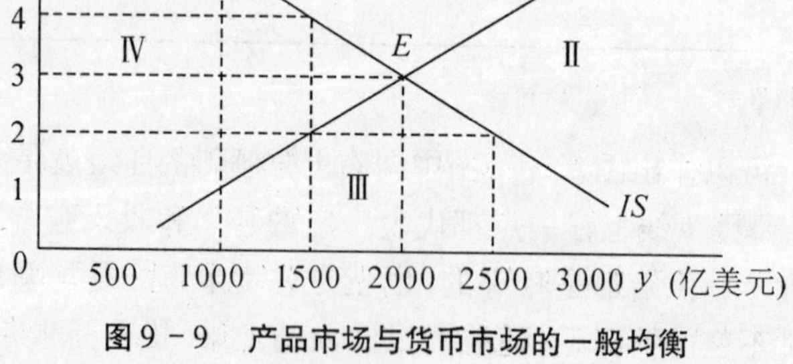

图 9－9　产品市场与货币市场的一般均衡

图中，*IS* 曲线与 *LM* 曲线相交于 E 点，E 点代表的利率 3% 和收入 2000 亿美元是产品市场与货币市场同时实现均衡时的利率和收入。此时，产品市场上，投资 $i = 1250 - 250 \times 3 = 500$（亿美元），储蓄 $s = -500 + 0.5y = -500 + 0.5 \times 2000 = 500$（亿美元），投资与储蓄相等，产品市场实现均衡。同时，在货币市场上，货币的需求 $L = L_1 + L_2 = 0.5y + 1000 - 250r = 0.5 \times 2000 + 1000 - 250 \times 3 = 1250$（亿美元），货币市场也实现了均衡。所以，

在 E 点上，产品市场与货币市场同时实现了均衡。

图中 E 点之外的任何地方都没有同时实现两个市场的均衡。在 IS 曲线和 LM 曲线的交点处，$i = s$，同时，$L = M$；IS 曲线与 LM 曲线之外的点，i 与 s、L 与 M 都不相等。相交的 IS 曲线与 LM 曲线，把坐标平面分成了四个区域：Ⅰ区域、Ⅱ区域、Ⅲ区域、Ⅳ区域，每个区域中，产品市场与货币市场都处于非均衡状态。四个区域的非均衡状态可用表 9－3 表示。

表 9－3　　产品市场与货币市场的非均衡

区域	产品市场的非均衡	货币市场的非均衡
Ⅰ	$i < s$ 有超额产品供给	$L < M$ 有超额货币供给
Ⅱ	$i < s$ 有超额产品供给	$L > M$ 有超额货币需求
Ⅲ	$i > s$ 有超额产品需求	$L > M$ 有超额货币需求
Ⅳ	$i > s$ 有超额产品需求	$L < M$ 有超额货币供给

四个区域中存在着不同的非均衡状态，经过调整，非均衡状态会逐步地趋向均衡。IS 的不均衡会导致收入变动：$i > s$ 会导致收入增加，$i < s$ 会导致收入减少；LM 的不均衡会导致利率变动：$L > M$ 会导致利率上升，$L < M$ 会导致利率下降。这种调整最终使经济趋向于均衡利率和均衡收入。

（二）均衡收入与均衡利率的变动

IS 曲线与 LM 曲线的交点表示产品市场与货币市场同时实现均衡，但这一均衡并不一定是充分就业的均衡。比如，图 9－10 中，IS 曲线与 LM 曲线相交于 E 点，均衡利率与均衡收入分别是 r_e、y_e，但充分就业的收入是 y_f，均衡收入低于充分就业的收入，即 $y_e < y_f$。此时，需要政府运用财政政策、货币政策进行调整，以实现充分就业。如果政府运用增支或减税、或增支减税双管齐下的扩张性财政政策，IS 曲线会向右移动至 IS' 的位置，与 LM 曲线相交于 E' 点，均衡收入就增至 y_f，从而实现充分就业的收入水平。政府也可以运用扩张性货币政策，即增加货币供给量，LM 曲线会向右移动至 LM' 的位置，与 IS 曲线相交于 E'' 点，均衡收入也能增至 y_f，同样可以达到充分就业的收入水平。

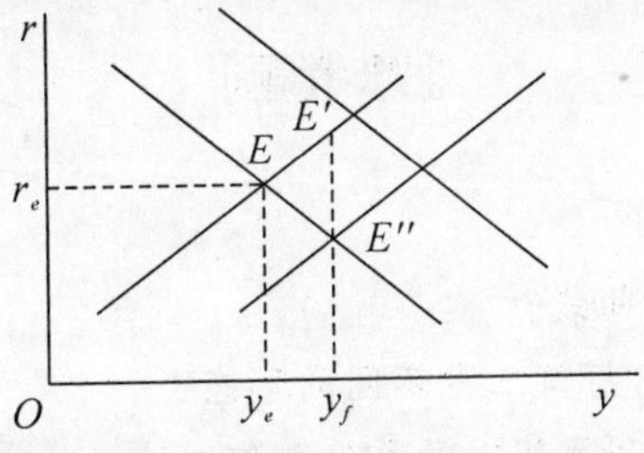

图 9－10　　均衡收入与均衡利率的决定

从图中也可以看到，IS 曲线和 LM 曲线的移动，会改变利率与收入水平。比如，在 LM 曲线不变的情况下，IS 曲线向右移动，会使利率上升、收入增加。是因为 IS 曲线右移是或消费或投资、政府支出增加的结果，即总支出或总需求增加，这会使生产扩大，收入增加，从而增加对货币的交易需求。在货币供给不变的情况下，人们只能通过出售有价证券获取货币，以用于交易所需，这样，在有价证券供给增多的情况下，有价证券价格下降，利率上升。用同样的道理可以说明 *LM* 曲线不变而 *IS* 曲线向左移动时，收入减少、利率下降的情况。

在 *IS* 曲线不变时，*LM* 曲线的移动也会引起利率与收入变化。例如，假定在 *IS* 曲线不变的情况下，*LM* 曲线向右移动，则利率会下降、收入会增加。这是因为 *LM* 曲线向右移动，是货币需求不变而货币供给增加或货币供给不变而货币需求减少的结果。在 *IS* 曲线不变即产品市场供求不变的情况下，*LM* 曲线向右移动，意味着货币供给大于货币需求，利率必然下降。利率下降会刺激消费与投资的增加，从而使收入增加。相反，*IS* 曲线不变、*LM* 曲线向左移动后，收入会减少、利率会上升。

此外，*IS* 曲线与 *LM* 曲线同时移动时，收入与利率也会发生变化，其变化取决于两条曲线的最终交点。

【本章小结】

1. 国民收入决定理论是宏观经济学的核心，它为分析各种宏观经济问题提供了一种重要的分析工具。宏观经济学中的失业、通货膨胀、经济周期和经济增长等问题均可以运用国民收入决定理论进行分析。

2. 在一个只有产品市场而没有货币市场的宏观经济中，均衡国民收入受消费、投资、政府行为和进出口等诸多因素影响，并且由于乘数原理的存在，上述这些因素的变动会导致均衡国民收入的数倍变动。

3. 在现实经济中，货币是经济中最重要的润滑剂，也就是说现实世界中既有产品市场，也存在着货币市场。*IS* 曲线是用来描述产品市场均衡的曲线，是一条向右下方倾斜的曲线；*LM* 曲线是用来描述货币市场均衡的曲线，是一条向右上方倾斜的曲线。IS - LM 模型说明在均衡国民收入决定中，产品市场与货币市场是互相影响的，两者共同决定均衡国民收入水平，这是 IS - LM 模型的核心思想。

【思考题】

1. 什么是乘数？
2. 什么是 *IS* 曲线和 *LM* 曲线？
3. 什么是总供给曲线，它有哪三种不同的形态？
4. 均衡国民收入和均衡利率变动的关系如何？

【综合案例】

IS－LM模型与我国宏观经济政策选择

人们通常运用IS－LM模型来分析宏观经济政策的效力，并以该模型所体现的经济思想作为政府宏观经济政策选择的理论依据。但我国宏观经济的实践表明，以IS－LM模型为依据的扩张性宏观经济政策尤其是扩张性货币政策并没有取得预期的效果。

IS－LM模型的形状取决于*IS*曲线和*LM*曲线的斜率。以我国投资的利率弹性对*IS*曲线斜率的影响看，由于市场经济体制在中国还没有完全确立，政府在企业投资中还起着一定的作用，企业自身还不能自觉地按市场经济原则办事，这必然导致企业投资对利率的反应没有一般市场经济国家敏感，从而导致中国的*IS*曲线比一般市场经济国家的*IS*曲线陡峭。从边际消费倾向变化对*IS*曲线的影响看，储蓄的超常增长表明，中国的边际消费倾向已经远远低于目前收入水平下应具有的水平，收入与消费之间已出现严重的失衡，这种失衡必然导致我国的*IS*曲线比在正常情况下陡峭。

那么，中国的*LM*曲线的斜率如何呢？首先，中国正处于新旧体制交替过程中，中国居民对货币的预防性需求急剧膨胀，从而打破了收入与消费之间的稳定关系，使中国的货币交易需求的收入弹性不再稳定，由此导致*LM*曲线不断趋向平坦。其次，从货币投机需求的利率弹性对我国*LM*曲线斜率的影响看，在目前的中国，由于金融市场、资本市场尚不十分完善，居民缺乏多种投资渠道，利率变化对人们的投机性货币需求影响并不大，投机需求的利率弹性较小，其对*LM*曲线的影响是使*LM*曲线比较陡峭。

由以上分析，我们可以得出以下结论：

其一，在进行政策选择时，必须考虑政策的有效性和确定性。在一定的经济形势下，一些政策比另一些政策更加有效，一些政策的影响比另一些政策的影响具有更大的确定性。在我国目前的状况下，*IS*曲线陡峭，*LM*曲线平坦，这时，财政政策效果十分有效，货币政策效果有限。近些年来，利率连续下调对消费和投资的刺激十分有限已经告诉我们，目前条件下，货币政策充分发挥作用的环境并不存在，继续下调利率很难取得预期的效果。因此，在运用扩张性经济政策刺激需求时，应把重点放在财政政策上。

在运用扩张性财政政策时，必须注意不同措施的效果。由于经济不景气情况下悲观预期的存在，居民的预防性货币需求无限膨胀，企业对未来利润率的预期也比较悲观，试图通过增加居民（尤其是收入较高阶层居民）收入以扩大消费需求、通过降低利率以扩大投资需求的愿望在实践中具有很大的不确定性，很可能由于公众的不配合使这些政策的作用受到限制。而政府购买和直接投资的效果则十分确定。因此，在政策措施选择上，应加大政府开支和用于失业、养老等方面的转移支付和直接投资。基于此，我们认为政府通过举办公共工程以刺激需求的政策是明智的，而在通过增加居民收入以刺激消费上，应把重点放在增加边际消费倾向较高的低收入阶层身上。

其二，在进行政策选择时，应考虑政策的效力与市场完善程度的关系。宏观经济政策作用的充分发挥，取决于市场经济制度的完善程度。在制度尚不完善的情况下，货币政策的作用自然受到限制;而财政政策是通过税收和政府支出的变化直接影响经济运行,尤其是政府支出的变化带有强烈的行政色彩,对市场制度的要求没有货币政策那么高,因此,在市场制度尚不十分完善的情况下,扩张性政策的作用应主要通过财政政策来实现。

财政政策之所以比货币政策更容易发挥作用,是由我国现阶段经济体制和财政政策本身的特点决定的。我们在强调本身带有行政色彩的财政政策作用时,应该警防片面夸大行政手段作用的倾向,注意防止旧体制、旧管理方法的复归,更不能因为一些经济手段的暂时失灵而否认其作用,为倒退寻找理论依据。

其三,货币政策的重点应放在为其充分发挥作用创造制度环境上。目前我国 *LM* 曲线的形状表明,希望通过降低利率以刺激投资和消费的货币政策注定不会有多大作用。在这种情况下,人们很容易回到老路上去,即希望通过直接增加或减少货币供给量来达到一定的宏观经济目标,这种带有明显行政色彩的货币政策是我们以前常用的。如果说在经济"软着陆"时期行政性货币政策曾经起过很大作用的话,那么,在经济萧条时期,行政性的扩张货币政策很可能是一副毒药,这样做的后果是非常严重的,极易酿成严重的金融危机。中国金融机构存在的严重问题和东南亚金融危机已经使我们清醒地认识到了这一点。目前,我国货币政策的重点不在于扩张本身(因为间接的扩张效果有限,直接的扩张可能酿成灾难性后果),而在于完善金融市场、资本市场及需要银行介入的再分配制度和消费制度,以便为货币政策充分发挥作用创造良好的制度环境。

在市场机制发育不完善的条件下,宏观经济政策的实行不仅要服务于宏观经济管理的目标,而且要肩负起塑造市场体系的重任,以减少政策实施的制约因素。在目前以至未来相当长的时期内,重建并完善宏观经济运行环境比宏观经济政策实施更为重要。只有建立起完善的市场体系,才能找到渐进地实现宏观调控目标的途径。

资料来源:根据韦海鸣整理资料编写 . http://www. gxtc. edu. cn.

【讨论题】

怎样运用 IS - LM 模型来分析我国宏观经济政策选择?其现实意义何在?

第十章　总需求—总供给模型

【学习目标与要求】

了解引起总需求、总供给变动的原因，掌握 AD - AS 模型关于总需求和总供给决定均衡收入和均衡价格水平的基本原理以及总需求、总供给变动对均衡国民收入和价格水平的影响。

【学习重难点】

AD - AS 模型关于总需求和总供给决定均衡收入和均衡价格水平的基本原理以及总需求、总供给变动。

1. 总需求曲线的概念及其形状
2. 总需求曲线的斜率
3. 均衡国民收入水平的决定
4. 总供给变化对对宏观经济均衡的影响及其政策效应

第一节　总需求曲线

一、总需求的概念及其构成

总需求是指在一定时间内、一定价格水平下社会上所有经济单位愿意而且能够购买的总的产出数量，简单说就是在其他条件不变的情况下整个社会对产品和劳务需求的总和。

在现实的四部门经济中，总需求由四部分构成，即消费需求、投资需求、政府购买和国外需求。其中，消费需求是指居民户对产品或劳务的需求，在西方经济学中一般用字母 C 表示；投资需求是指企业（即厂商）对投资品的需求，一般用字母 I 表示；政府购买是指政府对各种产品和劳务的需求，用字母 G 表示；国外需求是指国外对本国产品和劳务的需求，具体计算时用净出口即出口额与进口额之差表示，一般用字母 E 表示，$E = X - M$。若用 AD 代表总需求，总需求的构成可用公式表示为：

$$AD = C + I + G + E$$

在一个经济社会中，总需求的大小取决于价格水平、政府的经济政策以及其他因素。反映总需求与影响总需求因素之间关系的函数就是总需求函数。总需求受多种因素影响，如果只考虑总需求与价格水平之间的关系，用 P 表示价格水平，则总需求函数为：

$AD = f(P)$。

总需求是决定国民收入水平的重要因素。一国国民收入水平的高低取决于总需求和总供给。在不考虑总供给即假定总供给可以随总需求大小随意增减的情况下，均衡国民收入水平取决于总需求。

二、总需求曲线的概念及其形状

总需求曲线是反映总需求与价格水平之间关系的曲线。它反映的是产品市场和货币市场同时达到均衡时总需求与价格水平之间的关系，具体说就是表示其他条件不变的情况下，所有经济单位在不同价格水平下愿意而且能够购买的产品和劳务数量的总和。在其他条件不变的情况下，总需求与价格水平成反比变化，因此，总需求曲线由左上方向右下方倾斜。

总需求曲线可以根据总需求函数直接得出，也可以由 IS - LM 模型推导而来，推导过程如图 10 - 1 所示。

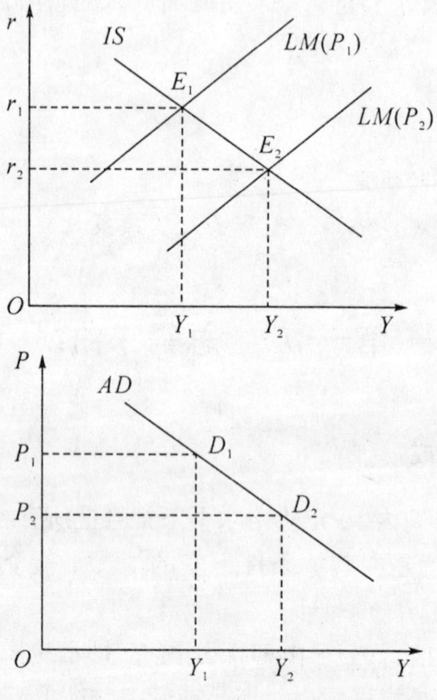

图 10 - 1　IS - LM 模型与总需求曲线

在图 10 - 1 上图的 IS - LM 模型中，当价格为 P_1 时，LM 曲线为 $LM(P_1)$，$LM(P_1)$ 曲线与 IS 曲线相交于 E_1，E_1 对应的均衡收入为 Y_1、均衡利率为 r_1，把 E_1 点对应的价格水平 P_1 和收入水平 Y_1 标在图 10 - 1 的下图中，即得到总需求曲线上的 D_1 点；在上图的 IS - LM 模型中，如果价格由 P_1 下降为 P_2，价格下降引起实际货币供给量增加，LM 曲线由 $LM(P_1)$ 向右下方移动为 $LM(P_2)$，$LM(P_2)$ 曲线与 IS 曲线的交点为 E_2，E_2 点对应的均衡收入和价格分别为 Y_2、P_2，将 Y_2 和 P_2 的值标在图 10 - 1 的下图中，即得到与 IS - LM 模型中 E_2 点对应的总需求曲线上的另一点即 D_2 点；按照同样的方法，随着价格 P 的变化，LM 曲线与 IS 曲线会有许多交点，将每一个交点对应的均衡收入 Y 和价格 P 的组合反映在图 10－1 的下图中，得到一系列反映均衡收入随价格水平变化而变化的点，连接这些点得到的曲线就是总需求曲线。从形状看，总需求曲线 AD 由左上方向右下方倾斜。

图 10－1 的下图中，横轴 OY 代表国民收入，纵轴 OP 代表价格水平。由图可知，总需求曲线 AD 由左上方向右下方倾斜，均衡收入与价格水平呈反比变化。由于均衡国民收入即均衡产出包含着总需求的概念，因此，在宏观经济学中，均衡收入与价格水平成反比变化也被看着是总需求与价格水平呈反方向变化。在其他条件不变的情况下，价格水平上升，总需求缩小；价格水平下降，总需求增加。

在微观经济分析中，需求曲线简单地反映商品价格变化引起商品需求量变化的关系。在宏观经济分析中，总需求曲线则反映全社会总需求量与物价水平的关系，反映了"价格水平变化→实际货币供给变化→利息率变化→投资水平变化→均衡收入水平变化"的曲折而复杂的传导过程。

总需求与价格水平呈反方向变化的原因可用 IS－LM 模型原理加以解释。在 IS－LM 模型中，货币供给量是指实际货币供给量，实际货币供给量的多少取决于名义货币供给量和价格水平。若以 M' 代表实际货币供给量，M 代表名义货币供给量，P 代表价格水平，则 $M' = M/P$。在名义货币供给量不变的情况下，实际货币供给量 M' 与价格水平呈反向变动关系，价格水平上涨，意味着实际货币供给量减少，价格水平下降，意味着实际货币供给量增加。在货币需求不变的情况下，价格水平上涨意味着实际货币供给量减少，实际货币供给量减少引起利息率上升，进而引起投资需求减少，总需求减少，在乘数效应作用下，最后总需求多倍减少；反之，价格水平下降意味着实际货币供给量增加，进而导致利息率降低，利率下降引起投资需求增加，总需求扩大，在乘数效应作用下，最后总需求多倍增加。可见，总需求与价格水平呈反向变动关系，由此也就决定了总需求曲线向右下方倾斜，斜率为负。

三、总需求曲线的斜率

（一）总需求曲线的斜率及其经济含义

向右下方倾斜的总需求曲线说明了总需求与价格水平呈反方向变动，价格水平上涨会引起总需求减少，价格水平下降会导致总需求增加。至于价格水平变化引起总需求变动幅度的大小，则取决于总需求曲线的斜率。总需求曲线的斜率反映收入或产出对价格变动的敏感程度。总需求曲线的斜率越大，意味着总需求曲线越陡峭，一定的价格水平变动引起的国民收入变动幅度越小；反之，总需求曲线斜率越小，意味着总需求曲线越平缓，一定的价格水平变动引起的国民收入变动幅度越大。

（二）影响总需求曲线斜率的因素

影响和决定总需求曲线斜率的因素，也就是影响货币政策效果的各种因素。影响和决定总需求曲线斜率的因素较多，其中主要的影响因素有四个。

1. 货币需求的利息率敏感度(h)

货币需求的利息率敏感度(h) 反映利息率变化引起货币需求变动的幅度,货币需求的利息率敏感度不同,总需求曲线斜率不同。在其他条件不变的情况下,货币需求的利息率敏感度与总需求曲线的斜率呈正比变化。在 IS - LM 模型中,货币需求的利息率敏感度越小,意味着 LM 曲线越陡峭,对于同一价格水平变动而言,利息率要有较大幅度变化才会引起货币需求量变化以使货币市场恢复均衡,这时,既定的价格水平变化将导致 LM 曲线的较大幅度移动,进而引起利息率、投资需求的较大变化,从而导致均衡收入水平的较大幅度变动,这时总需求曲线斜率较小,总需求曲线较为平坦。相反,货币需求的利息率敏感度越大,则 LM 曲线越平坦,对于同一价格水平变动而言,利息率只需有较小变化就能引起货币需求量变化,从而使货币市场恢复均衡,这时,既定价格水平变化只引起 LM 曲线的较小移动,利息率变化小,相应的,投资需求、均衡收入水平变动就小,这时总需求曲线斜率较大,总需求曲线比较陡峭。

2. 货币需求的收入敏感度(k)

货币需求的收入敏感度(k) 反映货币需求变化对收入变化的敏感程度,它会影响总需求曲线的斜率。在其他条件不变的情况下,货币需求的收入敏感度与总需求曲线斜率呈正比变化。货币需求的收入敏感度小,意味着对于给定的价格水平变化而言,均衡收入水平要有较大幅度变化、利息率要有较大程度提高,才能使因物价水平变化造成的货币市场失衡恢复均衡,因此,既定的物价水平变化会引起 LM 曲线的较大移动,均衡收入水平(总需求) 变动幅度较大,总需求曲线斜率较小,总需求曲线较为平坦。反之,货币需求的收入敏感度较高,对于给定的价格水平变化,均衡收入水平和利息率只需有较小幅度变化就能使因物价水平变化引起的货币市场失衡恢复均衡,因此,既定的物价水平变化只引起 LM 曲线的较小移动,均衡收入水平(总需求) 变动幅度较小,总需求曲线斜率较大,总需求曲线较为陡峭。

3. 支出的利息率敏感度(b)

支出的利息率敏感度主要是指投资对利息率变化的敏感程度。在其他条件不变的情况下,支出的利息率敏感度与总需求曲线的斜率大小呈反比变化。对于给定的物价水平变化引起的利息率变化,支出的利息率敏感度(b) 较大,意味着产品市场上投资需求变化较大,从而均衡收入水平变化幅度较大,总需求曲线斜率越小,AD 曲线越平坦。相反,支出的利息率敏感度(b) 越小,物价水平变化引起利息率变化而导致的投资需求变化越小,从而均衡收入水平变化越小,即总需求曲线斜率越大,AD 曲线越陡峭。

4. 支出的收入敏感度[$b(1-t)$]

在这里,支出的收入敏感度[$b(1-t)$] 是指对于可支配收入而言的边际消费倾向。其他条件不变的情况下,支出的收入敏感度与总需求曲线的斜率大小呈反比变化。对于给定的收入变化,支出的收入敏感度[$b(1-t)$] 越大,既定的收入变化引起的消费需求变动幅度越大,给定的收入变化因乘数较大而更多地放大,因此,总需求曲线斜率越小,AD 曲线越平坦。相反,支出的收入敏感度越小,给定的收入变化会因乘数较小而变化不大,即总需求曲线斜率较大,AD 曲线越陡峭。

总之,货币需求的利息率敏感度(h) 和货币需求的收入敏感度(k) 较小、支出的利息率敏感度(b) 和支出的收入敏感度[$b(1-t)$] 较大,则 LM 曲线较为陡峭、IS 曲线较为平坦,相应的,总需求曲线斜率较小,AD 曲线较为平坦;反之,则总需求曲线斜率较大,AD 曲线较为陡峭。

四、总需求曲线的移动

总需求曲线反映均衡收入即总需求随价格水平变化而相应变化的关系,价格水平变化使总需求量在总需求曲线上移动。如图 10 - 1 的下图中,当价格水平由 P_1 下降为 P_2 时,总需求由 D_1 点对应的 Y_1 增加为 D_2 点对应的 Y_2。

除价格水平外,其他因素变化也会引起总需求变化。价格以外的其他因素变化引起总需求变化,表现在总需求曲线上就是总需求曲线的移动。如图 10 - 2 所示,在价格水平不变的情况下,其他因素变化引起总需求增加,则总需求曲线向右上方移动,如由图中的 AD_1 右移到 AD_2;当其他因素变化引起总需求减少时,总需求曲线向左下方移动,如由 AD_2 移动为 AD_1。

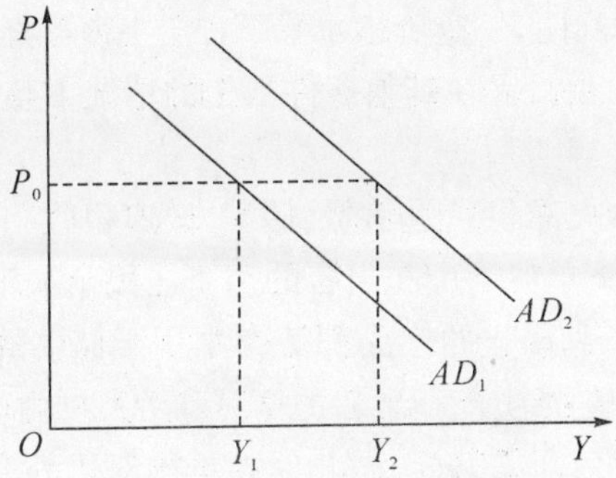

图 10 - 2　总需求曲线的移动

引起总需求变动、总需求曲线移动的因素很多。总需求的四个构成部分消费、投资、政府支出和净出口中,任何部分支出的变动都会使总需求发生变化,从而引起总需求曲线移动。具体说,利率、对未来通货膨胀率的预期、汇率、预期的未来利润状况、货币供应量、总财产量、政府支出和收入、对外贸易状况、人口数量等都是影响总需求的因素,这些因素发生变化,总需求会相应变化。一般而言,利率下降、预期通货膨胀率上升、汇率下降、预期未来利润增加、货币供应量增加、总财产增加、政府采购商品劳务的支出增加、转移支付增加或税收减少、净出口额增加以及人口数量增加,会使总需求增加、总需求曲线向右上方移动;反之,则会导致总需求下降,使总需求曲线向左下方移动。

在影响总需求的各种因素中,政府支出和名义货币供给量是影响总需求的两个重要因素。

1. 政府支出变化对总需求的影响

在各种可能价格水平下,政府支出增加会使总需求曲线右移,如由图 10 - 2 中的 AD_1 移动到 AD_2,相应的,均衡国民收入由 Y_1 增加为 Y_2;反之,政府支出减少,总需求曲线左移,如由图 10 - 2 中的 AD_2 移动到 AD_1,均衡国民收入则由 Y_2 减少为 Y_1。可见,政府财政政策特别是财政支出政策对总需求、从而对国民收入水平有着重要影响。政府实行扩张性财政政策增加财政支出,会使总需求扩大,国民收入增加;相反,政府实行紧缩性财政政策,减少财政支出,会导致总需求缩小,国民收入水平下降。

2. 名义货币供给量变化对总需求的影响

名义货币供给量变化对总需求的影响表现在:在各种可能的价格水平下,名义货币供给量增加将导致总需求增加,总需求曲线右移,均衡国民收入水平提高;反之,名义货币供给量减少,将导致总需求减少,总需求曲线左移,均衡国民收入水平降低。可见,货币政策对总需求从而对国民收入水平具有重大影响,扩张性货币政策会使总需求扩大,国民收入水平提高;紧缩性货币政策会导致总需求缩小,国民收入水平下降。

第二节　总供给的一般说明

一、总供给的概念及其构成

总供给是指在一定时间内、一定价格水平下社会上所有经济单位愿意而且能够提供的商品和劳务的总量,简单说就是在其他条件不变的情况下整个社会对产品和劳务供给的总和。

在现实的四部门经济中,总供给由消费、储蓄、政府税收和进口四部分构成。其中,消费是指经济社会中所有经济单位生产和出售的用于居民个人消费的商品和劳务,一般用字母 C 表示;储蓄是指生产和出售的产品和劳务中用于储蓄的部分,在西方经济学中一般用字母 S 表示;政府税收是指生产和出售的商品和劳务中由政府以税收形式征收、供政府支配使用的部分,一般用字母 T 表示;进口是指本国对国外商品和劳务的购买,它意味着国外经济单位对本国商品或劳务的供给,一般用字母 M 表示。若用 AS 代表总供给,则总供给的构成可用公式表示为:

$$AS = C + S + T + M$$

二、影响总供给的因素

在经济社会中,总供给大小取决于资源利用情况,影响资源利用情况的因素也就是影响总供给的因素。影响资源利用情况的因素很多,因此,影响总供给的因素多种多样。影响总供给的因素可以分为潜在产出和生产成本两类基本因素。

(一) 潜在产出水平

在其他条件相同的情况下,总供给与潜在产出水平成正比变化。在长期,总供给大小主要取决于潜在生产能力。潜在产出水平越高,总供给可以增加得越多,潜在产出水平越低,总供给增加得越少。影响和决定潜在产出的因素主要有两个:

1. 投入品的数量

生产中的投入品包括劳动、资本、土地以及其他资源。在其他因素不变的情况下,投入品数量越多,潜在产出水平越高。

2. 生产技术水平和管理水平

在其他条件相同的情况下,生产技术水平和管理水平越高,生产效率越高,从而总供给会增加;相反,生产技术水平和管理水平越低,生产效率越低,总供给就会减少。

(二) 生产成本

在其他条件相同的情况下,总供给与生产成本高低呈反比变化。在短期,生产成本是影响和决定总供给的主要因素。在价格水平不变的情况下,生产成本越低,厂商生产经营的利润越高,越愿意多生产和出售产品,这样总供给就会增加;反之,生产成本越高,总供给则会减少。构成生产成本的因素主要有两类:

1. 工资

工资是劳动的价格,是生产成本的重要组成部分。工资水平的高低直接影响和决定生产成本高低,两者成正比变化,工资水平越高,生产成本越高,反之相反。

2. 投入品价格

投入品包括土地、原材料、能源以及其他各种资源。投入品价格高低直接决定生产成本,投入品价格越高,生产成本越高,反之相反。

在生产成本提高的情况下,若价格水平不变,厂商会因为利润水平降低而减少生产,从而总供给减少。在这种情况下,要保持总供给不变或使总供给增加,则要求价格水平相应提高。可见,在短期,价格水平的高低影响和决定着总供给大小,因此价格水平也是影响总供给的重要因素。

三、总供给函数

在一个经济社会中,总供给的大小取决于经济资源。经济资源有很多,劳动、资本、土地、生产技术、管理水平等都是经济资源的构成内容。经济资源的数量及其利用状况决定着总供给的多少,因此,总供给与经济资源之间存在一定的函数关系,总供给是各种经济资源的函数。这种表示总供给与经济资源之间数量关系的函数关系式就是生产函数。用算术式可以表示为:

$$Y = f(L, K, N\cdots)$$

式中,Y为总产量,L为劳动投入量即社会的总就业量,K为资本投入量,N代表自然资源数量,此外,生产技术、管理水平等经济资源以及投入品价格等因素也是影响和决定总供给即总产出的因素。

(一) 长期总供给和长期总供给函数

在长期,总供给主要取决于由投入品数量和技术、管理水平决定的潜在产出水平,因此,长期总供给是投入品数量和技术水平、管理水平等影响长期总供给的各种因素的函数。用公式可表示为:

$$Y = f(K, N\cdots)$$

这种表示长期总供给与影响长期总供给的因素之间数量关系的函数关系式就是长期总供给函数。式中,Y代表总产量,K为资本投入量,N为自然资源数量。资本投入量的多少决定着生产技术水平的高低,生产技术水平、管理水平高低决定着生产效率,从而影响和决定总供给。此外,价格水平也会对总供给产生影响,价格水平通过对实际工资、劳动供求关系和就业量的影响而影响总供给。

长期生产函数表明,长期总供给与包括资本和自然资源在内的投入品数量呈正比变化,与生产技术水平、管理水平高低也呈正比变化。投入品数量增加、生产技术水平和管理水平提高,都可以使总供给增加。总供给受劳动投入、资本投入、技术水平、管理水平、价格水平等因素影响,如果仅仅分析总供给与价格水平之间的关系,则总供给函数为:

$AS = f(P)$。

(二) 短期总供给和短期总供给函数

在短期,资本、土地投入和生产技术水平、管理水平等相对稳定,变化不大,在这种情况下,劳动投入量的多少和物价水平高低成为影响和决定总供给的主要因素。这时,总供给与影响总供给的因素之间的关系可用函数关系式表示为:

$Y = f(L,P)$

这种表示短期总供给与影响短期总供给的因素之间数量关系的函数关系式就是短期总供给函数。式中,Y 代表总产量,L 代表劳动投入量,P 代表物价水平。短期总供给函数说明,短期总供给的大小与劳动投入量呈正比变化;在生产成本不变的情况下,短期总供给与物价水平呈正比变化。

在短期,劳动投入量是影响和决定总供给的重要因素。劳动的价格是工资,工资水平是影响劳动投入量的主要因素之一。一般而言,工资水平高低与劳动投入量成正比变化,工资水平提高,社会就业量增加,劳动投入量会增大。但是,实际经济生活中,工资水平变化对劳动投入量的影响具有不确定性,工资水平提高既可能使劳动供给量增加,也可能使之保持不变,还可能使劳动供给量减少。当劳动市场上劳动的供给和需求相等时,劳动市场达到均衡,这时的工资水平为均衡工资。如果工资水平维持在均衡工资水平,劳动市场实现均衡,达到充分就业水平,劳动资源得到充分利用。

在短期,如果劳动供给量保持不变,总供给大小则主要取决于物价水平。在其他条件不变的情况下,总供给与物价水平呈正比变化。物价水平越高,总供给越多,反之相反。总供给与物价水平之间的关系可以从向右下方倾斜的总供给曲线得到反映。

第三节　总供给曲线

一、总供给曲线的概念及其形状

总供给曲线是反映总供给与价格水平之间关系的曲线。它反映的是在产品市场和货币市场同时达到均衡时总供给与价格水平之间的关系,具体说,就是表明在其他条件不变的情况下,所有经济单位在不同价格水平下愿意而且能够提供的产品和劳务数量的总和。

总供给的多少取决于资源利用情况。资源利用情况不同,总供给与价格水平之间的关系就不相同,从而总供给曲线的斜率、形状也就不同。资源利用越不充分、闲置越多,总供给曲线的斜率越小，总供给曲线越平坦，极端的情况是总供给曲线为平行于横轴的水平线；随着资源利用率的提高，总供给曲线的斜率会逐渐增大，相应的，总供给曲线会越来越陡峭；当资源得到充分利用时，总供给曲线会变成垂直于横轴的垂线，这时，总供给曲线完全无弹性，价格水平变化不会对总产出产生影响。

二、总供给曲线的斜率

总供给曲线的斜率反映总供给量对价格变动的反映程度。总供给曲线斜率较大，总供给曲线比较陡峭，说明总供给量对价格变动反映程度较小，一定程度的价格变动引起的总供给量变化幅度较小；相反，总供给曲线斜率较小，总供给曲线比较平坦，意味着总供给量对价格变动反映程度较大，一定程度的价格变动引起的总供给量变动幅度较大。

总供给曲线的斜率有三种情况。随着资源利用由不充分到逐渐充分再到充分的渐进过程，总供给曲线的斜率会分别出现无限大、正斜率和斜率为零三种情况，在这三种斜率下，总供给曲线分别是与横轴平行的水平线、由向右上方倾斜的曲线和与横轴垂直的垂线。这三种形状的总供给曲线被分别称为凯恩斯主义总供给曲线、短期总供给曲线和长期总供给曲线，它们分别反映着凯恩斯主义、修正的凯恩斯主义和古典经济学对总供给与价格水平关系的不同看法。

(一) 凯恩斯主义总供给曲线

凯恩斯主义总供给曲线是一条平行于横轴的水平线。凯恩斯认为，在资源还未得到充分利用的情况下，即使价格水平不变，总供给也可以增加。这时的总供给曲线是一条平行于横轴的水平线，它近乎于有无限弹性，如图 10 - 3 所示。

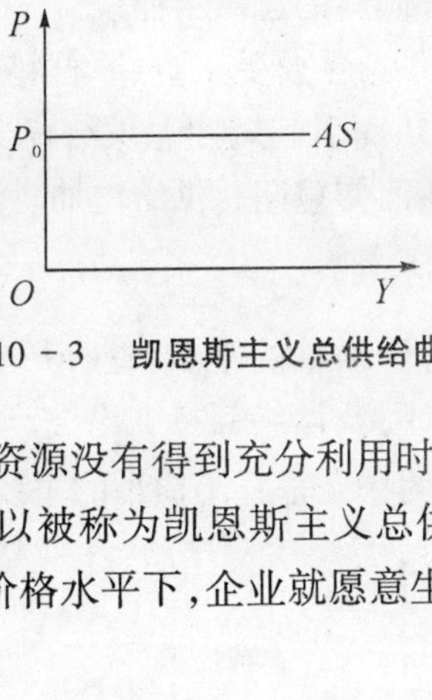

图 10 - 3　凯恩斯主义总供给曲线

图 10 - 3 中的 *AS* 曲线就是资源没有得到充分利用时的总供给曲线。这种水平的总供给曲线是由凯恩斯提出来的，所以被称为凯恩斯主义总供给曲线。这种形状的总供给曲线意味着，只要有需求，在现行价格水平下，企业就愿意生产和销售任何有需求的产品数量，总供给就会增加。

(二) 短期总供给曲线

短期总供给曲线是一条向右上方倾斜的曲线。这种形状的总供给曲线意味着，总供给与价格水平呈同向变动关系，价格水平上升，总供给增加，反之相反，如图 10 - 4 所示。

图 10 - 4 中的 *AS* 曲线就是短期总供给曲线。在短期，闲置的资源逐渐得到充分利用但又没有达到充分利用水平，在这种的情况下，价格水平提高，产出会增加，价格水平下

降，产出会减少。从另一角度看，在资源接近充分利用的情况下，产出增加会使生产要素价格上升，从而导致成本增加，价格水平上涨；反之，产出减少会使生产要素价格下降，成本降低，从而价格水平下降。因此，短期内产出水平即总供给与价格水平呈正比变化。随着价格水平的上升，产出的不断增加，资源利用越来越充分，产出越来越接近充分就业产出水平，这样，总供给随价格上涨而增加的幅度越来越小，即总供给曲线的斜率越来越大，总供给曲线变得越来越陡峭。这种情况存在于短期，因此这种向右上方倾斜的总供给曲线被称为短期总供给曲线，也称为修正的凯恩斯主义总供给曲线。

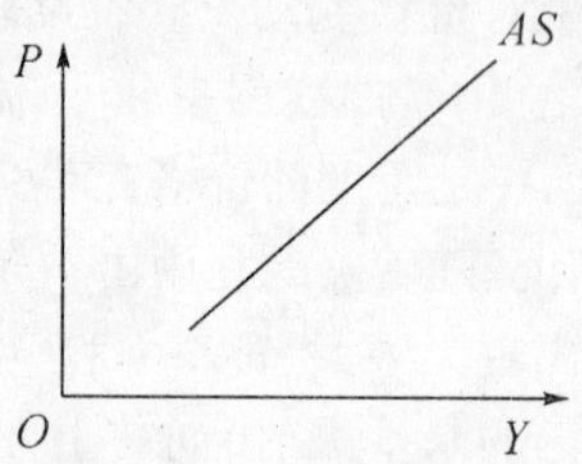

图10－4　短期总供给曲线

按照凯恩斯主义的观点，在短期，价格水平和名义工资具有刚性，工资不会随劳动市场上劳动供求关系的变化而立即变动。工人一般会与企业签订比较长时期的劳动合同，因此，在较短时期内，在劳动供求发生变化的情况下，名义工资不能随劳动供求关系变化及时得到调整，这样，市场机制就不能使经济自动实现充分就业，经济生活中就会存在失业，劳动资源以及其他经济资源利用不充分，在这种情况下，价格水平变动会引起产出水平变化，价格提高总产出增加，价格水平下降，总产出减少，于是就出现了一条开头比较平缓而后越来越陡峭的向右上方倾斜的总供给曲线。

在一个经济社会中，短期总供给主要受工资、原材料价格的影响。工资和原材料价格上涨会导致企业生产成本上升，从而引起短期总供给减少；相反，工资水平和原材料价格下降，会使企业生产成本降低，从而使短期总供给增加。

（三）长期总供给曲线

长期总供给曲线是一条垂直于横轴的垂线。这种形状的总供给曲线意味着，无论价格水平怎样变化，总供给都保持不变，始终保持在潜在产出水平即充分就业产出水平。这时的总供给曲线完全无弹性，成为一条垂直于横轴的垂线，如图10－5所示。

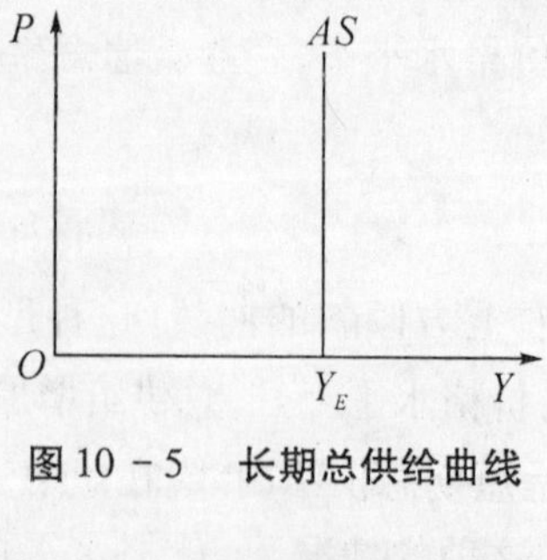

图10－5　长期总供给曲线

图10－5中的AS曲线就是长期总供给曲线。在长期，资源已得到充分利用，总供给已

达到充分就业产出水平。在这种情况下，受经济资源的制约，无论价格水平怎样变化，总供给量都不发生变化，总是维持在充分就业产出水平，如图中的 Y_E。这时的总供给曲线是一条始于充分就业产出水平的、与横轴垂直的垂线。

垂直的长期总供给曲线意味着，在长期，价格水平变化对总供给不产生影响，总供给始终保持在充分就业产出水平。现代宏观经济学认为，古典经济学名义工资与物价水平调整的一致性只有在时间足够长的情况下才符合实际。在长期，由于资源已得到充分利用，价格水平变化不影响总供给，因此，长期总供给曲线是垂直的。垂直的总供给曲线意味着一个经济社会的长期总供给不受价格水平影响。

在一个经济社会中，长期总供给主要受人口数量、资本存量、技术水平等因素的影响。一般而言，人口增加、资本存量增加以及技术进步会使总供给增加，人口和资本存量减少、技术水平下降会使总供给减少。

在资源利用不充分、资源利用接近潜在产出水平和资源已得到充分利用三种情况下，总供给曲线分别为平行于横轴的水平线、向右上方倾斜的曲线和与横轴垂直的垂线。将短期、长期总供给曲线描绘在同一坐标图中，便得到完整的总供给曲线，如图 10 - 6 所示。

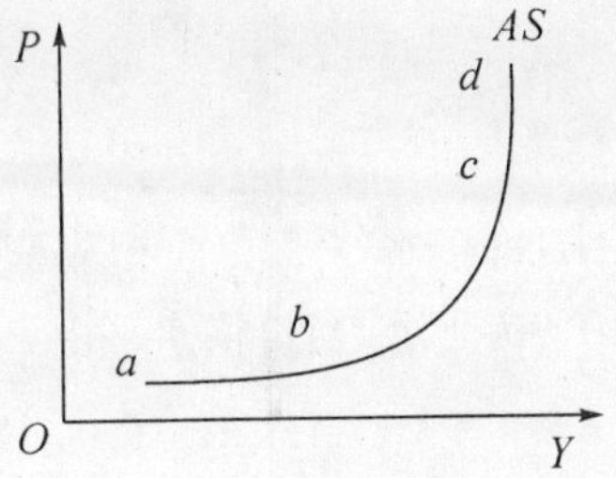

图 10 - 6　总供给曲线

完整的总供给曲线如图 10 - 6 所示。在图中，总供给曲线 AD 被分成 ab、bc 和 cd 三部分。其中，ab 段平行于横轴，这时总供给曲线斜率为无限大，这种形状的总供给曲线反映了资源未得到充分利用时总供给与价格水平的关系。在这种情况下，总供给可以适应总需求的增加而增加。bc 段向右上方倾斜，而且随着价格水平的上升，总供给曲线斜率越来越大，曲线越来越陡峭，这种形状的总供给曲线反映了总供给随着价格水平上升而增加且增加幅度越来越小的关系。cd 段垂直于横轴，这种形状的总供给曲线反映资源得到充分利用的情况下总供给与价格水平的关系，这时，总供给维持在充分就业产出水平，不随价格水平变化而变化。完整的总供给曲线的三部分分别反映了凯恩斯主义总供给曲线、短期总供给曲线、长期总供给曲线所揭示的总供给与价格水平之间的关系。

三、总供给曲线的经济含义

表面看，总供给曲线与微观经济分析中的供给曲线有些类似，似乎两者都是反映供给量与价格的关系。但是，这两者具有不同的内涵。宏观经济学中的总供给曲线反映的是社会整体价格水平与社会总产出的关系，它反映了一般价格水平提高影响实际工资、进而影响劳动供求关系、再通过对劳动供求关系的影响而影响就业、最终影响社会总产出的曲折复杂过程;而微观经济学中的供给曲线反映的是既定生产规模和要素价格下,生产者在各种产品价格下愿意而且能够生产的产品数量。

总供给曲线反映价格水平变化对社会总产出的影响。价格水平影响总产出的过程比较复杂。价格水平变化首先影响实际工资。在名义工资不变的情况下,实际工资与价格水平呈反比变化,价格水平上涨,实际工资会下降,反之相反。实际工资水平发生变化,又影响劳动市场上劳动的供求关系。一般而言,劳动供给量与实际工资呈正比变化,劳动需求量与实际工资呈反比变化。实际工资下降,劳动供给量减少,劳动需求量会增加,实际工资上涨则变动方向相反。劳动供求关系决定着社会的实际就业量,劳动供求发生变化,实际就业量相应变化。实际就业量变化使总产出发生相应变化,两者呈同方向变化,实际就业量增加,总产出增加,反之相反。这一过程可以简单表示为:价格水平变化 → 实际工资变化→劳动供给、劳动需求变化→社会总就业量变化→社会总产出变化。经过这一系列变化,最后表现为总产出与价格水平的同向变动关系。在其他条件不变的情况下,价格水平上升,总产出增加,价格水平下降,总产出减少。

总产出与价格水平的同向变动关系只存在于短期。在长期,由于资源已得到充分利用,总产出不受价格水平影响,无论价格水平如何变化,总产出总是保持在充分就业产出水平。

四、总供给曲线的移动

总供给曲线表明,总供给会随价格水平变化而相应变化,价格水平变化会使总供给量在总供给曲线上移动。如图 10 - 7 所示,当价格水平由 P_1 上升为 P_2 时,总产出由 S_1 点对应的 Y_1 增加为 S_2 点对应的 Y_2。

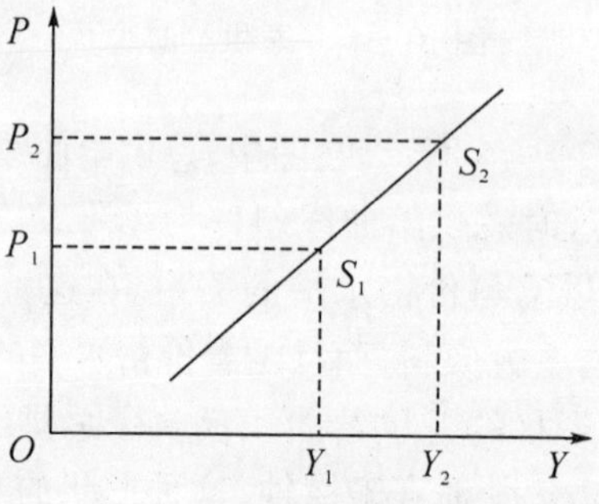

图 10 - 7　沿着总供给曲线的移动

除价格水平外,其他因素变化也会引起总供给变化。价格以外的其他因素变化引起总供给变化,表现在总供给曲线上就是总供给曲线的移动,如图 10 - 8 所示。在价格水平不变的情况下,其他因素变化引起总供给增加,则总供给曲线向右下方移动,由图中的 AS_1 右移到 AS_2;当其他因素变化引起总供给减少时,总供给曲线向左上方移动,如由 AS_2 移动为 AS_1。

引起总供给变动、总供给曲线移动的因素很多,除价格水平外,工资水平、劳动供给量、要素供给量、生产技术水平、经济资源利用情况、生产能力甚至自然因素如气候等因

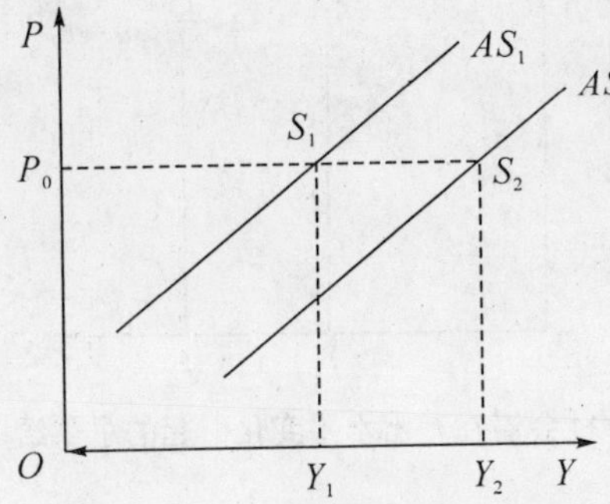

图 10－8　总供给曲线的移动

素发生变化，也会引起总产出变化，使总供给曲线发生移动。价格水平以外的其他因素变化引起总供给增加，总供给曲线向右下方移动；相反，价格水平以外的其他因素变化引起总供给减少，总供给曲线向左上方移动。

在影响总供给的各种因素中，货币工资和生产技术水平是影响总供给的两个重要因素。

1. 货币工资变化对总供给的影响

货币工资变化通过对企业生产成本的影响而影响企业产出，从而影响总供给。在其他条件不变的情况下，货币工资上涨会使在产出减少，总供给曲线向左上方移动；反之，货币工资下降会使总供给增加，总供给曲线向右下方移动。

在各种可能价格水平下，货币工资提高会导致企业在各种产出水平时的边际成本提高，边际成本提高要求价格水平相应提高，否则企业不愿意提供与货币工资提高以前的产出水平相等的产出，若价格水平不能相应提高，企业就会缩减生产，减少供给。因此，在价格水平不变的情况下，货币工资提高会使总供给曲线向左上方移动，如由图 10－8 中的 AS_2 移动到 AS_1。

相反，在价格水平不变的情况下，如果货币工资下降，则总供给增加，总供给曲线向右下方移动。在各种可能价格水平下，货币工资下降会使企业在各种产出水平时的边际成本下降，这会使企业提供比货币工资下降以前更多的产出，从而使社会总供给增加。在这种情况下，总供给曲线向右下方移动，如图 10－8 中的 AS_1 移动到 AS_2。

2. 生产技术水平变化对总供给的影响

生产技术水平是影响总供给的重要因素。总的来说，生产技术水平提高会使总供给增加，总供给曲线向右下方移动。

技术进步会使劳动生产率以及其他要素产出率提高，在技术进步推动技术水平提高的情况下，单位要素产出率提高，相同数量的生产要素可以生产出更多的产出，这样，在价格水平不变的情况下，整个社会的支出增加，总供给增加，总供给曲线右移，如由图 10－8 中的 AS_1 移动到 AS_2。技术水平提高不仅使各种价格水平下的总供给增加，而且会使社会潜在产出水平提高，使总供给曲线向右移动，这时，总供给曲线由图 10－9 中的 AS_1 向右移动到 AS_2。

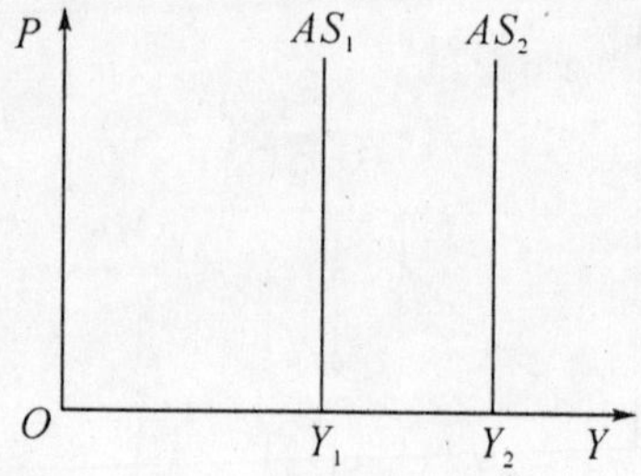

图 10 - 9　社会潜在产出水平变化引起的总供给曲线移动

第四节　总需求与总供给的均衡

宏观经济的一般均衡需要将总需求、总供给联系起来进行分析，对总需求和总供给的相互作用进行分析。将总需求、总供给结合起来，把总需求曲线和总供给曲线放在同一平面坐标图上，便构成宏观经济的一般均衡模型，即总需求 — 总供给模型，用字母表示就是 AD - AS 模型。总需求 — 总供给模型可以说明国民收入和价格水平的决定，说明总需求、总供给变动如何影响国民收入和价格水平。

一、均衡国民收入水平的决定

将总需求曲线和总供给曲线放在同一平面坐标图上，便得到如图 10 - 10 所示的 AD - AS 模型。从总需求 — 总供给模型可以看出，一个经济社会的国民收入水平取决于总需求和总供给。总需求和总供给相等时的国民收入为均衡国民收入，这时的价格为均衡价格水平。如果国民收入和价格维持在均衡水平，则国民经济实现均衡。在 AD - AS 模型中，总需求曲线与总供给曲线的交点意味着总需求与总供给相等，因此，两者的交点对应的收入就是均衡国民收入，交点对应的价格就是均衡价格。

在图 10 - 10 中，总需求曲线 *AD* 与总供给曲线 *AS* 相交于 *E* 点，*E* 点为宏观经济的均衡点。*E* 点所对应的国民收入水平 Y_0 为均衡收入，它所对应的价格 P_0 为均衡价格水平。

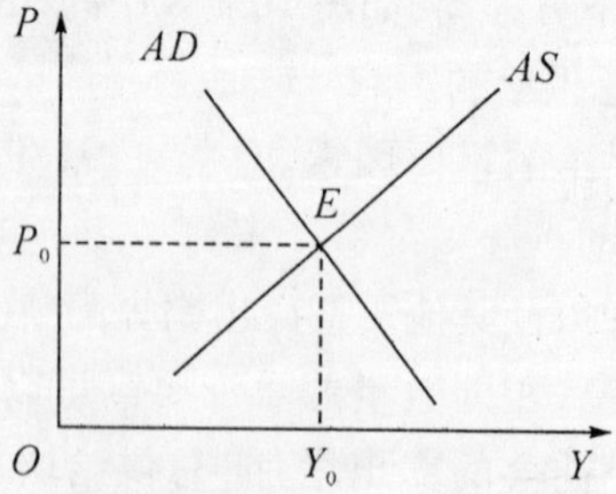

图 10 - 10　AD - AS 模型

在宏观经济中，无论是总需求还是总供给变动，都会对宏观经济均衡产生影响，使均衡国民收入和均衡价格水平发生变化。

二、总需求变化对宏观经济均衡的影响及其政策效应

在宏观经济均衡模型中，总需求变动对均衡国民收入和均衡价格水平的影响视总供给曲线的斜率而定。根据总供给曲线的斜率及其形状，总需求变动对国民收入和价格水平的影响可以分为三种情况。

1. 总供给曲线有无限弹性时总需求变动对国民收入和价格水平的影响及其政策效应

当总供给有无限弹性时，总供给曲线为水平线，即“凯恩斯主义总供给曲线”，即图 10 - 11 中的 ab 线。在这种情况下，总需求变动会引起均衡收入呈同方向变动，总需求增加，均衡收入水平提高，总需求减少，均衡收入水平下降；此时总需求变动对价格水平不产生影响，无论总需求如何变化，价格水平均保持不变。

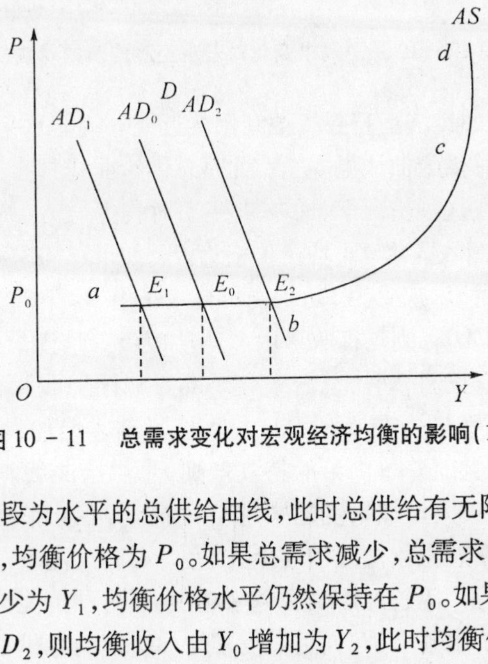

图 10 - 11　总需求变化对宏观经济均衡的影响(1)

在图10 - 11 中，ab 段为水平的总供给曲线，此时总供给有无限弹性。当总需求曲线为 AD_0 时，均衡收入为 Y_0，均衡价格为 P_0。如果总需求减少，总需求曲线由 AD_0 向左移动到 AD_1，均衡收入由 Y_0 减少为 Y_1，均衡价格水平仍然保持在 P_0。如果总需求增加，总需求曲线由 AD_0 向右移动到 AD_2，则均衡收入由 Y_0 增加为 Y_2，此时均衡价格水平仍为 P_0。可见，当总供给曲线有无限弹性时，总需求变动只影响国民收入水平，不影响价格水平。之所以会出现这种情况，是因为在总供给曲线的水平部分，经济资源利用不充分，闲置较多，在这种情况下，总供给会适应总需求的变化而相应变化，总需求增加则总供给增加，总需求减少，总供给相应减少；总需求变化对物价水平不产生影响。

总供给有无限弹性时，总需求变化引起均衡收入呈同方向变化、对价格水平不产生影响的情况意味着，在资源闲置较多时，刺激总需求的宏观经济政策只会带来国民收入水平上升的效果，不会引起通货膨胀。

2. 总供给曲线有正斜率时总需求变动对国民收入和价格水平的影响及其政策效应

当总供给较有弹性时，总供给曲线斜率为正、呈向右上方倾斜的形状，这时的总供给曲线是“修正的凯恩斯主义总供给曲线”，在图 10 - 12 中的就是总供给曲线的 bc 线。在总供给曲线向右上方倾斜的情况下，总需求变动既影响均衡收入，也影响物价水平。总需求

增加一方面使均衡收入水平上升，另一方面又使价格水平提高；相反，总需求减少，均衡收入水平下降，价格水平也会下降。

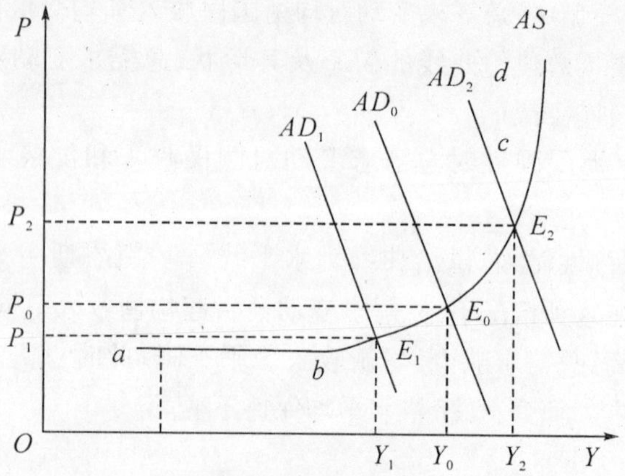

图 10－12　总需求变化对宏观经济均衡的影响(2)

在图10－12中，假如经济运行在资源利用接近充分就业水平但又没有实现充分就业水平的阶段，即运行在总供给曲线的 bc 段，此时总供给曲线具有正斜率，而且越往右上方总供给曲线斜率越大。在这种情况下，总需求变动对均衡收入、均衡价格都有影响。当总需求曲线为 AD_0 时，均衡收入为 Y_0，均衡价格为 P_0。如果总需求减少，总需求曲线向左移动到 AD_1，则均衡收入由 Y_0 减少为 Y_1，均衡价格水平由 P_0 下降为 P_1；如果总需求增加，总需求曲线向右移动到 AD_2，则均衡收入由 Y_0 增加为 Y_2，均衡价格水平由 P_0 上升为 P_2。可见，当总供给曲线具有正斜率时，总需求变动既影响国民收入，又影响价格水平，均衡收入水平和均衡价格水平与总需求均呈正比变化，总需求增加，均衡收入水平提高、均衡价格上升；反之相反。而且随着总供给的持续增加，总供给曲线斜率的增大，一定数量的总需求增加引起的均衡收入增加幅度越来越小、物价水平上涨幅度越来越大。之所以会出现这种情况，是因为在总供给曲线向右上方倾斜的部分，随着总供给的增加，资源利用越来越接近充分就业水平，闲置经济资源越来越少，在这种情况下，总需求增加会引起总供给增加，同时导致物价水平上涨，而且总需求增加引起的总供给增加幅度越来越小、物价水平上涨幅度越来越大；总需求减少，则总供给相应减少，物价水平下降。

总供给较有弹性时，总需求变化引起均衡收入和物价水平同向变化的情况表明，在资源利用比较充分但又未实现充分就业的情况下，抑制总需求的宏观经济政策可以起到降低物价水平、抑制通货膨胀的作用，但与此同时会导致国民收入水平下降，总供给减少；刺激总需求的宏观经济政策可以使总供给增加，国民收入水平上升，但同时会引起物价水平上涨，而且经济运行越接近充分就业水平，刺激总需求的宏观经济政策带来的国民收入水平上升效果越小，由此引起的物价水平上涨幅度越大，也就是说，越接近充分就业水平，宏观经济政策刺激国民收入增加的效果越小，由此带来的通货膨胀代价却越来越大。

3. 总供给曲线完全无限弹性时总需求变动对国民收入和价格水平的影响及其政策效应

当总供给完全无限弹性时，总供给曲线为垂直于横轴的垂线，是“古典经济学的总供给曲线”，如图 10 - 13 中的 cd 线。在这种情况下，总需求变动只引起价格水平变化，不影响国民收入，价格水平与总需求呈同向变动关系，总需求增加，价格水平上升，总需求减少，价格水平下降；总需求变动对价格水平则不产生影响，无论总需求如何变化，国民收入水平均保持在充分就业收入水平。

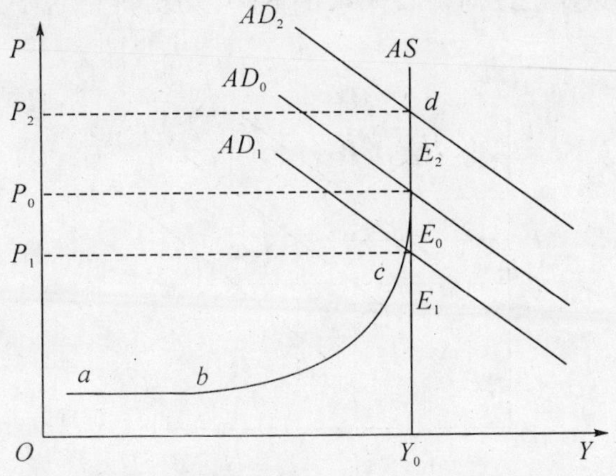

图 10 - 13　总需求变化对宏观经济均衡的影响(3)

在图10 - 13 中，cd 段为垂直于横轴的总供给曲线，此时总供给完全无限弹性，总需求变动不影响国民收入水平，只引起价格水平变化，价格水平与总需求呈同向变动关系。当总需求曲线为 AD_0 时，均衡价格为 P_0，均衡收入为 Y_0。如果总需求减少，总需求曲线向左移动到 AD_1，则均衡价格水平由 P_0 下降为 P_1，均衡收入仍然保持在 Y_0；如果总需求增加，总需求曲线向右移动到 AD_2，均衡价格水平由 P_0 上升到 P_2，均衡收入水平仍为 Y_0。可见，当总供给曲线完全无限弹性时，总需求变动只影响价格水平，不影响国民收入。之所以会出现这种情况，是因为在总供给曲线的垂直部分，国民收入已达到潜在产出水平，经济资源已得到充分利用，没有闲置资源，在这种情况下，如果没有技术进步，没有要素产出率的提高，总供给就不可能适应总需求的变化而相应变化，因此，总需求变化只引起价格水平变化，不影响国民收入水平。

总供给完全无限弹性时，总需求变化引起均衡价格同方向变化、对均衡收入不产生影响的情况意味着，在经济已实现充分就业的情况下，刺激总需求的宏观经济政策只会带来物价水平上涨的效果，不会引起国民收入增加，刺激总需求以促进经济增长的宏观经济政策无效。

三、总供给变化对对宏观经济均衡的影响及其政策效应

在宏观经济均衡模型中，总供给变动对均衡国民收入和均衡价格水平影响的分析一般适用于短期。从长期看，国民收入增长主要受资源状况制约。在一个比较长的时期内，一国经济资源在数量上基本上是一个固定不变的量，而且经济资源的利用会越来越充分。当经济资源得到充分利用时，一国总产出达到充分就业产出水平，在这种情况下，除非有创新导致要素产出率提高，否则总供给不可能增加。在短期，资源利用水平有高有

低，资源利用状况决定着总供给的多少，导致总供给变动。可见，总供给变动对均衡收入和均衡价格的影响主要是短期分析。

短期总供给曲线斜率为正，由左下方向右上方倾斜，因此，在总需求不变的情况下，总供给变化既影响均衡收入，也影响价格水平。均衡收入水平与总供给同方向变化，均衡价格与总供给成反向变动关系。总供给增加会导致均衡收入水平上升、均衡价格水平下降；相反，总供给减少会导致均衡收入水平下降、均衡价格水平上升。具体情况如图 10 - 14 所示。

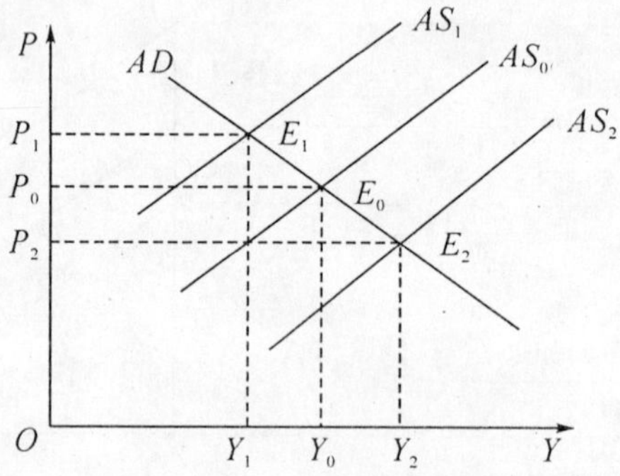

图 10 - 14　总供给变化对宏观经济均衡的影响(4)

在图 10 - 14 中，总供给曲线 AS_0 与总需求曲线 AD 的交点为 E_0，均衡收入为 Y_0，均衡价格水平为 P_0。如果总供给减少，总供给曲线向左上方移动到 AS_1，则均衡收入由 Y_0 减少为 Y_1，均衡价格由 P_0 上升到 P_1。相反，如果总供给增加，总供给曲线向右移动到 AS_2，则均衡收入水平由 Y_0 增加为 Y_2，均衡价格水平由 P_0 下降到 P_2。可见，在总需求不变的情况下，总供给变动既影响国民收入，又影响价格水平。总供给增加，国民收入水平上升，价格水平下降；反之相反。

总需求不变时总供给变动引起国民收入水平同向变动、均衡价格水平反向变动的情况表明，在短期内、在总需求不变的情况下，刺激总供给增加的宏观经济政策既可以带来国民收入增加的政策效果，同时还可以带来物价水平下降的政策效果，就是说，在经济资源利用不充分的情况下，实行刺激供给增加的宏观经济政策可以达到既促进经济增长又不引起通货膨胀的政策效果。

【本章小结】

1. 总需求是指在一定时间内、一定价格水平下社会上所有经济单位愿意而且能够购买的总的产出数量。总需求由四部分构成，即消费需求、投资需求、政府购买和国外需求。总需求曲线是反映总需求与价格水平之间关系的曲线，它由左上方向右下方倾斜。

2. 引起总需求变动、总需求曲线移动的因素很多，总需求的四个构成部分中，任何部分支出的变动都会使总需求发生变化。在影响总需求的各种因素中，政府支出和名义货币供给量是影响总需求的两个重要因素。

3. 总供给是指在一定时间内、一定价格水平下社会上所有经济单位愿意而且能够提供的商品和劳务的总量。总供给由消费、储蓄、政府税收和进口四部分构成。总供给曲线是反映总供给与价格水平之间关系的曲线。资源利用情况不同，总供给曲线的斜率、形状就不同。

4. 影响总供给的因素可以分为潜在产出和生产成本两类基本因素。在其他条件相同的情况下，总供给与潜在产出水平成正比变化，与生产成本高低成反比变化。

5. 引起总供给变动、总供给曲线移动的因素很多，除价格水平外，工资水平、劳动供给量、要素供给量、生产技术水平、经济资源利用情况、生产能力甚至自然因素等因素发生变化，也会引起总产出发生变化。在影响总供给的各种因素中，货币工资和生产技术水平是影响总供给的两个重要因素。

6. 总需求 — 总供给模型表明，一个经济社会的国民收入水平取决于总需求和总供给。总需求和总供给相等时的国民收入为均衡国民收入，两者相等时的价格为均衡价格水平。

9. 无论是总需求还是总供给变动，都会对宏观经济均衡产生影响，使均衡国民收入和均衡价格水平发生变化。

(1) 总需求变动对国民收入和价格水平的影响分为三种情况：

① 当总供给有无限弹性时，总需求变动引起均衡收入同方向变动，对价格水平不产生影响。

② 当总供给较有弹性时，总需求变动既影响均衡收入，也影响物价水平，两者均与总需求同方向变化。

③ 当总供给完全无限弹性时，总需求变动只引起价格水平变动，不影响国民收入，价格水平与总需求成同向变动关系。

(2) 总供给变动对均衡国民收入和均衡价格水平的影响分析适用于短期。在短期，总供给变化既影响均衡收入，也影响价格水平。均衡收入水平与总供给同方向变化，均衡价格与总供给成反向变动关系。

【思考题】

1. 引起总需求曲线移动的原因何在?
2. 短期总供给曲线的特征及其经济意义何在?
4. 长期总供给曲线的特征及其政策含义是什么?
5. 引起总供给曲线移动的原因何在?
6. 总需求与总供给如何决定均衡收入和价格水平?

【综合案例1】

美国宏观经济运行情况分析

20世纪30年代，美国处于经济大危机时期，劳动以及其他经济资源大量闲置，经济运行于AS曲线的水平区域。在此情况下,美国政府采纳凯恩斯的政策主张,通过赤字财政政策扩大政府支出,通过货币政策调节利率。政府一系列刺激需求增加的政策措施成功地使总需求曲线向右移动,结果总产量提高、就业人数增加。到了20世纪40年代,政府大量采购买战略物资等措施使总需求大大增加,经济增长迅速,整个经济达到充分就业水平,于是物价水平迅速上升,通货膨胀成为严重问题,为抑制通货膨胀,美国政府实行工资—价格管制。1950—1965年,美国经济接近充分就业水平,为刺激经济增长,政府采取刺激总需求的政策措施,结果总产量增加,物价水平提高,而且由于价格刚性,当总需求减少时,总产量和就业人数减少,物价水平却没有相应下降。1965—1973年,美国政府卷入战争,国防费用增加造成需求冲击,美国经济运行进入古典区域,在这种情况下,旺盛的需求导致价格上涨,形成通货膨胀。1974—1980年,农业严重歉收导致美国农产品价格上升,同时石油输出国组织又大幅度提高石油价格,结果成本推动价格上涨,引起总需求曲线向左移动、总供给曲线向上移动,形成严重的经济滞胀。

资料来源:根据相关资料编写。

【讨论题】

美国20世纪30～80年代的宏观经济运行情况说明什么?

【综合案例2】

制约中国经济增长的"瓶颈"

改革开放以来,中国创造了世界经济发展史上经济持续高速增长的奇迹。但是,未来中国的经济发展道路并不平坦,经济持续高速增长仍然面临严重的"瓶颈"制约。

一是面临"消费需求不足"的制约。改革开放初期,消费需求曾是拉动中国经济高速增长的主要动力。20世纪80年代,消费需求对GDP增长的贡献率超过60%。然而,进入20世纪90年代以后,消费需求对经济增长的贡献率明显下降,2000—2004年,消费需求对中国经济增长的贡献率分别只有61%、59.1%、56.8%、53.2%和54.1%,远远落后于美国和国际经济合作组织成员国的同比数字。消费需求低迷不仅直接导致中国经济持续增长"后劲"不足,而且造成大量生产能力闲置和产品积压,使中国近些年来不得不依靠"投资扩张"和"扩大出口"来维持经济增长。这种情况将导致"产能过剩"状况继续恶化,并导致国际贸易摩擦和冲突加剧。

二是面临"自然资源短缺"的制约。中国已有的经济高速增长主要是通过"粗放"式经济增长方式实现的。粗放的经济增长方式导致高投入、高消耗、高污染、低效益的"三高一低"式经济增长与资源、环境承受能力之间日益尖锐的矛盾。有限的自然资源供给和煤炭、石油、铁矿石等基础性生产资料价格的攀升将阻滞中国经济增长的步伐。

三是面临"环境污染严重"的制约。经济的粗放增长和环境保护不力,使中国经济的高速增长与严重的环境污染相伴,由此造成巨大经济损失。在过去28年间,环境污染所造成的损失估计每年占到GDP总量的10%。严重的环境污染将制约中国经济持续高速增长。

四是面临"廉价劳动力供给能力下降"以及劳动成本上升的制约。近年来,中国特别是中国沿海地区出现“民工荒”。“民工荒”现象说明中国廉价劳动力无限供给的局面将逐渐结束,企业劳动成本逐渐上升。廉价劳动力供给不足以及由此引起的劳动成本上升,将使中国经济逐步丧失维持高速增长的廉价劳动力优势。

五是面临经济“发展不平衡”的制约。改革开放以来,中国经济在保持总体高速增长的同时,经济发展不平衡问题日益突出。东部地区与中、西地区的发展差距逐步扩大,城乡间居民收入差距进一步扩大,城乡居民实际收入差距已经从改革开放初期的1.8∶1扩大到2005年的3.22∶1。中西部地区经济发展滞后,农村居民收入增长不足,不仅使东部地区过剩的生产能力无法消化,而且造成区域经济关系紧张、民族团结问题日益凸显,由此将影响中国经济持续协调发展。

资料来源:根据相关资料编写。

【讨论题】

按照“总需求—总供给模型”所揭示的宏观经济原理,克服中国经济增长面临的“瓶颈”制约应从哪些方面采取措施?

第十一章　失业与通货膨胀理论

【学习目标与要求】

掌握通货膨胀的含义及衡量标准、通货膨胀的分类、通货膨胀的经济效应等内容；掌握失业的概念及分类；重点掌握通货膨胀和失业之间关系的理论——菲利普斯曲线。

【学习重难点】

通货膨胀与失业的深层次原因，探讨通货膨胀与失业的相互关系，进而寻求控制通货膨胀和减少失业的宏观政策，重点分析通货膨胀与失业的成因及其相互影响的规律性。通货膨胀与失业的相互关系，通货膨胀与国民收入之间的关系

1. 通货膨胀理论
2. 失业理论
3. 通货膨胀和失业的关系
4. 对付失业和通货膨胀的政策

第一节　失业理论

一、失业与充分就业

（一）失业的定义与衡量

西方经济学认为，劳动是最基本、最重要的经济资源，一国的国民收入中，很大一部分来自劳动的贡献，因此，对劳动必须加以充分利用。而劳动的实现就是就业。就业是指劳动力被运用于生产过程并获得相应收入的状态。与就业相对应的概念是失业，失业是指劳动者愿意接受现行工资水平和劳动条件却没有工作的状态，在劳动年龄范围内、愿意工作而没有工作并在寻找工作的人都是失业者。劳动者的失业意味着资源的浪费，失业人数增加会降低整个社会的经济活动水平，甚至可能带来社会的不稳定。

衡量失业情况的指标有两个：失业人数和失业率。按国际劳工组织的规定，失业人数（Unemployed Persons）是指在一定年龄以上的有劳动能力的劳动者在一定时间内没有职业或工作时间没有达到规定标准，正在寻找有报酬的工作，并已在就业机构进行了登记的人员。失业率是指劳动力中没有工作而又在寻找工作的人所占的比例，即失业人数占劳动力总数的比例。失业人数与就业人数的和就是劳动力总数，因此，失业率可用公式表示为：

$$失业率 = \frac{失业人数}{失业人数 + 就业人数} \times 100\%$$

现实中，各国对劳动年龄和失业的范围有着不同的规定。以美国为例，其劳动年龄是16～65岁。属于失业范围的人包括：第一，新加入劳动力队伍第一次寻找工作，或重新加入劳动力队伍正在寻找工作已达4周以上的人。第二，为了寻找其他工作而离职，在找工作期间作为失业者登记注册的人。第三，被暂时辞退并等待重返工作岗位而连续七天未得到工资的人。第四，被企业解雇而且无法回到原工作岗位的人，即非自愿离职者。失业率的波动反映着就业的波动，失业率越高，意味着就业越少，就业越不充分；反之，失业率低则意味着就业率高，就业越充分。

（二）充分就业的含义与有效需求原理

凯恩斯认为，社会经济资源的充分利用往往以社会的充分就业量来表示。充分就业是指社会劳动力资源的利用能达到一切愿意接受现行工资和劳动条件的劳动者都有工作可做的状态，也就是达到不存在周期性失业的就业状态。充分就业并非人人都有工作，充分就业时仍然有一定的失业。这是因为经济中有些造成失业的原因（如劳动力的流动等）是难以克服的，劳动市场总不是十分完善的。这种失业的存在不仅是必然的，而且是必要的。因为这种失业的存在，能作为劳动后备军随时满足经济对劳动的需求，能作为一种对就业者的"威胁"而迫使就业者提高生产效率。此外，各种福利支出（失业补助、贫困补助等）的存在，使得这一失业水平的存在不会成为影响社会安定的因素，是社会可以接受的。经济中实现了充分就业，标志着社会经济资源在现有条件下得到了充分利用，这时的产出为充分就业产出，也就是潜在产出。

有效需求是指商品总供给价格和总需求价格达到均衡时的总需求。凯恩斯认为，社会就业量取决于总需求和总供给的均衡状态。如果总供给在一定时间内没有变化，那么，社会就业量则取决于与总供给达到均衡时的总需求，也就是取决于有效需求。但是，总供给和总需求达到均衡时的就业不一定是充分就业，两者的均衡可以是充分就业的均衡，也可以是不充分就业的均衡，通常情况下的均衡是小于充分就业的均衡，也就是有效需求不足的均衡。在有效需求不足的情况下，会出现部分劳动力愿意接受现行工资和劳动条件但仍然没有工作的状态，这就是有效需求不足的失业。经济中产生失业、不能实现充分就业的原因在于有效需求不足。

为什么会出现有效需求不足呢？凯恩斯认为，有效需求不足主要是由于以下三个基本心理定律的作用：

1. 边际消费倾向递减规律

消费在收入中的比重称为消费倾向，消费增量与收入增量之比是边际消费倾向，边际消费倾向呈递减趋势。凯恩斯认为，人们的消费主要取决于收入。随着收入的增加，消费会相应增加，但消费的增加量并不与收入增加量同步。人们一般不把所增加的收入全部用于消费，而要留下一部分作为储蓄，这样，人们的收入越增加，消费支出占全部收入的比例就越来越小，这就是所谓边际消费倾向递减规律。由于边际消费倾向递减规律是由人类的天性所决定的，因此这个规律被认为是一条心理定律。在这个规律的作用下，社会增加的产量在除去个人增加的消费以后，就留下一个缺口，如果没有相应的投资来填补这个缺口，生产出来的产品就会有一部分无法销售出去，就会出现有效需求不足。有效需求不足的后果是引起生产紧缩和裁员，使社会出现一部分工人非自愿失业，而不能实现充分就业。

2. 资本边际效率递减规律

资本边际效率是指投资者预期从投资中可以获得的利润率，即预期利润率。资本边际效率越高，则越能鼓励人们的投资热情。然而，在现实经济中，投资者总是对投资缺乏热情，这是因为投资者认为资本边际效率是递减的，对未来经济的发展前景总是缺乏信心。资本边际效率之所以会递减，这是因为：第一，投资增加后，所增添的机器设备的成本会不断提高，投资的预期利润率会降低；第二，投资增加以后，所生产的产品数量增加会使这些产品的市场价格下降，于是投资的预期利润率下降。凯恩斯认为，消费倾向在短期内是比较稳定的，不会很快增加，所以投资问题显得格外重要。投资者对投资前景往往缺乏信心，对投资前景信心不足又使得资本边际效率不断下降，引起有效需求不足。所以，凯恩斯认为，资本边际效率的作用在三个基本心理因素中尤其重要，资本主义过剩危机的主要原因就在于资本边际效率突然大幅度下降所引起的投资需求急剧减少。

3. 流动偏好规律

凯恩斯认为，投资需求取决于资本边际效率与利息率的对比关系，如果资本边际效率高于利息率，则有利于投资。在现实经济中，人们总是想把一定量的货币保存在身边，以便支付日常生活、业务活动的开支、应付突然事件，以及能够不失时机地从事各种有利的投机活动。人们这种乐意保存一定量货币在身边的心理状态被凯恩斯称为流动偏好规律（或称灵活偏好）。凯恩斯认为，人们放弃货币，就牺牲了货币所具有的流动性，所以储蓄必须有利息。利息就是对人们牺牲货币的流动性的报酬，利息率取决于货币需求和货币供给，也就是取决于流动偏好和货币数量。货币数量是由中央银行通过政府的金融政策确定的，而流动偏好的作用则是使得利息率不能太低，否则，人们宁愿把货币保留在手中，因此，不管中央银行如何增加货币数量，利息率的降低毕竟有一个最低限度。由于利息率不能无限制降低，而资本边际效率却是不断下降的，当资本边际效率越来越接近利息率时，投资者就越来越不愿意投资了，这就会引起投资不足，使有效需求不足。

凯恩斯理论认为，在市场经济条件下，由于三个心理规律的作用，社会有效需求总是不足，由此必然导致非自愿失业现象的发生。因此，为了促进经济繁荣和社会稳定，解决就业问题不能仅靠市场机制的自发作用，还必须依靠政府的宏观调控措施对宏观经济实行干预，以提高有效需求，促进就业，促进经济繁荣。

二、失业的分类和影响

（一）失业的分类

按照不同的分类标准，失业可以分为不同的类型。

1. 自愿失业与非自愿失业

根据主观愿意就业与否，失业分为两种类型，即自愿失业与非自愿失业。所谓自愿失业,是指工人所要求的实际工资超过其边际生产率,或者说不愿意接受现行的工作条件和收入水平而未被雇用造成的失业。由于这种失业是劳动人口主观不愿意就业造成的,所以被称为自愿失业。自愿失业无法通过经济手段和政策加以消除,因此不是经济学所研究的范围。所谓非自愿失业,是指有劳动能力、愿意接受现行工资水平和劳动条件但仍然找不到工作的现象。这种失业是由于客观原因所造成的,因而可以通过经济手段和政策来消除。经济学中的所讲的失业一般是指非自愿失业。

2. 摩擦性失业、结构性失业和周期性失业

按失业产生的原因,可将失业分为摩擦性失业、结构性失业和周期性失业。

(1) 摩擦性失业。摩擦性失业是指在生产过程中由于正常的劳动力流动而造成的暂时性、局部性失业。这种失业通常起源于劳动供给一方,因此被看成是一种求职性失业,即劳动者离开原有工作岗位去寻找更理想的工作而造成失业。用于劳动市场信息不完备,失业者找到合适工作都需要花费一定的时间,因此摩擦性失业在任何时期都存在,而且随着经济结构变化呈现增大的趋势。从经济和社会发展的角度来看,这种失业的存在是正常的。

(2) 结构性失业。结构性失业是指劳动力供给和需求不匹配所造成的失业,即由于劳动力流动不能适应劳动需求变化所引起的失业。其特点是既有失业,也有职位空缺。失业者或者没有合适的技能,或者居住地点不当,因此无法填补现有的职位空缺,从而出现"失业与空位"并存的情况。结构性失业的存在是长期的,它通常起源于劳动需求方。结构性失业是由经济结构变化导致的,经济结构变化引起特定市场和区域中特定类型劳动力的需求相对小于供给,从而造成一部分劳动者失业。

造成特定市场中劳动力需求相对较低的原因主要有以下几种:一是技术变化。技术进步使原有劳动者不能适应新技术的要求,或者是技术进步使劳动力需求下降。二是消费者偏好变化。消费者对产品和劳务偏好的改变,会使某些行业规模扩大而另一些规模行业收缩,处于规模缩小行业的劳动者因此而失去工作岗位。三是劳动力流动性不足。劳动力流动成本的存在制约着劳动者从一个地方或一个行业流动到另一个地方或另一个行业,从而使得结构性失业长期存在。

(3) 周期性失业。周期性失业是指经济周期中衰退或萧条时,因需求下降而造成的失业,这种失业是由整个经济需求和产出的下降造成的。当经济发展处于一个周期中的衰退期时,社会总需求不足,因而厂商的生产规模缩小,从而导致较为普遍的失业现象。周期性失业对于不同行业的影响是不同的,一般来说,需求的收入弹性越大的行业,周期性失业的影响越严重。也就是说,人们收入下降引起产品需求大幅度下降的行业,周期性失业情况比较严重。

在经济中,通常用紧缩性缺口来说明这种失业产生的原因。紧缩性缺口是指实际总需求小于充分就业总需求时,实际总需求与充分就业总需求之间的差额。图11-1说明了紧缩性缺口与周期性失业之间的关系。

在图11-1中,横轴 OY 代表国民收入,纵轴 AD 代表总需求。当国民收入为 Y_f 时,经济中实现了充分就业,Y_f 为充分就业的国民收入,实现这一国民收入水平所要求的充分

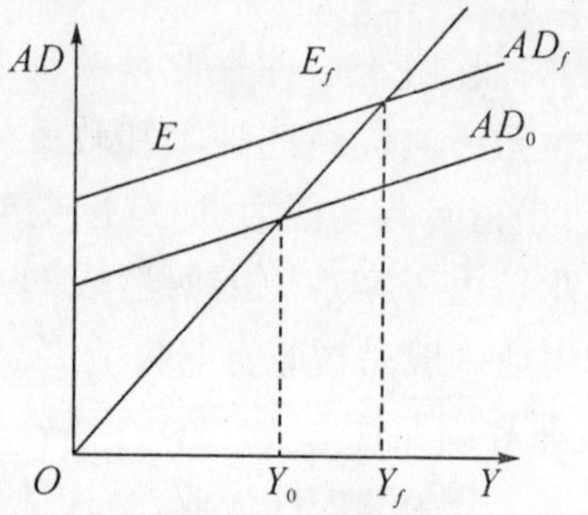

图 11－1　紧缩性缺口

就业总需求水平为 AD_f。但实际的总需求为 AD_0，这一总需求水平决定的国民收入为 Y_0，Y_0 小于 Y_f，这必然引起失业。Y_0 小于 Y_f 是由于 AD_0 小于 AD_f 造成的，因此，实际总需求 AD_0 与充分就业总需求 AD_f 之间的差额就是造成这种失业的根源。这种失业是由于总需求不足引起的，因此也称为"需求不足的失业"。

除了这几种主要失业类型外，经济学中常说的失业类型还包括隐藏性失业。所谓隐藏性失业是指表面上有工作、但实际上对产出并没有作出贡献的人，即有"职"无"工"的人，也就是说，这些工作人员的边际生产力为零。当经济中减少就业人员而产出水平没有下降时，即存在着隐藏性失业。美国著名经济学家阿瑟·刘易斯曾指出，发展中国家的农业部门存在着严重的隐藏性失业。

（二）失业的影响

失业会产生诸多影响，一般而言，失业的影响可以分成两种：社会影响和经济影响。

失业的社会影响虽然难以估计和衡量，但它最易为人们所感受到。失业威胁着作为社会单位和经济单位的家庭的稳定。失业者没有工作就没有收入或收入遭受损失，家庭的生活水平就会下降，家庭的要求和需要得不到满足，家庭关系将受到损害。西方有关的心理学研究表明，解雇造成的创伤不亚于亲友的去世或学业上的失败。此外，家庭之外的人际关系也会受到失业的严重影响。一个失业者在就业的人员当中失去了自尊和影响力，面临着被同事拒绝的可能性，并且可能失去自尊和自信，最终，失业者在情感上受到严重打击。

失业的经济影响可以用机会成本的概念来加以说明。当失业率上升时，经济中本可由失业工人生产出来的产品和劳务就损失了。衰退期间失业造成的产出和劳务的损失，就如同将众多的汽车、房屋、衣物和其他物品销毁掉了。从产出核算的角度看，失业者的收入总损失等于社会产出的损失，因此，损失的产量是计量周期性失业损失的主要尺度。20 世纪 60 年代，美国经济学家阿瑟·奥肯根据美国的数据，提出了经济周期中失业变动与产出变动的经验关系，该经验关系被称为奥肯定律。

奥肯定律的内容是：失业率每高于自然失业率一个百分点，实际 GDP 将低于潜在 GDP 两个百分点，换句话说，相对于潜在 GDP，实际 GDP 每下降两个百分点，失业率会比自然失业率上升一个百分点。

西方学者认为，奥肯定律揭示了产品市场与劳动市场之间极为重要的关系，它描述了实际 GDP 的短期变动与失业率变动之间的联系。根据这个定律,可以通过失业率的变动推测或估计 GDP 的变动,也可以通过 GDP 的变动预测失业率的变动。例如,实际失业率为 8%,高于 6% 的自然失业率 2 个百分点,则实际 GDP 将比潜在 GDP 低 4% 左右。

我国目前面临着较大的就业压力,就业问题是我国政府宏观经济政策要解决的最主要问题之一。奥肯定律为我们解决就业问题提供了一个基本思路,即保持 GDP 的较快增长。经济较快增长一方面能迅速提高我国人民的生活水平,同时也能较大幅度地增加就业岗位,促进就业问题的解决。

【专栏知识】

失业率居高不下危及美国经济复苏进程

2002 年 3 月公布的失业指数表明,当年 2 月美国的失业率虽比上月有小幅度下降,但仍高达 5.5%,为 1997 年来最高。经济学家相信,在今后半年左右的时间内,失业率可能要上升到 6% 甚至 6.25% 后才会开始下降。

美国经济学界的普遍看法是,美国经济衰退已经结束,但失业率尚未触底,低迷的就业市场不大可能逆转已走出衰退的美国经济。高失业率的严重负面影响,是美国经济界和决策层不敢掉以轻心的。设在华盛顿的经济政策研究所甚至认为,美国的失业率在 2002 年 11 月就会攀升到 6.5%,之后虽会下降,但到 2004 年之前,都将徘徊在 6.0% ~ 6.25% 之间,很难落回到心理警戒线 5% 以下。

根据经济政策研究所劳伦斯 · 米希尔等专家的理论,要避免失业率由目前的 5.5% 继续升高,美国经济的增长速度不得低于 3%。其主要原因是:① 毕业生、移民等新的就业者加入劳动力大军,使美国的整体劳动力每年以大体 1% 的速度增长。② 生产率的提高可以使 GDP 在企业不增加人力的情况下增长,而近年来美国的生产率提高速度基本保持在 2.0% ~ 2.5% 上下。这两种因素的存在表明,即使 2002 年美国经济增长率能达到 3% 上下,也不足以使目前的失业率下降。而经济学界对 2002 年美国 GDP 增长速度比较普遍和客观的预测是 2.5%,更不用说还有相当一批人仍担心下半年增长乏力,经济回升还会出现反复。

资料来源:李正信. 失业率居高不下危及美国经济复苏进程. 经济日报,2002 - 4 - 3.

【专栏知识】

经济萧条 英国六月失业人数创十六年来最高纪录

英国经济萧条冲击就业市场。英国国家统计局公布的报告指出,2008 年 6 月,英国申请失业救济金人数增加了 15 500 人,是连续第 5 个月增加,申请失业救济金人数的总数达到 840 100 人,创下自 1992 年 12 月以来单月最高人数。

统计局指出,2008 年 3 到 5 月,英国失业人数增加 12 000 人,达 162 万人,并将 5 月份失业人口从 9000 人上修为 14 300 人。

2008 年第二季度英国的失业率为 5.2%,与第一季度相同。失业人数连续 5 个月增加，是自2006年6月以来失业人数持续增加的最长时期。

受美国次级房贷引发的金融危机影响，英国企业的裁员潮从金融机构开始，然后逐步扩大到房地产商、营建商、零售商和小型企业，2008年7月的前两周来英国大型营建商宣布裁员的人数近5000人，后续还将有更多企业裁减员工。

经济学家警告，2009年失业人数将继续增加，这对于面临信用紧缩危机、高通货膨胀率的英国家庭，将造成更加严重的经济困难。

负责就业政策的副部长堤姆斯坦承认，申请失业救济金人数增加的确令人关切，中央政府正积极与地方政府合作，协助失业者尽快重返就业市场。

资料来源：佚名．经济萧条．英国六月失业人数创十六年来最高纪录．中国新闻网，2008-7-17.

三、解决就业问题的途径

西方经济学中，在关于如何实现充分就业、实现现有劳动力资源的充分利用以促进经济的增长和社会稳定问题上，传统的西方经济学和现代西方经济学有不同的看法。传统经济学认为，在市场经济条件下，经济制度中内在的治理机制或自动稳定器能够对经济进行自动调节，使失业控制在一定范围内，甚至当代西方经济学中的一些学派也反对国家干预经济，主张市场的自发调节。

然而，现代西方经济学认为，只靠市场机制不能保证充分就业，必须引入政府对经济的人为干预。由于有效需求不足会引起失业，所以，要增加就业量，就必须依靠宏观需求管理政策，通过宏观需求管理政策刺激投资需求和消费需求，从而使总需求升到新的更高的水平，由此实现充分就业。

现代西方经济学认为，政府解决就业问题的政策首先是财政政策和货币政策，其次还有收入政策和人力政策。财政政策就是政府运用税收、预算支出等财政手段，增加居民的货币收入和消费需求，增加企业收入和投资需求，从而促进总需求增加，刺激经济增长，提高就业水平。货币政策是宏观经济学极为重视的一种宏观经济管理措施，它是通过国家金融管理机构——中央银行来调节货币供应量，从而影响利率、影响经济中各部门的投资，最终影响总需求、影响就业。收入政策是政府以硬性规定方式并辅以惩罚和奖励措施，限制甚至冻结工资与物价的增长，通过控制工资与物价增长，抑制工资的刚性增长，从而使投资者增加投资、促进就业。人力政策是政府有关提高劳动力素质和减少失业的政策措施，具体措施除取缔和减少对就业和转业的限制外，还包括政府采取措施甚至投入资金对劳动者进行培训、对劳动力结构进行调整，帮助劳动力迁移他处，提供就业信息，开展求职指导等措施，通过这些措施提供劳动者素质，促进劳动力流动，达到增加就业、消除劳动力市场空位与失业并存的现象。

第二节　通货膨胀理论

一、通货膨胀的含义

通货膨胀(Inflation)是指产品和劳务价格水平的普遍、持续上升。这个定义包含两层意思:第一,通货膨胀是指产品和劳务价格普遍上升,是价格总水平的上升,一种或几种产品或劳务价格上涨不是通货膨胀;第二,通货膨胀是指价格持续上涨,是价格总水平的持续上升,产品和劳务价格的一次性或暂时上涨不是通货膨胀。

通货膨胀是一个动态概念,是物价水平持续、普遍物价上涨的过程。通货膨胀程度通常以消费物价指数、批发物价指数等来表示。根据物价上涨的幅度,通货膨胀一般被分为爬行的或温和的通货膨胀(通货膨胀率在10% 以下)、奔腾的通货膨胀(通货膨胀率在10% ~ 100% 之间)和恶性的通货膨胀(通货膨胀率在100% 以上)等类型。

通货膨胀最直接的表现是物价上涨、货币贬值,它意味着流通中的货币数量过度增长,以货币表示的总需求超过以商品和劳务表示的总供给,从而引起物价大幅上涨。因此,在了解通货膨胀的成因之前,有必要先弄清西方经济学有关货币的基本概念。

西方经济学认为,在信用制度高度发达的国家,信用工具种类繁多,大多在不同程度上执行货币的某些职能,具有一定的货币性,所以,西方经济学是以货币的职能来定义货币的。货币被认为是在物物交换基础上发展起来的充当交易媒介、计价单位和价值储存手段的物品。交易媒介是指货币可以充当一切交易的中介,这是货币最重要、最基本的职能。货币的交易媒介职能使货币与商品劳务的交换取代了物物交换,从而便利交易,有利于扩大交易范围和社会分工。计价单位是指可以通过货币来测定和表示其他所有商品和劳务的价值,货币执行计价单位职能,简化了不同物品间价值比较的困难和麻烦,扩大了交易的作用。价值储存手段指通过货币的储存可以将相应的价值或购买力储存,货币的价值储存职能使货币成为资产的一种特有形式,扩大了资产的选择范围。

西方经济学认为,一种物品只要能够执行上述部分或全部职能,就具有相应的货币性,在一定程度上就被视为货币。货币包括现金、活期存款、定期存款、储蓄存款、近似货币等,其中,现金和活期存款是与通货膨胀直接关联的货币。

1. 现金

现金是指硬币和纸币或称法偿货币。它是由政府法令规定的债务合法清偿手段和计价单位,它强制流通,充当交易媒介和计价单位。现金本身的价值非常有限,它之所以执行货币职能,不仅由于它被强制流通,更重要的是由于公众对政府的信任。

2. 活期存款

活期存款是指居民、企业等存入商业银行的存款。活期存款人可以随时开出支票购买商品,由银行支付现金给支票持有者,所以活期存款即是由商业银行保证在需要通货时可随时使用支票提取现金的存款账户,人们在商业银行持有活期存款,相当于持有现金。

西方经济学把能够直接充当交易媒介的现金和在商业银行的活期存款视为狭义货币，把通货定义为包括现金和可以随时开出支票进行支付的银行活期存款。通货数量过大，意味着以货币表示的总需求量大于以商品和劳务表示的总供给量，由此就会引起物价上涨，造成通货膨胀。

二、通货膨胀的原因及类型

按照通货膨胀产生的过程和原因，通货膨胀可以分为多种类型，主要有需求拉上型通货膨胀、成本推进型通货膨胀和结构性通货膨胀等。

1. 需求拉上型通货膨胀

需求拉上型通货膨胀是从需求的角度来解释通货膨胀的原因。这种观点认为，经济中之所以发生通货膨胀，是由于对产品和劳务的需求超过了现行价格条件下可能的供给，由此引起一般物价水平上升。按照凯恩斯理论的观点，在经济已实现充分就业的条件下，如果有社会有效需求超过总供给，就会出现商品供不应求的情况，从而引起价格水平不断上升，出现通货膨胀。之所以如此，是因为在充分就业状态下，资源已经得到充分利用，没有闲置的设备、资源，如果没有创新，供给已不可能增加，因此，过度需求并不能促进供给增加，只会引起物价上涨，形成通货膨胀。这种因过度需求而引起的通货膨胀被称为需求拉上型通货膨胀。基于需求拉上型通货膨胀的形成原因，西方经济学认为，抑制通货膨胀的关键在于控制总需求，通过政府的经济政策的干预，抑制总需求的过度需求增长，为此需要货币当局控制货币供给量，通过对货币供给量的控制调节总需求。

2. 成本推进型通货膨胀

成本推进型通货膨胀是从供给方面来解释通货膨胀的原因。这种理论把通货膨胀的原因归结为生产商品和劳务成本的上升，是成本上升导致价格水平上涨的。

按照西方经济学的观点，成本推进型通货膨胀是由经济中特殊集团运用市场特权造成的，也就是工会组织对劳动力市场的垄断和垄断企业对市场价格的垄断造成成本上升，价格水平上涨。按照推动物价上涨的具体成本因素的不同，成本推进型通货膨胀可以分为以下两种形式：

（1）工资推进的通货膨胀。工资推进的通货膨胀是指由于工资上涨而引起物价水平上涨。工资提高引起劳动成本增加，由此导致物价上涨。物价上涨后，工人会进一步提高工资要求，由此引起物价进一步上涨，如此循环往复，形成工资 —— 物价的螺旋式上升。西方经济学认为，工人之所以能迫使工资提高，原因在于工会组织对劳动供给的垄断。在完全竞争市场上，劳动供求关系的变化决定着工资水平的变化，在劳动供给和产品价格不变的情况下，工资率由劳动的边际生产率决定。但在存在工会的垄断时，工会会利用其强大的权力，使工资刚性上涨，在劳动的边际生产率没有提高的情况下，工资上涨意味着企业利润的下降，为防止利润下降，企业主必然提高价格以避免损失，这样就会导致工资推进的通货膨胀。

（2）利润推进的通货膨胀。利润推进的通货膨胀是指由于垄断企业为谋求更多利润，通过“操纵价格”使产品价格以超过成本增长的幅度上升而形成的通货膨胀。西方经济学认为，利润是成本的一个组成部分，因此，为追求更多利润而导致的价格水平上涨，属于成本推进的通货膨胀。

企业之所以能提高价格以增加利润，是由于企业在一定程度上具有垄断市场的权力，因此，利润推进的通货膨胀一般首先产生于垄断或寡头垄断市场，这些市场上的垄断企业为追求更多利润，使其产品价格上涨超过成本增长幅度，最终形成整体物价水平上涨。

3. 结构性通货膨胀

结构性通货膨胀是指由于个别关键性商品供求比例失调或由于经济部门发展不平衡而引起的通货膨胀。西方经济学认为，在总需求与总供给没有显著变化的情况下，如果经济中个别关键性商品（如能源、粮食、金属材料等）供不应求，这种紧缺的关键性商品价格就会上涨，由此带动其他商品价格相应上涨，形成通货膨胀。另外，经济结构的调整、变化也可能引起通货膨胀。经济结构调整、变化会引起新兴部门和衰退部门之间的利益矛盾，新兴部门劳动生产率高，工人的货币工资率相应较高，衰退部门劳动生产率低，其货币工资率本应降低，但由于工会的作用，衰退部门工人的货币工资率往往向新兴部门看齐，其货币工资率高于本部门劳动生产率，结果导致其产品价格提高，最终引发通货膨胀。

三、通货膨胀的后果

通货膨胀表现为物价上涨、货币贬值，单位货币购买力不稳定等，由此会带来一系列不良后果。

首先，通货膨胀导致不公平的和专断的实际所得与财富再分配。通货膨胀最直接的结果，是造成实际收入和实际财产的再分配，导致不公平的和专断的实际所得与财富再分配。通货膨胀对财产价值的影响取决于财产的形式。

在通货膨胀中，持有固定货币面额资产（如活期存款、现金、政府和公司债券）的所有者会遭受损失，通货膨胀将使其资产贬值或购买力下降，从而使其蒙受损失；相反，物质资产如房地产、贵金属等的所有者在通货膨胀中不但不会遭受损失，甚至还可能获得额外收益，因此，物质资产的所有者是通货膨胀的受益者。

在政府与社会公众之间，政府是通货膨胀的受益者，公众则是受害者。当政府通过增发纸币以满足财政开支需要而造成通货膨胀时，政府就以低廉的货币发行成本取得了巨额的购买和支付手段，或获得大量商品及资产，与此同时却使公众手中的货币购买力下降，这实质上是政府从公众手中窃取了一部分价值；同时，在通货膨胀情况下，人们的名义收入会有所增加，由此又使所得税的纳税基础扩大，使政府税收增加，政府占有更大部分的国民收入。

在债务人和债权人之间，通货膨胀有利于债务人而不利于债权人。债务人和债权人之间的债务合同一般是根据签约时的物价水平来确定名义利率，当通货膨胀发生时，债务契约往往无法更改，这样，债务人按契约约定的名义利率向债权人支付利息，实际上会使实际利息率下降，从而使债权人遭受损失。

可见，通货膨胀造成会造成不公平收入和财产再分配，结果是工薪收入者、养老金和退休金领取者、债权人、现金持有者等遭受损失。这些人因其货币收入是固定的或其名义收入的增长速度慢于物价水平上涨幅度而蒙受损失，而从利润中获得收入的集团或个人，则是通货膨胀的受益者，由此导致收入从工薪收入集团向利润收入集团转移、从公众收入向政府收入转移，形成不公正的收入再分配效应。

其次，通货膨胀造成生产和就业的下降。在通货膨胀率较高存在的情况下，企业一般会尽量减少手持现金，增加存货，这样就会导致企业资金周转不灵，从而使生产缩减、就业减少。同时，在通货膨胀情况下，居民往往超前购买、过度消费，这种情况最终会造成耐用消费品需求的减弱，从而导致经济衰退，生产缩减，就业水平下降。

再次，通货膨胀对长期经济增长具有负效应。由于通货膨胀会造成国民收入的再分配，使更大部分财产、收入转移到非工资收入者等高收入者手中，高收入者边际消费倾向较低，收入增加了，其消费并不以同等幅度增加，由此导致整个社会边际消费倾向降低。消费不能正常增长，必然影响经济增长。同时，在通货膨胀过程中，居民提前消费，投资者预期产品需求减少、资本边际效率降低，生产性投资效应减弱，于是投资者会转向购买房地产、贵金属、收藏品之类的可变价格财产，而不会将资金用于社会投资，投资减少自然阻碍长期经济增长。再者，在通货膨胀情况下，个人和家庭为防止遭受损失，一般不愿积蓄大量货币，由此就导致整个社会储蓄减少，进而影响投资增长，影响经济长期增长。

最后，通货膨胀可能引发经济斗争和社会动乱。通货膨胀超过一定限度后，人们对物价继续上涨的预期会使得工资与成本不断交替上升，难以控制，从而使通货膨胀日趋严重。严重的通货膨胀会触发国内各阶层的经济斗争和社会动乱，甚至会导致政治和社会制度的震荡、崩溃。

【专栏知识】

金圆券的发行与崩溃

金圆券是民国时期国民党政府在中国大陆发行的一种货币，1948年8月开始发行，至1949年7月停止流通，只使用了10个月左右，贬值却超过两万倍。金圆券发行之初，政府以行政手段强迫民间以黄金、外币兑换金圆券，由于没有严守发行限额，致使金圆券发行量剧增，最终造成严重的恶性通货膨胀，令国民经济陷入混乱。

1948年8月19日，蒋介石以总统名义发布“财政经济紧急令”，并公布“金圆券发行法”。其主要内容为：金圆券每元法定含金量为0.222 17克，由中央银行发行，发行总额定为20亿元；金圆券1元折合法币300万元、东北流通券30万元；禁止私人持有黄金、白银、外汇，凡私人持有者，限于9月30日前兑换成金圆券，违者没收；全国物价冻结在8月19日水平。

与此同时，蒋介石派出经济督导员到各大城市监督金圆券的发行。其中上海作为全国金融中枢，由蒋经国为副督导，实际上由其掌握上海的经济命脉。金圆券发行初期，在没收法令的威胁下，大部分城市小资产阶级民众皆服从政令，将积蓄之金银、外币兑换成金圆券。国民党政府为冻结物价，以法令强迫商人按8月19日以前的物价供应货物，禁止抬价或囤积物资。资本家在政府的压力下，虽然不愿，亦被迫将部分资产兑成金圆券。在上海，蒋经国将部分不从政令的资本家收押入狱以至枪毙，以杀一儆百，甚至杜月笙之子杜维屏亦因囤积商品罪入狱。蒋经国在上海严厉“打老虎”，曾稍微得到民众对金圆券的信心。

金圆券的最致命缺点是发行限额没有得到严守。国民党政府在1948年战时的财政赤字每月达到数亿元至数十亿元，财政赤字主要通过发行钞票加以弥补，而国民党希望得到的美国贷款援助却从来没有落实。金圆券发行一个月后，至9月底已发行12亿元，至11月9日，增至19亿元，接近初定上限之数。11月11日，行政院修订金圆券发行法，取消金圆券发行限额，准许民众持有外币，但兑换额由原来1美金兑4金圆券降至1美金兑损20金圆券，金圆券大幅贬值。

自此，金圆券价值江河日下，一泻千里。当1948年底开始准许以金圆券兑换金、银、外币时，全国各地立即出现数以十万计的挤兑人潮。至1948年12月底，金圆券发行量增至81亿元，1949年4月增至5万亿元，至6月更增至130万亿元，比10个月前初发行时增加24万倍。金圆券大幅贬值的结果是金圆券钞票面额不断升高，最终出现面值100万元的大钞，但仍不足以满足交易所需。至1949年5月，一石大米的价格要4亿元多金圆券，各种买卖经常要以大捆钞票进行。由于贬值货币太快，物价早晚不同，市民及商人为避免损失，均不愿持有钞票，交易或发薪后所得的金圆券立即换成外币或实物，或干脆拒收金圆券。至1949年7月3日，当时国民党广州政府宣布停发金圆券，改以银圆券替代，结束了金圆券的历史。

第三节 失业与通货膨胀的关系

传统西方宏观经济学认为，在经济社会中，就业和通货膨胀之间存在着此消彼长的关系。但是，20世纪60年代以后，西方各国出现经济滞胀，在经济增长极其缓慢、失业率居高不下的同时，物价水平不断上涨。这种失业与通货膨胀并发的经济滞涨，给经济社会带来严重后果。在这种情况下，在对失业与通货膨胀的关系问题上，现代西方经济学存在多种解释，多种观点。

一、凯恩斯主义的观点

按照凯恩斯的观点，失业与通货膨胀是不会并存的。当有失业存在时，意味着经济为实现充分就业，这时，总需求的增长只会带来产出增加、就业增加，不会导致物价水平大幅度上升。当失业消除、实现了充分就业后，如果需求再大量增加，则总需求过大，这时才会产生需求拉上的通货膨胀。当存在通货膨胀时，社会已达到充分就业状态，没有失业问题，这时，政府可以采取措制止通货膨胀。

但是，20世纪60年代以后，西方普遍存在的通货膨胀和失业同时并存的现实，否定了凯恩斯的上述观点。因此，凯恩斯的继承者 —— 后凯恩斯主义学派对早期凯恩斯主义进行了修正，以解释滞胀现象。他们认为，凯恩斯关于失业和通货膨胀的需求分析是正确的，但对宏观经济的分析不能仅限于需求分析，还必须进行供给分析和结构分析。经济中由于物价和工资分别被垄断企业和工会控制，从而使物价和工资不仅不会因市场供过于求而下降，反而会相互推动而上升，造成两者交替上升的局面；同时，由于劳动力市场结构的特点，存在着失业与职位空缺并存的结构性失业，这样，失业存在时工资并不下降，出现职位空缺时工资则上升，于是失业与职位空缺的并存转化为失业与工资上升的并存。在垄断企业和工会分别控制物价和工资、以至于工资与物价交替上升的情况下，失业与工资上升的并存就变成了通货膨胀与失业的并存，从而形成经济滞涨局面。可见，后凯恩斯主义认为，通货膨胀和失业并发的原因在于工资成本的增加和劳动力供给的结构问题。

二、菲利普斯曲线

菲利普斯曲线(Phillips Curve)是表示通货膨胀(或货币工资变动率)与失业相互关系的曲线。1958年，英国经济学家菲利普斯根据1861—1957年英国失业率和货币工资变动率的有关统计资料，得出一条说明失业率与工资增长率呈反向替代关系的经验曲线。该曲线表明，工资增长率提高则失业率就下降；反之，失业率上升则工资增长率下降。由于工资增长率与通货膨胀率之间存在密切相关关系，即：通货膨胀率 = 工资增长率 - 劳动生产率增长率，例如，每年工资上涨7%，劳动生产率每年增长3%，则每年的通货膨胀率就为4%，因此，西方经济学把说明失业率与工资增长率关系的曲线作为说明通货膨胀与失业关系的最重要的曲线，这就是菲利普斯曲线，如图11 - 2所示。

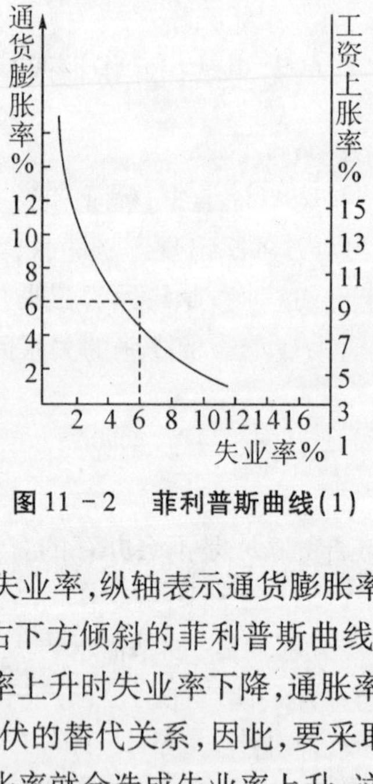

图11 - 2　菲利普斯曲线(1)

在图11 - 2中，横轴表示失业率，纵轴表示通货膨胀率，图中由左上方向右下方倾斜的曲线就是菲利普斯曲线。向右下方倾斜的菲利普斯曲线表明，失业率与通货膨胀率呈反方向变化的替代关系，通胀率上升时失业率下降，通胀率下降则失业率上升。由于失业率与通货膨胀率之间呈此起彼伏的替代关系，因此，要采取措施降低失业率就会使通货膨胀率提高，而要降低通货膨胀率就会造成失业率上升，这样，政府就需要确定社会公众对失业和通货膨胀的容忍程度或承受能力的界限，选择比较温和的失业率和通货膨胀率组合作为政府管理的目标，这个组合称为临界点，临界点对应的区间称为安全区。假如认为公众只能承受6%的通货膨胀率，只能容忍6%的失业率，则这组数据之内的区间为安全区(如图11 - 2所示)。当通货膨胀率超过6%时，政府就应采取紧缩性政策对通货膨胀加以抑制，这种抑制要以失业率的上升为代价；同理，如果失业率超过6%，政府则应采取扩张性政策促进经济增长、增加就业，这又会造成通胀率上升。如何选择最优组合，取决于公众和政府，取决于决策者的社会价值判断标准。

三、菲利普斯曲线的恶化和长期菲利普斯曲线

西方经济学把前面提到的菲利普新曲线称为短期菲利普斯曲线。短期菲利普斯曲线表明，通货膨胀与失业可以替代，虽然降低通货膨胀率会使失业率上升、降低失业率会使通货膨胀率提高，但政府可以根据情况制定相应的政策措施，以通货膨胀和失业中的一方为代价，求得另一方问题的相对解决。

但是，进入20世纪70年代，实际的菲利普斯曲线不断向上移动，通货膨胀率与失业率都逐步攀高，表现出欲降低失业率则必须以物价的进一步上涨为代价、要抑制通货膨胀则不得不忍受更高失业率的局面，这种通货膨胀率与失业率同时上升的趋势，被称为菲利普斯曲线的恶化，如图11－3所示。

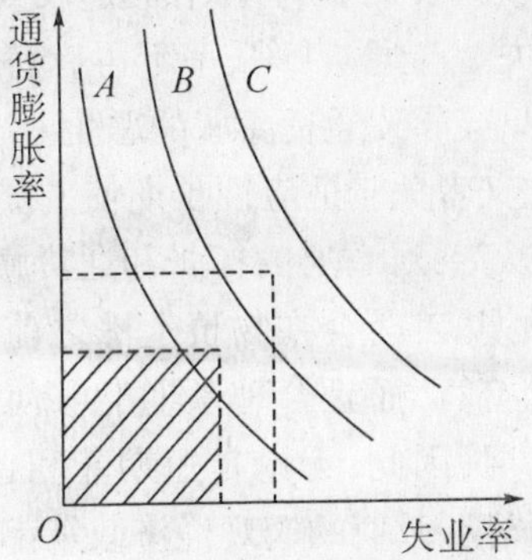

图11－3　菲利普斯曲线(2)

在图11－3中，A、B、C为三条不同时期的菲利普斯曲线，它们表明了菲利普斯曲线不断向上移动的趋势。图中的阴影部分为临界点之内的安全区。当菲利普斯曲线向上移动，由A变为B后，B线不通过这个阴影部分了，这表明此时无论采取什么样的需求管理措施都不能把通货膨胀率和失业率降到临界点之内，只得提高临界点，于是安全区变为了虚线部分，这种情况意味着，此时，要降低失业率就得付出更高的通货膨胀率上涨代价，反之，要降低通胀率，就得承受更高的失业率。当菲利普斯曲线继续上移到C后，临界点进一步提高，抑制通货膨胀或降低失业的代价更大。然而，社会对通货膨胀和失业的承受力是有限度的，菲利普斯曲线的不断上移，会使政府在宏观经济调节中处于两难境地。

对于菲利普斯曲线恶化的原因，西方经济学有多种解释。

货币主义认为，经济中的失业率取决于劳动力市场和商品市场的实际结构。经济中任何时候都存在着一种劳动力市场和商品市场均衡的失业率，即称自然失业率。自然失业率是经济中的硬核，不可能通过扩大总需求、增加产出来消除，不管产量如何增加，自然失业率都无法避免，因此，在市场经济条件下，失业既可以与通货膨胀并存，也可以存在于没有通货膨胀的情况。同时，经济中人们对政府扩张性经济政策带来的通货膨胀是有所警惕的，他们会根据自己对通货膨胀的预期相应调整自己的经济行为，当预期通货

膨胀率提高时,他们要求增加货币工资等收入,以使实际工资不致降低,这种预期就是适应性预期。当政府实行扩张性政策导致物价上涨时,由于适应性预期的滞后作用,预期通货膨胀率在短期内会低于实际通货膨胀率,从而使货币工资增长率低于实际通货膨胀率,于是厂商利润增加,生产扩大,就业增加。此时,失业与通货膨胀呈现替换关系。但是,人们会不断地调整预期,最终使预期通货膨胀率与实际发生的通货膨胀率保持一致,从而使货币工资增长率达到甚至超过实际通货膨胀率,这样,企业不但不会增雇工人,反而要削减雇员,失业率又回到自然失业率的水平。这时,政府新一轮扩张又开始,由于人们适应性预期的修正和完善,新一轮政府扩张必须用更高的通货膨胀率才能使失业率下降到一定点,菲利普斯曲线向上移动,但失业率总会回到自然失业率水平。所以,在短期,由于适应性预期的滞后调整,通货膨胀与失业存在替代关系,菲利普斯向右下方倾斜。但是,从长期看,就会出现只有通货膨胀率的上升而没有失业率变化的趋势,决策者只能改变通货膨胀率,却不能改变失业率,两者没有替代关系了,这时的菲利普斯曲线变成垂线。这种垂直的菲利普斯曲线就是长期菲利普斯曲线。长期菲利普斯曲线表明,失业率将始终保持在自然失业率水平,失业与通货膨胀率不再有替代关系,政府持续的扩张政策不仅不会带来失业率的下降,只会导致通货膨胀的恶化。

理性预期学派否认货币主义者关于适应性预期使调整暂时滞后、菲利普斯曲线在短期具有替代关系的观点。他们认为:对政府的扩张和通货膨胀率,各经济当事人能够通过各种信息分析做出较为准确预期。工会会在物价上涨之前就提出更高的工资要求,企业主会在事前就放弃扩大生产的打算,而且合理预期能够使工资上升一步到位,不会出现实际工资下降使利润增加的情况,因此,无论是短期菲利普斯曲线还是长期菲利普斯曲线都是垂直,无论在短期还是长期,政府的宏观经济政策都无效。

供给学派也否认短期菲利普斯曲线的替代关系,不承认通货膨胀与失业之间的互为消长。与合理预期学派不同的是,供给学派认为,严重的经济滞胀是由于政府长期的扩张性经济政策造成需求过度、供给不足带来的,如果能够在通货膨胀的稳定阶段使总供给相对增加,就可以在短期内实现通货膨胀率和失业率的同时下降。

【本章小结】

1. 可用失业人数和失业率来衡量失业情况。根据主观愿意就业与否,可将失业分为自愿失业与非自愿失业;按失业产生的原因可将失业分为摩擦性失业、结构性失业和周期性失业。失业直接造成劳动力资源浪费和社会损失,并使失业者及其家庭生活水平降低,进而影响社会安定团结。

2. 通货膨胀一般指物价水平在一定时期内持续、普遍上升的过程,或者说货币实际购买力在一定时期内持续的下降过程。衡量通货膨胀有三种主要价格指数:消费者格指数(简称 CPI)、生产者价格指数(简称 PPI)、GDP 折算指数。其中消费者价格指数与居民日常生活最为相关,因而通常被作为衡量通货膨胀的重要指标。造成通货膨胀的原因主要有总需求拉动、成本推动和经济结构变化等。

3. 从短期看，失业率与通货膨胀率之间存在负相关关系，通货膨胀率上升，失业率下降，通货膨胀率下降，则失业率上升，反映通货膨胀与失业之间这种负相关关系的是短期菲利普斯曲线。随着通货膨胀率预期的显化，短期菲利普斯曲线向右上方移动，可称为菲利普斯曲线恶化，它意味着降低同样幅度的通货膨胀率要靠增加更多的失业率才能实现。长期菲利普斯曲线是过自然失业率点的垂直于横坐标的垂线，它说明通货膨胀与失业之间不存在替换关系，因此，宏观经济政策无效。

【思考题】

1. 什么是失业？失业有哪些种类？
2. 失业对经济发展有什么影响？
3. 什么是通货膨胀？通货膨胀包括哪些类型？
4. 充分就业的含义是什么？
5. 什么是菲利普斯曲线，其经济含义是什么？
6. 菲利普斯曲线在短期内和长期内的形状不同，这说明什么问题？

【综合案例】

中国今年将告别“下岗职工”

《中国新闻周刊》2005 年消息：1998 年，国务院提出了国企改革的目标，并决心花 3 年时间，也就是到 2001 年基本解决国企裁员的问题。国企裁员的解决办法是“准市场化”的：并不是裁员后就不管了，而是建立再就业中心，被裁的员工档案还保留在原企业，这部分人被称为“下岗职工”。下岗职工可得到基本的生活费，企业有义务为其上缴各种社会保险，如果下岗者再就业或自谋出路还可以享受一些优惠政策，如税收减免政策、工商登记优惠政策、信贷优惠政策等。

国企改革推向纵深后，下岗职工人数每年都在累加，尤其是 1998—2000 年，每年下岗职工人数都维持在 700 万—900 万之间。2001 年为 600 万人，2002 年为 410 万人，2003 年为 260 万人，而 2004 年已经降低为 153 万人了。由于各种复杂的原因，当初的 3 年目标未能如期实现。

虽然在再就业中心享有各项保险，但下岗职工还是要努力寻找工作，否则 3 年后会转为失业，基本生活保障由失业保险来解决。失业保险也有时间限制，最长的是 24 个月，在此期间还找不到工作的便只能进入城镇低保。从下岗、失业到低保，搭建了三条针对国企裁减人员的保障线。在各方的努力下，国企下岗工人的数量逐渐减少，一部分人再就业，还有一部分人从下岗职工基本生活保障向失业保险并轨。到 2004 年底，全国参加失业保险的人数（并不完全指并轨的下岗职工）达 10 584 万人，比上年底增加 211 万人，有 419 万人领取了失业保险金。

在此背景下，劳动和社会保障部部长郑斯林在接受媒体采访时说，“下岗职工”的说法将消失。据他介绍，目前已有北京、上海、天津、辽宁等 12 个省市实现了国企下岗职工从基本生活保障向失业保险制度的并轨，并轨后，就不存在“下岗职工”了，企业的再就业服务中心也将取消。

温家宝总理在2004年政府工作报告中还提到，2005年中央财政将安排109亿元资金支持再就业，比上年增加26亿元。中国社会科学院人口与劳动经济研究所研究员张车伟认为，国企裁员目前已在收尾，国家再加大投入，今年年底一定会实现基本解决下岗职工问题的目标。国企原有职工5000万人，根据政府的统计，从1998年至今，裁员累加已近3000万，7年时间裁掉十分之六的人员，张车伟认为“这个速度在世界上都是少有的，这么大的裁员能够平稳过渡到现在是个了不起的成果”，张车伟感慨道。

资料来源：刘英丽．中国今年将告别“下岗职工”．中国新闻周刊，2005－3－25．

【讨论题】

1. 下岗与本章所说的失业是一回事吗？

2. 为什么我国国有企业要“裁员”？

第十二章 经济周期与经济增长理论

【学习目标与要求】

本章主要讲述经济增长、经济发展与经济周期理论，是现代宏观经济学的重要理论。它涉及到的主要问题有：什么是经济增长，经济增长的源泉；什么是经济发展，如何使经济发展；经济周期的含义及原因等。要求学生通过信息搜索工具，查阅有关世界各国和中国有关经济增长、经济发展和经济周期的资料。

【学习重难点】

经济增长理论、经济发展论、经济周期论。经济增长理论中的现代经济增长模型、经济周期论中的乘数与加速数原理。

1. 经济周期理论
2. 现代经济增长理论概述

第一节 经济增长与经济周期概论

一、经济增长的含义

一般说来，经济增长(Economic Growth)是指一个国家或一个地区生产产品和劳务能力的增长。如果考虑到人口增加和价格变动情况，经济增长应当包括人均福利的增长。库兹涅茨给经济增长下了这样一个定义：一个国家的增长，可以定义为给居民提供日益繁多的经济产品能力的长期上升，这种不断增长的能力是建立在先进技术以及所需要的制度和思想意识之相应的调整的基础上的。这个定义有三层含义：第一，提供产品和劳务的能力长期上升，因而国民生活水平不断提高。这既是经济增长的结果，也是经济增长的标志。经济增长首先是存量产品和劳务的增长，但更重要的是生产产品和劳务的能力增长，类似于我国古人所说的"授人以鱼，不如授之与渔"，也就是说财富的生产能力比财富本身更重要。第二，先进技术是经济增长的基础或者说必要条件。第三，制度与意识的调整是技术得以发挥作用的充分条件。

【专栏知识】

地震"震低"中国经济增长

中国有经济学者初步估计，四川汶川大地震将拉低中国全年国内生产总值即GDP增速0.2个百分点。

汶川大地震将拉低中国全年GDP增速0.2个百分点的初步估计,是中国中信证券首席宏观分析师诸建芳提出的。对此,中国经济学者刘正山博士表示不赞同:“对全年,我觉得不会减速,应该是增加的。因为,对灾区来讲,可能在一个季度之内会减少很多,但是,如果放在全年的话,那就只会增加不会减少。因为,这个阶段过去之后,马上就面临一个灾后重建。有很多城市80% ~90%的房屋完全毁损了,那么,一个城市的重建等于说所有的基础设施、所有房屋、包括工厂,要完全重建。这样的话,中央财政、各地捐款、银行贷款会投入大量的资金去重建。这些资金投资本来就会计入GDP增长,再加上产品的产出,在这个过程中,又新增很多消费,哪怕是贷款消费也会计入发展阶段的。所以,从全年来看的话,整个GDP的增长速度也许比去年还高。”

中国有财经媒体星期一援引刘正山的初步估算,四川地震带来的直接经济损失大约为5252亿元,远超年初雪灾造成的1516.5亿元的经济损失。尽管刘正山认为地震不仅没有可能“震低”中国全年的GDP增速,而且还可能“震高”中国当年的经济增长,但中银国际的估计显示,地震可能使中国2008年GDP增长率下降0.4 ~0.7个百分点。刘正山估计,虽然面对目前不断攀升的消费者物价指数,中国一直实施货币紧缩政策,但地震可能会“震松”对地震灾区的货币政策,从而恶化中国已经让人担忧的通货膨胀状况:“中央从紧货币政策是一个趋势,但是,它没法改变灾后重建需要大量资金、需求。我们不可能通过紧缩把灾区重建耽误。实际上,从昨天到今天,中央银行包括银监会下发的通知里也明确提出来,22号以后再次提高存款准备金率,但是,灾区是例外。所以,他这个政策是有所区别的。”

中国央行宣布从星期二开始再度上调银行准备金率,这是中国2008年内第四次、去年以来第十四次上调银行准备金率,由此使这一金融指标达到20年来最高;不过央行同时规定,货币政策将向灾区倾斜,对成都、绵阳、阿坝等受灾严重的六个市州不但不调高银行准备金率,反而将加大信贷投入,增加支农贷款和再贴现。地震对中国经济的影响究竟有多大,迄今还都是初步的估计。

二、经济周期的概念与阶段

1. 经济周期的概念

所谓经济波动,是指国民经济中的许多重要变量(如国民收入、投资和储蓄、物价水平、利润率、利息率、就业量等)每年均不是按相同的幅度增长,而是在一定时期内呈现出波浪式的上升与下降。国民经济表现出的有规律的扩张与收缩相互交替的运动过程,就是经济周期。

2. 经济周期的四个阶段

一个经济周期通常分为萧条、复苏、繁荣、衰退四个阶段。假定一个经济周期从繁荣阶段开始,此时的经济处于高水平时期,消费旺盛,就业增加,产量扩大,社会总产出逐渐达到最高水平。但繁荣阶段不可能长期保持下去,当消费趋缓、投资下降时,经济就开始下滑,走向衰退阶段。在衰退阶段初期,由于消费需求的减少,投资也逐步减少,进而生产下降、失业增多。随着消费的不断减少,产品滞销,价格下降,企业利润减少,致使企业投资进一步减少，相应的，社会收入也不断减少，最终经济跌落到萧条阶段。在萧条阶段，经济活动处于最低水平，这一阶段存在着大量的失业，大批生产能力闲置，工厂亏损甚至倒闭。随着时间的推移，现有设备不断损耗，消费引起库存减少，企业开始增加投资，于是就业开始增加，产量逐渐扩大，经济便进入复苏阶段。复苏阶段是经济走出萧条并走向上升的阶段，在这一阶段，生产和销售逐渐回升，就业增加，价格有所上涨，整个经济呈现上升势头。随着就业与生产的继续扩大，价格上升，经济又走向繁荣阶段，开始了又一轮经济循环。

【专栏知识】

我国新一轮经济周期的特征

2000 年我国经济增长走出 1999 年的低谷，逐步复苏和回升，由此开始了新的一轮经济周期。这一轮经济周期从 2000 年开始至今（也有观点认为，新一轮经济周期始于 2002 年）已近 7 年，2000—2005 年的 GDP 增长率分别为 8%、7.5%、8.3%、9.5%、9.5%、9.9%，2006 年上半年的 GDP 增长率高达 10.9%。从这组数据来看，这一轮经济周期呈现出两个明显特征：平稳和快速增长。平稳表现为波动幅度小，这期间 GDP 增长率的最高点与最低点之间落差仅为 2.4 个百分点；快速增长表现为 GDP 增长率相当高，2000—2005 年间平均增长率达 8.8%。注意这里所说的是快速增长而不是高速增长。高速增长一般是指增长速度高达 10% 以上乃至 15% 以上的超高速度，往往超出一国人力、物力、财力的承受能力，计划经济体制时期我国经济曾多次出现高速增长。而快速增长是指增长速度已足够快，但又低于高速增长。就增长质量而言，快速增长优于高速增长。平稳和快速增长这两个特征在以前的各轮经济周期中很难出现。

20 世纪 50 年代初以来的 50 多年中，按照“谷—谷”法划分，我国经济增长已呈现出 10 轮周期，目前正处于第 10 轮周期中。这 10 轮周期可以以 1981 年为界区分为改革前时期和改革以来时期。改革前历次经济周期的基本特征是波动幅度大，多次“大起大落”，从未出现过平稳特征，尽管也多次出现高速度，但往往持续一两年，高速度就迅速下跌。1980 年代以来的改革后时期，经济周期的波动幅度由剧烈转向平缓，周期也呈现出一些新特征，但是整个时期并未出现平稳和快速增长的特征。如 1987—1990 年这一轮周期，1987、1988 年经济高速增长，但 1989、1990 年增长率就迅速下降。1991—1999 年这一轮周期，1992 年的 GDP 增长率高达 14.2%，但从 1993 年开始经济增长率就持续 7 年下滑。真正首次出现平稳和快速增长特征的时期是 1982—1986 年这一轮周期。就速度而言，1982—1986 年周期的增长速度还高于 2000 年以来的时期，这一轮周期的扩张阶段 1982—1985 年的 GDP 增长率平均高达 12.2%，明显高于 2000—2005 年时期。但是就平稳程度而言，1982—1986 年周期低于 2000 年以来的时期，1982—1985 年 GDP 增长率最高点与最低点的落差为 6.1%（还不考虑 1986 年的低谷），因此，1982—1986 年周期的特征准确说来应该是较平稳和高速增长。可以这么说，20 世纪 50 年代以来的 10 轮周期，经济增长质量最好的是 1982—1986 年这一轮经济周期和 2000 年以来的新一轮经济周期。但是新一轮周期与前者相比，增长质量更高，因为增长速度更加平稳，并且实现了高速增长向快速增长的转变。

三、经济周期的类型

根据一个经济周期时间的长短，可以将经济周期分为长周期、中周期和短周期。

长周期又叫长波，是指长度平均为50年左右的经济周期。这一划分是苏联经济学家康德拉季耶夫于1926年发表的《经济生活中的长波》一文中提出的，故长周期也称为康德拉季耶夫周期。

中周期又叫中波，是指长度平均为8 ～10年的经济周期。关于中周期的研究较早。1860年，法国经济学家朱格拉在《论法国、英国和美国的商业危机及其发生周期》一书中系统地分析了这种周期，故中周期又叫朱格拉周期。

短周期又叫短波，是指长度平均约40个月的经济周期。短周期由美国经济学家基钦于1923年提出，所以，短周期也叫基钦周期。

四、经济周期性波动的原因

对导致经济周期性波动的原因，西方经济学家进行了不少探讨。早期的马尔萨斯与西斯蒙第等人、近代以霍布森为代表的学者持消费不足的观点。他们认为，由于收入分配不均，导致富人储蓄过度，致使消费品需求无法赶上消费品供给的增长，从而引起经济萧条，最终导致经济波动。

以哈耶克、密塞斯和卡塞尔为代表的经济学家们认为，经济周期性波动的原因在于投资过度。投资过度造成资本品生产过剩、消费品生产不足，从而导致产业结构失衡，引起经济的周期性波动。

以庇古、凯恩斯为代表的经济学家则持心理预期论的观点。他们认为，由于生产者对经济繁荣、衰退、萧条、复苏阶段的不同心理预期，引发了经济的周期性波动。

经济学家杰文斯认为，由于太阳黑子活动的变化，导致了农业减产，进而波及互有联系的工业、商业等产业，对购买力、投资等方面产生消极影响，从而引起整个社会经济的萧条。太阳黑子的周期性频繁活动，导致一个国家经济的周期性波动。

以霍特里为首的经济学家认为，银行交替地扩张与收缩信用，导致流通中货币数量的增加与减少，由此引发了经济的周期性波动。

经济学家熊彼特、汉森等人认为，创新引发了旧的均衡的破坏和向新的均衡的过渡。持续不断的创新，会产生持续不断的新的平衡，从而引发一次又一次经济周期的产生。

盖拉斯基、杜夫特以后的诺德豪斯等经济学家持政治说观点。他们中有的人认为，由于政府为阻止周期性的通货膨胀而采取了相应的紧缩措施，人为地制造了一次停滞和衰退，从而引起经济的周期波动。有的人认为，每届到期的政府为了树立良好的政府业绩以争取选民的选票而采取扩张性经济政策，以谋求连任；新一届政府上台后要采取紧缩性经济政策，以消除经济扩张政策所带来的经济问题，由于政府的选举与产生具有周期性，因此经济也出现相应的周期性波动。

以萨缪尔森、希克斯等为代表的经济学家，运用乘数和加速系数的交互作用，来解释经济周期运动的产生。

综合以上各种不同的经济周期理论，经济周期性波动的原因大致可以分为外部因素和内部因素两大类，诸如太阳黑子、科技创新、政府行为等属外部因素；心理预期、消费投资以及乘数—加速数作用等属于内部因素。

五、加速原理

加速原理是关于收入水平或消费需求的变动会引起投资量变动的经济理论。其基本内容是：收入或消费变动，要求生产部门增加商品供给量，如果生产部门的生产能力已经得到充分利用，增加生产就要相应的增加资本存量，就要有新的投资追加到生产中去。可见，加速原理分析的是收入变化与追加投资之间的关系。

（一）自发投资和引致投资

自发投资又称自动投资，是指与国民收入或消费变动无关的投资，即指由人口增长、技术进步、资源开发以及政府政策等外在因素的变化而引起的投资。

引致投资又称诱发投资，是指由收入或消费变动而引起的投资。这种投资取决于收入水平或消费需求。加速原理就是研究引致投资与收入变化之间的关系。

（二）资本—产量比率和加速系数

1. 资本—产量比率

资本—产量比率是指生产1单位产品所需要的资本数量，即：

$$资本—产量比率 = \frac{资本数量}{产量} = \frac{K}{Y}$$

式中，K为资本数量，Y表示产量或收入。

2. 加速系数

从资本—产量比率的计算公式可以看出，在技术不变的条件下，如果要使收入增加，就必须按资本—产量比率相应的增加资本存量。资本—产量比率决定了资本增量与产量增量的比率。通常资本增量等于投资，所以，把投资增量与收入增量之比叫做加速系数，即：

$$加速系数 = \frac{资本增量}{产量增量} = \frac{投资}{收入增量}$$

若以a代表加速系数，ΔK表示资本增量$(K_t - K_{t-1})$，ΔY表示收入增量$(Y_t - Y_{t-1})$，I_Y表示引致投资，则上述公式可表示如下：

$$\alpha = \frac{\Delta K}{\Delta Y} = \frac{I_y}{\Delta_y}$$

（三）净投资、重置投资与总投资

$\alpha = \dfrac{\Delta K}{\Delta Y} = \dfrac{I_y}{\Delta_y}$中的引致投资$I_Y$是因收入增加而引发的投资，称为净投资。除了净投资外，每年还会有一笔为弥补设备、厂房等资本设备磨损的投资，这类投资称为重置投资，重置投资的数量取决于原有资本设备的数量、构成和使用年限。净投资和重置投资之和为总投资，即：

$$总投资 = 重置投资 + 净投资$$

该等式也可用字母表示为：$I = I_a + I_Y = I_a + a \cdot (Y_t - Y_{t-1})$

式中，I 为总投资，I_a 为重置投资。

一般来说，总投资大于零或等于零，即最低的总投资为零。如果净投资为负数，意味着企业将把一部分设备卖掉。但在正常情况下，如果出现暂时的产量下降，企业不会立即卖掉设备，而是让其暂时闲置。所以，可以将产量下降时的净投资看成零。

（四）加速原理的基本特征

加速原理具有如下四个基本特征：

（1）投资的变动取决于产量的变动率，而不是产量变动的绝对量。因此，投资是产量变动率或收入变动率的函数。

（2）投资变动的幅度要大于产量或收入变动的幅度。就是说，产量的微小变化会引起投资的巨大波动。

（3）产量增长率如果放慢，则投资的增长就会停止或下降。因此，产量增长的速度相对放慢也会引起经济衰退。

（4）"加速"有两个方面的含义：如果产量增长，投资的增长是加速的；相反，如果产量增长率下降或停止增长，投资的减少也是加速的。

（五）加速原理作用的条件

加速原理作用的发挥以下述假设条件为前提：

1. 假设技术水平不变，资本 — 产量比率不变

从历史发展的观点来看，技术的进步从来没有停止过，因此，资本与产量的比率亦是不断变化的。但是，加速原理的分析必须以技术水平不变为前提，即假定产量增加同资本存量的增加保持同步增长。

2. 假设企业没有闲置的生产设备

加速原理的主要参数加速系数是以固定的资本 — 产量比率为假定条件，要增加产量，必须增加资本存量，所以，一定要假设企业的设备已达到充分利用，在这种情况下，增加产量就要添置新的设备。如果企业有闲置生产设备，需要增加产量时就不必添置新设备，只要动用闲置设备就行了，这样产量增加就不会引起净投资增加。

3. 假设社会上还有可利用而尚未利用的资源

当社会上还有尚未利用的资源时，这样为增加产出而增加的净投资就能购买到新的设备。

第二节　经济增长模型

一、哈罗德 — 多马经济增长模型

（一）哈罗德 — 多马经济增长模型的假定

哈罗德 — 多马经济增长模型在分析经济增长问题时有如下假定：① 经济社会生产

单一产品；② 只有劳动和资本两种生产要素；③ 在一定时期内技术水平不变，故资本 — 产量比率不变，规模报酬也不变；④ 在边际消费倾向不变的条件下，储蓄率不变。

在这些假定基础上，哈罗德 — 多马经济增长模型集中考察了社会再生产过程中的几个变量以及它们之间的相互关系，提出了一个国家在长期内实现经济稳定、均衡增长所需具备的条件。

(二) 哈罗德经济增长模型

哈罗德经济增长模型是以凯恩斯收入理论为基础的一种动态经济分析。它从国民收入、资本 — 产量比率和储蓄率三个经济变量及其相互关系的分析中来考察决定经济增长的因素。用 G 表示经济增长率，Y 表示国民收入，ΔY 表示国民收入的增量，则有：

$$G = \frac{\Delta Y}{Y}$$

用 v 表示资本 — 产量比率，即前面提到的加速系数 a，则有：$v = \frac{K}{Y} = \frac{\Delta K}{\Delta Y} = \frac{I}{\Delta Y}$。

用 s 表示储蓄 — 收入比率（储蓄率），则有：$s = \frac{S}{Y}$。

把 $v = \frac{K}{Y} = \frac{\Delta K}{\Delta Y} = \frac{I}{\Delta Y}$ 式和 $s = \frac{S}{Y}$ 式做些变化，分别变成 $I = \Delta Y \cdot v$、$S = s \cdot Y$ 的形式，假定 $I = S$，经整理，并用 G 表示 $\Delta Y / Y$，于是得到 G、v、s 三者之间的如下关系：$G = \frac{s}{v}$。

$G = \frac{s}{v}$ 式就是哈罗德模型的基本公式。该公式说明：第一，经济增长率与储蓄率成正比，储蓄率越高，经济增长率越高；第二，经济增长率与资本 — 产量比率成反比，即资本 — 产量比率越高，经济增长率越低。

(三) 多马经济增长模型

多马经济增长模型研究的是经济中的三个变量及其相互关系。三个变量分别是收入增长率（G）、储蓄在收入中的比例（s）、资本生产率又称投资效率，即每单位资本的产出或收入，由 σ 代表。前两个变量与哈罗德公式中的两个变量是一致的，后一个变量即资本生产率 σ 实际上是哈罗德模型中资本 — 产量比率的倒数。

多马经济增长模型的基本公式是：$G = s\sigma$。

将 $G = \frac{\Delta Y}{Y}$、$s = \frac{S}{Y}$、$\sigma = \frac{\Delta Y}{I}$ 代入 $G = s\sigma$ 中，则：

$$\frac{\Delta Y}{Y} = \frac{S}{Y} \cdot \frac{\Delta Y}{I}$$

由此可得恒等关系式：$S = I$。

由于多马模型的基本公式 $G = s\sigma$ 与哈罗德的基本公式 $Gv = s$ 是完全一致的，因此，西方经济学家一般把两个模型相提并论，称为“哈罗德 — 多马模型”。

从以上分析可以看出，哈罗德 — 多马经济增长模型是建立在凯恩斯储蓄 — 投资理论基础之上的，是凯恩斯理论的发展。但是，哈罗德 — 多马经济增长模型与凯恩斯理论又有明显的区别。首先,凯恩斯理论是从短期的角度、用静态分析的方法来说明投资和储蓄的均衡以及由此实现的国民收入均衡。哈罗德 — 多马经济增长理论则将凯恩斯的储蓄 — 投资分析加以长期化、动态化。所谓长期化,就是将人口、资本和技术等关系经济增长的因素看成是随着时间的推移而变动的变量;所谓动态化,就是阐述长期内投资和储蓄的均衡及其对均衡国民收入的影响。其次,凯恩斯短期静态的投资 — 储蓄分析理论,只注意增加投资对刺激收入增长的重要作用,而哈罗德 — 多马经济增长理论则强调投资既增加需求又增加供给的双重作用。

(四) 均衡增长率、实际增长率和自然增长率

1. 均衡增长率

均衡增长率是指经济在实现充分就业条件下均衡的、稳定的增长所需要的增长率。在经济稳定增长条件下,只有保证增加的储蓄能全部转化为投资,才能使总供给和总需求相等,实现均衡增长。假设在充分就业条件下人们愿意的储蓄率为 s_w(称为合意的储蓄率),用 v_w 表示合意的资本 — 产出比率(用投资 — 收入增量比率 $I/\Delta Y$ 表示),在这种情况下,为了使投资者在保证实现最大利润条件下愿意按资本 — 产出比率增加投资,则实现充分就业的有保证的均衡增长率(G_w)是:

$$G_w = \frac{s_w}{v_w}$$

当实际的资本存量等于合意的资本存量、实际的与合意的资本存量增长率等于投资增长率亦等于储蓄增长率、总供给等于总需求(储蓄 = 投资)时,经济就能在保持充分就业条件下获得均衡增长。

2. 实际增长率及其与均衡增长率之间的关系

实际增长率就是在事后统计的实际达到的经济增长率。$G = s/v$ 中的数字 s、v 如果是实际的统计数字,则 G 就是实际增长率,此时的 G 可表达为 G_A。实际增长率可能大于均衡增长率,亦可能低于均衡增长率。

在均衡增长率高于实际增长率的情况下,实际资本存量超过合意的资本存量(企业家所需要的资本存量),表示有过剩的资本存量。这是因为,较低的经济增长率下的商品滞销,必然导致库存增加、生产能力过剩。在这种情况下,企业家就要用削减投资的办法来减少库存,使实际资本存量降低到与合意资本存量相当的水平,由此造成的实际投资下降,会通过乘数和加速系数作用而引起经济过程的累积性收缩,其结果是经济的衰退与萧条。

反之,如果实际增长率大于均衡增长率,就会有实际资本存量小于合意资本存量的情况出现。在资本不足的情况下,企业家会通过增加投资使实际资本存量与合意资本存量相当。这就意味着实际的储蓄率或实际的投资率会大于合意的储蓄率或合意的投资率,从而使实际的需求大于合意的供给,这样就会形成经济的累积性扩张,可能导致通货膨胀。

以上两种情况都会导致经济发生短期性波动,经济处于收缩与扩张的不断交替中。只有当实际增长率等于合意的增长率时,经济才能在保持充分就业的条件下实现长期、

稳定增长。

3. 自然增长率与均衡增长率的关系

自然增长率是指与人口增长率相对应的经济增长率。从长期的经济发展来看，人口增长和技术进步对经济增长的影响是极其重要的。哈罗德的增长模型中引进了这两种因素，把人口增长归纳为劳动力增长、把技术进步归结为劳动生产率增长。用 n 代表劳动力增长率，ε代表劳动生产率增长率，则经济的自然增长率(G_n) 等于两者之和，即：$G_n = n + \varepsilon$

如果劳动力增长率 $n = 1\%$，劳动生产率增长率$\varepsilon = 5\%$，则经济的自然增长率为6%，这样，保证实现长期充分就业的均衡增长率就是 6%。如果均衡增长率偏离自然增长率，就会使经济增长过程出现波动。

均衡增长率大于自然增长率，说明储蓄和投资的增长率超过了人口增长与技术进步所能允许的程度，这时的生产增长受到劳动力不足和技术水平的限制，将会出现储蓄与投资过度现象，也就是社会总供给大于社会总需求，从而使经济呈现长期停滞的趋势。反之，均衡的增长率小于自然增长率，说明储蓄和投资的增长率还没有达到与人口增长同步所允许的程度，这时，生产的增加不会受劳动力不足和技术水平的限制，企业将增加雇佣工人以扩大再生产，从而使经济出现长期的繁荣、扩张趋势。

哈罗德认为，只有实际增长率、合意增长率、自然增长率这三个增长率相等，即：$G_A = G_w = G_n$，经济社会才能实现理想的长期的均衡增长，因此，$G_A = G_w = G_n$ 也就是理想的、长期的均衡增长的条件。但是，要达到实际增长率、合意增长率、自然增长率三者一致是极其困难的，因为三个增长率相等取决于其他六个要素。事实上，三个增长率常常不一致，由此导致了经济的长期波动。

由哈罗德—多马经济增长模型得出的结论是：尽管在长期中经济均衡增长的可能性是存在的，但经济长期均衡增长的可能性极小；一般情况下，资本主义经济很难稳定在一个不变的增长速度上，表现出的是或者连续上升或者连续下降的剧烈波动状态。

二、新古典经济增长模型

(一) 新古典经济增长理论的假定

在分析经济增长问题时，新古典增长模型有如下几个假定：① 社会储蓄函数为 $S = sY$，其中 s 为储蓄率；② 劳动力按照一个不变的比率 n 增长；③ 技术水平不变；④ 生产的规模报酬不变；⑤ 在完全竞争的市场条件下，劳动和资本可以通过市场调节而充分地相互替代。

根据以上四个假定，生产函数可以表示为人均形式：$y = f(k)$。

式中，y 为人均产量，k 为人均资本量。$y = f(k)$ 意味着，人均产量取决于人均资本量，人均资本量的增加会使人均产量增加。但是，由于报酬递减规律，人均资本量会以递减的速度增长。其生产函数如图 12 - 1 所示。

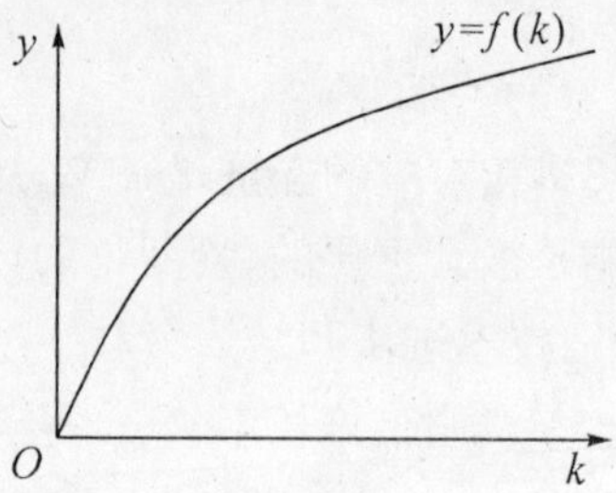

图 12－1　人均生产函数曲线

(二) 新古典经济增长模型的基本方程

新古典增长模型的基本方程是：$sy = \Delta k + (n + \delta)k$。

式中，sy 为人均储蓄，Δk 为人均资本增量。$(n + \delta)k$ 由两部分组成，一部分是 nk——人均储蓄中用于装备新增劳动力的花费，另一部分是 δk——人均储蓄中用于替换旧资本的花费，即人均折旧量，$(n + \delta)k$ 被称为资本的广化。人均储蓄中超过资本广化的部分会使得人均资本增多，即 $\Delta k > 0$，这时的 Δk 就是资本的深化。因此，新古典增长模型的基本方程可以表述为：人均储蓄是资本深化与资本广化之和，或者说，人均储蓄用于资本深化与资本广化两个方面。

(三) 稳态分析

稳态是指一种长期稳定、均衡的状态，是人均资本与人均产量达到均衡数值并维持在均衡水平不变的状态。在稳态下，k 和 y 达到一个持久的水平，就是说，要实现稳态，资本的深化应该为零，即人均储蓄全部用于资本的广化。因此，稳态条件是：$sy = (n + \delta)k$，这时，$\Delta k = 0$。

虽然在稳态时 y 和 k 的数值不变，但总产量 Y 与总资本存量 K 仍然在增长。由于 $y = \frac{Y}{N}$、$k = \frac{K}{N}$，所以，总产量 Y 与总资本存量 K 的增长率必须与劳动力数量 N 的增长率 n 相等。这就是说，在稳态时，总产量与总资本存量的增长率相等，且都与劳动力的增长率 n 相等，即：

$$\frac{\Delta Y}{Y} = \frac{\Delta K}{K} = \frac{\Delta N}{N} = n$$

也可以用图形来分析稳态，如图 12－2 所示。

图 12－2 中，由于 $0 < s < 1$，故储蓄曲线 sy 与人均生产函数曲线 y 的形状相同；又由于 $sy < y$，所以储蓄曲线 sy 位于人均生产函数曲线 y 下方。资本广化曲线 $(n + \delta)k$ 是通过原点、向右上方倾斜的直线。

由于 $sy = (n + \delta)k$ 是稳态条件，所以，达到稳态时，sy 曲线与 $(n + \delta)k$ 曲线一定相交，交点是 E 点。稳态时的人均资本为 k_E，人均产量为 y_E，人均储蓄量为 sy_E，此时，$sy_E = (n + \delta)k_E$，即人均储蓄正好全部用来为增加的劳动力购买资本品（花费为 nk_E）和替换旧的资本品（花费为 δk_E），人均资本量没有变化（即 $\Delta k = 0$）。

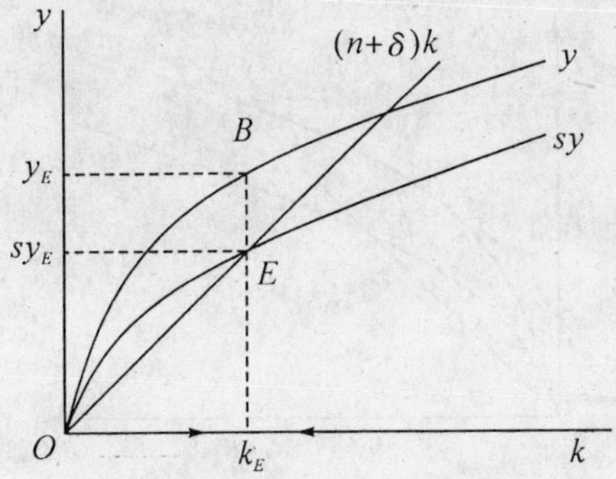

图 12 - 2　经济增长的稳态

从图 12 - 2 中可以看到，在 E 点之左，sy 曲线高于 $(n+\delta)k$ 曲线，表明人均储蓄大于资本广化，存在着资本深化即 $\Delta k > 0$。这时，人均资本 k 有增多的趋势，人均资本 k 会逐步增加，逐渐接近于 k_E。当 k 的数量为 k_E 即 $k = k_E$ 时，经济实现稳定状态。反之，在 E 点之右，人均储蓄小于资本广化，即 $sy < (n+\delta)k$，此时 $\Delta k < 0$，人均资本 k 有下降趋势，人均资本 k 的下降会一直持续到 k_E 的数量上才达到稳态。

以上分析表明，当经济偏离稳定状态时，无论是人均资本过多还是过少，经济都会在市场力量的作用下恢复到长期、稳定、均衡状态。显然，新古典增长模型"稳定、均衡"的结论与哈罗德 — 多马经济增长模型"稳定、均衡的极小可能性及经济的剧烈波动"的结论存在着重大差别。

（四）稳态的变化

新古典增长理论认为，如果储蓄率和人口增长率发生了变化，稳态也会相应变化。

先看储蓄率提高对稳态的影响。如图 12 - 3 所示，由于人均储蓄曲线 s_0y_0 与 $(n+\delta)k$ 曲线相交，所以经济处于稳态均衡。E_0 点表示最初的经济稳态均衡，此时的人均储蓄为 E_0k_0、人均资本量为 k_0。当储蓄率由 s_0 提高到 s' 以后，人均储蓄曲线 s_0y_0 上升到 $s'y'$ 的位置。由于人均储蓄曲线 $s'y'$ 与 $(n+\delta)k$ 曲线相交，所以经济仍然处于稳态均衡，新的稳态均衡状态由 E' 点表示。新的稳态下，人均储蓄为 $E'k'$，多于旧均衡状态下的 E_0k_0；人均资本量为 k'，也多于原先均衡时的人均资本量 k_0。显然，储蓄率的提高增加了稳态的人均资本量，新的稳态均衡时的人均收入大于旧稳态均衡时的人均收入，可见，储蓄率提高还增加了人均收入。

由于 E_0 点与 E' 点都表示稳态，所以，这里所提到的稳态变化不是指由稳态到非稳态，而是指由旧的稳态变化为新的稳态，变化前后都是稳态。也就是说，储蓄率的提高不会影响稳态增长率 n，但会提高稳态的人均资本与人均收入水平。

以上分析的是经济按照不变的劳动力增长率 n 来增长。现在把 n 作为参数，分析人口增长率提高对稳态的影响。人口增长率提高对稳态的影响如图 12 - 4 所示。

图 12 - 4 中，最初的经济位于 N_1 点所表示的稳态均衡，此时的人口增长率为 n_1、人均资本量为 k_1。当劳动力的增长率由 n_1 提高到 n_2 以后，$(n_1+\delta)k$ 曲线上升到 $(n_2+\delta)k$ 的位置，$(n_2+\delta)k$ 曲线与 sy 曲线相交于 N_2 点，这时达到了新的稳态。由于 sy 曲线向右上方

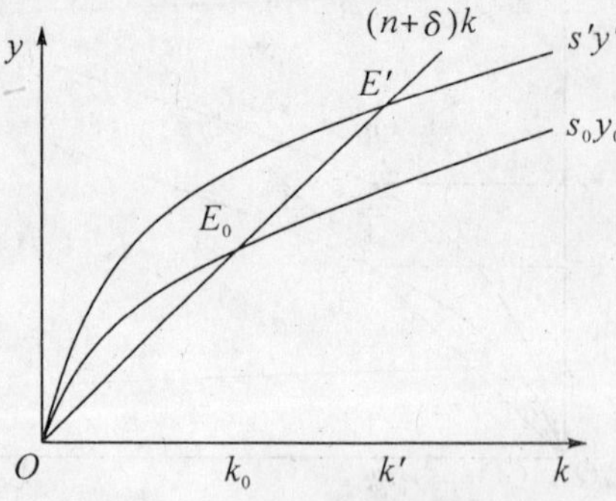

图 12－3 储蓄率提高对稳态的影响

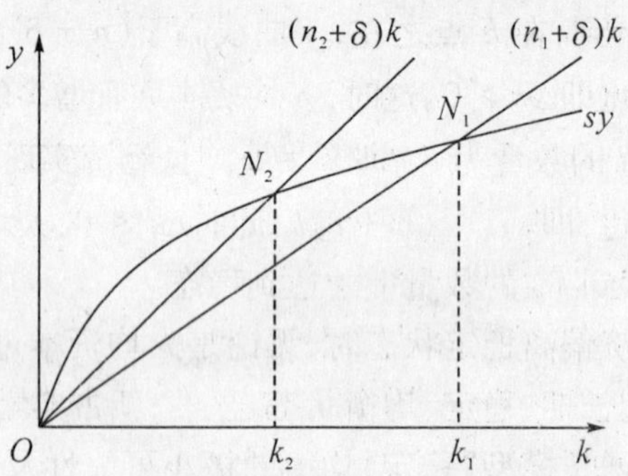

图 12－4 人口增长率提高对稳态的影响

倾斜，$(n_1+\delta)k$ 曲线上升后的新的均衡点 N_2 点一定低于 N_1 点。从图中可以看到，人口增长率的提高降低了人均资本的稳态水平，人均资本由 k_1 降低到 k_2。又由于 sy 曲线的上方有一条人均收入曲线，所以，新稳态均衡时的人均收入显然低于旧稳态均衡时的人均收入，可见，人口增长率的提高又减少了人均收入，即降低了人均产量的稳态水平。

这一原理解释了发展中国家人口增长率上升引起人均产量下降的现象。两个储蓄率相同的国家，人均收入会由于人口增长率不同而不同。

(五) 黄金分割率

以上的稳态分析表明，储蓄率会影响稳态的人均资本水平，人均资本水平又影响人均产量。由于产量要用于积累和消费，所以需要分析经济长期增长过程中的人均消费。

假定不存在折旧，则 $(n+\delta)k$ 就变为 nk，稳态条件就变为：

$$Sy = nk$$

稳态时，人均消费 Ca 是人均收入与人均储蓄之差，即：

$$Ca = y - sy$$

又由于 $sy = nk, y = f(k)$，因此，$Ca = f(k) - nk$。

人均消费 Ca 最大化的一阶条件是：

$$f'(k) - (nk)' = 0$$，即：

$$f'(k) = n$$

上式就是黄金分割率表达式。其含义为：要想使得稳态人均消费最大化，稳态人均资本量的选择就是使资本的边际产品等于劳动的增长率。

也可以用图形表示人均消费最大化。如图12－5所示，稳态时的人均消费就是人均收入曲线y与直线nk之间的垂直距离。最大的人均消费量出现在人均资本等于k^*的时候。因为在人均资本等于$k*$的时候，y曲线切线的斜率正好等于n，即这条切线与直线nk平行。在这种情况下，人均收入曲线y与直线nk之间的垂直距离$M'M$最大即消费最大，$M'M$表示的消费量大于人均资本，分别等于k_1、k_2时的消费$G'G$、$H'H$。$G'G$、$H'H$之所以小于$M'M$，是因为人均资本为k_1、k_2时曲线y的切线都不与直线nk平行。这一结论与$f'(k) = n$式的意思完全相同。

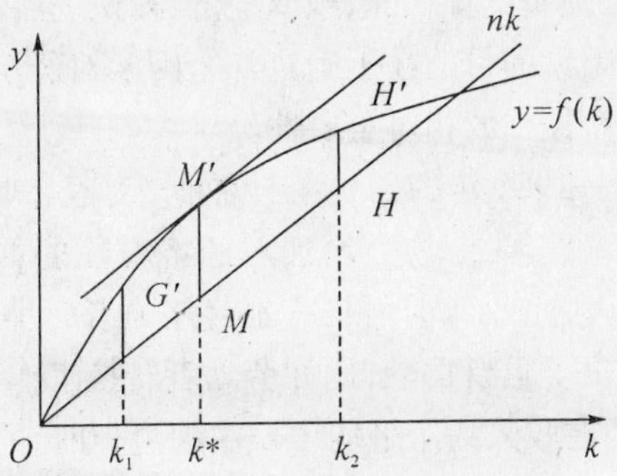

图12－5　经济增长的黄金分割率

从黄金分割率可知，稳态时，如果人均资本量多于黄金分割的水平，则需要通过减少一部分资本使人均资本减少到黄金分割的水平，这样就能够提高人均消费水平。反之，人均资本量少于黄金分割的水平，则需要减少消费、增加储蓄，再通过储蓄转化为投资，使人均资本增加到黄金分割的水平。

第三节　经济增长因素与新经济增长理论

作为经济和社会现象的经济增长会受很多因素影响。了解、认识影响经济增长的因素，对于认识现实的经济增长和制定促进经济增长的政策措施具有重要意义，因此，需要对影响经济增长的因素进行分析。

一、经济增长源泉

如果宏观生产函数表示为：$Y_t = A_t f(L_t, K_t)$（式中，Y_t、L_t、K_t分别为t时期的总产出、投入的劳动量和投入的资本量，A_t为t时期的技术状况），则可以得到一个表达投入要素增长率、产出增长率与技术进步增长率之间关系的方程即经济增长率的分解式：

$$G_Y = G_A + \alpha G_L + 6\beta G_K$$

式中，G_Y为经济增长率，G_A为技术进步增长率，G_L、G_K分别为劳动和资本的增长率，

α、β为参数,分别是劳动和资本的产出弹性。

从经济增长率的分解式可知,产出由劳动、资本和技术进步决定,或者说经济增长的源泉是劳动、资本和技术进步。

二、丹尼森对经济增长因素的分析

美国经济学家丹尼森把经济增长因素分为两大类,一类是生产要素投入量,一类是生产要素生产率。经济增长是生产要素劳动、资本、土地投入的结果,其中劳动、资本是可变的,土地是不变的。要素生产率是产量与要素投入量之比,即单位投入的产出量。要素生产率取决于资源配置状况、规模经济与知识进展。具体讲,影响经济增长的因素包括六个:劳动、资本存量的规模、资源配置状况、规模经济、知识进展和其他因素。

丹尼森分析经济增长因素的目的在于确定各个因素对经济增长所作的贡献,以此来比较各个影响因素在经济增长中的相对重要性。

丹尼森根据美国1929—1982年的历史统计数据,对经济增长因素进行了考察与分析。经过计算与分析,丹尼森发现,劳动力增加对经济增长的贡献相当大,其部分原因在于劳动的产出弹性相对较大,因此劳动增长率在经济增长因素中占有较大的权重。资源配置状况对经济增长也作出了重要贡献,比如劳动者转换工作、农村劳动力的流动等,都导致了产量或收入的增加。在收入的年平均增长中超过10% 的部分来自于规模经济,因为生产规模的扩大使得单位产量的投入更少,可以节约生产资源,从而带来规模经济效应。在所有因素中,知识进展对经济增长的贡献约为2/3。据此,丹尼森得出结论:知识进展是发达资本主义国家最重要的增长因素。

丹尼森所讲的知识进展包括的范围很广,包括技术知识和管理知识的进步,由于采用新知识而在结构与设备方面产生的更有效的设计,还包括从经验与观察中得到的知识。丹尼森认为,技术进步对经济增长的贡献是很明显的,但也不能把生产率的增长主要归因于技术知识,因为管理知识也非常重要。管理知识更有可能降低生产资本、增加国民收入,它对国民收入增长的贡献比改善产品物理特性产生的影响更大。因此,在经济增长中,管理知识与技术知识都很重要,不能只重视技术知识而忽略管理知识。

三、库兹涅茨对经济增长因素的分析

(一)库兹涅茨对经济增长因素的分析

美国经济学家库兹涅茨认为,经济增长因素主要是知识存量的增加、劳动生产率的提高和经济结构的优化。

第一,知识存量的增加。随着社会的发展与进步,人类社会迅速增加了技术知识和社会知识的存量,当这种存量被利用的时候,它就成为推动经济增长的重要源泉。当然,知识本身并不直接是生产力,它转化为现实生产力需要一系列的中介因素,诸如劳动力的训练、对适用知识的判断、企业家克服困难的能力等。在这些中介因素的作用下,知识才会转变为现实的生产力。

第二,劳动生产率的提高。现代经济增长的重要特征是人均产值的高增长率。通过对劳动投入和资本投入对经济增长贡献的长期分析，库兹涅茨认为，人均产值的高增长率来自于劳动生产率的提高。

第三，经济结构的优化。发达资本主义国家的经济增长过程中，经济结构迅速转变，比如，农业活动转向工业活动，再由工业活动转向服务性行业。与此相适应，劳动力的部门分配和社会产值比重也发生变化，第三产业劳动力数量占社会劳动力数量的比例和第三产业产值占国民收入的比重不断上升，特别在现在的一个世纪里，这两个比例迅速变化，这都是经济结构迅速变化的结果。同时，生产规模由家庭企业、独资企业发展到全国性甚至跨国性的大公司。发达国家现在的总体增长率与经济结构的变化速度比其现代化之前要高得多。

库兹涅茨认为，不发达国家传统的生产技术和组织方式、劳动力在农业部门占有太大的比重、制造业结构不能满足现代经济的要求、需求结构变化缓慢、消费水平低等因素或状况，不能形成对经济增长的强有力刺激，影响了经济增长。

（二）库兹涅茨的“倒U字假说”

在经济增长与收入分配的关系上，库兹涅茨提出了所谓的“倒*U*字假说”。库兹涅茨认为，伴随经济发展而来的“创造”与“破坏”改变着社会经济结构，并影响收入分配。对于经济增长与收入分配的关系，库兹涅茨利用各国统计资料进行对比研究后得出如下结论：“在经济未充分发展的阶段，收入分配将随同经济发展而趋于不平等。其后，经历收入分配暂时无大变化的时期，到达经济充分发展的阶段，收入分配将趋于平等。”

根据库兹涅茨的表述，我们可以用曲线的形式，将库兹涅茨的结论大致描述出来。如果用横轴表示经济发展的某些指标（通常为人均收入），纵轴表示收入分配不平等程度，则库兹涅茨揭示所揭示的收入分配与经济增长的关系呈现“倒*U*字”的形状，因而被命名为库兹涅茨“倒*U*字假说”，又称库兹涅茨曲线，如图12－6所示。图中的*Ku*曲线就是库兹涅茨曲线。从*A*点到*B*点的曲线比较陡峭，表示随着人均收入的增长，收入分配趋向于不平等；*B*点与*C*点之间的曲线较为平缓，表示收入分配没有太大的变化；从*C*点开始，曲线向右下方倾斜，故*C*点趋向于*D*点表示收入分配趋于平等。

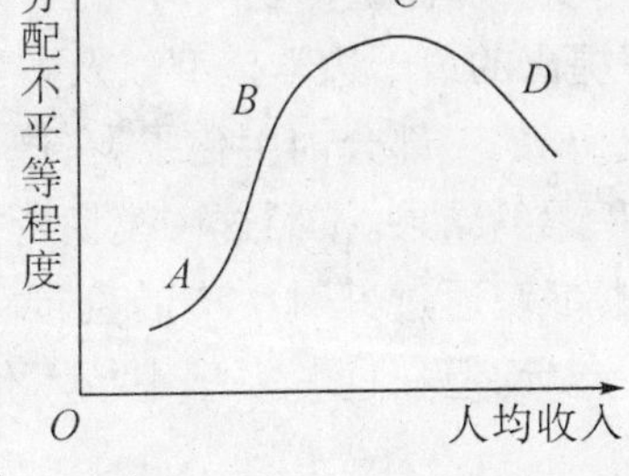

图12－6　库兹涅茨曲线

库兹涅茨在说明这一“倒*U*字假说”时，将收入部门划分为农业与非农业两个部门，再用三个因素即“按部门划分的个体数的比例、部门之间收入的差别、部门内部各方收入的分配不平等程度”的变化来说明两个部门收入分配平等程度的变化。库兹涅茨推断，这三个因素将随着经济的发展而起到如下作用：

(1) 在经济发展初期,由于不平等程度较高的非农业部门的比率加大,整个社会的分配趋于不平等;

(2) 一旦经济发展到较高水平,由于非农业部门的比率居于支配地位,比率变化所起的作用将缩小;

(3) 随着经济的进一步发展,部门之间的收入差别将缩小;

(4) 使不平等程度提高的重要因素 —— 财产收入所占的比率将降低,收入再分配的各项政策实施等,各部门内部的分配将趋于平等,总的来说分配将趋于平等。

库兹涅茨的"倒 *U* 字假说" 提出后,西方学者对"倒 *U* 字" 的形成过程、原因以及平等化进程等进行过讨论。有人认为"倒 *U* 字假说" 不符合第三世界国家的实际情况,或者说,随着第三世界经济发展的进程,收入分配不平等程度越来越大,而不是越来越平等。

四、新经济增长理论概述

自 20 世纪 80 年代中期以来,随着罗默(Paul Romer) 和卢卡斯(Robert Lucas) 为代表的"新增长理论" 的出现,经济增长理论在经过 20 多年的沉寂之后再次焕发生机。

新经济增长理论(New Economic Growth Theory) 的重要内容之一是把新古典增长模型中的"劳动力" 的定义扩大为人力资本投资,即人力不仅包括绝对的劳动力数量和该国所处的平均技术水平,而且还包括劳动力的教育水平、生产技能训练和相互协作能力的培养等等,这些统称为"人力资本"。美国经济学家保罗、罗默 1990 年提出了技术进步内生增长模型。这是在理论上第一次提出了技术进步内生的增长模型,其基本内涵是将经济增长建立在技术进步这一内生因素上。

技术进步增长模型的基础包括三个方面:

(1) 技术进步是经济增长的核心;

(2) 大部分技术进步是出于市场激励而导致的有意识行为的结果;

(3) 知识商品可反复使用,无需追加成本,成本只是生产开发本身的成本。

新增长理论模型中的生产函数是一个产出量和资本、劳动、人力资本以及技术进步相关的函数形式,即 $Y = F(K,L,H,t)$。其中,Y 是总产出,K、L 和 H 分别是物质资本存量、劳动力投入量和人力资本(无形资本) 存量,t 表示时间。

对此有影响的模型有阿罗提出的边干边学模型以及罗默提出的收益递增增长模型。在阿罗的模型中,只是将技术进步的一部分内生化了。在这一中,产出不仅仅是有形要素的投入,而且也是学习和经验积累的结果。按照这一模型所揭示的原理,资本的贡献要大于传统的贡献,因为增加的资本不仅通过其对生产的直接贡献来提高产量,而且通过其间接推动新思想的发展来提高产量。但在这一模型中技术仍然是外生的,它随着内生的资本存量的变化而变化。

在罗默等人提出的新经济增长理论中,充分的重视了知识的作用,将技术进步完全的内生化。他们认为,经济增长的原动力是知识积累,资本的积累不是增长的关键。在这方面具有代表性的是所谓的研究与开发模型。另外还有人将资本这一概念的外延扩大,认为资本不仅包含物质资本,而且也包含人力资本,因而资本仍然是增长的关键。但这两者在本质上是一样的,都强调知识的积累、技术的进步对于经济增长的决定性作用,都认为知识或者知识的载体——人力资本具有规模报酬递增的特性，而且存在着投资（即资本的积累）刺激知识的积累、反过来知识积累又促进投资的良性循环。这种以知识为基础的新的经济增长理论鼓励新知识的积累以及知识在经济中的广泛运用，促进了高新技术革命的发展和知识经济时代的到来。在高新技术革命和知识经济发展过程中，资本对于经济增长的关键性作用已让位于知识和技术进步。

【本章小结】

1. 经济增长是指一国或地区为居民提供日益繁多的经济产品的能力长期上升，这种不断增长的能力是建立在先进技术以及所需要的制度和思想意识之相应调整的基础上的。现代经济学认为经济增长的主要原因在于生产要素投入（自然资源、劳动和资本等）的增加和生产技术的改进。自宏观经济学诞生至今，经济学家们一直致力于解释经济增长现象，并先后产生了哈罗德—多马模型、新古典经济增长模型和内生经济增长理论等具有代表性的理论观点。

2. 经济周期又称商业周期或商业循环，是指国民收入及经济活动的周期性波动。一个完整的经济周期包括扩张阶段和收缩阶段。扩张阶段可以分为复苏和繁荣两个阶段，收缩阶段可以分为衰退和萧条阶段，其中繁荣和萧条是两个主要的阶段，衰退和复苏是两个过渡性阶段。对于经济为什么会出周期性波动，宏观经济学给出了不同的解释，即内生经济周期理论和外生经济周期理论的解释。内生经济周期理论认为是经济体系内部的因素导致了经济活动的周期性波动，外生经济周期理论认为是经济体系外部的因素导致了经济活动的周期性波动。

3. 乘数—加速数模型是一种具有代表性的内生经济周期理论。该理论认为经济周期中的不同阶段是乘数与加速数交互作用而形成的：投资影响收入和消费（乘数作用），反过来，收入和消费又影响投资（加速数作用）。这两种作用相互影响，形成累积性的经济扩张或收缩局面。

【思考题】

1. 什么是经济增长？
2. 什么是经济周期？
3. 经济周期不同阶段的特征是什么？

【综合案例】

谁在2050年能过上好日子？

经济学家最不擅长的工作就是做预测，经济学家最热衷于做的事情也是做预测。Casti在《寻找确定性》一书中认为，经济学的预测力在各个学科中排名倒数第二，仅仅比进化生物学强一些。或许是因为经济学家自已也明白这一点，所以在公布预测结果的时候总是多少有些含糊其辞。而且由于要预测的未来越遥远，预测力就越弱，胆小的经济学家很少做长期预测，如果让他们预测未来5年的走势，经济学家就会战战兢兢；如果要他们预测10年，大多数经济学家都会乖乖闭嘴、噤若寒蝉。

不过，也有胆子特别大的。记得1999年《财富》杂志在上海的年会主题就是《中国未来50年》。最近，高盛公司的经济学家推出了他们的研究成果，他们预测的是50年后的世界经济。凯恩斯说，长期我们都要死去。尽管这话说得有点意气用事，但用到高盛的这份报告却非常贴切。50年后，有多少正在读这篇文章的读者会仍然健在？不知道是不是高盛也想到了这一点，所以在公布他们的报告时底气格外地足。

据高盛预测，在未来50年里，巴西、俄罗斯、印度和中国（高盛把它们称为BRICs）将会超过现在的发达国家G6（美、日、德、法、意、英），成为世界经济体系中一支强大的力量。以美元计，中国可能在未来四年超过德国，在2015年超过日本，在2039年超过美国。印度的经济规模可能在30年内超过全世界除美国和中国以外的国家。俄罗斯可能在2050年超过德国、法国、意大利和英国。相信很多中国人读到这个报告都会怦然心动。那么，高盛是如何得到这一结论的呢？

根据经典的增长理论，高盛将GDP增长率分为三个组成部分：就业增长率、资本存量增长率、技术进步（或者总要素生产率增长率，TFP）。然后，高盛提出了几个假设：首先，发展中国家的人口结构相对年轻，所以它们的就业增长率较高；其次，发展中国家的人均资本低于发达国家，稀缺带来价值，所以发展中国家的资本收益更高，投资率相应更高，并导致更高的资本存量的增长率；再次，发展中国家可以利用其他国家的技术来"迎头赶上"，所以发展中国家的技术进步速度也更快。最后，由于是用美元来计算GDP，就需要讨论汇率问题。高盛认为，目前BRICs国家的汇率都远远低于购买力平价汇率水平。根据他们的模型计算，在未来50年内，BRICs以美元计算的GDP增长，大约1/3将来自货币价值的上升，2/3则来自较高的经济增长率。

说到这里，高盛的预测其实并不稀奇，他们只不过假定，只要BRICs能够保持稳定增长的势头，总有一天能够成长为大国。这倒是让我想起了一个童话故事：国王总是嫌10岁的公主长得太慢，于是遍求名医，想找到一种让公主长得更快的药。有个医师禀告国王，药是有的，不过需要时间来炼，他请求国王让他把公主带走。过了8年，医师带着公主回来，告诉国王大功告成，仙丹已经炼成，公主也已服用。国王一看，公主果然已经长成了18岁的大姑娘。

问题是，国民经济的成长要比孩子的成长复杂得多，遇到的风险也复杂得多：国内经济结构的调整会对经济发展产生巨大的影响，比如20世纪80年代前后，中国的资源禀赋并没有发生实质性的改变，但是改革开放政策却呼唤出前所未有的创造力；在一段较长的时间里，政治因素如政治动荡、战争等会对经济发展产生冲击；随着经济全球化的程度越来越高，外部环境是一国经济发展的重要制约因素，比如东亚四小龙的成功经验一直为其他发展中国家所羡慕，但是，有学者指出，这一发展模式源于冷战期间美国的特殊扶植，是一种"邀请的发展"。想参加晚会的人很多，但是收到门票的却寥寥无几。如果不对这些更复杂的因素进行分析，那么长期预测并不会比算命高明到哪里去。早在20世纪末，人们也像看待现在的东亚经济一样非常看好拉美经济，像看待现在的中国一样看好阿根廷，结果呢，阿根廷至今仍然是一个缺乏增长动力的国家。

不过，就算高盛的预测只是做了道平淡无奇的练习题，但是他们的研究仍然给我们以启发：首先，如果到2050年BRICs果然超过了G6，世界经济格局就会发生很大的改变。中国将成为世界第一经济大国，但却不是最富有（以人均收入计）的国家。到2030年，中国的人均收入可能达到韩国目前的水平；到2050年，中国的人均收入可能会接近发达经济现在的水平（人均30 000美元），美国2050年的人均收入可能达到80 000美元。大国并不是富国，大国并不是强国，这会对2050年的世界经济体系带来崭新的挑战。展望未来，必须在现有的国际经济秩序中加强发展中大国的影响力。当前，人们经常听到的是发达国家的声音，代表发展中国家的声音主要是那些最不发达的小国和穷国，像BRICs这样的发展中大国，在国际经济舞台上的影响力与其经济实力和增长潜力都是极不相称的。

其次，到了2050年，东亚将成为世界上最重要的经济大陆，因为这里既有印度、中国，也有日本，那时世界上最大的四个经济体亚洲便有其中两个，俄罗斯经济重心可能也会随之东移。相比之下，欧洲可能落为世界经济的边缘。地缘政治和地缘经济都会发生板块的裂变。中国的经济增长已经对亚洲其他国家的增长造成巨大影响。这使得中国在亚洲的影响日盛，今后，进一步推动东亚区域合作、东亚和南亚的对话和融合，对于中国和亚洲的繁荣都有重要意义。

最后，BRICs的高速增长会带动全球生产格局的调整和国际资本流动的调整。跨国公司在产业结构调整的压力下将加速向发展中大国转移，BRICs将在全球生产链条中占有更重要的位置，这对于国际贸易、国际间的工资水平和收入分配都会带来影响。由于较高增长率会导致较高的收益率和对投资需求的增加，全球资本将加速向BRICs流动，那么，国际货币体系是否需要因此而重新排序呢？

2050年，那些能够健康长大的孩子将过上好日子。

资料来源：何帆．谁在2050年能过上好日子．经济周刊，2004－5－14(20).

【讨论题】

1. 你认为“金砖四国”经济持续增长的主要原因何在？

2. 你认为“金砖四国”经济增长的源泉主要差异何在？

第十三章　宏观经济政策

【学习目标与要求】

本章主要分析西方宏观经济政策的构成、内容和运用，分析研究西方国家如何运用宏观经济政策对国民经济进行干预和调控。通过对本章内容的学习，主要是要了解宏观财政政策、宏观货币政策和宏观供给管理政策的内容及其对宏观经济的作用原理，了解各种宏观经济政策的局限性以及它们之间的配合使用，从而对西方市场经济条件下的宏观经济政策及其运用有一个基本了解，为正确制定和实施宏观经济政策、促进国民经济持续稳定协调发展提供必要的理论支撑。

【学习重难点】

宏观财政政策、宏观货币政策和宏观供给管理政策的内容及其对宏观经济的作用原理，以及各种宏观经济政策的局限性以及它们之间的配合使用。

1. 赤字财政政策
2. 补偿性财政政策和平衡预算政策
3. 货币政策的局限性与实施困难
4. 宏观货币政策和宏观财政政策的结合运用
5. 指数政策
6. 人力政策

第一节　宏观财政政策

宏观财政政策是政府调节社会经济的一项重要宏观经济政策，是进行宏观经济管理的重要手段。所谓宏观财政政策，是指政府所采取的财政收入和财政支出政策。其中财政收入政策主要是指税收政策，财政支出政策主要包括政府购买、政府公共工程支出和政府转移支付等政策。

一、宏观财政政策的内容与运用

宏观财政政策包括政府税收和政府支出两大内容。政府税收对于国民经济的影响在于：增加税收可以使总需求收缩，从而减少国民收入；减少税收可以扩大社会总需求，增加国民收入。政府支出对于国民经济的影响是：增加政府支出可以扩大总需求，使国民收入增加；减少政府支出则会收缩总需求，减少国民收入。政府根据不同经济情况，灵活采取扩张性或紧缩性的财政政策，可以调节社会总需求水平，实现总需求和总供给平衡。

(一) 扩张性财政政策

扩张性财政政策又叫“松”的财政政策，它具有扩大社总需求的作用。在经济处于萧条时期、存在通货紧缩缺口的情况下，政府实施扩张性财政政策，可以刺激总需求增加，使之增加一个等同于紧缩缺口的数量，从而实现充分就业水平上的总需求和总供给均衡。

扩张性财政政策包括两个方面的内容，即减免税收和扩大政府支出。经济萧条时期，政府实行减免税收的财政收入政策，可以扩大居民可支配收入和企业留利，从而刺激消费和投资增加，使总需求水平上升。扩大政府支出也有类似效果。扩大政府财政支出，包括增加公共工程开支、政府购买和政府转移支付，首先是总需求中的支付支出增加，同时可以直接或间接地增加居民消费，刺激企业投资增长，提高总需求水平，从而有助于克服经济萧条，促进经济增长，实现充分就业均衡。实际经济生活中具体采取哪一种或哪几种扩张性财政政策，取决于一个国家的经济、政治、社会、军事等多种因素。

(二) 紧缩性财政政策

紧缩性财政政策又叫“紧”的财政政策，它具有抑制总需求、限制经济过度膨胀的作用。在经济过热、发生通货膨胀的时期，政府实施紧缩性财政政策，可以抑制总需求的过度增加，使总需求水平下降一定幅度，达到消除通货膨胀、实现总需求与总供给平衡的目的。

紧缩性财政政策包括增加财政税收、减少财政支出等内容。在通货膨胀时期，增加税收会使居民可支配收入和企业留利减少，这样私人经济部门的消费和投资将随之减少，从而引起总需求水平下降；同理，减少政府财政支出，即减少政府公共工程开支，减少政府对商品和劳务的购买，减少政府转移支付数量，会直接减少总需求四个构成部分中的政府支出，同时会减少居民户的消费，抑制企业投资增加，从而起到降低总需求水平、抑制通货膨胀的作用。

上述宏观财政政策，主要是政府为实现预期经济目标，对政府收入和支出所进行的主动调节，是依据具体经济情况斟酌使用的财政政策，被称为“斟酌处置”的财政政策。在斟酌处置的财政政策中，政府购买通常是预先计划的，不容易变更，要实现迅速调整更为困难，所以，实际运用中常常通过调节税率和政府转移支付的办法来调节总需求，实现对国民收入水平的调节。斟酌使用的财政政策在经济中不是自动起作用，而是由政府根据具体经济情况以及所要达到的政策目标而作出的一种财政政策选择，它通常用于消除较大的、持久的宏观经济缺口。其政策效果的充分发挥依赖于政府及时审慎的决策行动。

斟酌使用的财政政策对总支出的调节直接而猛烈，运用得当可以获得显著的政策效应。但是，斟酌使用的财政政策也存在很大的局限性，这些局限性使其现实效果远远低于理论效果。其局限性主要表现在四个方面：

1. 政策效应滞后

斟酌使用的财政政策从对现实经济活动状况的观察、分析、预测、提出政策方案到方案得到政府批准并付诸实施，往往需要一定的时间，而且政策输入经济后还需要一定时间才能产生效果。由于存在政策效应时间滞后的问题，根据特定经济形势所采取的财政政策往往会因经济形势变化而效果欠佳或失效，甚至可能产生与预期效果相反的作用而成为加剧经济波动的原因。例如，在经济处于通货膨胀情况下制定的用以抑制总需求、抑制通货膨胀的财政政策，由于时间的拖延滞后，到方案批准实施时，通货膨胀已经得到控制，经济已恢复正常，这样，抑制总需求的财政政策的实施在事实上就可能成为正常状况下加速经济萧条、引发新的经济波动的因素，从而对经济稳定起破坏作用。

2. 有效性欠佳

在现实经济生活中，人们会根据自己对经济形势和政府政策的预期，预先作出符合各自利益的行为调整，从而抵消或降低财政政策的作用效果。当经济面临通货膨胀压力时，政府试图通过增加税收或减少财政支出以抑制总需求，抑制物价上涨，但此时居民可能因预期物价上涨而超前购买，企业可能因预期收益增加而扩大投资，这样就会降低增税减支的财政政策效能。当经济面临衰退压力时，居民可能因预期物价水平下降而持币待购，企业会因预期收益流量下降而不愿增加投资，这样，即使政府实行减税政策以刺激总需求增长，社会总需求往往也难以因减税而扩大，从而起到抵消或降低减税财政政策的作用效果。

3. 利益集团阻挠

斟酌使用的财政政策对宏观经济的调节是通过财政收支的变动实现的。财政收支变动必然会产生再分配效应，从而使财政政策的出台、实施受到特定利益集团的反对和阻挠。如减少政府对商品和劳务的购买会受到有关利益集团的反对；增加政府公共工程支出会被一些相关企业认为是政府与民争利而遭到反对；政府增加税收、削减转移支付、压缩公共福利开支等财政政策措施，会遭到要求维持既定收入和福利水平的选民的反对。各利益集团或通过直接向政府施加压力，或通过对立法机构施加影响，阻挠相关财政政策出台和实施，使财政政策的实际运用面临重重困难。

4. 具有挤出效应

实施财政政策是为调节社会总需求以达到既定经济目标。然而财政政策在发挥预期增加或减少总需求作用的同时，却又产生与预期作用方向相悖的效果，具有减少或增加部分社会需求的作用，这种情况叫做财政政策的挤出效应。由于一定时期内社会经济资源是一定的，扩大政府支出往往会与私人企业争资源，在政府支出增加的同时，私人企业的投资需求受到抑制。同时，从资金来源看，政府扩大财政支出的资金无论是来自借款或是其他形式的资金筹集，都会相应减少一部分私人部门的消费需求和投资需求，形成财政支出对私人支出的"挤出"，使财政政策刺激总需求增加的效果大打折扣。财政政策的挤出效应增加了财政政策的实施难度。

宏观财政政策具有一定局限性，运用起来困难不少。尽管如此，税收和财政支出政策作为调节总需求、维持宏观经济稳定的重要手段，在宏观经济调节中不可缺少，它对调节社会总需求、促进宏观经济稳定运行具有重要作用。

二、经济的自动稳定器

在宏观财政政策中，除政府根据具体经济情况为实现一定的经济目标而斟酌使用的财政政策外，还有一些在经济中自动发挥作用的财政政策，这类财政政策被称为经济的内在稳定器。财政政策的内在稳定器作用，是指财政制度本身所具有的自动减轻经济中总产量和价格水平波动的作用。财政政策对宏观经济的调节作用既包括斟酌使用的财政政策的作用，也包括财政政策内在的自动调节经济的自动稳定作用。

财政政策中的自动稳定器在经济作用过程中，具有自动地趋于抵消总需求变动、稳定经济活动水平的作用。在经济萧条、国民收入水平下降时，它会自动使财政税收量减少、财政支出量增加，使收入水平的下降受到一定程度抑制，对总需求水平起稳定作用，阻止经济进一步收缩。经济繁荣、国民收入水平上升时，它会自动使财政税收量增加、财政支出量减少，使国民收入水平的上升受到一定程度限制，从而稳定总需求水平，对经济的过度膨胀起缓冲作用。

宏观财政政策中，自动稳定器主要由政府税收和政府转移支付两部分构成。

(一) 政府税收

政府税收体系的构造特点，决定了政府税收会随着国民收入水平的提高而自动增加，随着国民收入水平的下降而自动减少，使个人可支配收入和企业留利具有相对稳定性，从而起到稳定消费支出和企业投资、稳定总需求和国民收入水平的作用。

西方国家对收入征收的赋税是所得税，包括公司所得税和个人所得税。所得税的征收方式分为比例税和累进税两种。税率不随收入增减而变动的所得税称为比例税，税率随收入增减而相应递增或递减的所得税称为累进税。西方国家普遍以累进税方式计征所得税。

1. 个人所得税

在西方，个人所得税往往是有一定起征点的累进税。在经济萧条时期，个人收入减少，符合纳税起征点规定的人数自动减少，符合高比例累进税缴纳条件的人数自动减少，于是政府税收量自动减少。尽管这时政府往往还未开始实施减税的扩张性财政政策，但累进的所得税制度本身已自动使税收额减少。这是符合政府宏观调控意图的经济动向，它可以使个人可支配收入的下降慢于收入水平的下降幅度，这样，个人所得税制度就可以起到自动稳定消费水平、稳定经济活动水平的作用。相反，在经济高涨时期，个人收入水平提高，达到纳税起征点的人数相应增加，进入高比例税率范围的人数自动增加，于是政府税收量自动增加。尽管这时政府往往还未开始实施增税的紧缩性政策，但现行税收制度已使税收额自动增加。这种税收动向也是符合政府宏观调控意图的，它使个人可支配收入水平的增长慢于收入水平的增长，从而对总需求的过度增加起到缓冲作用，使经济活动水平趋于稳定。

2. 公司所得税

公司所得税对收入及社会总需求水平具有自动调节作用。经济萧条时，政府本应采取减税政策以增加总需求，而此时国民收入下降，公司收入减少，在累进的公司所得税制度下，公司所缴税额自动减少，由此自动达到减税目的。公司税收减少使企业投资水平的下降受到一定程度控制，对投资需求起到一定的稳定作用。反之，在经济繁荣时期，政府本应采取增加税收的财政政策以抑制总需求过度增长，而此时由于国民收入增长，公司收入增加，公司应交税额自动增加。公司税收增加使企业投资水平受到一定程度抑制，使总需求水平趋于稳定。可见，累进的公司所得税对企业税收量的自动调节趋势与政府的宏观需求管理意图是吻合的。

（二）政府转移支付

政府转移支付包括各种社会福利支出、社会保险支出以及农产品价格维持支出。经济萧条时政府应该增加转移支付，经济繁荣时政府应该减少转移支付，而政府转移支付制度本身就具有类似作用，能够在一定程度上起到稳定居民可支配收入、稳定需求水平的作用。

1. 失业救济金和各种福利支出

经济萧条时，失业人数增加，社会保险基金中的失业救济金和其他福利支出会在政府决定增加转移支付之前自动增加。这些政府支出的增加意味着个人可支配收入增加，在一定程度上可以抵消个人收入的减少，起到稳定个人收入水平、减缓消费水平下降趋势的作用。在经济繁荣和高涨时，就业人数增加，居民个人收入增加，失业救济金和各种福利支出自动减少，从而在一定程度上抑制了个人收入水平的上升幅度，起到稳定消费水平、稳定总需求的作用。

2. 农产品价格维持

西方国家普遍实行维持农产品价格的农业保护制度。按照农产品价格维持方案，为维持一定的农产品价格水平，在经济萧条、农产品价格下跌时，政府出资收购剩余农产品，使农产品价格维持在既定水平，从而增加农场主收入，维持他们的既定收入和消费水平。经济繁荣时，农产品价格上升，根据农产品价格维持方案，政府向市场抛售农产品，以回笼货币，平抑农产品价格，起到抑制农场主收入过度增加的作用。政府用于维持农产品价格的转移支付随着收入的变动自动增减，可以起到稳定经济活动水平的作用。

财政政策中的自动稳定器是自动的、无政府的决策，其中没有政府的有意识行动；同时，它是通过减少边际国民收入支出倾向、减少乘数值来消除通货紧缩或通货膨胀缺口的。由于具有这样的特点，因此，与斟酌使用的财政政策相比，自动稳定器具有反应及时、无须事先进行全面周密计划而自动起作用的优点。不过，自动稳定器的作用也存在局限性。

首先，自动稳定器是一把“双刃剑”，它既可以减缓经济波动，同时又会限制经济从不稳定状态向稳定状态回复。当经济从非稳定状态向稳定状态回复时，自动稳定器对经济的自动稳定作用会成为经济回复稳定状态的抑制力量，使经济体系对于总需求变化的反应变得迟钝、不敏感，同时通过它也降低了乘数效应，减弱了斟酌使用的财政政策对于经济的主动调节作用，从而延缓经济回复到稳定状态的进程。

其次，自动稳定器对于经济波动的自动缓冲作用具有一定局限性。自动稳定器减轻经济波动的自动缓冲作用是事后的，当收入发生波动时，自动稳定器对经济具有稳定作用，而在实际收入偏离充分就业水平之前，这种稳定器并不能起作用，更不可能把波动减少为零。可见，自动稳定器只能减缓但不能完全消除经济波动，要实现理想的宏观经济调节，还必须借助于斟酌使用的财政政策。

再次,自动稳定器难以精确定位制约着内在稳定器作用的充分发挥。财政政策的自动稳定器中,政府税收政策的有效作用取决于税收的构成及税收水平的高低,要求自动稳定器定位于预期均衡收入水平。而自动稳定器的精确定位并非易事,它需要很好地进行政府收支规划设计。一个设计不好的自动稳定器会妨碍预期均衡收入水平的实现,甚至可以减缓经济从膨胀中收缩、从衰退中复苏的进程。

三、赤字财政政策

为克服经济萧条、消除失业,政府必须采取削减税收或增加政府支出的宏观财政政策,或双管齐下,同时采用这两种政策。这种政策实施的结果会出现政府支出大于收入的情况,出现财政赤字。在西方经济学家看来,政府财政收支不能拘泥于财政预算平衡,应服从于维持经济稳定尤其是实现充分就业的需要。在有效需求不足导致经济萧条时,政府必须放弃维持财政收支平衡的财政政策,实行赤字财政政策。

西方经济学家认为,经济萧条时期的赤字财政政策是促进经济增长、实现充分就业的必要手段。在实行赤字财政政策的情况下,尽管年度财政收支可能不平衡,出现赤字,但从较长时期看,财政收支既有萧条年份的赤字,也有繁荣年份的盈余,财政赤字和盈余年份的交替和补偿,可以保持一个国家长时期内的财政收支平衡。实行赤字财政政策时,不能把财政盈余用于繁荣时增加政府支出,否则会进一步刺激总需求,引发或加剧通货膨胀。财政盈余应用于萧条时期增加财政支出,以起到在萧条时增加社会总需求、减少失业的作用。

赤字财政政策的施行以发行政府公债作保证,用政府发行公债筹集的资金来弥补赤字财政政策造成的财政赤字。为实行赤字财政政策而发行的公债不能直接卖给居民户、厂商和商业银行,只能卖给中央银行。如果政府把公债直接卖给厂商或居民户,等于收入从私人部门转到政府部门,这样表面上看可以扩大政府开支,但私人部门的支出却相应减少,实际上不能起到应有的扩大总需求的作用;如果公债由商业银行购买,则会减少商业银行的放款,使信用规模收缩,同样起不到预期的经济扩张作用。政府向中央银行举债,把公债卖给中央银行,以公债券换取中央银行支票,就可以把支票作为货币使用,将其用于增加政府购买、政府转移支付或政府公共工程支出,这实际上等于政府通过中央银行扩大了货币供给,从而使政府公债的发行能够弥补社会有效需求的不足,起到有效扩大总需求的作用。

四、补偿性财政政策和平衡预算政策

(一) 补偿性财政政策

西方经济学家认为,现代社会既无必要也不可能实行以量入为出、收支平衡为指导思想的“健全财政”政策,应该实行补偿性财政政策。所谓补偿性财政政策,是指政府以繁荣年份的财政盈余弥补萧条年份的财政赤字,使财政收支实现丰歉交替、以丰补歉,实现周期性平衡的财政政策。

补偿性财政政策的基本指导思想在于:经济繁荣时,为抑制、避免通货膨胀,政府实行增加税收、减少政府支出的财政政策，以抑制有效需求过度膨胀，由此将出现财政盈余；经济萧条时，政府实行减少税收、增加财政支出的政策，以增加社会有效需求，刺激经济增长，这种政策将导致财政赤字。这样一来，虽然不可能保持每年财政预算的平衡，但政府可以把繁荣时期的财政盈余用来弥补萧条时期的财政赤字，求得繁荣和萧条时期财政收支的相互补偿，因此从整个经济周期看，财政收支呈现出丰歉交替状况，可以实现以丰补歉、以盈余弥补赤字，从而避免经济大起大落，维持宏观经济稳定。

（二）平衡预算政策

在西方财政预算政策中，除赤字财政政策、补偿性财政政策外，还有平衡预算政策。所谓平衡预算政策，就是在一定时期内保持财政预算收入和预算支出平衡的财政预算政策。

平衡预算财政政策的基本指导思想是实现财政收支平衡。平衡预算政策的平衡预算目标可以有几种不同的选择。

1. 年度平衡预算政策

年度平衡预算政策是传统经济理论的产物。它主张政府保持年度预算收支平衡。这种财政预算政策主张财政不以赚钱为目的，财政收支每年都应保持平衡，财政预算不应出现赤字。为实现平衡预算，政府应坚持三个方面的原则：第一，严格控制财政支出。政府应尽量减少预算支出，财政支出要节俭，并严格控制财政支出的用途。第二，少征税。私人企业是国民经济的基础，赋税过重会压抑私人经济部门的积极性，不利于经济总水平的提高。第三，少发公债。年度平衡预算理论认为，一切债务都是罪恶，公债尤其如此，它是留给子孙后代的一种负担，应尽量减少公债的发行。

年度平衡预算理论认为，财政收支预算中，政府支出计划一般不易变动，应主要通过财政税收政策来调节总需求。经济膨胀时期应该降低税率，以抵消由于收入水平上升造成的税收自动上升，经济萧条时期应提高税率，以补偿由于收入水平下降造成的税收自然减少。这种平衡预算政策与旨在稳定经济活动水平的斟酌使用的财政政策所要求的调节方向正好相反，实施结果会加剧经济波动。

2. 经济周期平衡预算政策

经济周期平衡预算理论认为，政府用不着保持年度预算平衡，财政预算只需在整个经济周期中保持平衡。经济周期平衡预算思想不利于政府确定特定年度的财政政策，可能使政府在制定年度财政政策时举棋不定，从而难以对经济进行积极调节。

3. 高就业平衡预算政策

这种观点认为，只要经济实现了预期的高就业水平，财政预算就会处于平衡状态。高就业平衡预算政策是以在高就业水平下投资需求足以吸收全部储蓄的隐含假设为前提的，在该假设不能成立的情况下，经济就不可能均衡于预期的高就业水平。同时，根据估计的就业水平确定财政收支计划后，如果该计划年复一年地执行下去，则可能由于自动稳定器对经济的自动缓冲作用，限制经济实现更高就业水平的可能性，出现经济增长中“财政拖累”现象。

第二节 宏观货币政策

宏观货币政策是指为达到一定经济目标，政府通过中央银行控制货币供应量、影响利息率及信贷规模，从而实现对总需求的调节、以影响社会经济活动水平的政策。它是政府干预调节经济、进行需求管理经常采用的另一大宏观经济政策。宏观货币政策主要包括公开市场业务、调整贴现率、调整法定准备金率等内容。政府在不同时期依据不同经济情况，分别采取不同货币政策，对总需求特别是投资需求进行调节，以达到预期经济目标。

一、货币政策的内容与运用

运用宏观货币政策进行需求管理，可以针对不同的经济情况和所要达到的政策目标，采取扩张性货币政策（“松”的货币政策）或紧缩性货币政策（“紧”的货币政策），对货币供应量进行调节和控制，从而实现对经济总水平的调节。

（一）扩张性货币政策

扩张性货币政策是政府在经济萧条和失业期间经常采用的货币政策。这种货币政策具有扩大货币供应量、降低利息率、刺激投资需求增长的作用。扩张性货币政策主要包括在公开市场买进政府债券、降低贴现率、降低法定准备金率等内容。

1. 中央银行在公开市场买进政府债券

公开市场业务是中央银行在货币市场上出售或购买政府债券以调整和控制货币供应量的一种货币政策措施。它是目前许多国家调控货币供给量、调节利率水平的重要措施。在经济萧条、存在通货紧缩缺口的情况下，中央银行在公开市场上购买政府债券，相应的也就把货币投入市场。这样，一方面出售债券的厂商和居民户得到货币，把这些货币存入商业银行，银行存款增加，在货币乘数作用下，银行系统内的货币供应量成倍增加。在其他条件不变的情况下，货币供应量增加使市场利息率降低，利率降低刺激需求尤其是投资需求增加，从而起到扩大总产量、提高就业水平的作用。另一方面，中央银行在公开市场大量买进政府债券，会使债券价格上升，债券价格上升引起利息率下降，也可以起到刺激总需求、促进经济增长的作用。

2. 降低贴现率

贴现率是商业银行向中央银行借款的利息率，贴现率政策就是中央银行调整贴现率以调节货币供应量和利息率的政策。

经济萧条时期，中央银行一般采取降低贴现率的政策。中央银行降低贴现率，会使商业银行向中央银行融资的成本降低，这样商业银行就会增加向中央银行的借款。商业银行得到中央银行借款后，除留足法定准备金外，其余借款都可以用于增加放款，这样，在货币乘数作用下，流通中货币供应量会成倍增加，由此导致利息率下降、投资需求增加。同时，中央银行降低贴现率，会使商业银行的利息率发生相应变化，使之随贴现率下降而降低，从而利息率普遍下降，这就有利于刺激投资需求增加，促进经济增长。

3. 降低法定准备金率

商业银行创造货币的多少与法定准备金率呈反比变化，法定准备金率越高，银行能创造的货币就少；反之，法定准备金率越低，银行能创造的货币就多。因此，中央银行可以通过调整法定准备金率来调节货币供应量，实现对总需求的调节。

经济萧条和失业时期，政府需要采取扩张性经济政策。在其他条件不变的情况下，中央银行降低法定准备金率，在既定的存款规模下，商业银行需上交中央银行的法定准备金减少，可用于放款的货币数额增多，于是货币供给量通过货币乘数作用成倍增加。货币供应量增加促使利息率下降，总需求尤其是投资需求增加。

在经济萧条时期，政府通过上述扩张性货币政策可以使货币供给量增加，利息率降低，从而刺激总需求尤其是投资需求增长，达到增加总产出、提高就业水平、消除经济萧条和失业的目的。

(二) 紧缩性货币政策

紧缩性货币政策包括中央银行在公开市场出售政府债券、提高贴现率和提高法定准备金率。这些“紧”的货币政策的实施，可以起到减少货币供给量、提高利息率的作用，达到抑制总需求特别是投资需求的目的。通货膨胀时期政府通常采用紧缩性货币政策。

1. 中央银行在公开市场上出售政府债券

中央银行卖出政府债券，相应的使得货币回笼，这样，一方面购买债券的厂商和居民户会从银行提取存款，使银行减少放款或收回贷款，在货币乘数作用下，银行系统的货币供给量成倍减少，进而引起利息率上升，总需求缩小。另一方面，中央银行在货币市场大量出售政府债券，会导致债券价格下跌，由此引起利息率上升，使总需求得到抑制，总需求减少有利于控制通货膨胀。

2. 中央银行提高贴现率

中央银行提高贴现率，一方面通过融资成本上升使商业银行减少向中央银行的借款，从而降低商业银行放款能力，在货币乘数作用下，信贷规模收缩，经济中的货币供给量会成倍减少，从而引起利息率上升，总需求缩小。另一方面，提高贴现率会带动商业银行利息率上升，利息率水平提高会对总需求尤其是投资需求起到抑制作用。

3. 中央银行提高法定准备金率

中央银行提高法定准备金率，在存款规模一定的情况下，商业银行需上交的法定准备金增加，可用于放款的货币数量相应减少，这样，在货币乘数作用下，流通中的货币供应量成倍减少，从而利息率上升，总需求受到控制。

通货膨胀时期，政府通过这样几项紧缩性货币政策，可以起到减少货币供应量、提高利息率的作用，从而收缩总需求，消除通货膨胀。

除公开市场业务、调整贴现率、调整法定准备金率三项主要货币政策外，西方各国有时还采取一些辅助性货币政策对经济活动水平进行调节。辅助性货币政策主要有以下几种：

1. 道义上劝告

道义上劝告又称为“打招呼”，是指中央银行把对商业银行在放款、投资、利息率等方面的要求和希望以一定方式告知商业银行，对商业银行的行动给以指导或劝告。这种劝告虽然没有法律效力，但由于商业银行与中央银行有着密切的业务联系，一般情况下商业银行会考虑和采纳中央银行的意见。因此，这种措施对商业银行的行为具有一定约束作用。

2. 控制抵押贷款条件

在西方国家，抵押贷款主要是对住宅建筑的贷款。控制抵押贷款条件是控制住宅建筑的一项有效措施。经济萧条时期，中央银行降低购买住宅应立即支付的现金额即首付金比例并延长贷款偿还期限，可以刺激人们通过抵押贷款方式购买住宅，从而刺激住宅建筑需求，扩大总需求。相反，在经济繁荣时期，中央银行提高购买购买住宅的首付金比例、缩短贷款偿还期限，可以限制抵押贷款的发放，限制通过抵押贷款购买住宅，从而抑制住宅建筑需求，缩小总需求。

3. 控制分期付款条件

西方国家购买耐用消费品的分期付款条件往往由中央银行规定。其条件主要包括应付现金比例和分期付款年限。通过对分期付款条件的控制，调节信贷在消费信贷和其他信贷形式之间的分配，以鼓励或限制消费。需要扩大消费需求时，中央银行放宽分期付款条件，减少购买耐用消费品所需缴付的现金，延长付款年限；需要抑制消费需求时，则严格分期付款条件，提高购买耐用消费品的现金缴付比例，缩短付款年限，以限制人们对耐用消费品的购买，抑制需求过度增长。

4. 调整保证金比率

调整保证金比率又叫“垫头规定”，是货币政策的内容之一。降低保证金比率，利用信用购买有价证券的比重就会增大，这意味着信用放松，货币供给量增加，总需求相应增加；提高保证金比率，利用信用购买有价证券的比重相应缩小，这意味着信用收缩，货币供给量将随之减少，总需求相应减少。

5. 控制利息率上限

控制商业银行定期存款最高利息率，可以减少定期存款，使存款更多地转向易于控制的债券和短期存款。这是一种间接调节货币量的措施。

二、货币政策的局限性与实施困难

与财政政策相比，货币政策具有一定优越性。其一，货币政策的时滞问题不如财政政策严重。货币政策一般由中央银行直接控制，可以根据经济情况随时调整，从制定政策到政策起作用的时间相对要短一些，与财政政策相比，它具有决策迅速、行动敏捷的特点。其二，货币政策的实施不像财政政策那样会遭到特定利益集团的反对和阻挠。货币政策是一种中性政策，它通过货币市场供求机制间接发挥作用，一般不具体针对某些人或某些集团直接施加影响，比财政政策容易得到贯彻实施。其三，就货币政策的效力而言，只要政策行动充分有力，一般能够使利率、货币供应量等经济指标达到预期控制程度。

然而，货币政策也有局限性，它的实施同样存在一些困难和问题。

(一) 货币政策的局限性

无论是公开市场业务还是调整贴现率、调整法定准备金率,这些货币政策本身都有一定局限性。

1. 公开市场业务的局限性

公开市场业务被西方经济学家称为最灵活、最常用、最重要的货币政策工具。在公开市场上,中央银行的行动是主动的,可以根据需要随时改变买卖政府债券的数量,从而比较灵活、及时地控制货币供应量。但是,这一政策措施也有一定局限性:它不一定能得到公众的配合。例如通货膨胀时期政府大量出售债券,公众则不一定愿意在公开市场购买政府债券;萧条时期政府大量购买债券,公众却不一定愿意出售手中握有的政府债券。

2. 调整贴现率政策的局限性

调整贴现率可以影响商业银行向中央银行的借款数额,但中央银行并不一定能通过这一政策实现既定放款数额。其原因在于:第一,实施调整贴现率的政策时,中央银行的行动是被动的。调整贴现率的政策效果取决于商业银行的行动,商业银行如果不按中央银行的意图采取行动,调整贴现率的政策效果就会受到影响。第二,可能产生政府所不希望的心理效应,影响政策效果。如萧条时期中央银行降低贴现率以期商业银行增加借款,但中央银行不能强迫商业银行借款,只能被动地等待商业银行前来借款,而这时商业银行可能因经济萧条、信用风险增大不愿多借款,或者潜在贷款者因贴现率降低、预期贴现率将进一步降低而不愿增加目前借款,这样中央银行就难以达到希望的贴现数额。

3. 调整改变法定准备金率政策的局限性

改变法定准备金率是一种强有力而猛烈的政策工具,即使很小的准备金率变化也可能引起货币供给量的剧烈波动,因此这种货币政策被称为“猛烈而不常用的武器”。中央银行改变法定准备金率可以迅速改变货币供应量,但由于其作用过于迅猛,商业银行往往难以迅速适应,萧条时期还可能造成商业银行亏损,并引起连锁反应,造成信用急剧收缩,给经济带来一些不稳定因素。另外,实际运用方面的问题也限制了这一政策措施的经常使用。首先,改变法定准备金率是通过法律一次性完成的,这使它不像公开市场业务那样具有灵活可变性;其次,提高法定准备金率的政策可能会因银行资产的流动性限制而难于施行。

4. 预期影响货币政策的作用效果

货币政策除本身具有局限性外,其作用机制的不完善有时也使它难以达到预期政策效果。通货膨胀时期,中央银行实施紧缩性货币政策以抑制总需求,但此时厂商利润率高,对投资预期持乐观态度,所以尽管利息率提高,厂商仍愿意增加借款、扩大投资;商业银行认为贷款条件有保证,也愿意扩大放款,这样就可能使紧缩性货币政策达不到预期效果。经济萧条时期,中央银行实施扩张性货币政策以刺激社会需求增加,但这时厂商预期利润率低,对投资前景缺乏信心,所以尽管利息率降低,厂商也不一定增加借款用于投资;同时,商业银行因放款风险增大,不一定大胆增加放款,从而影响扩张性货币政策的作用效果。

(二) 货币政策的实施困难

宏观货币政策除本身具有局限性外，在实施过程中也存在一定困难和问题，使其作用效果受到影响。

第一，恰当货币政策和恰当实施时机的选择是实施货币政策的一个难题。尽管货币政策的时滞从总体上看不如财政政策严重，但其政策效应仍然存在时滞问题。在实施过程中，人们很难预期货币政策发挥作用的准确时间，加之经济的周期性波动和发展本身就具有很大不确定性，由此使得如何在适当时机执行恰当的货币政策成为实施货币政策的一个棘手问题。

第二，紧缩性货币政策往往受到财政目标的一定限制。为消除通货膨胀，中央银行往往采取高利率的紧缩性货币政策，这种政策常常与政府财政目标发生冲突。利息率的任何微小上升都会使财政部门支付的债券利息额增加一个很大的量，因此作为政府债券发行部门的财政部门总希望利息率低一些，倾向于对货币当局施加降低利率的压力，这会在一定程度上妨碍中央银行高利率政策的有效实施。

尽管货币政策具有一定局限性，存在一定实施困难和问题，但在西方宏观经济政策中，货币政策仍不失为一项非常重要的宏观经济政策工具。对于西方国家的经济稳定来说，货币政策起着非常重要的调控作用。

三、宏观货币政策和宏观财政政策的结合运用

(一) 货币政策和财政政策各具特点，应将两者结合运用

宏观财政政策和宏观货币政策各具特点，在作用范围大小、作用猛烈程度、政策效应时滞长短、政策实施所遇阻力大小等方面都各有不同。

首先，从作用范围看，财政支出政策影响面大，公开市场业务影响的范围要小一些。其次，就作用猛烈程度而言，宏观财政政策中，财政支出政策作用比较猛烈，财政收入政策作用比较缓和；货币政策中，调整法定准备金率作用比较猛烈，公开市场业务作用比较和缓。再次，从政策效应时滞性看，财政政策从提出方案到政策实施，需要经过比较长的时间，货币政策由中央银行直接决定，从政策决定到实施所需时间较短，就这点来说，财政政策起作用的时间间隔长，货币政策起作用的时间间隔短。但是，从政策发挥作用的时间看，财政政策是直接影响消费总量和投资总量，货币政策是通过货币供应量和利息率的变动间接影响消费总量和投资总量，从这一角度看，货币政策起作用所需的时间间隔又比财政政策长。就是同一类政策中，不同政策措施起作用的时间间隔也不一样，如宏观货币政策中，调整法定准备金率在经济中作用较快，调整贴现率的作用则较慢。最后，就政策实施所遇阻力看，尽管财政政策和货币政策中任何一种紧缩措施的实施都可能遇到阻力，但阻力大小不一样。财政政策特别是其中增税和减少政府支出的政策遇到的阻力比较大，货币政策遇到的阻力比较小。总体来说，货币政策遇到的阻力小于财政政策，而财政政策中增加税收的阻力会更大一些。

由于财政政策和货币政策各具特点，其作用各有优劣，因此，在运用这些政策对经济进行调节时，就要根据不同政策的不同特点和具体经济情况，灵活地决定和选择宏观经

济政策，并很好地将多项政策结合起来加以运用，使之能够扬长避短，更好地发挥调节经济总水平的作用。

（二）财政政策和货币政策的结合运用

宏观财政政策和宏观货币政策的结合运用，重要的是根据不同经济形势采取不同的政策，经济形势变化了，经济政策也要及时变更和调整；同时，要将财政政策和货币政策很好地配合使用，根据具体经济状况和所要达到的经济目标，灵活采用不同的政策结合形式，以便既能达到预期政策效果，又能避免某项政策可能产生的负效应。

财政政策和货币政策的结合运用大体有如下几种形式：

1. 扩张性财政政策与扩张性货币政策配合使用

这是一种财政货币“双松”的政策组合，即增加政府支出、减少政府税收的财政政策与增加货币供应量、降低利息率的货币政策配合使用。在有效需求严重不足、经济极度萧条、需要强有力地刺激总需求时，可以采用这种政策搭配，以使收入扩张作用得到充分体现，尽快实现充分就业条件下的均衡。

2. 紧缩性财政政策与紧缩性货币政策配合使用

这是一种财政货币“双紧”的政策，是减少政府支出、增加政府税收的财政政策与减少货币供应量、提高利息率的货币政策的结合运用。当需求过度扩张、面临严重通货膨胀时，可以实行这样的政策搭配，以使需求收缩作用得到充分体现，迅速抑制通货膨胀。

3. 扩张性财政政策与紧缩性货币政策配合使用

这是“松”财政与“紧”货币的结合。增加政府支出、减少政府税收的财政政策同减少货币供应量、提高利息率的货币政策相结合，目的在于在刺激总需求的同时又不致引起太严重的通货膨胀。经济滞胀时期常采用这样的政策搭配。

4. 紧缩性财政政策与扩张性货币政策配合使用

这是“紧”财政与“松”货币的结合运用。将增加政府税收、减少政府支出的财政政策同增加货币供应量、促使利息率降低的货币政策结合使用，可以在通过利息率降低促进投资增加的同时，又通过减少政府支出抑制需求过度增长，从而达到在促进经济增长的同时保持物价相对稳定的目的。这也是经济滞胀时期常采用的财政政策和货币政策搭配。

第三节　宏观供给管理政策

宏观财政政策和宏观货币政策都是宏观需求管理政策。在第二次世界大战以后的近30间，这些需求管理政策对西方国家经济发展起了一定促进作用。然而，20世纪70年代中期以来，西方国家普遍出现经济增长缓慢、失业人数增多同时物价持续上涨的局面。面对经济滞胀，需求管理政策常常顾此失彼，进退两难，不能兼顾提高就业水平和消除通货膨胀的政策目标：刺激需求会使通货膨胀恶化，抑制通货膨胀又会使经济更加萧条。于是宏观经济政策开始从需求管理转向供给管理，主张从生产要素的投入方面进行宏观管理，试图以宏观供给管理政策弥补宏观需求管理政策的不足，达到既提高就业水平、促进经济增长，又消除通货膨胀、维持物价稳定的目的。

宏观供给管理政策是指通过增加要素供给、控制工资和物价上涨以促进经济增长、避免通货膨胀的政策。西方经济学家提出宏观供给管理政策的初衷是解决经济滞涨问题。宏观供给管理政策主要包括收入政策、指数政策和人力政策。

一、收入政策

收入政策又称为工资—物价管制政策。这是一种为抑制工资或利润过度增长、避免成本推进使总供给下降的抑制经济滞胀的政策手段。其基本指导思想是控制工资增长，防止工资增长过快导致生产成本过快增长，以抑制因成本推进、利润降低、总供给下降而引起的通货膨胀。收入政策主要包括两个方面的内容。

1. 实行工资—价格管制

政府以硬性规定方式限制甚至冻结工资与物价，以防止工资增长率过高引起通货膨胀。这是一种在特殊情况下使用的收入政策。

2. 制定工资—价格指导线对工资和物价增长进行干预调节

政府根据具体经济情况确定物价和工资的增长限度，以此作为对企业调整工资和产品价格的指导，工会和企业则自愿议定，共同遵守控制工资增长率的规定。为保证工资和物价水平不突破政府确定的工资—价格指导线，政府以税收或其他奖惩措施促使企业接受工资—价格指导线的控制；为保证接受指导线的工人和企业的实际收入不受损害，政府还实行相应的工资保险和基础收入税。对遵从工资—价格指导线规范给工人支付工资的企业主，政府给予减税、免税或其他奖励，对违反规定提高工资的企业则课以重税或罚款，以保证工资—价格指导线不被突破，使工资增长符合宏观管理要求。除税收方式外，政府也可以运用劝说方式约束工资增加。

工资—价格管制和工资—价格指导线管理中，政府调控的主要对象是工资。实行这样的收入政策，目的在于消除劳动力市场的垄断性质，制止工资的刚性增长，抑制劳动成本过快增长，使企业主增加投资和增雇工人有利可图，最终达到抑制成本推进的通货膨胀、促进经济增长的目的。

二、指数政策

指数政策又叫做收入指数化政策。这是一种把各种收入加以“指数化”，并将收入指数与物价指数挂钩，按照物价指数变动情况调整收入指数的供给管理政策。实行指数政策是为了对付通货膨胀，减轻通货膨胀的副作用。

实行指数政策，要求按照物价指数变动情况，对包括工资、债券收益、政府税收、利息、养老金、保险金以及其他收入在内的总收入指数进行相应调整。物价指数上升，收入指数相应提高，物价指数下降，相应降低收入指数。实行这样的收入指数政策有助于稳定人们的实际收入，从而保持实际购买力和社会需求稳定。

西方经济学家认为，将收入指数和物价指数挂钩并按照物价指数对收入指数进行相应调整，可以抵消物价波动对收入的影响，降低非预期通货膨胀对于收入和财富的再分配效应，消除通货膨胀带来的收入不平等现象，剥夺各级政府从通货膨胀中捞取非法利益的机会，从而杜绝政府搞人为通货膨胀的动机。然而在实际经济生活中，指数政策效应并不如预期的那样理想。由于这种政策旨在与通货膨胀共处，只为缓解通货膨胀压力和减轻其副作用，因此，对于消除通货膨胀来说，指数政策效果有限，它只能在一定程度上限制而不能消除通货膨胀。

此外，指数政策也存在实际应用方面的困难。其一，经济从现存系统转换到指数化系统，有一个转换时机的选择和以什么样的物价指数为标准的问题；其二，实行指数政策需要制定相应的措施对指数化体系进行管理，这样会增加管理费用支出，只有在通货膨胀率较高时实行指数政策管理才比较合算。

三、人力政策

人力政策又叫就业政策或劳动市场政策。这是一种通过一系列政策措施为失业工人提供就业机会以增加劳动要素投入的供给管理政策。实施人力政策，旨在增强劳动力的流动性和就业能力，消除由劳动市场不完全性引起的非自愿失业，减轻政府扩张总需求导致通货膨胀的压力。

人力政策具体包括四个方面的内容：

(1) 取缔或减少对就业和转业的限制，为劳动者充分就业提供宽松的政策环境。

(2) 开展职业培训，提高劳动者就业能力。政府采取措施甚至拨出专款，对素质差或技术结构不良的工人进行培训和再培训，使其劳动能力增强，适应就业需要。

(3) 开展求职指导，为劳动者就业提供服务。这包括向劳动者提供就业信息、给予求职指导、帮助劳动者迁移他处谋求新的就业机会等内容。

(4) 鼓励发展劳动密集型行业，为劳动者提供更多机会。

实施人力政策，将使不适应雇主要求的工人和失业者有机会重新受到职业培训，或迁移到适合他们就业的地点去就业，所以人力政策被认为是可以解决结构性失业的政策，被当成宏观供给管理的一种政策加以使用。

【本章小结】

1. 宏观经济政策主要由宏观需求管理政策和宏观供给管理政策构成。宏观需求管理政策主要包括宏观财政政策和宏观货币政策。

2. 宏观财政政策是指政府所采取的财政收入和财政支出政策。其中财政收入政策主要是指税收政策，财政支出政策主要包括政府购买、政府公共工程支出和政府转移支付等政策。经济萧条时期可实行扩张性财政政策，经济过热、通货膨胀时期可实行紧缩性财政政策。政府根据具体经济情况实行的财政政策是斟酌使用的财政政策，在经济中自动发挥稳定经济活动水平作用的财政政策是经济的自动稳定器。斟酌使用的财政政策运用得当可以获得显著的政策效应。但是，斟酌使用的财政政策也存在局限性。

3. 宏观货币政策是为达到一定经济目标，政府通过中央银行控制货币供应量、影响利息率及信贷规模，从而实现对总需求的调节、以影响社会经济活动水平的政策。宏观货币政策主要包括公开市场业务、调整贴现率、调整法定准备金率三项内容。此外，西方国家还实行一些辅助性货币政策以促进货币政策目标的实现。经济萧条时期政府可实行扩张性货币政策，通货膨胀时期可实行紧缩性货币政策。

4. 财政政策和货币政策各具特点，其作用各有优劣。在运用这些政策对经济进行调节时，最好是将财政政策和货币政策配合使用，使两者能扬长避短，更好地实现宏观经济目标。

5. 宏观供给管理政策是从生产要素的投入方面进行宏观管理，通过增加要素供给促进经济增长、避免通货膨胀的宏观经济管理政策。宏观供给管理政策主要包括收入政策、指数政策和人力政策三项内容。经济滞涨时期可采用供给管理政策。

【思考题】

1. 宏观财政政策的内容及其运用情况如何？
2. 经济的自动稳定器作用及其构成情况如何？
3. 说明货币政策工具及其作用原理。
4. 扩张性货币政策与紧缩性货币政策的区别何在？
5. 为什么要将财政政策和货币政策配合使用？
6. 财政政策和货币政策配合使用的方式及其运用情况如何？
7. 宏观供给管理政策主要包括哪些内容？

【综合案例1】

白宫的经济政策

凯恩斯主义在当代美国各个阶段的经济政策制定方面都具有重要的影响和作用。凯恩斯主义经济学的核心是就业理论。凯恩斯认为，资本主义之所以存在非自愿失业，原因在于有效需求不足。要实现充分就业，促进经济增长，政府必须对经济进行干预和调节。这种主张政府干预经济的凯恩斯主义经济理论在美国的经济政策中得到了很好体现。

1. 20世纪30年代的罗斯福新政

凯恩斯主义是20世纪30年代罗斯福新政的理论基础。凯恩斯的《通论》出版后，罗斯福新政几乎全面采纳了凯恩斯的政策主张，如通过赤字财政政策扩大政府消费，政府举债救济失业，修建大型公共工程，通过货币政策调节利率。随着赤字财政政策的贯彻实施，美国经济逐渐复苏，但与此同时财政赤字却越来越大。

2. 20世纪40 ~ 60年代的美国经济政策

第二次世界大战以后，在扩展凯恩斯主义和融合新古典经济学的基础上，美国形成了以萨缪尔森为代表的新古典综合派。新古典综合派的经济理论成为战后美国政府干预经济的理论基础。在总需求方面，新古典综合派采用凯恩斯主义的观点，主张在市场经济无法实现充分就业时，国家要运用宏观需求管理政策对社会总需求进行调节，同时辅之以货币政策，通过货币供给量的增减影响利率和投资，进而影响总需求；在总供给方面，新古典综合派在短期采取凯恩斯主义的观点，长期则采取新古典经济学的观点。新古典综合派的代表人物汉森、萨缪尔森、托宾、莫迪里安尼、奥肯等先后在战后历届美国政府中担任过总统经济顾问委员会委员，因此在第二次世界大战结束后的20年时间里，美国经济政策主要采用新古典综合派的主张，如1946—1961年间实施"补偿性财政政策"，肯尼迪执政时曾实行以刺激经济连续增长为目标的长期预算赤字财政政策。

3. 20世纪70 ~ 80年代的经济政策

20世纪70年代，西方国家出现严重经济"滞胀"。在这种情况下，美国的经济政策由宏观需求管理转向宏观供给管理。里根政府实行了一系列宏观供给管理政策，包括大幅度降低个人所得税和企业税，实行"税制改革"，刺激消费和投资的增加，以增加供给；减少联邦政府支出，减少财政赤字；放松对企业的管制，提高企业自由化程度以促进投资。这些来自于新自由主义经济学派的政策主张实施的结果，却出现连供给学派也无法解释的巨额财政赤字。

4. 20世纪90年代美国"新经济" 中克林顿的经济政策

在里根和布什当政的12年里，美国财政赤字不断增加，1992年高达2390亿美元。在这种情况下，克林顿实施以削减财政赤字为核心内容的经济政策。克林顿经济政策包容了凯恩斯主义和供给学派的经济政策主张，具体包括四个方面内容：① 将公共支出和私人开支的重点从消费转向投资，在短期内启动经济，并对未来美国人的就业和收入进行投资；② 尊重工作与家庭；③ 大幅度减少联邦财政赤字；④ 减少政府开支，减少浪费，提高效率。克林顿政府依靠增收节支的手段减少联邦财政赤字，同时配合扩张性货币政策，最终促成美国经济在"20世纪90年代高增长、高就业和低通胀"。

资料来源：根据相关资料编写。

【讨论题】

20世纪30年代以来美国的经济政策历程说明什么？

【综合案例2】

中国经济中财政政策和货币政策的配合使用

1988—1996年，中国宏观经济运行经历了由经济过热、通货膨胀到经济增长率下降、经济不景气的几度起伏。根据各个时期经济运行的具体情况，中国在宏观经济政策选择上采用了不同的财政政策与货币政策组合。①1988年9月 ~ 1990年9月，实行紧财政紧货币的"双紧" 政策搭配；②1990年9月 ~ 1991年12月，采用紧财政与松货币政策的政策组合；③1992年1月 ~ 1993年6月，采用松财政松货币的"双松" 政策搭配；④1993年7月 ~ 1996年底，实行适度从紧的财政和货币政策。这些政策的实行，有效地促进了中国经济的持续高速增长。

【讨论题】

1. 中国不同时期采用不同的财政货币政策组合说明什么道理？
2. 对中国目前面临的内需不足但同时又存在通货膨胀的情况应采取什么措施？

第十四章　开放经济中的宏观经济

【学习目标与要求】

了解国际贸易的相关理论及其对一国经济发展的启示，了解进出口贸易对一国宏观经济的影响原理；掌握汇率和国际收支的基本原理以及汇率变得对国际收支、进而对一国宏观经济的影响；掌握开放经济条件下的 *IS - LM* 模型以及宏观经济的调节机制。

【学习重难点】

进出口贸易对一国宏观经济的影响原理，汇率和国际收支的基本原理以及汇率变得对国际收支、进而对一国宏观经济的影响。

1. 国际贸易的相关理论
2. 贸易条件和自由贸易的障碍
3. 国际收支和国际收支不平衡的调节
4. 国际收支函数的推导(*BP* 线)

第一节　国际贸易与一国经济

随着资本主义世界市场的形成和日益扩大，国际经济关系日益密切。在这种情况下，一国经济运行不仅受本国经济因素、经济政策的影响，而且要受国际经济活动的影响。因此研究一国的宏观经济运行，不能忽视国际经济对本国的影响，需要研究国际贸易、国际金融对一国经济的影响。

一、国际贸易的相关理论

对于国际贸易的基础，资产阶级经济学家曾经提出了多种理论和学说进行解释。其中影响较大的有绝对利益论、比较利益论和资源赋予论。这些理论具有共同点，它们都是从考察物与物的交换关系来说明国际分工一国际贸易能给贸易双方带来贸易利益，以此作为论证国际贸易的基础。同时，这些理论具有共同的假定条件：① 进行贸易的两个国家的进出口及国际收支是平衡的；② 两个国家国内的生产要素都处于“充分利用” 的状态；③ 商品在两国间自由流动，但生产要素在国与国之间不能流动。

（一）亚当·斯密的绝对利益论

1. 斯密经济学说的基本思想

亚当·斯密是英国古典经济学的创始人。在其代表作《国民财富的性质和原因的研究》一书中，斯密强调：人们追求个人利益的强大动力将使资源得到最有效的使用，从而促使分工发展；他主张对内实行自由放任政策，对外实行自由贸易政策。斯密的这一主张建立在其“地域分工论”或“绝对成本论”基础之上。

所谓绝对成本论，是指在某一商品的生产上，一国所耗费的劳动成本绝对低于另一国，在生产效率上占有绝对优势。斯密绝对成本说的建立是以对重商主义经济学说的批评开始的。在对重商主义经济学说的批评中，期密阐述了他关于国民财富性质和原因的三个基本观点：第一，一国真实财富以生产的商品和劳务来衡量。货币除了购买商品以外，没有其他用途，因此，一个真正繁荣昌盛的国家是通过贸易扩大生产的国家，而非限制贸易守住金银财富的国家。第二，必须减少政府的作用。只有减少政府的作用，国民经济才有可能迅速发展。因为在自由放任政策下，个人寻求自己的经济利益的结果，是不自觉地符合于社会的最大利益。第三，企图通过持续顺差为本国积累金银的做法是徒劳的。斯密认为，如果一国长期保持贸易顺差，金银会源源不断地流回本国，但是，在商品供应量一定的情况下，商品与货币的比例关系将受到破坏，从而使价格趋于上涨。价格上涨一方面会导致本国商品成本增加，使本国货物在国外的吸引力降低，出口减少；另一方面，本国商品价格上涨导致外国货在本国的价格相对便宜，因而进口增加，这将使本国贸易顺差减少，甚至出现逆差，此时必须用金银偿付差额，于是金银外流。因此，通过持续顺差实际上无法为本国积累金银。

2. 斯密的国际贸易理论

基于上述理论观点，斯密提出了他的国际贸易理论。其国际贸易理论主要包含以下三方面内容：

（1）人类的天然倾向产生分工。斯密认为，分工是提高劳动生产率、增加国民财富的重要途径。而分工的产生，是由“人类的本性”所体现的一种互通有无、互相交易的交换倾向决定的。人类的交换倾向产生分工，分工会增进社会劳动生产力。对此他以制针为例加以说明。制针共有 18 种操作，进行分工生产，一人一天可制针 4800 枚。若“他们各自独立工作，不专习一种特殊业务，那么，他们不论是谁，绝对不能一日制造 20 枚针，说不定一天一枚针也制造不出来。”可见分工使效率提高了。

（2）国际分工应该建立在一个国家所拥有的先天性的自然优势或者是后天的技术优势基础之上。斯密认为，超乎人力范围的先天性的自然优势是一些相对固定状态的优势，在生产某种特定产品时，其作用巨大，缺乏该优势的国家应该向其进口而非制造某种特定产品。各国应根据自然资源最有利的条件，形成对本国最有利的生产的“自然分工”。在这种地域分工的基础之上，国际贸易便会发生。

（3）主张自由贸易。斯密认为自由贸易能够促进生产的发展和产量的增加。他认为，一切限制贸易自由的措施都会影响分工发展，不利于社会利益的增长。通过自由放任政策和自由贸易，依靠市场这只“看不见的手”的自发调节，能够实现最大的贸易收益。

3. 斯密理论的意义

斯密的绝对成本说表明，一国应生产和出口那些在本国进行生产比较有效率的商品，进口在国外进行生产较之各自在闭关自守时交换更多的商品量的商品。该理论为扩大世界贸易奠定了理论基础。然而，绝对成本论只说明了国际贸易中的一种特殊情形，即在生产上各具绝对优势地位的国家参加国际分工和国际贸易能获得利益，却不能解释国际贸易的普遍规律。

(二) 大卫·李嘉图的比较利益论

大卫·李嘉图是英国古典政治经济学的完成者。他于1817年出版了著名的《政治经济学及赋税原理》。在该书中，李嘉图发展了斯密的国际分工学说，提出了比较成本理论。其比较成本理论成为西方发达国家主流派贸易理论的“基石”。

1. 李嘉图的自由贸易学说

李嘉图继承和发展了斯密的自由贸易学说。李嘉图认为，在贸易自由的制度下，追求个人利益可以和客观上带动社会利益发展一致。他在其他代表作中写道：“在商业完全自由的制度下，各国都必然把它的资本和劳动用在最有利于本国的用途上。这种个体利益的追求很好地和整体的普遍幸福结合在一起。”

2. 比较成本理论

为了论证自由贸易的优越性，李嘉图提出了著名的比较成本论。所谓比较成本理论，就是由两国间产品的劳动成本来决定一个国家应该生产和交换哪种产品的理论。

按照斯密的绝对成本学说，贸易双方输出的商品一定是生产上具有绝对优势的商品。问题是，在现实生活中，假如一个国家生产落后，缺乏有成本优势的产品，该国能否参加国际分工与贸易？对此，李嘉图做出了肯定的答复。他举例说：“如果两人都制鞋和帽，其中一人在两种职业上都比另一个人强一些，不过制帽子时只强1/5或20%，而制鞋时则强1/3或33%，那么这个较强的人专门制鞋，而那个较差的人专门制帽，岂不是对双方都有利么？”他以英国和葡萄牙生产两种产品的能力来论证其比较成本学说。

从成本的比较可以看出，葡萄牙生产两种产品的成本都比英国的低，毛呢成本仅为英国的0.9，酒的成本仅为英国的0.67，在两种产品的生产上均处于优势。但进一步比较可以发现，葡萄牙生产酒的成本最低，优势最大，所以葡萄牙应该专门生产酒。相反，英国在这两种产品的生产中都处于劣势，但是，比较而言，生产毛呢的不利程度较轻，因此英国可以专门生产毛呢，然后用毛呢交换葡萄牙的酒。这就是“两利取其重，两劣取其轻”的分工和贸易原则。作了这种分工并进行交换后，两国都比同时生产两种产品获得更大利益，这就是“比较利益”。分工后，英国共生产 $100 + 120/100 = 2.2$ 单位毛呢，比分工前世界2单位的毛呢总产量增加了0.2单位；葡萄牙酒产量为 $80 + 90/80 = 2.125$ 单位，比分工前的产量2单位增加了0.125单位。

上述例子告诉我们，在总劳动量未变的情况下，两国产量由于国际分工而增加，从而两国消费量也会增加。

比较成本理论向人们揭示了这样一个道理：每一个国家都有自己的相对优势或劣势，各国扬长避短，集中生产自己具有比较优势的产品并将其用于国际贸易，就能从中获得更多利益。

(三) 俄林的资源赋予论

俄林在1933年出版的代表作《区际贸易与国际贸易》中,完成与发展了老师赫克歇尔设想,提出了完整的国际贸易理论。

俄林的国际贸易理论体系宏大,结构严谨。就基本内容而言,其国际贸易理论包括以下两方面内容。

1. 国际贸易产生的原因(资源赋予说)

俄林国际贸易理论的价值论基础是一般均衡论。按照"相互依存的定价原理",俄林认为,在一个区域或一个国家内,决定商品需求的因素有两个,一是消费者的欲望、要求、爱好;二是生产要素所有权的分配状况引起的个人收入的差异。决定供给的因素也是两个:一是生产要素拥有量的情况,即资源赋予量;二是生产的物质条件,即技术水平。决定供给的两种因素与决定需求的两种因素共同作用,在一段时间内决定着一个地区或一个国家所有商品价格和生产要素的价格。而区域或国际贸易发生的直接原因是商品价格的国际绝对差异。

商品价格的国际绝对差异是指同种商品价格用相同货币表示时仍存在的差异。而商品价格的国际绝对差异又是因为商品的地区或国家间的价格相对差异产生的。这种商品价格的相对差异由上述决定商品供求的四种基本因素构成。

俄林根据其"定价原理"分析引起各国劳动成本差异的原因。他首先假定各国四个因素中的生产物质条件一样,即生产同类商品所用的要素一样,这样,两国同种商品价格存在差异的原因就在于两国的商品需求情况和生产要素供应量方面的差异;接着,俄林又假定各国的需求一样,这样,各国之所以还发生贸易往来,就是因为生产要素的拥有量即资源赋予的不同,这时,各国生产同种商品劳动生产率的差异就来源于资源赋予的不同。

在各国资源赋予不同,即各国拥有各种基本生产要素的数量、比例不同的情况下,一国使用拥有量丰富的生产要素生产某种产品,该产品的成本就会比较低。国际贸易的发生是以各国生产要素赋予的多少不同为基础的。经过论证俄林得出结论:"贸易的首要条件是某些商品在某一地区生产要比别一地区便宜。在每一个地区,出口品中包含着该地区比在其他地区拥有的较便宜的相对大量的生产要素,而进口别的地区能较便宜地生产的产品。简言之,进口那些含有较大比例生产要素的便宜的商品。"也就是说,俄林认为,各国应集中生产自己拥有较丰富资源的,从而成本、价格比价低的商品,并将这种商品与他国生产的要素量多、价格较低的商品进行交换,即将自己的产品用于参与国际贸易。

2. 国际贸易的影响(生产要素价格均等化定理)

俄林不仅论证了国际贸易产生的原因,还分析了国际贸易对贸易参加国的经济影响。俄林认为:"贸易最直接的后果是各地商品的价格趋于一致。"

俄林认为,商品的流动在一定程度上可以代替生产要素的流动,拉平各国间的要素价格。如拥有丰富劳动力要素的甲国,主要生产和出口密集使用该要素的产品,这将使市场上对劳动力需求增大,劳动力的价格 — 工资上升,相对而言,对稀缺的资本需求量减少,资本的价格 — 利率略降;而拥有丰富的资本要素的乙国,也因为主要生产和出口密集使用资本要素的商品而使市场对资本的需求增加,从而引起利率上升,劳动力价格 — 工资下降,于是,贸易的结果就使两国劳动和资本这两种要素的国内价格趋于相等。

国际贸易带来的要素价格均等化将给贸易参加国带来如下影响:第一,使生产要素得到更有效的利用,从而提高生产效率,增加产品数量。第二,将使各国收入分配均等化。要素价格均等化会引起生产要素相对报酬的变动,从而使要素所有者的收入发生趋向于均等化的变化。

资源赋予理论是现代国际贸易理论中最重要的基础理论之一,是国际贸易的重要理论基础。

(四) 第二次世界大战后国际贸易理论的发展

第二次世界大战后,西方国际贸易理论的发展与里昂惕夫对赫一俄模式进行验证而引起的"里昂惕夫之谜"具有密切联系。

根据资源赋予论,资本资源比较丰富的国家应该出口使用较多资本生产的资本密集型商品,劳动力资源比较丰富的国家应该出口劳动密集型商品。美国是一个资本比较丰富、劳动资源比较缺乏国家,按照资源赋予论的判断,美国应出口资本密集型商品、进口劳动密集型产品。美国经济学家里昂惕夫研究了美国200个行业特别是其中直接进行对外贸易的行业之后发现,美国进口替代商品的资本密集程度高于出口商品的资本密集程度,而出口商品的劳动密集程度反而高于进口替代商品。这一结果显然是与资源赋予论的判断相矛盾,这个矛盾就是著名的"里昂惕夫之谜"。

里昂惕夫认为,之所以出现"里昂惕夫之谜",可能是同由于美国企业管理水平较高,工人所受教育训练较好,因而美国工人的效率和技能比其他国家工人高人约3倍的结果。因为如果劳动力数量以效率中位来衡量,把美国的劳动力乘以3,则美国是劳动力相对丰富、资本相对缺乏的国家,因而出口劳动密集型产品、进口资本密集型产品也是合理的。

根据里昂惕夫的解释,有的经济学家提出人力技能理论来解释"里昂惕夫之谜"。他们认为,根据劳动技能的不同,可以把劳动分为熟练劳动和非熟练劳动。从生产商品所使用的劳动来看,美国生产出口商品使用的熟练劳动比进口替代品所使用的熟练劳动的多,这说明美国出口的是技能密集程度较高的商品。由于人的劳动技能也是一种资本 — 人力资本,使用较多劳动生产的商品也是资本密集型商品,因而美国出口商出口仍然是资本密集型商品,这与资源赋予论的判断并不矛盾。

第二次世界大战后西方国际贸易理论是对赫 — 俄模式的进 — 步发展。它说明资源赋予论把生产要素归结为两类 —— 资本和劳动的同时,还应该考虑劳动质量的差别,即劳动的熟练程度和技术水平等因素的差别,才能更好地分析和说明贸易的流向。

二、贸易条件和自由贸易的障碍

(一) 贸易条件

上述国际贸易理论说明,如果每个国家都按自己的比较利益条件参与国际分工 —— 国际贸易,必将增加商品总量并给贸易双方带来贸易利益。但它并未说明由实行国际分工而增加的商品量(即总的贸易利益)在贸易国之间是如何分配的。为此,西方经济学通过对贸易条件的分析来说明贸易利益的分配问题。

所谓贸易条件，是指两种商品的交换比率。从一个国家来看，这种交换比率就是为了得到一单位的进口商品必须输出的出口商品量，其计算公式为：

贸易条件 = 出口商品量 / 进口商品量

贸易条件反映的是用出口商品量来衡量的进口商品的机会成本。例如，A 国国内生产一单位布匹的机会成本是 1.67 单位的小麦，如果 A 国根据贸易条件向 B 国出口小于 1.67 单位的小麦即可换回一单位布匹（也就是 $\frac{\text{出口小麦量}}{\text{进口布匹量}} < 1.67$）时就愿意出口小麦；反之，如果 A 国必须出口大于 1.67 单位的小麦才能从 B 国换回一单位布匹（即 $\frac{\text{出口小麦量}}{\text{进口布匹量}} > 1.67$），就不愿意出口小麦，因为它在国内也可以用 1.67 单位的小麦成本生产一单位布匹。如果 B 国在国内生产一单位布匹的机会成本是 0.5 单位小麦，则 B 国只有在出口一单位布匹能换回大于 0.5 单位小麦的情况下才愿意同 A 国交换。总之，A 国和 B 国都只有在它们所进口商品的机会成本小于该种商品在国内生产时的机会成本时，才愿意互相交换，并从中获得贸易利益。

在国际贸易的实际交换中，由于涉及的商品很多，不可能按实物量来分析其贸易条件，因此贸易条件以价格指数来表示。用公式可以表示为：

$$\text{贸易条件} = \frac{\text{出口商品的平均价格指数}}{\text{进口商品的平均价格指数}} \times 100$$

如果由于出口商品价格指数上升或进口商品价格指数下降，使贸易条件的指数增大，这说明贸易条件改善。因为这意味着同以前相比，只需要出口较少的商品就可以换回同量的进口商品，或者说出口同样的商品可以换回更多的进口商品。反之，如果出口商品价格指数下降或进口商品价格指数上升使贸易条件指数下降，说明贸易条件恶化或向不利方向发展。

至于两国间实际的贸易条件即两种商品的交换比率，则取决于商品的供求关系。在对布的需求不变情况下，如果两国对小麦的需求都增加，小麦的价格将上升，这意味着用价格指数表示的贸易条件对 A 国将改善。这时出口同量的小麦将换回更多的布匹，小麦和布匹的实物交换比率将向下限靠近（即进口一单位的布只需要出口更少的小麦）。如果小麦的需求不变，布匹的需求增加，布匹价格上升，这意味着 A 国贸易条件将“恶化”。这时，A 国进口一单位布需要出口更多的小麦，小麦和布匹的实物交换比率将向上限靠近。当 A 国的贸易条件发生上述变化时，B 国的贸易条件则向反方向变化。随着两国间贸易的不断进行，当贸易条件有利于 A 国出口小麦时，A 国将扩大向 B 国的出口，在 B 国，小麦的相对价格就会下降；反之，当贸易条件有利于 B 国出口布匹时，B 国将扩大向 A 国出口，布匹的相对价格在 A 国将下降。如果不考虑运输费用又没有关税，最终小麦和布匹的比价在两国会趋于相等。但具体的比价为多少，则取决于实际的供求关系。

具体来说，影响贸易条件的供求因素主要有以下两个方面：

1. 需求条件的变化

技术发展、人口增长等因素引起对某种商品需求增加，工业生产变化引起对原料需求变化等等，将引起相应商品价格上升，从而改善出口该商品国家的贸易条件。总之，某种商品需求条件变化将导致商品出口国贸易条件与需求条件同方向变化，而进口商品国的贸易条件则与之呈反方向变化。

2. 供给条件的变化

技术改进引起产量的增加，政治动荡和战争等引起商品供给量减少等等，都会对一国贸易条件产生影响。某种商品给条件将导致该商品出口国贸易条件与供给条件的反方向变化，而进口国贸易条件则与之呈同方向变化。

(二) 自由贸易的障碍

比较利益理论所阐述的国际分工 —— 国际贸易必然带来贸易利益的结论是以自由贸易为前提的。但实际上所有国家都不同程度地实行了一些妨碍商品自由流动的保护性政策和措施。阻碍自由贸易的因素主要有几下几方面：

1. 关税政策

关税政策是指对进口商品征税。对进口商品征收关税具有阻碍进口商品自由进入和保护本国同类商品免遭进口商品竞争的作用。自由贸易论者认为，征收关税不利于国际分工和国际贸易利益的实现，同时会加重国内消费者的负担，不利于国内生产效率提高。

2. 规定进口限额

实行进口限额制会导致被限额商品价格上升，影响进口国公众的实际消费水平，并使国内的资源不能真正用于最有效率的部门。

3. 外汇管制

外汇管制是指对外汇收入、指出进行严格管理，规定外汇的收入和支付必须交由给政府或政府指定的代理机构办理，同时这种管制还规定一切商品只有在获得政府发给的许可证之后才能进口。这样一来，哪些商品能进口完全由政府决定，而不是由自由贸易的市场来决定。实行外汇管制不利于合理国际分工 —— 国际贸易格局的形成和发展。

4. 对某些商品实行禁运

禁运是指政府规定完全不准某些商品进口或出口。这种措施会妨碍商品在国与国之间自由流动，影响国际分工 —— 国际贸易发展，影响贸易利益的实现。

一个国家究竟应该实行自由贸易，还是应该对国际贸易进行阻碍、控制，一直是经济理论和经济实践中争论不休的问题，自由贸易与贸易保护之争至今没有停歇。

第二节　国际金融与一国经济

一、汇率与国际收支

(一) 汇率的决定与变动

1. 汇率(Foreign - Exchange Rate) 的决定

以上对于国际贸易问题的分析，都是以物物交换为基础的，即使在谈到贸易条件时涉及的交换比价，也是假定以同一种货币（如美元）来表示的。实际上，当代国际贸易一般都是通过货币媒介进行交换的。但是，每个国家都有自己的货币，而且每个国家的出口企业在出口商品时，最终是要求得到按本国货币计价的支付。在这种情况下，国际贸易必然涉及不同货币之间的兑换问题，一个国家的货币与其他国家货币之间的兑换比率就是汇率。一般来讲，汇率是指用本国货币数量来表示单位外国货币的价格，例如对美国来讲，1 英镑 = 4.8665 美元就是用本国货币美元的数量来表示 1 英镑的价格，这一兑换比率就是美元与英镑的汇率。

不同情况下，汇率的决定方式不同。在金本位制制度下，各国货币之间的兑换比率由货币的含金量决定，两种货币的含金量之比就是这两种货币的基准。在金本位制条件下，各国货币具有固定的汇率。

在货币与黄金脱钩后，货币汇率的决定方式发生变化。一些西方经济学家认为，这种情况下两国货币间的汇率是由两国货币的购买力决定，而一国货币购买力取决于其物价水平，因此，两国货币的汇率有两国物价水平的比率决定。例如，一组有代表性的货物在美国值两美元，而在英国值一英镑，那么，美元和英镑的汇率就是 £ 1 = $2。

货币购买力是决定汇率的基本因素，此外，一国的外汇供求关系也是决定汇率的重要因素。假设外汇市场是完全竞争市场，下面以英镑市场上英国和美国商品进出口引起的英镑供求关系变化为例来说明英镑汇率的决定。

在英镑市场上，英镑的需求者是美国进口商，他们为了从英国进口商品必须购买英镑支付给英国的出口商；英镑的供给者则是英国进口商，他们必须出售英镑换取美元才能从美国购买商品。在英国进口商进出商品所形成的英镑供给量一定的情况下，美国进口商对英镑的需求，将导致英镑汇率上升，反之则会使英镑汇率下降。从供给方面看，英镑的供给量与英镑的汇率呈反方向的变化。在美国进口商对英镑的需求不变的情况下，英国进口商进出美国商品所形成的英镑供给量增加，会导致英镑汇率下跌，反之则引起英镑汇率上升。当对英镑的需求和供给相等时，英镑供给曲线和需求曲线的交点决定的汇率就是均衡汇率，如图 14 - 1 所示。

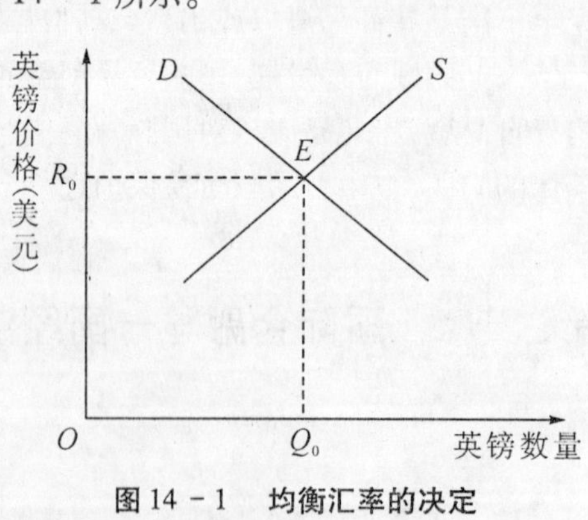

图 14 - 1　均衡汇率的决定

图 14 - 1 中，横轴计量英镑的需求量和供给量，纵轴计量购买一英镑的美元数，也就是英镑的汇率，D 为英镑的需求曲线，S 为英镑的供给曲线。D 和 S 的交点 E 所决定的汇率 Ro 就是均衡汇率。在不等于 Ro 的其他任何汇率水平，都将因 $D \neq S$ 而导致汇率变动。可

见，外汇的供求关系是决定汇率的重要因素。

外汇供求会影响和决定汇率，而决定外汇供求的因素多种多样。一种外汇的需求和供给，受包括进出口贸易在内的多种因素决定。对一个国家来说，外汇（Foreign Exchange），是指一个国家对另一个国家拥有资金要求权的所有货币凭证，它包括外国货币和以外国货币表示的支付凭证（如支票、汇票、期票等）。在外汇市场上，任何需要本国人（包括私人、企业和政府）向外国支付外汇的行为，都意味着对外汇的需求；任何需要外国人（包括私人、企业和政府）向本国人支付本国货币的行为，都意味着对外汇的供给（外国人必须提供外币兑换本国货币），因此，决定一个国家对某种外汇需求的因素主要有（以美国对英镑的需求为例）：① 本国从外国进口商品和劳务的数量；② 本国给持有本国证券的外国人支付利息或股息的多少；③ 本国对外国的贷款和投资数额。相应的，决定一个国家外汇供给的因素主要有：① 外国从本国进口商品和劳务的数量；② 外国给持有外国证券的本国人支付利息或股息的数额；③ 外国对本国贷款和投资的数额。上述因素发生变化，会引起一国外汇供求关系的变化，从而引起外汇汇率变化。

2. 汇率的变动

任何货币汇率都是可以变动的。影响和决定汇率的因素发生变化，汇率就会发生变动。具体说，引起汇率变动的因素主要有以下几个方面：

(1) 外汇供求关系。外汇供求关系是引起汇率变动的重要原因。在其他条件不变的情况下，外汇需求增加将使外汇汇率上升，反之则外汇汇率下降；外汇供给减少将使外汇汇率上升，反之则会使外汇汇率下降。

(2) 物价水平。在两国之间，如果一国价格水平或通货膨胀率比另一国高，则该国货币汇率就会下降，相应的则是外国货币汇率上升；相反，如果一国物价水平较大幅度下降即发生通货紧缩，则该国货币升值，这样，本币汇率将上升，外汇汇率则下降。

(3) 国际资本流动。国际资本流动将使资本输入国的货币升值，使资本输出国的货币贬值，由此引起资本输入国货币汇率上升，资本输出国货币汇率下跌。

3. 汇率变动对一国经济的影响

一国货币汇率变动会对该国对外经济、国内经济产生方方面面的影响。汇率变动首先影响一国对外贸易。外汇汇率上涨有利于本国商品出口，不利于外国商品进口，从而有利于扩大本国总需求；反之，外汇汇率下降则会抑制本国商品出口、刺激外国商品进口，因此会使本国总需求收缩。其次，从国际资本流动看，外汇汇率上涨会促进外国在本国的实物投资，有利于外国资本输入；相反，外汇汇率下跌则不利于实物形式的外国资本的流入。再次，从对国内经济的影响看，外汇汇率上涨会促使国内物价水平降低，同时有利于国内生产发展，就业水平提高，国民收入增加；反之则相反。

（二）国际收支和国际收支不平衡的调节

1. 国际收支

国际收支（Balance of Payments）是指一个国家与其他国家之间在一年内发生的贸易和非贸易的收入总额和支出总额。它全面地反映在一年内流进和流出一个国家的一切项目的货币价值。一个国家的国际收支项目通常分为以下三大类：

(1) 经常项目(或往来账户)。其包括一个国家在商品、运输、利息、股息等方面的流入和流出。

(2) 资本流动。其包括私人、企业和政府的资本流入和流出。

(3) 黄金和储备资产的流动。这是一国国际收支均衡状况的集中标志。如果国际收支出现盈余,则黄金和储备资产增加;如果国际收支出现赤字,则黄金和储备资产减少。

在国际收支平衡表上,收入和支出额总是相等的。因为当经常项目和资本项目的收支出现不平衡时,政府将通过增加或减少黄金和储备资产来抵消前两个项目出现的盈余或赤字,或通过借外债来保持国际收支平衡。但是,一国国际收支常常是不平衡的。经常项目和资本项目的收入总额小于支出总额称为国际收支逆差,相反,经常项目和资本项目的收入总额大于支出总额称为国际收支顺差。

2. 国际收支不平衡对一国经济的影响

国际收支不管是出现大量而持续的顺差还是逆差,对一个国家经济发展都是不利的。

(1) 国际收支顺差的影响。当一国国际收支出现大量而持续的顺差时,将导致外汇汇率下跌、本币汇率上涨,从而不利于本国商品的出口而有利于外国商品的进口;同时,国际收支大量顺差带来的外汇储备过多会使本国货币数量增加,导致国内通货膨胀;此外,本国大量而持续的国际收支顺差将给相关国家造成国际收支赤字,从而引起本国与其他国家之间的贸易摩擦,不利于本国对外经济关系顺利发展。

(2) 国际收支逆差的影响。如果一国出现大量而持续的国际收支逆差,由于进口是国民收入的漏出和收缩力量,因此,大量而持续的国际收支顺差势必降低一国的国民收入水平,影响充分就业的实现;同时,大量而持续的国际收支逆差将使本国的黄金和储备资产大量外流或对外大量负债,这对一个国家金融和经济的稳定都是不利的。因此,西方国家把实现国际收支平衡作为政府宏观经济政策的目标之一。

3. 国际收支不平衡的调节

西方经济学认为,当国际收支逆差是由于购买进口原料和资本设备引起的时候,对此可不必忧虑。因为这种逆差可以通过国内利用进口原料和资本设备增加生产和出口来解决。只有当国际收支大量而持续的逆差是由于一般商品的进口大于出口造成的时候,政府才应该进行干预,以维持国际收支的平衡。

由于解决国际收支顺差对一个国家来说不如解决国际收支逆差问题那样紧迫,所以当代西方经济学把注意力集中研究解决国际收支逆差的对策上。其对策如下:

(1) 增加出口或减少进口,以减少对外汇的需求和增加外汇的供给。

(2) 调整利息率。提高利息率可以减少资本的流出和吸引外资的流入,从而减少对外汇的需求和增加外汇的供给。

(3) 允许汇率自由浮动。通过汇率的自由浮动可以调节外汇的供求。一国国际收支逆差意味着对外汇的需求大于外汇的供给,如果允许汇率自由浮动,这时外汇汇率会上升,本币汇率会下跌,在这种情况下,本国出口会增加,进口会减少,从而有助于本国国际收支逆差减少直至消失,国际收支恢复平衡。

不过,维持国际收支平衡的目标往往与国内经济政策目标相矛盾。例如,政府为了解决国际收支逆差问题，就应该采取减少对进口商品需求的措施，即实行紧缩性的、旨在压缩国内需求的财政、货币政策，但这样的宏观经济政策又很可能使国内总需求降到充分就业水平之下，从而影响充分就业目标的实现。政府为了实现充分就业目标，就应该实行旨在扩大国内总需求的扩张性财政、货币政策，但这种政策又可能导致国际收支状况恶化。如果政府通过汇率自由浮动来解决国际收支逆差，将会引起外汇汇率上升，这时，如果本国对进口商品的需求缺乏弹性，随着外汇汇率上涨带来的出口增加，进口商品价格将会上升，出口大量增加还可能导致国内市场上商品供不应求，从而导致或加剧国内通货膨胀。因此，在制定和实行宏观经济政策时，应综合考虑国际收支平衡与国内宏观经济目标，使对国际收支的调节不过多地影响国内宏观经济目标的实现。

二、国际货币体系

国际货币体系是指各国对货币的兑换、国际收支的调节、国际储备资产的构成等问题所做出的安排、确定的规则、采取的措施及相应的组织机构的总和。有效且稳定的国际货币体系是国际贸易、世界经济稳定发展的重要保证。迄今为止，国际货币体系经历了三个阶段，即国际金本位制、布雷顿体系和当前的国际货币体系。

（一）金本位制

金本位制是以黄金为本位币的货币制度。在金本位制下，每单位的货币价值等同于若干重量的黄金（即货币含金量），国与国之间的货币汇率由各自货币的含金量之比——铸币平价（Mint Parity）决定。

金本位制于19世纪中期开始盛行。历史上曾有过三种形式的金本位制，即金币本位制、金块本位制和金汇兑本位制。其中金币本位制是金本位制最典型的形式，狭义的金本位制就是指该金币本位制。

1. 金币本位制（Gold Specie Standard）

金币本位制是金本位货币制度的最早形式，亦称为古典的或纯粹的金本位制，盛行于1880—1914年间。金币本位制具有三大特点：① 自由铸造；② 自由兑换；③ 黄金自由输出入。

在金币本位制下，各国政府以法律形式规定货币的含金量，两国货币含金量的对比即铸币平价为决定汇率的基础。由于黄金可以自由输出或输入国境，并在输出、输入过程中形成铸币—物价流动机制，对汇率起到自动调节作用，因此，汇率波动受黄金输送点限制，波动幅度较小。在这种情况下，汇率比较稳定，各国币值以及物价也比较稳定，从而有利于国际贸易发展，有利于各国经济发展。

1914年第一次世界大战爆发后，各国纷纷发行不兑现的纸币，禁止黄金自由输出，金本币位制随之告终。

2. 金块本位制（Gold Bullion Standard）

金块本位制是一种以金块办理国际结算的变相金本位制，亦称金条本位制。在这种货币制度下，由国家储存金块作为储备；流通中各种货币与黄金不再自由兑换，兑换受到限制，在需要时可按规定的数量以纸币向本国中央银行兑换金块。可见，这种货币制度实际上是一种有限制条件的金本位制。

3. 金汇兑本位制(Gold Exchange Standard)

金汇兑本位制是一种在实行金块本位制或金币本位制的国家保持外汇、准许本国货币无限制地兑换外汇的金本位制。在这种货币制度下,国内只流通银行券,银行券不能兑换黄金,只能兑换实行金块或金本位制国家的货币,国际储备除黄金外,还有一定的外汇,外汇在国外才可兑换黄金,黄金是最后的支付手段。实行金汇兑本位制国家的货币与另一实行金块或金币本位制国家的货币保持固定比率,通过无限制地买卖外汇来维持本国货币价值的稳定。

金块本位制和金汇兑本位制这两种货币制度在20世纪30年代崩溃。金本位制崩溃后,资本主义国家普遍实行纸币流通制度。纸币流通制度为政府过度发行纸币提供了方便,从而进一步加深了货币信用危机,不利于国际贸易和各国经济发展。

(二) 布雷顿森林体系

经过20世纪30年代世界经济危机和第二次世界大战,各国经济政治实力发生了重大变化,美国登上了资本主义世界盟主地位,美元的国际地位因其国际黄金储备的巨大实力而空前稳固,这就使建立一个以美元为支柱的有利于美国对外经济扩张的国际货币体系成为可能。在这种情况下,1944年7月,建立了以《布雷顿森林协定》为标志的布雷顿森林货币体系

1. 布雷顿森林体系的内容

布雷顿森林体系又称美元—黄金本位制,它实际上是一种以美元和黄金为基础的国际金汇兑本位制。在这种国际货币体系中,美元处于中心地位,成了黄金的“等价物”,起着世界货币的作用,美元从此成为国际清算的支付手段和各国的主要储备货币。布雷顿森林体系确立了黄金外汇本位制,其基本内容是美元与黄金挂钩,其他国家的货币与美元挂钩,实行固定汇率制度。布雷顿森林体系的主要内容包括:

(1) 美元与黄金挂钩。各国确认1934年1月美国规定的35美元一盎司的黄金官价,每一美元的含金量为0.888671克黄金。各国政府或中央银行可按官价用美元向美国兑换黄金。

(2) 其他国家货币与美元挂钩。其他国家政府规定各自货币的含金量,通过各自货币含金量确定同美元的汇率。

(3) 实行可调整的固定汇率。《国际货币基金协定》规定,各国货币对美元的汇率一般只能在法定汇率上下各1% 的幅度内波动。若市场汇率波动幅度超过法定汇率的1%,各国政府有义务对外汇市场进行干预,以维持汇率稳定。

2. 布雷顿森林体系的作用

布雷顿森林体系下实行固定汇率制,这种国际货币制度对第二次世界大战后国际贸易的发展、世界经济的回复和发展具有积极作用。布雷顿森林体系的建立,基本上消除了原来国际货币金融领域分裂混乱、汇率急剧波动的状态。汇率的相对稳定,一方面促进了国际贸易发展,另一方面,有利于国际资本流动,有利于银行和国际金融市场发展,因此,对各国国际贸易和经济发展具有积极的推动作用。

尽管布雷顿森林体系对第二次世界大战后国际贸易、世界经济的恢复和发展发挥了积极作用，但是，由于其不可克服的内在矛盾，布雷顿森林体系于20世纪70年代初彻底崩溃。

（三）当前的国际货币体系

1. 当前国际货币体系的内容

当前的国际货币体系是一种不成熟、不完善的货币体系，其内容、特点还不稳定。不过，布雷顿森林体系崩溃后国际货币金融领域出现了一些新变化、新特点，这些变化和特点在牙买加会议上得到确认，因此，有的人把现行国际货币体系称为“牙买加体系”。它主要包括三个方面内容：

（1）实行以浮动汇率为主的汇率制度。按照“牙买加协定”的规定，在当前的国际货币体系下，成员国可以自由选择汇率制度，这样，以浮动汇率为主的汇率制度逐步形成并发展起来。

（2）国际储备资产多元化。在现行国际货币体系下，国际储备资产的构成是多元化的，黄金、外汇、特别提款权等都可以作为储备资产。

（3）国际收支调节手段多样化。现行国际货币体系下，一国国际收支的调节可以通过多种手段、多种方式进行，汇率机制、利率机制、基金组织的干预和贷款、商业银行的活动以及有关国家外汇储备的变动、债务、投资等都是可以选择的调节手段和机制，国际收支调节可以将这些手段、因素结合起来进行。

2. 当前的国际货币体系的作用

当前的国际货币体系对一国对外贸易和国内经济发展既有积极作用，也有不利影响。其积极作用主要表现在：首先，浮动汇率制的实行有利于一国国际收支的自动调节。一国国际收支失衡时，随着外汇供求关系的变动，汇率会相应变化，从而使国际收支不平衡得到一定程度调节和缓解。其次，国际储备资产多元化有利于一国国际储备资产的保值。在现行国际货币体系下，国际储备资产由黄金、外汇、特别提款权等构成，储备资产多元化可以抵消或减少汇率波动造成的外汇储备价值的损失。再次，国际收支调节手段多样化有利于一国国际收支的调节。现行国际货币体系下，多样化的国际收支调节手段和机制为一国国际收支的调节提供了更大的选择余地，有利于国际收支失衡的国家有效调节国际收支，维持国际收支基本平衡，从而促进本国国际贸易、国内经济顺利发展。

不过，现行国际货币体系对一国对外贸易、经济发展又具有不利影响。主要表现在：其一，汇率变动过大不利于一国国际贸易、国内经济发展。在现行的浮动汇率制度下，汇率波动频繁而且剧烈。汇率波动过大会增大企业在国际贸易中的风险，同时会刺激国际金融市场上的投机行为，还会影响政府的宏观经济政策。其二，国际储备资产多元化会加大一国国际储备资产的管理难度。在多元化的国际储备制度下，一国外汇储备中的储备货币多种多样，而多种储备货币的汇率经常变动，由此增加了一国货币管理国际储备资产的难度。国际储备资产管理难度加大，不利于一国适度储备量的确定和国际储备资产的有效运用，最终不利于国际经济关系顺利发展。其三，多样化的国际收支调节机制增大国际收支调节难度。现行国际货币体系，一国国际收支的调节可以通过多种手段进行，但各种调节手段、调节机制之间很难协调，因此，一国国际收支的调节实际上难度较大，由此导致全球性的国际收支问题日趋严重。一国国际收支不平衡不仅影响本国国际贸易、国内经济发展，而且会影响相关国家国际贸易和国内经济发展，最终影响世界经济发展。

第三节　开放经济中一国经济的调节

与封闭经济相比，开放经济（四部门经济）中一国国民收入的均衡模型和乘数公式都会发生变化，这些变化在本书的前面章节已分别作了介绍，这里不再赘述。这里主要介绍西方经济学对开放经济中协调国内均衡与国外均衡的宏观经济调节的分析。

一、包括进口、出口的 IS - LM 模型

在西方经济学中，国内均衡用包括进、出口的 IS - LM 模型加以说明。在两部门经济中，*IS* 线表示使 $I = S$ 的利息率和国民收入的各种可能组合。在三部门经济中，*IS* 线表示使 $I + G = S + T$ 的利息率和国民收入的各种可能组合。以此类推，在四部门经济中，*IS* 线表示 $I + G + X = S + T + M$ 的利息率和国民收入的各种可能组合。其推导过程如图 14 - 2 所示。

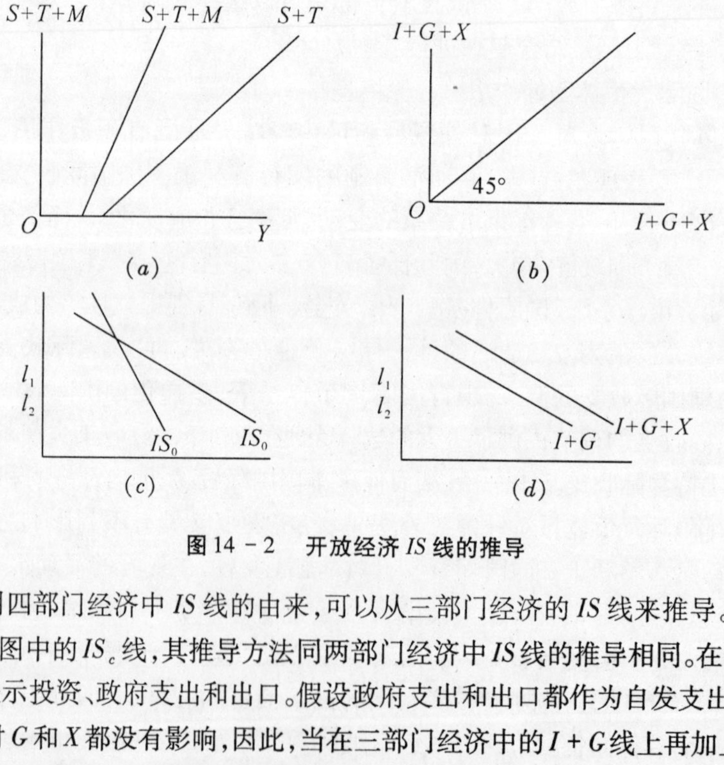

图 14 - 2　开放经济 *IS* 线的推导

为了说明四部门经济中 *IS* 线的由来，可以从三部门经济的 *IS* 线来推导。三部门经济中的 *IS* 线，即图中的 IS_c 线，其推导方法同两部门经济中 *IS* 线的推导相同。在图 14 - 2 中，*I*、*G*、*X* 分别表示投资、政府支出和出口。假设政府支出和出口都作为自发支出处理，这时，利息率变动对 *G* 和 *X* 都没有影响，因此，当在三部门经济中的 $I + G$ 线上再加上出口量时，图 14 - 2 中 (*a*) 图的 $I + G$ 线即向右平移相当于 *X* 的量，变成 $I + G + X$。但由于 *I* 是利息率的函数，所以当利息率分别为 i_1 和 i_2 时，整个 $I + G + X$ 线与 *i* 的高低呈反向变化并向下倾斜。图 14 - 2 中的 (*b*) 图是 45° 线转换图，其作用在于由此引出与 (*a*) 图中既定的 $I +$

$G+X$ 量相等的 $S+T+M$ 的量及由此引出与其相对应的国民收入水平 Y。

如以前所假设,进口是国民收入的函数,即 $M=M+mY$,由此可知,M 同 S、T 一样,与国民收入(Y)水平同方向变化,$S+T$ 线和 $S+T+M$ 线在(c)图中都向上倾斜。$S+T$ 与 $S+T+M$ 的距离取决于 Y 的水平和边际进口倾向(m)的大小。一旦得出(c)图中的 $S+T+M$ 线,即可把(a)图和(c)图结合起来,得出使 $S+T+M=I+G+X$ 的国民收入和利息率的各种组合,从而推导出(d)图中开放经济中的 IS_o 线。IS_o 曲线与三部门经济的 IS_c 线一样,都是向下倾斜,但 IS_o 线的斜率大于 IS_c 线的斜率,之所以如此,是因为假定边际进口率大于边际储蓄率和边际税率。

图中 IS_o 线和 IS_c 线相交,并不是必然的情况。如果(a)图中 $I+G$ 线和 $I+G+X$ 线之间的固定距离大于(c)图中 $S+T$ 线和 $S+T+M$ 线之间的最大距离,则 IS_o 线位于 IS_c 线的右侧;反之,则位于 IS_c 线的左侧。

从图 14－2 可以看出,增加出口和减少进口可以使 ISo 线向右移动;减少出口和增加进口可使 IS_o 线向左移动,或者说,净出口($X-M$)增加使 IS_o 线向右移动,净出口减少使 IS_o 线向左移动。进一步讲,如果汇率不发生变化,国内商品相对价格上升,将抑制出口刺激进口,使 IS_o 线向左移动;反之,国内商品相对价格下降,将产生相反的影响。如果商品价格不变,本币汇率上涨将引起进口增加、出口减少,从而使 ISo 线向左移动;反之,则会使 IS_o 线向右移动。

当代西方经济学用 $IS-LM$ 模型来分析开放经济的国内均衡时,通常假设 LM 线不用修正。因此在开放经济条件下,IS_o 线的移动将直接引起国民收入水平和利息率变动。也就是说,在国内货币国际、需求不变的情况下,汇率、国内外物价水平等因素变化会影响一国进出口、投资,通过对进出口和投资的影响,影响一国的总供给、总需求,从而影响一国国民收入水平、就业水平。

二、国际收支函数的推导(BP 线)

国际收支函数是表示国际收支均衡与所要求的国民收入和利息率组合的函数关系。这种函数用图形表示时,称为国际收支曲线或 BP 线。其经济含义在于以此表示国外均衡所要求的国民收入和利息率组合轨迹。

如前所述,国际收支包括经常项目和资本项目的流进和流出。作为经常项目的进出口可以是顺差(出口大于进口)、逆差(出口小于进口)和平衡三种情况。资本项目的流进和流出也可能出现顺差、逆差和平衡三种情况。资本流出减资本流入的差额叫做净资本流出。作为经常项目差额的净出口和作为资本项目差额的净资本流出之间的差额叫做国际收支差额,即:

国际收支差额 = 净出口–净资本流出

如用 BP 表示国际收支差额,用 NX 表示净出口,H 表示净资本流出,则 $BP=NX-H$。由于 NX 是国民收入的函数,H 是利息率的函数,因而国际支出差额可表示为如下函数关系:

$$BP=NX(Y)-H(I)$$

$BP=0$ 意味着国际收支平衡；$BP>0$ 意味着国际收支顺差；$BP<0$ 则意味着国际收支逆差。

当 $BP=0$ 时，$NX(Y)=H(i)$，这时 Y 和 i 的组合就是表示能使国际收支均衡的国民收入和利息率组合。而反映这种组合的曲线，就是国际收支曲线或 BP 线。其推导过程如图 14－3 所示。

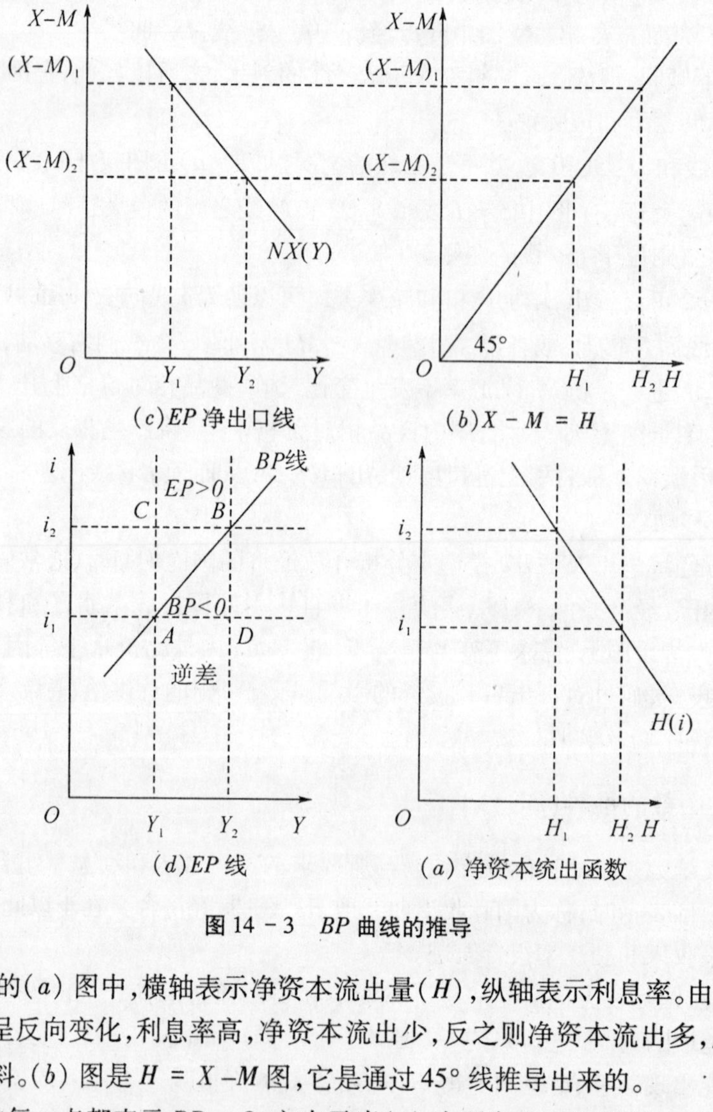

图 14－3　BP 曲线的推导

图 14－3 的 (a) 图中，横轴表示净资本流出量 (H)，纵轴表示利息率。由于利息率与净资本流出量呈反向变化，利息率高，净资本流出少，反之则净资本流出多，所以净资本流出线向下倾斜。(b) 图是 $H=X-M$ 图，它是通过 45° 线推导出来的。

45° 线上的每一点都表示 $BP=0$，它表示当 (a) 中既定的利息率（如 i_1）决定的净资本流出量为某一数量时（如 H_1），为了保证国际收支平衡（$BP=0$），要求净出口量为 $(X-M)_1$。为了满足 $BP=0$，净出口量应和净资本流出量同方向变化。如果净资本流出量因利息率上升（如 i_2）而减少，净出口量应相应下降到 $(X-M)_2$。(c) 图为净出口线图，它表示适应一定的净出口量所要求的国民收入水平 (Y)。假设出口 (X) 为自发支出，进口 (M) 是国民收入的函数，这样，(c) 图中的 $NX(Y)$ 线实际上反映了与一定的净出口量相适应的国民收入水平。在出口既定的情况下，净出口量较小，意味着进口量较大，这样，为满足进口需要所要求的国民收入水平也较高，反之则相反，因此，净出口线为向下倾斜的曲线。图中当净出口量为$(X-M)_1$时，所要求的国民收入水平为Y_1，当净出口量降低为$(X-M)_2$即进口量增加时，所要求的国民收入水平增加为Y_2。把图15－3中的(a)、(c)图结合起来，找出使$BP=0$的相对应的Y和i，即可推导出一条向上倾斜的国际收支曲线BP线。国际收支曲线表示使国际收支均衡$(BP=0)$的国民收入水平和利息率的各种可能组合，BP线上任何一点都表示国际收支处于均衡状态。

三、国内均衡与国外均衡的协调

把开放经济的IS－LM模型和BP线结合起来进行分析，可以了解一国国内均衡和国外均衡的协调。对此可用下述图形加以说明。

当国内充分就业均衡和国外均衡都得以实现时，IS_O线、LM线和BP线将相交于一点，如图14－4所示。

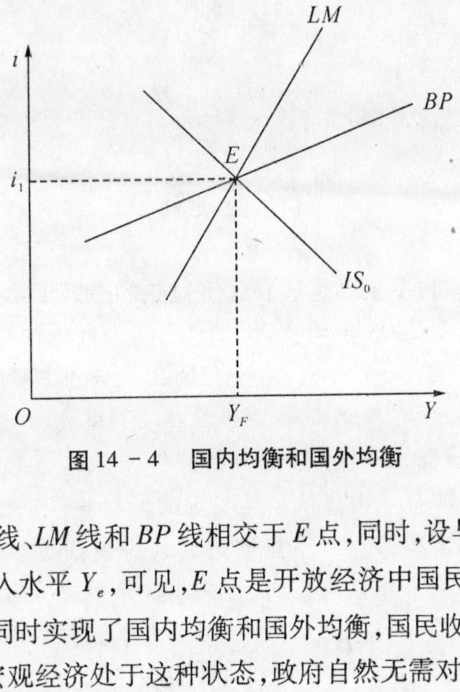

图14－4　国内均衡和国外均衡

在图14－4中，ISo线、LM线和BP线相交于E点，同时，设与E点相对应的国民收入水平为充分就业国民收入水平Y_e，可见，E点是开放经济中国民收入的均衡点。在这里，$I+G+X=S+T+M$，同时实现了国内均衡和国外均衡，国民收入达到均衡，因而是一种理想的经济状态。如果宏观经济处于这种状态，政府自然无需对经济进行干预。但在现实生活中，国内均衡和国外均衡并不总是在充分就业水平同时处于均衡的，当国内均衡和国外均衡为同时实现时，则需要政府根据造成不均衡的原因，运用适当的宏观经济政策对国内经济或进出口、资本输出输入进行调节，以促进国内均衡和国外均衡的实现，促进宏观经济良好运行。

【本章小结】

1. 国际贸易的理论基础是比较利益理论、资源禀赋论等。按照比较利益理论、资源禀赋论等，一个国家集中生产自己具有丰富资源、相对成本较低的产品，并用这类产品与其他国家的优势产品进行交换，贸易各方都能从中获得利益。

2. 一国参与国际贸易，会通过商品进出口对本国总供给、总需求产生影响，从而影响一国国民收入。出口 > 进口，会使一国总需求扩大，国民收入水平上升；反之，出口 < 进口，则使一国总需求缩小，国民收入水平下降。商品价格、政府贸易政策等发生变化，会影响一国进出口贸易，从而影响一国宏观经济活动水平。

3. 国际金融情况会对一国经济产生影响。汇率变化、国际收支情况、国际货币体系对一国对外贸易以至整个宏观经济运行都会产生影响。

4. 一国国家的国民收入水平不仅取决于国内的总供给、总需求，而且要受国际贸易、国际资本流动的影响。因此，要实现宏观经济均衡，必须同时实现国内均衡和国外均衡，两者同时达到均衡时的国民收入就是开放经济条件下的均衡国民收入。

【思考题】

1. 试述汇率的决定和变动。
2. 一国国际收支情况对一国经济有何影响？

【综合案例】

利率上调是遏制经济过热的最好工具

中国人民银行决定，从2006年4月28日起上调金融机构贷款基准利率。金融机构一年期贷款基准利率上调0.27个百分点，由现行的5.58%提高到5.85%。对于央行上调贷款利率的决定，笔者拍手称快。虽然一年期存款基准利率没有上调是个很大的遗憾，并且有削减民众财富于无形之嫌。如果任由我国目前的经济趋势持续，不仅会丧失两年来的宏观经济调控成果，也会使得中国经济持续稳定的发展难以进行。

那么，国内宏观经济调控为什么不能够达到政府预期目标呢？为什么宏观调控的成效不如预期那样顺利？特别今年以来，为什么宏观经济过热又死灰复燃？笔者想最大的问题是宏观调控的工具没有好好利用。如果宏观调控连最基本的工具都没有使用，那么其效果如何是可以想象的。

很简单，经济上的宏观调控是什么？就是对经济总量的控制，并通过这种对经济总量控制来抚平经济周期的波动。那么对经济总量进行控制有什么工具？一般来说，有利率政策、汇率政策、财政政策及税收政策等。

但是，国内两年来宏观经济调控更多的是中观及微观方面的动作，而真正的宏观调控工具使用很少。

正因为中国前两次加息过小过慢，不仅弱化了银行、民众及企业对利率风险的预期，也使得实质利率过低。对于前者，由于银行、企业及民众不能够把利率风险考虑到其行为决策中，因此银行信贷快速增长也就十分正常了。对于后者，由于无论名义利率还是实质利率都过低，从而由政府管制的方式从债权人向债务人利益转移，即谁借到钱谁就会获得利益。既然企业借到钱就是利益，那么企业不仅会拼命地去借钱，也尽力从银行借到钱来投资，投资过热也就自然了。因此，要改变目前中国投资过热趋势就得从这最基本、最核心的地方入手，从金融市场的价格机制入手，调升过低的利率。

可以说，尽管这次央行调整利率幅度不大，其调动的幅度对企业或个人信贷成本的影响不高，但是它向市场发出了一个十分强烈的信号，通过利率调整来改善中国金融市场的价格机制，通过利率调整向市场表明，企业与居民的经济决策必须把利率的风险考虑在其未来的行为决策中。

房地产业应该是这次政府宏观调控最为关注的第一行业。房地产业是一个资金密集型产业，资金成本的高低或利率的高低不仅决定了房地产市场发展速度，也决定了房地产炒作与投机的程度。一年来国内房地产市场没有得到很好的调整，最大的问题也在于没有有效地利用这个工具上。

可以说，这次利率的调整明确地向房地产市场发出了一个强烈的信号，中央政府有决心有能力对国内过快的房地产市场投资、对上升过快的房价进行调整。而且这种调整并不在于这次利率上升的幅度，而是在于市场对这次加息的反应。估计央行会通过市场反应来决定未来加息的频率。既然利率工具启动了，国内的投资过热、银行信贷过热、房地产投资过热、房价的快速增长等市场面临的困难问题也就会逐渐地化解了！

资料来源：易宪容．利率上调是遏制经济过热的最好工具．每日经济新闻，2006－04－29.

【讨论题】

如何综合分析和理解我国的利率政策所起的主要作用？

参考文献

[1] 李晖，李清娥．西方经济学．成都：电子科技大学出版社，2007.
[2] 毕军贤．微观经济学．北京：科技出版社，2007.
[3] 王志涛．微观经济学．南京：南京大学出版社，2007.
[4] 高鸿业．西方经济学（微观部分）.4 版．北京：中国人民大学出版社，2007.
[5] 梁小民．西方经济学．北京：中央广播电视大学出版社，2004.
[6] 侯荣华．西方经济学．北京：中央广播电视大学出版社，2003.
[7] 杨伯华，缪一德．西方经济学原理.3 版．成都：西南财经大学出版社，2005.
[8] 黄方正．现代西方经济理论．成都：西南交通大学出版社，1996.
[9] 杨孝海，赵翠红，等．西方经济学．成都：西南财经大学出版社，2006.
[10] 章昌裕．西方经济学原理．北京：清华大学出版社，2007.
[11] 宋承先．现代西方经济学（微观经济学）．上海：复旦大学出版社，2004.
[12] 咸春龙．微观经济学．广州：广东高等教育出版社，2002.
[13] 杨连波，等．微观经济学基础．北京：经济科学出版社，2003.
[14] 王则柯，等．市场经济中国案例．广州：中山大学出版社，2000.